黒河 【P.252】

黒龍江（ロシア名はアムール川）を隔ててロシアと国境を接する貿易都市。黒河口岸や大黒河島民貿市場では、島国の日本では味わうことのできない国境の雰囲気、辺境貿易の活気を肌で感じることができる。

綏芬河 【P.258】

黒龍江省の東南端に位置する国境の町。この町を通る道路と鉄道はウラジオストクやナホトカまで続いており、中国におけるロシア貿易の重要拠点になっている。多くのロシア人が訪れ、ロシア料理レストランも多い。

延吉 【P.204】

中国国内で朝鮮族の最も多く居住する延辺朝鮮族自治州の中心地。長白山観光への出発点にもなっている。朝鮮族の伝統的な文化、風習、生活、習慣を紹介する中国朝鮮族博物館などがある。

図們 【P.216】

延辺朝鮮族自治州東部にある小さな国境の町。図們江を挟んだ対岸は北朝鮮の南陽市である。図們江は川幅が狭いので、場所によっては対岸の様子が手に取るようにわかる。竹の筏を利用した図們江遊覧が楽しめる。

吉林 【P.182】

今から3000〜4000年前には、満洲族の祖先である粛慎人が住んでいた土地。霧氷が有名で、中国の四大奇観のひとつに数えられている。12月後半から2月前半にかけて松花江沿いの樹木に結晶化した水蒸気が付着して起こる現象。

フルンボイル 【P.280】

内蒙古自治区の北東に位置し、ロシアやモンゴルと国境を接する。雄大な草原が広がる、牧畜の盛んな地域だ。馬、牛、羊、ラクダなどが放牧されたモンゴルの草原を見るため、夏には多くの観光客が訪れる。

集安 【P.190】

古代高句麗王国の都がおかれた地。日本でもなじみの深い好太王碑（広開土王碑）や、太王陵（好太王の陵墓といわれる）、将軍墳、丸都山城などの遺跡が集中している。3つの都市遺跡、12の王陵墓、26の貴族陵墓は、古代高句麗王国の首都と古墳群としてユネスコの世界文化遺産に登録されている。

大連 【P.48】

大連は「北方の香港」と呼ばれる東北有数の先進地域であり、港湾都市でもある。帝政ロシアの不凍港として町ができた。日露戦争の激戦地旅順をはじめ、旧ロシア人街や旧日本人街などがある。東北随一のビーチリゾート金石灘にはテーマパークもある。経済技術開発区には日本企業も多く進出している。

地球の歩き方 D04 ● 2019～2020年版

大連 瀋陽 ハルビン

中国東北地方の自然と文化

地球の歩き方 編集室　　中国最東端の地、東極公園（黒龍江省撫遠）

大連 瀋陽 ハルビン　　　目　次

12
グラビア1

ボーダーツーリズムのすすめ

黒龍江（アムール河）を渡って ロシアへ行こう

22
グラビア2

中国一のスキーリゾートは 吉林にある

26
グラビア3

ハルビン、 氷点下30度の絶景

28
グラビア4

内モンゴル 大草原の夏休み

40
グラビア5

満洲族のサマンが暮らす里へ 黒龍江省寧安市依蘭崗満族村

44
特集

外国人でも使える

中国のモバイル決済にチャレンジしよう！

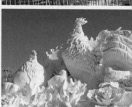

左：氷に開けたプールに飛び込む元気なおばさん　右上：氷雪祭りの会場にて　右下：雪博覧会には精巧な彫刻が展示される（すべてハルビン）

上：寒い日にはアツアツの火鍋がおいしい
下：東北名物の鍋包肉の名店はハルビンの「老厨家」
（→P.247）

COLUMN

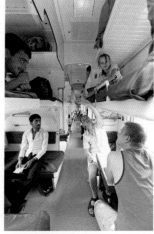

上：シベリア鉄道の食堂車の朝食
下：シベリア鉄道の2等寝台車

上：ロシア・アムール地方のブラゴベシチェンスク駅
下：ブラゴベシチェンスクの凱旋門の下で

ヘッダ部分には、該当都市の市外局番、日本漢字と読み、中国語とピンインなどを記載

都市の場所を見つけやすいよう、およその位置を●で図示

人口、面積を記載。データは『中華人民共和国行政区划簡冊2016』に準拠

MAP地図上の位置
[住]住所（所在地）
[TEL]電話番号
[FAX]ファクス番号
※ヘッダ部分と異なる場合のみ市外局番を明記
[開]開業時間
[営]営業時間
[休]定休（休館）日
[料]料金
[アクセス]行き方、アクセス
[URL]ウェブサイトのURL
※「http://」と末尾の「/」は省略
[メール]電子メールアドレス

都市のアクセスは、概略とデータを飛行機、鉄道、バス、船に分けて記載。路線や時刻は頻繁に変わるので現地で必ず最新情報の確認を！

大連、瀋陽、長春、ハルビンの４つの主要都市のみ、「市内交通」を設けている。タクシーや路線バス、路面電車、地下鉄などの利用法はここで確認のこと

※国慶節や春節の前後は鉄道切符の入手が困難。この時期の移動は極力避けたい（祝祭日→P.9）

掲載物件は、ホテル、グルメ、ショップ、アミューズメント／旅行会社をそれぞれ色分けして表示

上から、省または自治区名→都市名→見出し。エリア（4つ）によって色分けして表示

遼寧省／大連

概要と歩き方

ワンポイントアドバイス

旅のヒントになる情報です

読者投稿など、旅に役立つトピックスのコーナーです

ホテルの料金表示

付記のないかぎり、ひと部屋当たりの料金を表示しています。

税 に記載のある場合、部屋代にその金額が加算されます。

掲載料金はホテルが公表する個人宿泊客向けの一般的料金です。都市によっては季節変動があります。ホテル予約サイトで大幅なディスカウント料金が提示されることもありますので、宿泊や予約の際は、必ずその時点での料金を確認しましょう。

★★ホテルのランク（星数＝等級。例えば★★★3つ星ホテル）
Ｓ売店あり
Ⅱレストランあり
フィットネスセンターあり
バスタブあり
Ⅳテレビあり
冷蔵庫あり
インターネット接続可能

Ｄドミトリー
Ｓシングルルーム
Ｄダブルベッドルーム
Ｔツインルーム
Ｓスタンダードルーム
Ｂビジネスルーム
Ｅエグゼクティブルーム
税サービスチャージや税金
Ｃ使用可能なクレジットカード
　Ａ アメリカン・エキスプレス
　Ｄ ダイナース
　Ｊ JCB
　Ｍ MasterCard
　Ｖ VISA
URLウェブサイト
メール電子メール

■データの取り扱い

2018年7月の調査をもとに編集しています。記載料金は外国人割増料金や季節的変動の影響も受けるため目安としてご利用ください。

急速な経済発展により、交通機関の料金、発着時間や経路、あらゆる物件の開場時間、連絡先などが予告なく変更されることが多々あります。できるかぎり現地でご確認ください。

■地図

地図の凡例は、各図の下部に示してあります。

軍事上の理由により中国の正確な地図は公表されていません。掲載地図はできるかぎり補正していますが正確性に欠ける点をご了承ください。特に郊外図は概要を把握する程度でご利用ください。

■中国語の表記

中国で採用されている「簡体字」は、中国語学習歴のない人にとって理解しにくい文字であるため、下記の対処を取っています。
①日本漢字を使用し、必要に応じてカッコで併記
　例：天壇公園（天坛公园）
②そのまま日本漢字にするとわかりにくい単語は意訳しているものもあり
　例：「国際机场」＝国際空港
③日本の習慣に従いカナ表記
　例：「厦门」＝アモイ
④漢字のルビは、日本語発音はひらがな、外国語発音（中国語含む）はカタカナで区別

■掲載情報のご利用に当たって

編集部では、できるだけ最新で正確な情報を掲載するよう努めていますが、現地の規則や手続きなどがしばしば変更されたり、またその解釈に見解の相違が生じることもあります。このような理由に基づく場合、または弊社に重大な過失がない場合は、本書を利用して生じた損失や不都合について、弊社は責任を負いかねますのでご了承ください。本書掲載の情報やアドバイスがご自身の状況や立場に適しているかは、すべてご自身の責任でご判断のうえでご利用ください。

■発行後の更新情報と訂正

発行後に変更された掲載情報や、訂正箇所は、『地球の歩き方』ホームページ「更新・訂正・サポート情報」で可能なかぎり案内しています（ホテル、レストラン料金の変更などは除く）。ご旅行の前には「サポート」情報もお役立てください。
Ｕ support.arukikata.co.jp

中国の基本情報

▶中国語を使おう！
→P.342

正式国名
中華人民共和国
People's Republic of China
中华人民共和国
(Zhōnghuá Rénmín Gònghéguó)

国旗
　五星紅旗と呼ばれている。赤は革命と成功、金色は光明を象徴する。また、大きい星は共産党を、残りの4つの星は労働者、農民、中産階級者、民族資本家を表す。

国歌
義勇軍進行曲
义勇军进行曲
(Yìyǒngjūn jìnxínggǔ)

面積
約960万km²（日本の約25倍）

人口
約14億1142万人（日本の11倍）
※世界保健機構（WHO）統計
　（2018.5.25発表）

首都
北京（ペキン）
北京（Běijīng）

元首
習近平 国家主席
（しゅうきんぺい　こっかしゅせき）
习近平 国家主席
(Xí Jìnpíng Guójiā zhǔxí)

政治体制
人民民主共和制（社会主義）

民族構成
　全人口の92%を占める漢族と、残り8%の55の少数民族で構成。

宗教
　イスラム教、仏教（チベット仏教を含む）、キリスト教など。

言語
　公用語は、国民の大多数を占める漢族の言葉である「漢語」のなかの北方方言を主体にして作られた「普通話」。このほか民族ごとにそれぞれの言語をもつ。
　さらに、国土がこれだけ広いため、中国における多数民族の言語である「漢語」も北方方言、呉語（上海周辺）、福建語、広東語、客家語などの方言に分かれており、それぞれの方言は、会話が成り立たないほど大きく異なる。なお、町なかでは、英語はあまり通用しない。

通貨と為替レート

▶通貨・両替・カード →P.299

両替可能な銀行の入口には、このようなマークや文字がある

　通貨単位は人民元（人民元／Rénmínyuán）で、中国語では単に元（元／Yuán）と呼び、口語では塊（块／Kuài）とも言う。略号の「RMB」は人民元と同意の人民幣（人民币／Rénmínbì）から。補助通貨単位は角（角／Jiǎo。口語では毛／Máo）と分（分／Fēn）。ただし、「分」は、ほとんど流通していない。
　1元＝10角＝100分≒16.6円（2018年10月4日現在）。新旧合わせて紙幣24種類、硬貨10種類が流通している。

おもに流通している紙幣は、毛沢東をデザインしたもの。2015年11月12日に偽造防止技術を刷新した新100円札（左）が発行された。

電話のかけ方

▶中国の通信事情
→P.329

日本から中国へ

国際電話会社の番号
001 KDDI ※1
0033 NTTコミュニケーションズ ※1
0061 ソフトバンク ※1
005345 au（携帯）※2
009130 NTTドコモ（携帯）※3
0046 ソフトバンク（携帯）※4

＋

国際電話識別番号 **010**

＋

中国の国番号 **86**

＋

市外局番の最初の「0」を除いた電話番号

※1「マイライン」の国際区分に登録している場合は不要
🅤www.myline.org
※2 auは005345をダイヤルしなくてもかけられる
※3 NTTドコモはWORLD WINGに事前登録が必要。009130をダイヤルしなくてもかけられる
※4 ソフトバンクは0046をダイヤルしなくてもかけられる

祝祭日

　中国の祝日は西暦と陰暦（農暦）を合わせたもので、毎年日付の異なる移動祝祭日（※）もあるので注意。また、特定の国民の祝日および記念日（★）もある。

1月1日	元日　元旦
2月5日　（※2019年）	春節　春节
3月8日	国際勤労婦人デー　三八国際妇女节（★）
5月1日	労働節　劳动节
5月4日	中国青年デー　五四青年节（★）
5月9日　（※2019年）	清明節　清明节
6月1日	国際児童デー　六一国际儿童节（★）
6月7日　（※2019年）	端午節　端午节（陰暦の端午節当日）
8月1日	中国人民解放軍建軍記念日 中国人民解放军建军纪念日（★）
9月13日　（※2019年）	中秋節　中秋节
10月1日	国慶節　国庆节

●政府が許可する休日の取り方は毎年調整され、年末に発表される

ビジネスアワー

　ショップやレストランなどは店によって異なるが、公共機関でも休日、業務時間の統制は取れていない。以下の時間はあくまで目安に過ぎないので、各都市のデータ欄などで確認すること。
銀行（両替業務）
　9:00〜12:00、13:30〜17:00

（一部店舗を除き土・日曜、祝日休み）
デパートやショップ
　10:00〜20:00（休日なし）
レストラン
　11:00〜15:00、17:00〜22:00
　（春節に休業する店が多い）

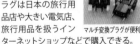
電圧とプラグ

　中国の電圧は220V、周波数は50Hz。このため、日本の電化製品を使う場合は変圧器が必要となることが多い。なお、現地で使用されているプラグの種類は7種類ほどあるが、B型やC型、O型が多い。変圧器や変換プラグは日本の旅行用品店や大きい電気店、旅行用品を扱うインターネットショップなどで購入できる。

マルチ変換プラグが便利

ホテルのコンセント

放送＆映像方式

　DVD、BD、VCDなどの映像ソフトを買うときは、放送形式とリージョンコードの両方に注意。放送方式は日本がNTSCで中国はPAL。日本で再生するにはPAL対応のデッキ、プレーヤーとテレビ、またはPALをNTSCに変換できるプレーヤーが必要（BDは両対応）。DVDのリージョンコードは中国が6で日本が2、BDのコードは中国がCで日本がA（VCDは無関係）。ソフトとプレーヤーのコードが一致しなければ再生できないが、いずれかがオールリージョン対応なら再生できる。

中国から日本へ　**例**（03）1234-5678 または090-1234-5678へかける場合

国際電話 識別番号 **00** ※5	＋	日本の 国番号 **81**	＋	市外局番と携帯電話の 最初の0を除いた番号 **3または90**	＋	相手先の 電話番号 **1234-5678**

※5 携帯電話の3キャリアは「0」を長押しして「＋」を表示し、続けて国番号からダイヤルしてもかけられる
▶**中国国内通話**　市内へかける場合は市外局番不要。市外へかける場合は市外局番（頭の「0」を取る）からプッシュする
▶**公衆電話のかけ方**　①受話器を取り、カードを矢印の方向に差し込む。カードはシールの貼ってあるほうが上なので注意
　　　　　　　　　　　②「00」を押して相手先の電話番号を押す
　　　　　　　　　　　③通話が終わったら、受話器を置き、カードを受け取る

飲料水

▶体調管理→P.333

　中国の水道水は硬水のため、日本人はそのまま飲むことを避けたほうがよい。できるだけミネラルウオーターを飲むようにしよう。ただ、偽物も多いようなので、スーパーなどで購入することをおすすめする。600mℓで2〜3元。

気　候

▶東北地方の
気候と旅の準備
→P.292

　日本の約25倍の国土をもつ中国は、気候も寒帯から亜熱帯まで存在している。中国東北エリアはおもに温帯モンスーン気候に属するが、季節による寒暖の差が激しい。目的地によって服装の準備が異なってくるので注意。

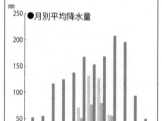

大連、ハルビンと東京の気温と降水量

●月別平均気温
上線が最高気温
下線が最低気温

●月別平均降水量

■大連　■ハルビン　■東京

日本からのフライト時間

　日本の主要都市から各都市までのフライト時間は下記のとおり。
東京（成田）〜大連＝2時間15分
東京（成田）〜瀋陽＝3時間30分
東京（成田）〜長春＝2時間30分
東京（成田）〜ハルビン＝3時間
大阪（関西）〜大連＝2時間30分
大阪（関西）〜瀋陽＝2時間30分
大阪（関西）〜ハルビン＝3時間
名古屋（中部）〜大連＝2時間10分
名古屋（中部）〜長春＝2時間50分
福岡〜大連＝2時間
広島〜大連＝2時間5分

時差とサマータイム

　日本との時差は−1時間（日本の12:00が北京の11:00）。北京を標準として、国内に時差を設けていない。しかし、東西に広い国土の両端では、4時間ほど時差がある計算になる。サマータイムは導入されていない。

郵　便

▶中国の通信事情→P.329

　中国の郵便のカラーは深緑で、ポストも赤ではなく、濃いグリーンだ。日本へのエアメールは、はがきが5元、封書が6元（20g以下）から。なお、中国では、郵政事業と通信事業が分割されたため、ほとんどの都市では、郵政局（郵便と電報）と各通信会社に分割された。

出入国

▶パスポートとビザ
→P.294
▶中国に入国する
→P.306
▶入出国書類の記入例
→P.312
▶中国を出国する
→P.315

ビザ
　日本人は15日以内の滞在について、基本的にビザは不要。ただし、16日以上の滞在および特殊な旅行をする者はビザが必要。なお、渡航目的によってビザの種類が異なるので注意。観光の場合は30日間の観光ビザ（Lビザ）を取得する。

パスポート
　パスポートの残存有効期間は6ヵ月以上が無難。また、査証欄余白も2ページ以上あったほうがよい。

入国／出国カード
　入出国一体型のものだが、切り分けて置かれているケースも多い。

中国の入国／出国カード。左が出国用、右が入国用

※本項目のデータは中国大使館、中国国家観光局、外務省などの資料を基にしています

チップ

中国にはチップの習慣はないので基本的には不要。また、中級・高級ホテルでは宿泊費にサービス料が加算される所が多く、そういった場合は不要。

▶ホテル→P.326

税金

ホテルに宿泊する際に税金（サービス税、城市建設税など）がかけられることがある（一律ではない）。遼寧省瀋陽市では付加価値税（VAT）還付制度が導入されている。指定店で500元以上購入し、所定の手続きをした場合のみ出国時に還付される（→P.326）。

VAT送付手続き可能店の表示（→P.326）

安全とトラブル

中国では、急激な経済発展のため、貧富の格差が拡大し、それにつれて治安は悪化している。事実がどうであるかにかかわらず、日本人旅行者は金持ちと見られるため、狙われていることを覚えておこう。また、見知らぬ者から日本語で話しかけられたときには警戒するようにしよう。

北朝鮮国境エリアは、たいてい展望台などが設置されて観光地となっているが、外国人の立ち入りが難しいこともある。単独の行動はできるだけ避けたほうがいい。

▶安全対策→P.335

| 警察（公安局） | **110** | 救急医療センター | **120** |
| 消防 | **119** | | |

中国のパトカー

年齢制限

中国では、車の運転免許証は18歳から。飲酒や喫煙については法律による年齢制限はない。なお、現在のところ、旅行者が気軽に利用できるようなレンタカー制度は存在しない。

度量衡

基本的に日本の度量衡と同じだが、それぞれに漢字を当てている（例：m＝米／mǐ、km＝公里／gōnglǐ、g＝克／kè、kg＝公斤／gōngjīn）。ただし、日常生活では中国独自の度量衡も残っており、特に食べ物関連では斤と両（1斤／jīn＝10両／liǎng＝500g）がよく使われる。

その他

トイレ

トイレを中国語で厕所（cèsuǒ）または卫生间（wèishēngjiān）という（建物内では洗手间／xǐshǒujiān）。都市部では水洗トイレも増えており、街頭にも有料の公衆トイレ（公共厕所／gōnggòng cèsuǒ）の設置が進んでいる。ただし、トイレットペーパーを常備している所は少ないので、用を足す際には持っていこう。また、紙を流すとトイレが詰まることが多いので、使用後は備え付けの籠に入れる。

道路事情

中国は日本と異なり、車は右側通行。このため、車道を横断する際には、自動車のほかに自転車にも注意が必要。また、電動バイクが急増しているのだが、交通法規を守らず、歩道でも運転している人が多い。後ろから音もなくや

ってくるので、歩道でも注意が必要。

乾燥対策

東北地方の空気は乾燥しており、ほこりも多いため、季節にかかわらず、リップクリームやのど飴など、保湿対策用品を持参しよう。

携帯電話やICカード

SIMフリーの端末なら中国で購入したSIMカードを差し替えて使う。中国では、ICカードやプリペイド式携帯電話にチャージした金額について、一定期間使用しないと失効となってしまうので注意が必要。有効期間については、購入時に店舗などで確認しておこう。

パスポート

切符購入窓口や博物館などの見どころ、郵便局などでパスポートの提示が必要。外出時にはパスポートの実物（コピーは不可）の携帯をおすすめする。

公衆トイレを示す標識

無人の表示。使用中は「有人」

ボーダーツーリズムのすすめ
黒龍江を渡って
アムール河

黒河→ブラゴベシチェンスク
（中国黒龍江省）　（ロシア・アムール地方）

中国東北地方はロシアやモンゴル、北朝鮮と国境を接している。
つまり、飛行機に乗らなくてもお隣の国に旅行できるのだ。
そこで黒龍江（アムール河）のほとりの町、
黒河から対岸のロシアの町、
ブラゴベシチェンスクに船で渡ることにした。
※黒河からブラゴベシチェンスクに行く船の乗り方は **P.257** の項参照

撮　　影／佐藤憲一
取材協力／黒龍江省新世紀国際旅行社（ハルビン）、ポータル・セゾノフ社（ハバロフスク）、
　　　　　ジャパン・エア・トラベル・マーケティング（東京）

ロシアへ行こう

ブラゴベシチェンスク
黒河（アムール河）
黒龍江
ハバロフスク
撫遠
ロシア
ハルビン
ウラジオストク
中国

黒河（黒龍江省）の口岸（入出国ゲート）で出国手続きを済ませ、ロシア
へ向かう船に乗った。船はゆっくりと黒龍江を横切り、わずか5分で到着。
向かって左の高層マンションが立っている側が中国で、右がロシアだ

ロシアから眺める中国の町明かり

ブラゴベシチェンスク 〈ロシア・アムール地方〉

ブラゴベシチェンスクの人たちは、夕暮れが近づくと、
涼しくなった河沿いを歩くのが大好きだ。日が暮れると、
対岸の黒河の町のネオンが次々にともり、美しかった。

モヤ川

ロシア

黒龍江 ブラゴベ
シチェンスク
（アムール河）

黒河

中 国

ブラゴベシチェンスクは中国国境を流れる黒龍江（アム
ール河）と北から流れ込むゼヤ川が合流する場所にあ
る。両国の人たちはビザなしで自由に往来している

ひと晩きりの
シベリア鉄道の旅を楽しむ

ブラゴベシチェンスク→ハバロフスク
（ロシア・アムール地方）　　　　　　　　　　（ロシア・ハバロフスク地方）

シベリア鉄道に乗ってブラゴベシチェンスクから次の目的地である
ハバロフスクに向かう。夜出て朝着くひと晩きりの寝台列車の旅だが、
車内には食堂車もあり、楽しみは尽きない。

ブラゴベシチェンスクはシベリア鉄道
本線から外れた支線だが、1日1本ハ
バロフスク行きの夜行寝台がある。ロ
シア人の家族連れや若者たちが大き
な荷物を抱えて乗り込んでくる

モスクワ
ロシア
ブラゴベシチェンスク
シベリア鉄道
ハバロフスク
中国
ウラジオストク

ロシアから
中国最東端の塔を眺める

カザケヴィチェボ村 <small>(ロシア・ハバロフスク地方)</small>

考えてみれば、ロシアが中国より東にあり、時差が2時間も早いというのは不思議な話。ハバロフスク郊外のカザケヴィチェボ村を訪ねると、中国最東端の塔が目の前に見えた。

カザケヴィチェボ村はハバロフスクから南へ約40km、ウスリー川に面している。対岸に見える中国風の建物や「東」を意匠化した塔は、中国最東端に位置する東極広場にある

水中翼船で再び中国に戻る

ハバロフスク→撫遠
（ロシア·ハバロフスク地方）　　　　　（中国黒龍江省）

ハバロフスクから中国最東端の町、撫遠行きの船に乗った。
中ロ国境を流れる黒龍江を疾走する水中翼船だ。途中、中国から来た船とすれ違った。

※ハバロフスクから撫遠に行く船の乗り方や撫遠の町についてはP.265の項参照

ロシア

黒龍江（アムール河）

ハバロフスク

黒瞎子島
（大ウスリー島）

撫遠

東極広場　カザケヴィチェボ村

中　国

烏蘇里江
（ウスリー川）

対岸に見える中国の塔は、中ロ両国が
1990年代から20年以上かけて画定し
た黒龍江の中州である黒瞎子島（大ウ
スリー島）の中国領に立っている

中国一の
スキーリゾートは
吉林にある

北京冬季オリンピックの開催が2022年に決まり、
中国ではウインタースポーツが盛り上がっている。
なかでも雪質など自然に恵まれた東北地方のスキーリゾートの評価は高い。
吉林市郊外にある松花湖スキー場のゲレンデを訪ねた。

※ 松花湖スキー場のあるリゾート「松花湖度假区」の詳細は P.187 の項参照

撮影　佐藤憲一　取材協力　松花湖プリンスホテル（吉林）

松花湖スキー場の展望台「森之舞台」から眺めるゲレンデと氷結する松花湖の絶景

23

北海道旭川に相当する
パウダースノーが人気

松花湖スキー場

2017〜18年度中国ベストスキー場に認定

　春節の訪れが近づいた2月初旬、吉林市郊外にある松花湖スキー場。ゲレンデでは中国各地から訪れたスキーヤーたちが白銀の世界を楽しんでいる。人気の理由は雪質だ。シーズン中はマイナス20度から30度に下がるため、北海道旭川の水準に相当するパウダースノーとなる。

　世界大会でも使用される競技用の本格的なコースのほか、ビギナーでも山頂から滑走できる多彩なコースなど28本を完備。レンタルスキーやスクールの予約ができるスキーセンター、おしゃれな山頂レストラン「吉林ONE」、高速ゴンドラや電熱シート装備のリフトなど、世界の最新設備が導入されており、2017〜18年シーズンにはWORLD SKI AWARDSより中国ベストスキー場に認定された。

1 山頂レストラン「吉林ONE」はリフトのそばにあり、眺めが最高
2 京劇のような派手な装束の男女が雪の上を踊り舞う春節のアトラクション
3 ゲレンデはおしゃべり声でにぎやかだ
4 ゴンドラ1日券は約5000円。日本と変わらない

快適な滞在を楽しめる
冬のリゾート

松花湖プリンスホテル
（しょうかこ）

ロビーからゲレンデを見上げられる設計

　スキー場の麓に松花湖プリンスホテルが開業したのは2015年1月。施設はラグジュアリータイプで、玄関を入ると、ロビーからゲレンデを見上げられるという設計上の演出が施されている。レストランは日本料理や中国料理、ビュッフェ式のオールデイダイニング、バーもある。インドアプールやSPA、フィットネスクラブも完備。

　必ず訪れたいのは、中国の有名建築家、王碩氏が設計した展望台「森之舞台」だろう。山頂近くに忽然と姿を見せる巨大な三角形の建造物で、美しいゲレンデと氷結する松花湖を見渡せる。

松花湖プリンスホテル（松花湖西武王子大饭店）
MAP P.159-F4
🏠 吉林市豊満区青山大街888号　📞 プリンスホテル予約センター（日本国内）0120-00-8686（無料）　⛷ スキー営業11月中旬〜3月、夏季営業5月下旬〜10月　🔗 princehotels.co.jp/syoukako

■ホテルの玄関から見上げると、スキーコースを見渡せる
②最高級グレードの寝室
③「森之舞台」は「中国最優秀"冷"建築」として高い評価
④夜、幻想的に浮かび上がるホテルの外観

ハルビン、
氷点下30度の絶景

毎年1月5日から2月下旬まで黒龍江省ハルビンで開催される氷雪祭りは、
札幌、ケベック（カナダ）、トロムソ（ノルウェー）と並び称される
世界の冬の四大祭典のひとつ。この時期、街のいたるところに
氷や雪の彫刻が並び、国内外の観光客が押し寄せる。

ハルビン氷雪祭りの詳細は **P.237**の項参照

撮影／佐藤憲一　取材協力／黒龍江省新世紀国際旅行社（ハルビン）

氷雪大世界のモニュメントは日が暮れるトワイライトの瞬間がいちばん美しい

内モンゴル
大草原の夏休み

中国内蒙古自治区の東北部に位置するフルンボイル平原には、
なだらかな丘陵と草原がどこまでも広がり、馬や羊が群れなしている。
ただし、この絶景を見られるのも、1年のうちわずか3ヵ月間ほど。
この時期に合わせて、国内外から多くの旅行者が訪れている。

（取材時期:2016年7月中旬　アクセスはフルンボイル（→**P.280**）の項参照）

撮影／佐藤憲一　取材協力／黒龍江省新世紀国際旅行社（ハルビン）、海鴎（フルンボイル市在住）

ロシア
黒龍江
室緯
アルグン河
キプチャク・ハン草原村
フルンボイル（ハイラル区）
満洲里
フフノール旅遊区
黒龍江省
ノモンハン
モンゴル
アルシャン
中国
内蒙古自治区
吉林省

フルンボイル市ハイラル区から北へ40kmのキ
プチャク・ハン草原村（→**P.282**）周辺には、
内モンゴル随一の美しい草原が見られる

29

草原のパオを家庭訪問

中ロ国境に近い草原の一本道を走っていたとき、ひとつのパオが見えた。非礼と知りつつアポなしで訪ねると、最初はためらいを見せていたパオの住人は「わざわざ日本から来たのだから」とあたたかく迎え入れてくれた。一家は『地球の歩き方』スタッフを見て「日本人も私たちと同じ顔をしているのね」と笑った。

※パオは中国語。モンゴル語はゲル

バオの前でスー・チンさん（いちばん右の
女性）一家を記念撮影。11歳になる男の
子は、わざわざ民族服に着替えてくれた

パオの暮らしは
シンプルで快適

その日の日中の気温は40度近かったが、パオの中がこんなに涼しくて過ごしやすいとは知らなかった。スー・チンさんはモンゴルのミルク茶「ツァイ」をふるまってくれた。「町で暮らすよりパオのほうがずっといい。自由だから」と話す。現在のモンゴル族は定住生活をしており、1年のうち、パオで暮らすのは5月末から8月中旬まで。彼らにとってパオは夏休みを過ごすための居場所なのだ。

※ツァイの中国語は奶茶

1 5歳になる末娘はひとみしりで、突然の訪問客に終始うつむき加減。最後には泣き出してしまった。ゴメンね 2 一家は手扒肉（羊のゆで肉）の食事中だった 3 羊の放牧は朝4時30分から3時間ほど。男の子も父親の仕事を手伝うのが日課 4 草原の暮らしには水が欠かせない。手前はゆで肉を調理する鍋 5 家庭用のソーラー発電機も使う 6 コンパクトな調理用具はまるでキャンピングカーのよう

屈強な男たちが組み合う
草原の祭典 —— ナダム

取材中、ハイラル区郊外のフフノール旅游区でナダムが開かれていることを知り、モンゴル相撲の会場に駆けつけた。モンゴル相撲に土俵はない。果てしなく広がる草原の一画で、男たちは2組に分かれ、総当たり戦をする。夏の訪れを祝う草原の祭典であるナダムは、この時期モンゴル各地で開催される(→P.273)。

ナダムでは、相撲以外にも歌や踊り、
草競馬、弓術などの競技が行われる

ノモンハンはどこだ?

草原に残された戦闘の記憶

ハイラル区から南へ約200km、モンゴル国との国境地帯は草原がなおも続く。国境線に近い街道沿いにノモンハン(→P.283)と呼ばれる村がある。1939年5月から8月にかけて、当時の満洲国とのモンゴル国の国境紛争から起きた、事実上日本軍とソ連軍の戦争「ノモンハン事件」の舞台だ。今訪ねてみると──。

1 モンゴル語と中国語で書かれた看板には「この先は国境地帯。越えてはならない」とある。地平線の先はモンゴル国だ 2 ノモンハンから東南へ100km先にアルシャン（→P.283）という温泉地がある。その市街の近くに満洲国時代のトーチカ（白狼隧道トーチカ。中国では興安隧道という）が残る 3 日本時代（1937年）に建造されたアルシャン駅 4 機関車の向きを変える当時の転車台も残っている 5 2007年にこの地に建てられたノモンハン戦争陳列館には、3000点もの戦争遺物が展示されている※2018年9月現在、閉館中。再開時期は未定 6 当時の要塞の一部として残された館外展示 7 ノモンハンにはモンゴル族の暮らす村がある。「ノモンハン手扒肉飯店旅店」と書かれた羊のゆで肉食堂と簡易宿泊所 8 甘珠爾廟（→P.283）にはノモンハン事件当時、日本軍の司令部がおかれていた

进入边境前
请勿越界。

呼伦贝尔市公安边防支队宣
报警电话：0470-6678110

5 6

7 8

诺门罕手扒肉饭店旅店

ロシア族の暮らす村

ひいおばあちゃんは河の向こうから嫁に来た

ハイラル区から北へ250km、中ロ国境を流れるアルグン河のほとりに室緯というロシア族の暮らす村がある。この地に住むロシア族は、100年前に中国人と結ばれたロシア人の子孫たち。今は夏の間だけ、風光明媚な避暑地としてにぎわっている（→P.285）。

1 河向こうに住むロシアの子供たちが川べりで大きく手を振る 2 アルグン河には国境遊覧ボートが出ている。前方に見えるのは国境橋 3 観光化が急速に進む室韋 4 5 この町で出会ったロシア族たち。中国の55の少数民族のひとつ。すでに4世、5世だが、ひとめで漢族との違いがわかる 6 旅館での食事は饅頭付きの中国風ロシア料理 7 ロシア族の経営する旅館に飾られていたロシアから来たひいおばあさんとその息子の写真。一族のルーツを伝えている 8 夜は羊の串焼きの屋台が出て村はにぎわう

満洲族のサマンが暮らす里へ

黒龍江省寧安市依藍崗満族村

かつて清朝を建国した満洲族の言語や文化は、中国建国以降、急速に失われた。
それでも、東北地方の村々で細々と受け継がれてきたのが、
彼らの祭祀を司るシャーマンだった。彼らの今日の姿を追ったドキュメンタリー作品
『ロスト マンチュリア サマン』(2015)を制作したのが、
満洲族の血を引く金大偉監督である。作品の舞台となった村を訪ねた。
※シャーマンは、満州語でサマン。中国語は薩満

サマンの祈祷が行わ
れる神竿(依藍崗満
族村民族館内)

撮影／中村正人　取材協力／金大偉、権香玉(牡丹江中国国際旅行社)

「私は天空を見た。
天空も私を見た」
映画『ロスト マンチュリア サマン
（遺失的満洲薩満）』(2016)

満洲サマン文化の原点に迫り、その歴史や民族的なアイデンティティを探るロードムービー。監督自身がカメラを手にして各地のサマンを訪ね、彼らの人生や今の思いを聞きながら、満洲サマン教の貴重な儀式を撮影。今失われゆく満洲語を話す老人に会い、満洲語で歌われる「神歌」も収録。中国ではマイノリティとされる民族文化の原型を探るスピリチュアルなドキュメント映像詩だ。

日中共同プロジェクト合作記念作品
時間:94分／言語:満洲語、中国語／
字幕:日本語／2016年度作品
監督／音楽／撮影／構成:金 大偉
企画／制作:TAII Project
　上映に関する情報は、金大偉公式サイト
**taiiproject.wixsite.com/
lostmanchuriashamans**

失われた満洲薩満（サマン）
の宇宙の時空へ向かって

満洲族の言語や信仰の現状を探る
シャーマニズムの旅！

ロードムービー続編！
『ロスト マンチュリア
サマン2』
現在制作中
2019年秋完成予定

←3年に1度、昼夜を通して執り行われる村の祭祀や長老へのインタビューと撮影は、2008年から数回にわたって行われた。写真ふたりのサマンは、依藍崗村の関雲泰さんと邢玉霞さん。迫力あるサマンの祭祀の実況を収録したこの作品をぜひ観ていただきたい。

映画に出てくる
サマンに会った

黒龍江省牡丹江市から車で40分。依藍崗満族村の
サマンたちに金監督作品の一部を見せた。
映画の中では神がかっていた彼らも、
普段は農作業にいそしむ素朴な村人だった。

作品を観終わると、サマンたちは村の歴史や祭祀の話を聞かせてくれた。中国に暮らす満洲族たちは、中国建国から文化大革命にいたる混乱のなかで息を潜めて耐え忍んでいたが、1980年代の改革開放後、高粱畑や物置にひそかに隠していた太鼓や腰鈴を取り出し、舞い始めたという。今では後継者の育成も始めている。一方、依藍崗村を満族民族村として観光地化する政府の計画もある。今後、この村はどう変わっていくのだろうか。

1 映画の中でサマンの祭祀が行われた場所
2 村の入口 3 人口数百人の小村 4 満族の歴史や文化を伝える民族博物館になっていた
5 この村のサマンは左から関雲泰さん、関家凱さん、関君太さん 6 金監督作品を観るサマンたち
7「日本の方々に満族の文化を知ってもらえるとうれしい」と彼らは話す 8 館内にはこの村の歴史が展示される 9 祭祀のとき、サマンが使う腰鈴

金大偉
中国遼寧省撫順市生まれ。父は満洲族の中国人、母は日本人。小学生のとき、家族とともに来日。以降、独自の技法と多彩なイマジネーションで映像や音楽作品を創作。国内外でコンサートやイベントを行う。おもな映画は、石牟礼道子の世界を描いた『花の億土へ』(2013)や『ロスト マンチュリア サマン』(2016)など。音楽CDには『龍』(2000)『TOMPA東巴』『冨士祝祭』(2014)など多数。

音楽CD『マンチュリア サマン』
金大偉 2018年10月24日 発売
MIDIレコード
金大偉が描く満洲族の民族歌や神歌を現代風に融合された最新音楽スタイル。映画『ロスト マンチュリア サマン』のテーマ曲など収録。

新刊『光と風のクリエ』
アジアのアイデンティティを探求する運命的アーティスト、金大偉。初の語り下ろし。風は未来の光を創造する!
著者 金大偉 発行 和器出版

外国人でも使える

中国のモバイル決済にチャレンジしよう！

中国では都会でも田舎でも、買い物もレストランの支払いもチケットの購入も、モバイル決済が当たり前になってきている。外国人でもWeChat Pay（ウィチャットペイ／微信支付）やAlipay（アリペイ／支付宝）のアカウントを取得できれば、現地の人たちと同じように利用できるようになった。

ここではWeChat Payに焦点を当て、概要を説明するので、興味のある人は次の中国旅行でチャレンジしてみよう！

※本記事の内容は、2018年3月と8月の実地調査による情報。中国で各種アプリサービスを使うには、SIMフリーのスマートフォンを購入し、現地の携帯番号を持つのが一般的だが、本企画では短期滞在の旅行者の利用を想定し、日本で普段使っているスマートフォンをそのまま使って実地検証を行った。ただし、一部のサービスは中国で使える携帯電話が必要。また中国は随時ルールや料金が変わるため、利用前に確認が必要。なお、中国アプリのダウンロードおよび利用は自己責任で！

市場や屋台でも使えるので、モバイル決済なら小銭の管理から解放される

WeChat Payとは

WeChat Payは、中国の大手通信企業テンセントが提供しているSNS、WeChat（ウィチャット／微信）に連動したモバイル決済サービス。QRコードを利用して決済するシステムで、キャッシュレスで快適な生活を中国に広めた。

以前は外国人が中国でこのサービスを使うには、中国の銀行口座、中国の身分証で登録しなければならなかったが、2017年頃から国際クレジットカードによる本人認証でアカウントの取得が可能になっていた。つまり、外国人でも自分のスマートフォンでアカウントを取得しさえすれば使えるのだ。

ただし、突然アカウントが取得できなくなるなどの事態も発生しているので、このサービスに興味のある人はできるときに登録しておこう。

WeChat Pay利用のための準備

A アカウントの取得

WeChat Payのアカウントを取得するためには、まずWeChatのアカウントを取得する必要がある。App StoreやGoogle Play Storeで「WeChat」をダウンロードし、名前、携帯番号、パスワードを設定する。開設手順の流れは次のとおり。

❶WeChatを開き、トップ画面右上の「＋」から「マネー」を選択

❷「マネー」から「お金を受け取る」を選択

❸「実名認証」で「添加银行卡（銀行口座）」か「验证中国大陸身份证（中国身分証）」による本人認証を求められるので、前者を選ぶ

認証を選択

添加银行卡
验证银行卡实名信息，并添加至微信…

验证中国大陆身份证
验证姓名和身份证号码

❹国際クレジットカード番号12桁を入力する（アメリカン・エキスプレスは15桁）

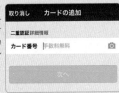

取り消し　カードの追加

二重認証詳細情報

カード番号　手数料無料

次へ

❺「カード情報」で「有効期間」「セキュリティコード」「住所」「携帯番号」「メールアドレス」を入力する

カードの有効期限を入力

有効性　月/年
CVVコード　セキュリティコード

請求先住所

名　名の入力

❻支払いパスワード6桁を決め、入力する
※カードの追加など、登録事項の変更に必要なので、忘れないようメモしておこう

支払パスワードの…

支払いの確認のためにWeChatペイのパスワードを設定

B 日本で電子マネーを入金するには

上記Ⓐの手順で取得は完了だが、現状では外国人旅行者はクレジットカード決済による入金はできない。中国で実際に使うためには、スマートフォンに人民元の電子マネーを入金する必要がある。そのために重宝するのが「ポケットチェンジ」というサービスだ。訪日外国人が帰国時に余った日本円を電子マネーなどに交換できる端末サービスだが、これを使って日本円を人民元の電子マネーに交換し、チャージすることができる。同端末は国内主要空港ロビーなどにある。設置場所、サービスの詳細については同サイトを参照のこと。

ポケットチェンジ
🆄pocket-change.jp/ja

以下、ポケットチェンジの入金方法。

❶端末のトップページから「中国」を選び、希望の交換先サービスとして「WeChat」を選ぶ
❷交換したい額の日本円を入れる（中国の銀行両替窓口よりレートはよくない）
❸受取金額を確認後、「確定」を選ぶと、レシートが出てくる。レシートのQRコードをスキャンすると、「確認登録」などのプロセスを経て入金完了

C 決済方法

中国では、多くの人が買い物に利用している。コンビニや書店はもちろん、市場や屋台、自動販売機でも使える。決済方法は下記のようにふたとおりある。

WeChatを開いて右上の「+」から
❶「QRコードのスキャン」を開いて店のQRコードを自分でスキャンする
❷「マネー」を開いて自分のバーコードかQRコードを店の人にスキャンしてもらう
コンビニや本屋などは❷、市場や屋台は❶が一般的だ。

❶の決算手段。フルーツ売り場の壁に貼られている大きなQRコードをスマートフォンで読み込む

決算完了後に表示される画面。「Payment successful（決済完了）」と出ればOK。「Quick Pay」が有効な場合は1000元までの支払いに「支払いパスワード」は不要（店舗等への支払いにかぎる。個人間の送金は金額にかかわらず必要）

❷の決算手段。新華書店での決算。レジで精算する際にWeChat Payで支払う意思を伝える。スキャン後、左写真赤囲み部分をタップすれば、決済は完了

D Wi-Fiルーターとモバイルバッテリー

日本のスマートフォンでモバイル決済するのに必要なのがWi-Fiルーター。Wi-Fiルーターは購入しなくても簡単にレンタルできるので、出発前に手配しておくとよい。ただし、中国では、普段日本で利用しているFacebookやLineなどのSNSは使えない。それらを使いたければVPN（→P.332）が使えるサービスを追加することになるので、料金は少し割高になる。

このほか、スマートフォン、Wi-Fiルーターともに電力消費が激しいので、常時携帯して使うためには、モバイルバッテリー（→P.332）が必要。

中国で利用できるWi-Fiルーターは各社が提供している。詳しくはP.331を参照

モバイル決済が使えるとできること（実例）

①コンビニ、スーパーでの買い物	➡P.46
②市場や個人商店での買い物	➡P.46
③レストラン、カフェでの支払い	➡P.181
④フードコートや屋台での支払い	➡P.181
⑤タクシーの支払い（配車アプリを使うと、車を呼べる）	➡P.181
⑥シェアサイクルのチャージ	➡P.126
⑦近所の飲食店からの出前（デリバリー）とその支払い	
⑧知人との会食での割り勘	

※モバイル決済は基本的にQRコードを介した電子マネーの移動なので、相手がQRコードを持っていれば、送金できる。極めてシンプルなサービスといえる

遼寧省

りょうねいしょう

辽宁省

liáo níng shěng

1910年に造られた瀋陽駅の前を走るシェアサイクル

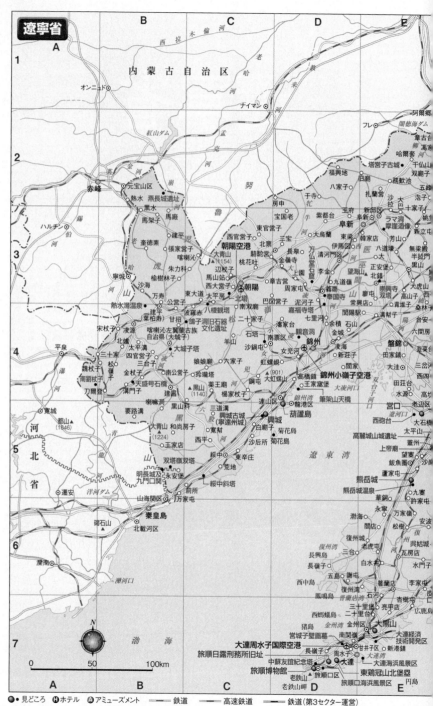

遼寧省

A　B　C　D　E

1

内蒙古自治区

西拉木倫河

老

哈

河

來

教

オンニュド

チイマン

河

阿爾郷

關德海ダム

フレ

紅山ダム

2

赤峰

元宝山区

熱水

燕長城遺址

黒水

馬架子

馬廠

蒙古台

哈爾套

干代山

塔営子古城

双廟子

務歡池

札蘭営

五峰

大巴

泡子

十家子

姚家

ラマ河

摩zá道溝廟

芳山

正安堡

北鎮

瑞雲寺

高子

青堆子

台安

六間房

田家鎮

大洼

西平

盤錦

韭菜

三合子

高栄

老辺区

ハルチン旗

寧城

甘徳蒙

奎徳泰

張家営子

喀喇沁

朱力科

英

建平

喇

崩

奎德泰

房申

宝国老

東官営子

北票

紫都台

大烏蘭

玉田

新邸子

伊馬吐

清河門区

九道嶺子

常興店

関陽駅

七里河

余福

石山

金城

阜新

韓家店

八道壕

大

無梁殿

半拉山

黒山

虎山

桑林子

金嶺寺

馬山站

波羅赤

八稜観塔

甘招

拉嘎吐

章吉営

周家屯

巴図営子

泥河子

南双廟

嘉福寺塔

潘家台

観音閣

女児河

錦州

凌海

新莊子

間家

大虹螺山

王家富堡

筆架山天橋

大凌河口

錦州湾

龍港区

葫蘆島

興城

菊花島

菊花島

高麗城山城遺址

太平山

蓋州

営口

西炮台

大石橋

上帝廟

望寶

鮁魚圏

蘆家屯

九寨

万家店

渤海

間店

復州城

老虎山

三台

白水寺

韭菜

石河

西平

寧城

沙源

万寿

公営子

建平
(葉柏寿)

東大道

太平房

二十家子

石塔子

羊山

栗園堡

沙鍋屯

観音堂

錦州小嶺子空港

高橋鎮

朝陽空港

大青山
▲(1154)

辺杖子

朝陽

北塔

南双廟

松

遼東湾

寧城

河

南公営子

四官営子

三台子

玲瓏塔

娘娘廟

六家子

建昌

楊家杖子

連山区

白廟子

沙后所

菊花島

和尚房子

寛材

宋杖子

凌源

北爐

三十家

四官営子

金杖子

天盛号石棚

溝門子

喇嘛洞

黒山科

要路溝

大青山
▲(1224)

興城古城
(寧遠州城)

新立屯

黒山

(1140)

王店子

熊岳城

熊岳城温泉

華実

渤海

松樹

平泉

魏杖子

南翦杖子

刀爾登

寛城

都山▲
(1846)

河

北

省

遷安

洋河ダム

九門口関

明長城及

双塔嬴双塔

永安堡

山海関区

万家屯

綾中斜塔

前所

綏中

東辛庄

五島

復州湾

三十里堡

二十里堡

復州湾

鳳鳴島

西中島

謝屯

普蘭店

李家屯

杏樹屯

大黒山

大連経済
技術開発区

新港鎮

駝龍山

▲(901)

秦皇島

北戴河区

碣石山▲

洋河口

濼南

濼河口

渤　海

猪島

三夾島

三山島

二十里堡

金州

大黒山

南関嶺

甘井子区

大連浜海景区

中蘇友誼紀念塔

大連

大連浜海景区

東鶏冠山北堡塁

大連周水子国際空港

営城子壁画墓

長嶺子

周水子

旅順日露刑務所旧址

旅順博物館

老鉄山

旅順口区

旅順口海浜風景区

老鉄山岬

円島

0　　　50　　　100km

N

● ● 見どころ　Ｈ ホテル　Ａ アミューズメント　━━━ 鉄道　━━━ 高速鉄道　━━━ 鉄道(第3セクター運営)

48

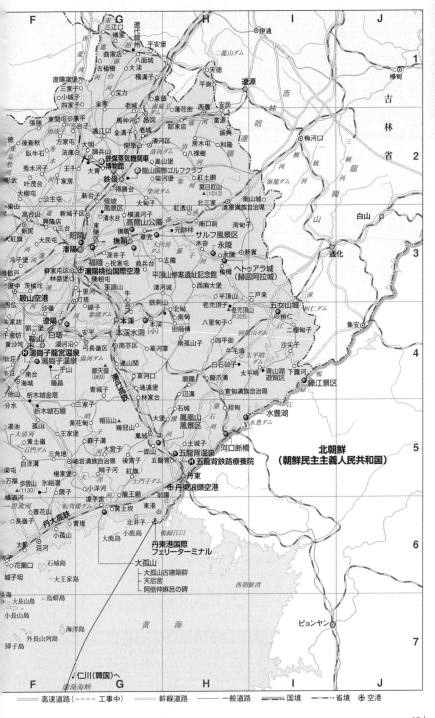

北方の香港と呼ばれる港町

遼寧省

大連 Dà Lián

大連
だいれん

ロシア
内蒙古自治区
モンゴル
黒龍江省
●ハルビン
吉林省
●長春
瀋陽
●フフホト
遼寧省 北朝鮮
★北京 ●大連 韓国

基本データ

●大連市
人口 591万人
面積 1万3238km²

在瀋陽日本国総領事館在大連領事事務所
（日本国駐沈阳总领事馆在大连领事事务所）
MAP P.56-A6
住 西崗区中山路147号森茂大厦3階
TEL 83704077
FAX 83704066
開 8:30～12:00、13:00～17:00
休 土・日曜、祝日
URL www.dalian.cn.emb-japan.go.jp

市公安局外国人出入境管理処
（市公安局外国人出入境管理处）
MAP 地図外(P.54-D1上)
住 甘井子区華東路600号
TEL 86766108
開 8:30～16:30
休 土・日曜、祝日
観光ビザを最長30日間延長可能、手数料160元

e-care大連国際診療センター(e-care大连国际诊疗中心)
MAP P.55-H4
住 中山区港湾街20号名仕財富A座1階
TEL 400-6991019(無料電話、日本語可)
開 8:30～17:30(24時間往診可能)
休 無休
URL www.5ecare.com

▲2014年4月に開業した国際医療施設

概要と歩き方

遼東半島の最南端に位置し、東に黄海、西に渤海、南に海を隔てて山東半島を望む大連。日本をはじめ多くの外国企業が進出する経済先進地域であり、その繁栄ぶりから「北方の香港」と呼ばれる港湾都市である。

▲大連駅周辺に超高層ビルが林立している

大連の四季ははっきりしている。日本の仙台市、アメリカのサンフランシスコ市と同緯度にあるが、気候はモンスーン型温帯気候に属している。気温は春の平均気温が9.3℃、最も暑い8月の平均気温が24.2℃、秋の平均気温が13.2℃、最も寒い1月の平均気温が-4.9℃と、ほかの東北の都市に比べると温暖で過ごしやすい。市の南部には、老虎灘をはじめとしたビーチリゾートがあり、毎年夏になると中国各地から観光客が多く訪れる。大連は国内有数の観光地なのである。

歴史的に見ると、大連は三山浦と呼ばれる小さい漁村に過ぎなかった。ところが、19世紀後半、ヨーロッパ列国の侵略が本格的になると、清朝政府はその圧力に屈し、1898年、帝政ロシアとの間に旅順と大連を租借地とする条約を結ぶ。翌年、帝政ロシアの勅命により青泥窪一帯は、「ダーリニー」(ロシア語で「遠い」を意味する)とされる。その後、日露戦争を経て日本による直接統治(租借地)が始まった1905年、日本軍により現在の都市名である「大連」と正式に名づけられる。都市として大きく発展するにいたったその時代の遺構は、今も残っている。

気温は℃、降水量はmm

	1月	2月	3月	4月	5月	6月	7月	8月	9月	10月	11月	12月
平均最高気温	-1.1	0.4	6.2	14.0	20.1	24.2	26.7	27.5	23.9	17.9	9.4	2.2
平均最低気温	-8.3	-6.5	-1.1	5.6	11.6	16.5	20.7	21.4	16.7	10.1	1.8	-4.9
平均気温	-4.9	-3.3	2.2	9.4	15.5	19.9	23.3	24.2	19.9	13.7	5.5	-1.5
平均降水量	9.2	7.3	13.8	28.4	44.2	64.5	165.5	138.1	79.3	31.6	21.9	11.6

大連は坂道の多い町だ。だから、市内では自転車をほとんど見かけない。そのぶんバスや路面電車など公共交通機関が発達していて、市内観光には便利。中山広場や大連駅前は交通の拠点なので、ホテルはこのあたりで選ぶと便利だ。2018年9月現在、市内中心部の地下鉄区間はほぼ開通した。1号線は姚家から大連北駅を経て河口と、2号線は機場（空港）から中山広場を経て海之韻とを結ぶ。

おすすめの移動手段は路面電車。日本統治時代に敷設されたもので、現在は大連駅を中心に市街を東西に走る201路と、星海公園を経て海岸沿いに南へ行く202路の2系統がある。車両のタイプにも新旧いくつかあり、観光の記念に一度は乗車してみたい。

市内の見どころとしては、中山広場を中心に北に向かった旧ロシア人街や南の坂を上っていく旧日本人街など、この町の100年の歴史が刻まれた風景に出合えるだろう。また、南部には美しい海岸線が広がり、アジア最大の広さの星海広場などもある。

郊外観光のメインは、2010年に正式に外国人の立ち入りが全面的に開放された旅順だろう。旅順は日露戦争（1904〜1905年）の激戦地であり、約40年間にわたり日本の統治下にあったため、当時の建築や住居が多く残っている。ただし、旅順は軍港でもあり、軍の管轄下にある一部の施設は立ち入り禁止なので、散策するには注意が必要だ。

さらに、市の北方約20km、車で30分ほど走った場所に、日本企業など多くの外国企業が集まる大連経済技術開発区がある。その先には、ビーチリゾートの金石灘風景区がある。これらのエリアには大連駅から出ている快軌3号線を利用すると便利だ。

大連はイベントが多いことでも知られている。おもなものは、5月中旬のアカシア祭りやウオーキング大会、9月上旬の国際ファッション祭りなど。

▲ロシア建築の旅順駅

ワンポイントアドバイス
●旅順の歩き方
旅順は外国人に対して「全面開放」と公式に発表されたとはいえ、軍港であることは変わらない。海軍の管轄下にある旧閉塞記念碑や黄金山砲台は立ち入り禁止である。また「旅順歴史MAP」（→P.72）で紹介した「旧旅順医院」「旧関東州庁長官邸」「軍港游園」「旧旅順中学」「旧旅順高校」なども、軍および政府関係の施設なので、外観を眺めることしかできない。その場合も、門に警備兵が立っているのであまり刺激しないようにしたい。

▲夏季になると、東港で夜の噴水ショーがある

▲大連は中国でも有数の海水浴のメッカ。写真は棒棰島風景区

■1日本統治時代の建築の頭上にはるかを覆う高層ビルが並ぶ現在の大連市中心部の景観　2東港にある国際会議中心（**MAP P.55-H3**）　3大連駅前の旧「連鎖街」はかつての駅前商店街

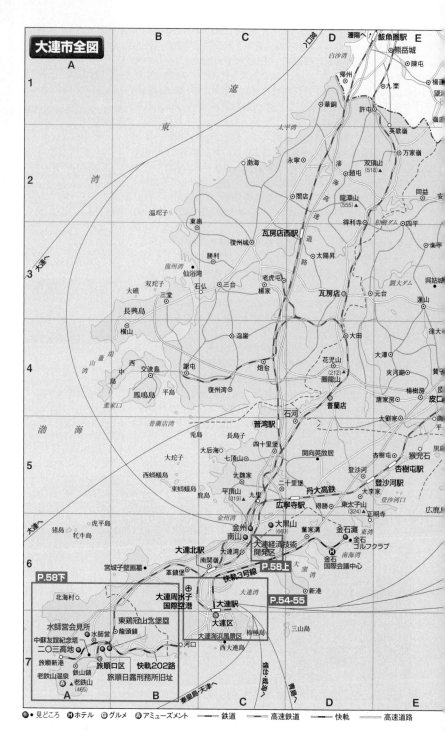

大連市全図

● 見どころ　🏨 ホテル　Ⓖ グルメ　Ⓐ アミューズメント　━━━ 鉄道　━━━ 高速鉄道　━━━ 快軌　━━━ 高速道路

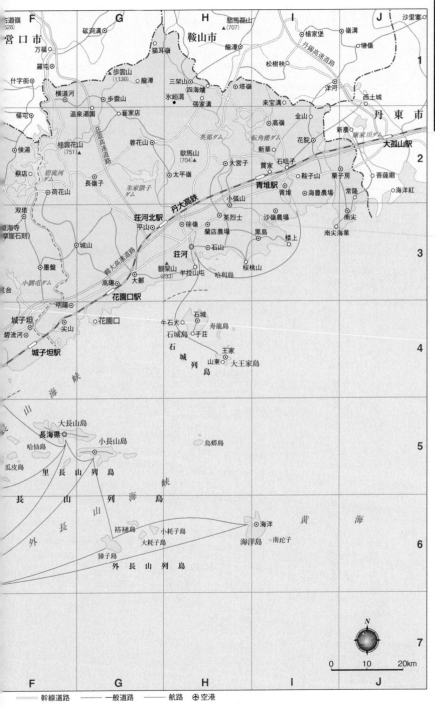

F　G　H　I　J

沙里寨

石道嶺
(628)
営口市

万福
羅屯
什字街
楊屯
倓湯
蔡店
双塔
墨盤

横道河
温泉湯園
桂雲花山
(751)▲
碧流河
ダム
荷花山
小劉屯ダム

猫耳嶺
歩雲山
(1130)
龍潭
歩雲店
崔家店
蕃花山
長嶺子
朱家腰子
ダム
城山
高麗
大鄭
明陽

砬洞溝
三架山
四海燼
氷峪溝
張家溝
歌馬山
(704)▲
太平店
荘河北駅
平山
徐嶺
観架山
(233)
半拉山屯

駱馬磊山
(707)
鞍山市
爛潭
塔嶺
来宝溝
英那ダム
大営子
小弧山
英烈士
蘭店農場
石山
哈利島
桜桃山

楊家堡
嶺溝
塘嶺
松樹秧
洋河
西土城
丹東市
高嶺
新華
青堆駅
青堆
沙嶺農場
黒島
楼上
南尖
南尖海業

丹錫高速道路
転角楼ダム
金山
花院
石咀子
鞍子店
青堆
栗子房
海豊農場
常隆

新農
孃家堰ダム
大孤山駅
菩薩廟
海洋紅

丹大高鉄
鶴大高速道路
荘河
花園口駅
尖山
花園口

牛石犬
石城島
石城列島
于荘
王家
山東島
大王家島
石城
寿龍島

城子坦
碧流河
城子坦駅

黄海

大長山島
哈仙島
瓜皮島
小長山島
里長山列島
長山外長
外長山列島
獐子島
褡褳島
大耗子島
小耗子島
海洋
海洋島
南坨子
烏嶝島

黄海

N

0　10　20km

═══ 幹線道路　── 一般道路　── 航路　⊕ 空港

53

F　G

甘北路
黄山砲台遺跡
甘井子駅
旧日本人街「甘井子」
大連化工公司埠頭
老甘井子
旧甘井子石炭埠頭
大連化学工業公司埠頭

H　J

水師営会見所へ→
蘇軍烈士陵園
←二〇三高地へ
松樹山堡塁　望台山砲台
二龍山堡塁
東鶏冠山北堡塁
旅順バスターミナル
旅順日露刑務所旧址
関東軍司令部旧跡博物館
日本関東法院旧跡陳列館
三里橋
孫家溝
万忠墓
旧関東神宮参道
区医院
旧旅順ヤマトホテル
区公安局
趙家溝
少年宮
電視大学
白玉山塔
友誼公園
軍港游園
軍港公園
金州艦
旅順商場市場
金山口
南子弾庫

旅順口

石油化工公司埠頭

大連市自然博物館跡地（旧満蒙資源館）
郵政埠頭
黒咀子碼頭
大連港
大連港務局
仁川行きフェリー乗り場
大連港候船庁
大連港フェリーターミナル
15庫　皇城老媽
e-care大連国際診療センター
貿易大世界
コンラッド大連
国際会議中心
港湾会議中心
ヒルトン大連
会議中心
温州城商品交易市場
東方威尼斯水城
猫的天空之城
海之韻広場

大連

P.56-57
旧大連税関

大連駅
中山広場
大連ロイヤルホテル
労働公園
慕容保健院
緑山健康楽園
大連観光タワー
船歌魚水餃
不二心
旧日本人街「文化台」
大連京劇団事務所（東本願寺旧址）
大連泰達美居酒店
フラマ南山花園酒店
大連医院
大連植物園
中山区

西崗区
伊洛小区
新起屯
画廊山
付家荘
付家荘風景区
銀花客舎

図書館
怡怡楼
秀月峰風景区
秀月峰
烏語林
北大橋
燕窩嶺風景区
燕窩嶺婚慶公園
西咀

一品誠記
唐家屯
虎灘北溝
虎灘小区
老虎灘
老虎灘楽園
老虎灘港
老虎灘海洋公園
品海楼
漁人碼頭
老虎灘湾
石槽
老虎牙

台子山
濱海怪坡
東山
鹿園
棒棰島風景区
棒棰島賓館
ゴルフ場
棒棰島海水浴場
棒棰島
棒棰島前
石槽村風景区

500m

2km

中山区

路面電車　地下鉄1号線　地下鉄2号線　--------- 遊覧船　⦿乗り換え駅

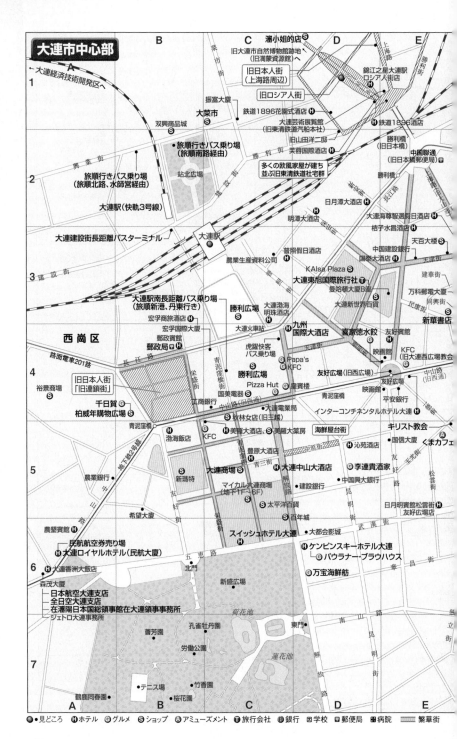

大連市中心部

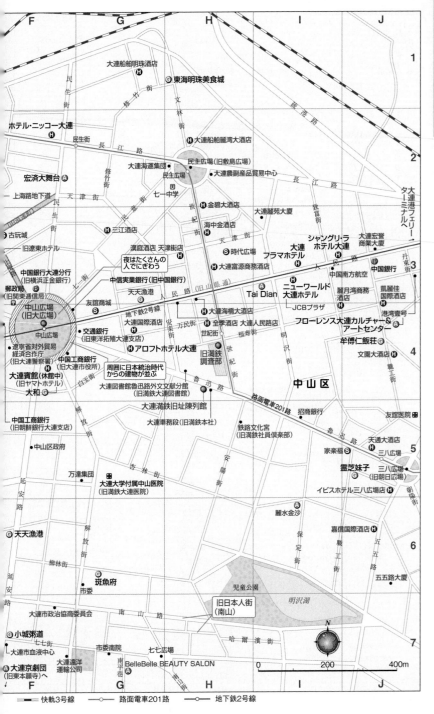

F G H I J

1

2

3

4

5

6

7

大連船舶明珠酒店 H

東海明珠美食城

ホテル・ニッコー大連 H

民生街 長江路

修竹街

宏済大舞台 A

上海路地下通

古玩城

中国銀行大連分行
(旧横浜正金銀行)

郵政局
(旧関東逓信局)

中山広場
(旧大広場)

中山広場

遼寧省対外貿易
経済合作庁
(旧大連警察署)

大連賓館(休館中)
(旧ヤマトホテル)

大和

中国工商銀行
(旧朝鮮銀行大連支店)

中山区政府

万達集団

天天漁港

延安路

斑魚府

市委

大連市政治協商委員会

小城粥道

七七街

大連市血液中心

大連京劇団
(旧東本願寺)へ

大連遠洋
運輸公司

大連海運集団

民主広場
園
七一中学

漢庭酒店 天津街店

三江酒店

夜はたくさんの
人でにぎわう

中信実業銀行(旧中国銀行)

天天漁港

大連国際酒店

地下鉄2号線

大連商城

交通銀行
(旧東洋拓殖大連支店)

中国工商銀行
(旧大連市役所)

アロフトホテル大連

周囲に日本統治時代
からの建物が並ぶ

大連図書館魯迅路外文文献分館
(旧満鉄大連図書館)

大連満鉄旧址陳列館

大連車務段(旧満鉄本社)

杏林街

大連大学付属中山医院
(旧満鉄大連医院)

解放街

柳林街

延安路

市委

南山路

市委南院

七七広場

南平巷

BelleBelle BEAUTY SALON

民主広場(旧敷島広場)

大連船舶龍湾大酒店 H

大連農副産品貿易中心

金碧大酒店 H

大連麗苑大廈

海中金酒店 S

時代広場 S

大連富源商務酒店 H

大連海橋大酒店 H

全季酒店 大連人民路店 H

世紀街

福源街

路面電車201路

鉄路文化宮
(旧満鉄社員倶楽部)

児童公園

旧日本人街
(南山)

哈爾濱街

大連

フラマホテル H

シャングリ・ラ
ホテル大連

大連宏誉
商業大廈

中国銀行

中国南方航空

ニューワールド
大連大ホテル

Tai Dian A

JCBプラザ

フローレンス大連カルチャー&
アートセンター

牟傅仁飯荘

文園大酒店 H

中山区

鲁迅路

招商銀行

友誼医院

天通大酒店

家楽福 S

三八広場 S

霊芝妹子

三八広場
(旧朝日広場)

イビスホテル三八広場店 H

麗水金沙 A

嘉信国際酒店 H

保定街

職工街

五五路大廈

明沢湖

N

0 200 400m

快軌3号線 ━━━ 路面電車201路 ━━━ 地下鉄2号線

大連港フェリー
ターミナルへ

麗月湾商務
酒店

凱麗佳
国際酒店

港湾壹号

57

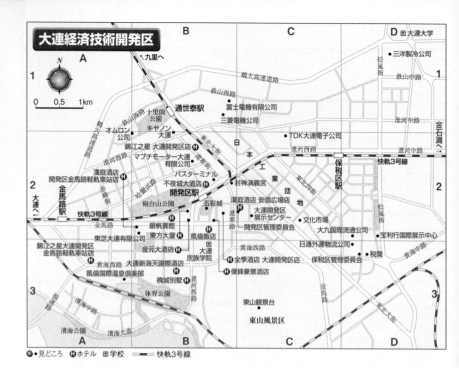

大連経済技術開発区

P.55右上

●•見どころ　Ｈホテル　図学校　━━━快軌3号線

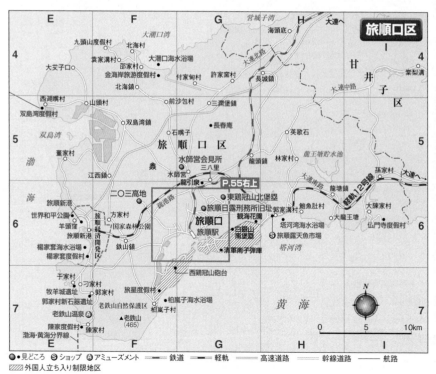

旅順口区

●•見どころ　Ｓショップ　Ａアミューズメント　━━鉄道　━━軽軌　━━高速道路　━━幹線道路　━━航路
▨▨外国人立ち入り制限地区

Access

空港見取図→P.308　中国国内の移動→P.318　鉄道時刻表検索→P.319

✈ 飛行機　市区の西北約11kmに位置する大連周水子国際空港（DLC）を利用する。日中間運航便が6路線あるほか、韓国の仁川との間に毎日運航便がある。国内線は主要都市との間に運航便がある。

国際線 成田（22便）、関西（23便）、中部（4便）、福岡（7便）、富山（2便）、広島（5便）。

国内線 北京、上海、広州など主要都市との間に毎日運航便があるほか、ハルビン、延吉、ジャムス、ハイラルなどの東北地方内の便もある。

所要時間(目安) 北京首都（PEK）／1時間20分　上海浦東（PVG）／1時間50分　広州（CAN）／3時間30分　延吉（YNJ）／1時間30分　ハイラル（HLD）／2時間10分

🚅 鉄道　大連駅または大連北駅を利用する。両駅からは、瀋陽、長春、丹東などとの間に高速鉄道が運行。大連北駅からはハルビン西駅、北京駅や北京南駅との間に高速鉄道が出ている。

所要時間(ダイヤの段) 瀋陽駅（sy）／高鉄2時間、長春駅（cc）／高鉄3時間35分　ハルビン西駅（hbx）／高鉄4時間15分　丹東駅（dd）／動車2時間　吉林駅（jl）／高鉄4時間20分　北京駅（bj）／動車6時間20分、直達（夜行）10時間34分　延吉西駅（yjx）／高鉄6時間

🚌 バス　おもな長距離バス乗り場は3つある。大連駅南長距離バス乗り場、大連駅北口の大連建設街長距離バスターミナル、虎灘快客バス乗り場だ。なお、旅順へは大連駅南長距離バス乗り場や北口の站北広場北側のバス乗り場から乗車する。

所要時間(目安) 旅順／1時間　丹東／4時間　金州／1時間　本渓／5時間

Data

飛行機

大連周水子国際空港（大連周水子国際机场）
MAP P.54-B1
住 甘井子区迎客路100号　**TEL** 96600
URL www.dlairport.com
移動手段 地下鉄／2号線「机场」徒歩3分　エアポートバス／国内線出口から出ている。人民路、中山広場、友好広場、民航大廈に停車。20分間隔で運行、10元、所要30分が目安　タクシー／（空港～中山広場）30元、所要20分が目安

民航航空券売り場（民航售票処）
MAP P.56-A6
住 中山区中山路143号民航大廈　**TEL** 国内線＝83612888　国際線＝83612222　**営** 国内線7:00～20:00　国際線8:00～18:00　**C** 不可
移動手段 地下鉄／2号線「青泥洼桥」徒歩5分　路線バス／15、409、532、701、702、710路「希望广场」

日本航空大連支店（日本航空大連支店）
MAP P.56-A6
住 西崗区中山路147号森茂大廈4階　**TEL** 400-8880808　**営** 9:00～17:00　**休** 土・日曜、祝日　**URL** www.jal.co.jp
移動手段 民航航空券売り場に同じ

全日空大連支店（全日空大連支店）
MAP P.56-A6
住 西崗区中山路147号森茂大廈1階　**TEL** 400-8828888　**営** 9:00～17:00　**休** 土・日曜、祝日　**URL** www.ana.co.jp
移動手段 民航航空券売り場に同じ

鉄道

大連北駅（大連北站）
MAP P.52-C6
住 甘井子区華北路　**TEL** 共通電話＝12306
移動手段 地下鉄／1号線「大連北站」徒歩1分　タクシー／（大連北駅～中山広場）50元、所要30分が目

安　バス／（大連北駅～大連駅）10元、所要30分が目安　路線バス／1、8、516、908、909路「大連北站」

大連駅（大連火車站）
MAP P.56-C3
住 中山区長江路260号　**TEL** 共通電話＝12306
移動手段 地下鉄／2号線「友好广场」徒歩3分　路面電車／201路　トロリーバス／101路　路線バス／7、30、31、909路ほか「大連火車站」

バス

大連駅南長距離バス乗り場（大連站南汽車站）
MAP P.56-C4
住 中山区長江路勝利広場　**TEL** 82503633　**営** 5:20～19:00
移動手段 路面電車／201路　トロリーバス／101路　路線バス／7、30、31、909路ほか「大連火車站」
丹東行き1日8便（最終14:40）、金州行き約30分に1便（最終17:30）、旅順新港行き1日14便（最終17:50）。

大連建設街長距離バスターミナル（大連建設街汽車站）
MAP P.56-B3
住 西崗区建設街36号　**TEL** 83763369　**営** 5:30～20:00
移動手段 路面電車／201路　路線バス／7、30、31路ほか「大連火車站」、地下道を北へ徒歩8分
桓仁行き6:30、通化行き7:00、集安行き11:20。

船

大連港フェリーターミナル（大連港客運站）
MAP P.55-H3
住 中山区港湾街1号　**TEL** 82625612　**営** 6:00～22:30
移動手段 地下鉄／2号線「湾港广场」徒歩3分　路線バス／11、13、708路「码头」
煙台行き1日7便、威海行き1日1便、韓国仁川行き週3便（月水金）。

タクシー

初乗り3km未満10元、3km以上1kmごとに2元加算。22:00～5:00は初乗り3km未満10.4元、3km以上1kmごとに2.34元加算。燃油代は不要。

地下鉄

大連周水子国際空港から市内をつなぐ地下鉄2号線が2015年5月に開通。海之韻までの全21駅で、所要約50分。2015年10月に地下鉄1号線も開通。高速鉄道の玄関口である大連北駅のすぐ北を起点として南下して河口にいたる。全22駅、所要約1時間。運賃は2～5元。2017年6月に旅順新港から河口までの軽軌12号線が開通したため、地下鉄1号線から河口で乗り継いで旅順に行ける。
※大連地下鉄公式サイト
URL dlsubway.com.cn

▲空港まで1本で行ける地下鉄2号線は、いずれ大連北駅まで延伸する計画

バス

大連では空港ターミナル外の虹港路と市区中心の中山広場、港湾橋、二七広場を結ぶ710路や、大連駅と中山広場や人民路を結ぶ30路などが便利だ。運行時間の目安は5:30～21:30、運賃1元。909路など一部の路線は2元になる。
※大連バス URL dalianbus.com

▼観光循環バス（旅游环路）
5月上旬から10月上旬まで運行している。

●昼間便
大連駅前から星海公園を経て海岸沿いを反時計回りに周遊。運行時間の目安は8:30～16:30の間約30分に1便。20元。
大連駅→人民広場→会展中心→貝殻博物館→森林動物園南門→付家荘→燕窩嶺婚慶公園→北大橋→鳥語林→虎灘楽園→漁人碼頭→石槽→棒棰島前→棒棰島→港湾広場→中山広場→大連駅
●夜景便
大連駅前から夜景を眺めながら星海広場で下車。運行時間の目安は19:00～21:00の間30分に1便。10元。

路面電車

201路（興工街～海之韻公園）、202路（興工街～小平島前）の2路線がある。かつて日本やロシアが統治した当時の建築物の脇を走る光景は印象的だ。運賃は乗車時支払いで1元。201路は大連火車站をまたがって乗車する場合は、さらに追加の1元を支払う。運行時間の目安は4:40～23:45で約5分おきに運行。

▲201路には旧型電車を復元した車両も多い

快軌3号線

大連駅と開発区、さらに金石灘を結ぶ都市鉄道。2008年には開発区駅から北へ金州方面への支線も開通した。運賃は1～8元で、開発区までは約30分（4元）、金石灘までは約50分（8元）。大連駅の北口から出発。運行時間の目安は6:30～20:30の間10分に1便。

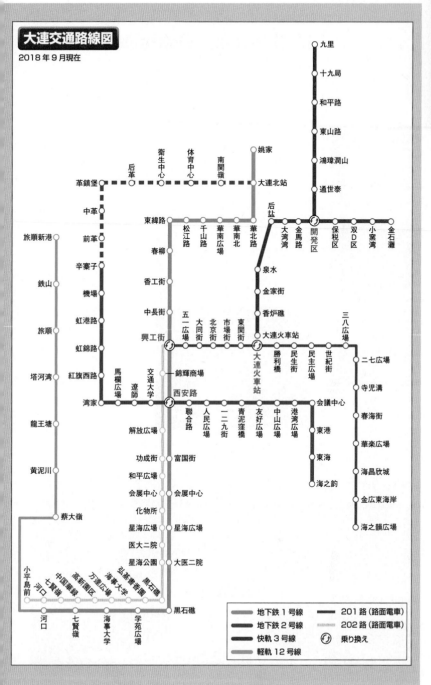

大連交通路線図

2018年9月現在

▬▬ 地下鉄1号線	▬▬ 201路 (路面電車)
▬▬ 地下鉄2号線	▬▬ 202路 (路面電車)
▬▬ 快軌3号線	Ⓢ 乗り換え
▬▬ 軽軌12号線	

九里
十九局
和平路
東山路
鴻瑋潤山
通世泰

姚家
大連北站
后盐

革鎮堡　后革　衛生中心　体育中心　南関嶺　大連北站
東緯路　松江路　千山路　華南広場　華北路　大湾湾　金馬路　開発区　保税区　双D区　小窯湾　金石灘

中革
前革
辛寨子
機場
虹港路
虹錦路
紅旗西路
湾家

旅順新港
鉄山
旅順
塔河湾
龍王塘
黄泥川
蔡大嶺

春柳
香工街
中長街
興工街
馬欄広場
遼師
交通大学
西安路

五一広場
大同街
北京街
市場街
東関街
大連火車站

泉水
金家街
香炉礁

三八広場
勝利橋　民生街　民主広場　世紀街　二七広場
錦輝商場
人民広場　一二九街　青泥窪橋　友好広場　中山広場　港湾広場　会議中心　寺児溝
聯合路　　　　　　　　　　　　　　　　　東港　春海街
解放広場　　　　　　　　　　　　　　　東海　華楽広場
功成街　富国街　　　　　　　　　　　海之韵　海昌欣城
和平広場
会展中心　会展中心　　　　　　　　　　　　金広東海岸
化物所
星海広場　星海広場　　　　　　　　　　　海之韻広場
医大二院
星海公園　大医二院

小平島前　七賢嶺　中国農園区　高新園区　万達広場　海事大学　弘基書香園　黒石礁
河口　　　　　七賢嶺　　　　海事大学　学苑広場　　黒石礁

61

中山広場／中山广场

ちゅうざんひろば／zhōngshān guǎngchǎng

日本時代のコロニアル建築に囲まれた

大連は広場の町である。なかでも最も美しいのが中山広場だ。市中心部の道路は、すべてこの直径213mの広場を中心として放射状に延びている。

日本の統治時代は大広場（ロシア統治時代はニコラヤフ広場）と呼ばれたこの広場の周りには、当時建てられた特徴ある10棟の欧風建築物が立ち、現在も政府の各機関や金融機関として利用されている。代表的なのは、本格的三層構成古典様式を誇る大連賓館（旧ヤマトホテル　1914年）、バロック様式の中国銀行大連分行（旧横浜正金銀行大連支店　1909年）、中国工商銀行大連分行（旧大連市役所　1920年）など。中山広場を挟んで大連賓館と中国銀行大連分行が向き合う姿は壮観である。これらは大連の近代建築の代表といっても過言ではない。

広場には夕食の終わる頃ともなると、多くの人々が集まる。鳩に餌をあげる親子連れや羽子板の羽子のような鶏毛鍵（中国版けまり）で遊ぶ若者、楽しそうに語り合うカップルなど、リラックスした市民の素顔が見られる。大連賓館または中国銀行大連分行の前にある横断歩道を渡って、広場の大きさを体感してみたい。2015年5月に地下鉄2号線が開通し、広場の地下に中山広場駅ができたので、アクセスが便利になった。

中山広場
MAP P.57-F4
住 中山区中山広場
TEL なし
開 24時間
料 見学自由
アクセス 地下鉄2号線「中山广场」。7、15、16、19、23、30、40路バス「中山广场」

▲ライトアップされた中国銀行大連分行と背後の高層建築のコントラストが美しい

▲大連賓館の豪華な外観はライトアップされると夢の御殿のように見える

▲祇園祭の山車をモチーフにした塔をのせた中国工商銀行（旧大連市役所）の建物も日本統治時代の遺産

▲近くのホテルから見下ろした中山広場

▲大広場と呼ばれた日本統治時代の中山広場

大連駅／大连站

だいれんえき／dàlián zhàn

上野駅を模して設計されたといわれる

　不凍港を求めて南下した帝政ロシアにより1903年に建設された小さな駅舎が、日露戦争後、日本の手に渡り、現在のモダンなデザインに再建された。ただし、現在の南側から見える駅舎のデザインになったのは1937年のこと。設計は満鉄の太田宗太郎。乗降客の流れを立体的に分離した空港のような斬新な設計で、出発は2階、到着は1階とフロアが分かれている。外観は上野駅や小樽駅に似ているといわれる。

　駅舎の北側は2001年から増改築工事が行われ、初代駅舎竣工100周年の2003年8月に完成。待合室は収容1000人を誇る。東北地方の各都市や天津、北京、上海と結んでおり、2012年12月に開通した高速鉄道は瀋陽や長春方面の一部便のみ発着。ハルビンや北京へは、大連北駅から出る。

▲完成当時は大陸の玄関口として最先端の駅舎だった

大連港／大连港

だいれんこう／dàlián gǎng

100年の歴史を誇る中国有数の良港

　その歴史は、1898（清の光緒24）年に帝政ロシアが遼東半島南部を清朝から租借し、商業用の港湾を建設したことに始まる。大連湾の西南部に位置し、水深が深く、冬でも凍らない天然の良港。中国北方を代表する国際貿易港だ。

　日露戦争に勝利した日本が帝政ロシアのあとを受け、東清鉄道を手本に設立した南満洲鉄道株式会社（略称は満鉄）を中心に整備を進めた。現存する建築物のなかにも、日本統治時代に竣工したものが少なくない。日本の敗戦後、この地を接収したのはソ連で、中華人民共和国に返還されたのは、終戦から15年もたった1960年のことだった。

　その後、多くの資本が投入され、数万トン級の接岸埠頭を多数備える近代的な商業用港湾となったが、現在はその役割を大連経済技術開発区の港に移し、天津や山東半島各地への旅客フェリーの発着港となっている。

▲かつて大陸の玄関口だった大連埠頭入口は再開発のため現在は存在しない

▲出発は2階から。階段を下りてプラットホームへ

▲駅に入るには手荷物検査がある

▲1924年竣工の大連第二埠頭船客待合室（現大連港フェリーターミナル）は、映画『ラストエンペラー』で溥儀が家庭教師ジョンストンを見送る場面のロケ地に使われた

▲日本統治時代の大連港には、日本から多数の航路があった

大連満鉄旧址陳列館

MAP P.57-H4

- 住 中山区魯迅路9号
- TEL 62628045
- 開 9:00～16:00、
- 休 土・日曜　料 70元
- アクセス 地下鉄2号線「中山広場」。
　19、515、517路バス
　「中山広場」

ワンポイントアドバイス

●見学は要予約
大連満鉄旧址陳列館の訪問者は現状では少ないため、見学したい場合は、前日までに電話(日本語可)で予約を入れ、訪問時間と人数を伝えること。

▲公開された満鉄総裁室とその秘書室

▲現大連鉄道局の建物の一部を開放している

大連満鉄旧址陳列館／大连满铁旧址陈列馆

だいれんまんてつきゅうしちんれつかん／dàlián mǎntiě jiùzhǐ chénlièguǎn

南満洲鉄道株式会社の遺構、ついに開放

　もとは日本の満洲支配の象徴として知られる南満洲鉄道株式会社(満鉄)の旧本社屋。日露戦争の結果、日本が獲得した大陸の利権を有効に活用することを目的に、半官半民の同社を設立したのが1906年。初代総裁は台湾の民政長官として殖産興業による経済発展が評価されたことで起用された後藤新平だ。満鉄は帝政ロシアの東清鉄道にならい、鉄道付属地の都市建設や港湾建設も積極的に行った。民間会社といいながら、その実態は政府直属の機関そのものだった。

　2007年9月、満鉄100周年を記念して、旧満鉄本社の一部とホールの復元と開放が行われ、満鉄総裁室の見学が可能となった。当時の机や書棚、会議卓などが当時あった場所に配置され、写真や資料が展示されている。金庫室や会議室も見学できる。

▲陳列館の壮麗なエントランス

▶当時の関連資料や満鉄で使われた食器類の展示がある

▲満鉄の誕生から解体にいたる歴史が写真付きで展示されている

人民広場

MAP P.54-E4

- 住 西崗区人民広場
- TEL なし　開 24時間
- 料 見学自由
- アクセス 地下鉄2号線「人民広場」。
　15、16、19、532、708、
　710路バス「人民広場」

▲大連名物の美人警官の乗馬姿もここで見られる

人民広場／人民广场

じんみんひろば／rénmín guǎngchǎng

婦警さんの交通整理姿が見られる

　人民広場は大連駅の南西に位置。広場の北側には大連市人民政府(旧関東州庁)、西側には大連市司法局(旧高等法院)などの日本統治時代の建築が立っている。現在、広場には芝が植えられ、公園内で凧揚げをする人の姿などが見られる。大連市の婦警さんによる手信号の交通整理姿も見られる。

▲大連市人民政府(旧関東州庁)は1937年創建

旧ロシア人街／俄罗斯风情街

きゅう　　　じんがい／éluósī fēngqíngjiē

ロシア風建築の並ぶ美しい通り

　大連駅から路面電車の走る長江路に沿って北東に進むと、鉄道をまたいで架かる勝利橋(旧日本橋)がある。その橋を渡ると、タマネギ屋根のロシア風建築の並ぶ旧ロシア人街(2000年に復元)がある。かつてこの界隈はロシア人居住区だったため、日本では見ることのできないロシア風家屋が残っていたが、現在は再開発されている。今そこにロシア人居住者の姿を見ることはないが、通りを歩くロシア人観光客の姿は目にする。通りのいちばん奥にある瀟洒な建物は、旧大連市自然博物館(ロシア統治時代はダーリニー市役所。日本統治時代は最初は満鉄本社、次にヤマトホテル、そして満蒙資源館として使われる)だが、現在は使われていない。

▲復元された旧ロシア人街

旧ロシア人街
MAP P.56-D1
住 西崗区団結街
TEL なし
開 24時間
料 見学自由
アクセス 40、403、526路バス「胜利桥北」

▲マトリョーシカのみやげ物も売られる

① 勝利橋(旧日本橋)を渡ると旧ロシア人街　② 旧満鉄総裁邸宅　③ メイン通りの裏手の旧ロシア人街は再開発され、ホテルができていた(2013年)　④ 大連芸術展覧館は1902年東清鉄道汽船株式会社として建てられた　⑤ 旧大連市自然博物館　⑥ ロシア建築のいくつかは、国内の有名ビジネスホテルチェーンとして使われている　⑦ 旧ロシア人街の夕闇は幻想的

▲表札の跡から日本人の住まいとわかる

旧日本人街／旧日本人街

きゅうにほんじんがい／jiùrìběnrénjiē

まだ残る日本時代の住居と建築

　約40年にわたる日本統治時代の中核都市として発展した大連には、終戦後、多くの日本住居や都市施設が残された。日本人が立ち退いたあとは政府に引き継がれ、市民が移り住んだが、70数年を経た今日も、その一部は使われている。ただし、一部の重要建築を除き、一般家屋は老朽化しており、経済成長にともなう再開発で次々と姿を消しつつある。また大連市民は当時の家屋を売り払い、郊外のマンションに移り住んでいるため、現在の住人は「外地人」と呼ばれる地方出身者である場合が多い。

　今日、日本統治時代の建築や住居が比較的残っているのは、以下のエリアである(実際には現地で「旧日本人街」と呼ばれているわけではない)。20世紀前半に一世を風靡したモダン建築のシルエットの美しさや、昭和を感じさせるレトロな住宅のデザイン、日本人の身体感覚にフィットする街の造りなど、その時代を知らない日本人にとっても懐かしい風景に出合えるはずだ。

●上海路周辺

　最初に大連を建設したロシア人が多く住んでいたエリアで、現在は「旧ロシア人街」(→P.65)としてテーマパーク化が進んでいる。日本時代は北大山通、児玉町、乃木町と呼ばれた。毎日新聞大連支局や日本橋図書館(大連芸術展覧館)、満蒙資源館(廃墟)などが残っている。

1逓信省官舎。日本人が最初に大連に住み着いた場所といわれる　2旧日本橋(勝利橋)　3旧大連満鉄育成学校　4旧連鎖街の銀座通り(栄盛街)の絵はがき　5現在の栄盛街　6かつて「常盤座」という劇場兼映画館があった場所　7旧満鉄社員倶楽部。奥の建物の中には立派なホールが現存　8旧柳町の市営住宅　9旧鏡ヶ池(児童公園)　10沙河口駅　11かなり老朽化した沙河口満鉄社宅　12旧沙河口小学校

●旧連鎖街

大連駅前に残る日本統治時代の駅前商店街と考えればいい。周辺に次々と高層建築が建設されるなか、町のサイズがひと回り小さく、昭和の時代にタイムスリップしたような不思議な感覚が味わえる。かつてのカフェや洋品店は姿を消したが、三船敏郎の父親が経営していた「スター写真館」のあったビルは健在だ。

●南山

中山広場の南に広がる緩やかな高台には、満鉄関連の文化遊興施設や、市民のための病院、公園、住宅地などがあった。当時の要人の邸宅の一部は政府が接収したまま活用しているが、一般住宅は老朽化が進み、解体と再開発が進んでいる。

●沙河口

市西部の沙河口には満鉄大連工場があった関係で、労働者の社宅や遊興施設、子弟の学校などがたくさんあった。その多くは現在も残っている。

●甘井子

日本統治時代と変わらぬ町並みが最も多く残っているのは、旧大連石炭埠頭に近い甘井子かもしれない。満鉄関係の社宅や学校、消防署や交番などの都市施設がそのまま使われている。

●文化台

市街地から南に、かつて大連市民の身近な行楽地として知られた老虎灘に向かう途中の高台は「文化台」と呼ばれ、一戸建ての多い高級住宅街だった。

ワンポイントアドバイス

●大連の旧日本人街詳細
大連世界旅行社のウェブサイトが詳しい。このサイトに紹介されている場所を訪ねたい場合は、メールで問い合わせのこと。
URL www.t-railway.com
メール dlorientaru@yahoo.co.jp

▲旧連鎖街に残る三船敏郎の父親が経営していた「スター写真館」のビル

▲甘井子満鉄社宅のある部屋で

甘井子
文化台
都市施設
学校

13甘井子消防署　14甘井子満鉄化学社宅　15甘井子小学校　16文化台の絵はがき　17現在の文化台（文化街）も静かな住宅街だが、家屋はかなり傷んでいる印象　18文化台の外れにロシア人墓地があった（現存）　19旧大連三越百貨店（大連駅前）　20旧亜細亜ホテル（長江路）21旧満鉄図書館は現在、大連図書館魯迅路分館　22旧伏見台小学校（大連市実験小学校）　23旧昭和女学校　24旧大連一中（大連理工大学）

67

星海広場

MAP P.54-D6

- 住 沙河口区星海広場
- TEL なし
- 開 24時間
- 料 見学自由
- アクセス 地下鉄1号線「星海広場」。16、22、23、27、404、531、901路バスまたは観光循環バス（旅游环路）「会展中心」

▲星海広場のそばに海水浴場がある。2015年1月に開通した星海湾大橋が見える。遊覧船（150元）も出ている

MAP P.54-D6

- 住 沙河口区会展路10号
- TEL 84800188
- 開 9:00～16:00
- 休 月曜 料 無料
- URL modernmuseum.dl.gov.cn
- アクセス 地下鉄1号線「会展中心」。路面電車202路、18、22、404路バス「会展中心」

▲大連神社の太鼓を展示

▲星海広場の北端にある

老虎灘

MAP P.55-H7

- 住 中山区老虎灘
- TEL なし
- 開 24時間
- 料 見学自由
- アクセス 2、4、30、403、404路バス「老虎灘」

▲現存する一方亭は名古屋城を模して日本統治時代に建てられた高級料亭だった

星海広場／星海广场

せいかいひろば／xīnghǎi guǎngchǎng

アジア最大を誇る巨大な広場

　大連市の南方に位置するアジア最大の広場。香港返還を記念して1997年に建造された。市制100周年の1999年を記念して広場中央の円の直径を199.9mにし、香港返還時に高さ19.97mの「華表」と呼ばれるモニュメントを建てた（2016年7月下旬、華表は取り壊された）。とにかく巨大で、端から端まで歩くのは大変。周辺には海鮮レストランの入ったビルが並び、7月には大連ビール祭り、9月にはファッション祭りの会場ともなってたいへんににぎわう。

▲ビール祭りの会場はボリュームいっぱいの音楽であふれている

大連現代博物館／大连现代博物馆

だいれんげんだいはくぶつかん／dàlián xiàndài bówùguǎn

大連の歴史をわかりやすく紹介

　一般に大連の都市化は19世紀後半にロシア帝国がこの地に進出し、港湾施設を建設したことに始まるとされるが、この博物館のメイン展示である「近代大連」では、アヘン戦争の1840年から1949年の中華人民共和国建国にいたる歴史を扱っている。興味深いのは、ほかの中国の歴史博物館とは異なり、1904～1945年の日本統治時代を含めたその期間を「多元文化的交流与融合」の時代と位置づけ、当時の町の様子や人々の日常の暮らしを紹介していることだ。日本の関わる歴史を公平に扱おうとする姿勢が見られることは中国では希有ともいえる。ぜひ訪ねてほしい。

▲路面電車の走る20世紀初頭の大連

老虎灘／老虎滩

ろうこたん／lǎohǔtān

大連を代表する海辺の景勝地

　約4kmの美しい海岸線と断崖絶壁の岩場に囲まれた大連市南端に広がる景勝地。老虎灘広場には中国を代表する彫刻家、韓美林による長さ35mの巨大な6匹の虎のモニュメント「群虎彫像」がある。周辺には野鳥園やウミツバメの巣が点在する燕窩嶺などがある。海沿いは洋館の並ぶビーチリゾートとして開発された。海鮮レストランが多く、「漁人码头（埠頭）」と呼ばれる。おしゃれな雰囲気で食事を楽しめる。

▲漁人码头には漁船がたくさん係留されている

郊外の見どころ

二〇三高地／二〇三高地
にひゃくさんこうち／èrlíngsān gāodì

日露戦争最大の激戦地

1895年、日清戦争で日本が清に勝利すると、ヨーロッパ列強による中国侵略が本格化していった。1904年2月、日本とロシアは、朝鮮半島そして中国東北地区の支配権をめぐり、ついに激突。日露戦争（1904～1905年）が始まった。

帝政ロシアは、1898年に清朝から東清鉄道支線の敷設権を獲得し、遼東半島南部を租借（25ヵ年）してからは、旅順に要塞と軍港を建設して極東艦隊を配備し、極東における一大軍事拠点とした。

日露戦争が開戦すると、日本はさっそく旅順攻略に取り組み、2月中に海軍がロシア艦隊を攻撃し、徐々にロシア艦隊を弱体化させていった。8月には陸軍も総攻撃を開始したが、乃木希典将軍の率いる軍は多大な損害を受け、なかなか旅順を陥落させることができなかった。10月に入り、ロシアのバルチック艦隊が極東方面に向け出航すると、その到着前に是が非でも旅順を攻略しなければならなくなった。

1904年11月26日に第3回旅順総攻撃が開始され、高台を占領して旅順市内に砲撃を加える作戦が採用された。翌27日からは二〇三高地に対する奪取作戦が始まったのだが、またしても乃木将軍は大きな損害を出し（彼の息子もこの戦闘で戦死）、12月5日によようやく二〇三高地を占領した。

日露戦争後、乃木将軍は高地に散乱していた砲弾などを集め、山頂に「爾霊山」と記した弾丸型の記念碑を建立して、戦死者を弔った。現在でもこの記念碑は残っており、見晴らしのよい風景と合わせ、旅順有数の観光名所となっている。

二〇三高地
MAP P.58-F6
住 旅順口区203高地
TEL 86398277
開 5月～10月上旬
　7:30～17:30
　10月中旬～4月
　8:00～16:00
休 無休　料 無料
アクセス 5路バス「石板橋」。旅順口区内からタクシーで片道20元、所要20分が目安

▲戦死した乃木希典陸軍大将の次男保典の碑。実物は旅順日露刑務所旧址に展示されている

ワンポイントアドバイス
●旅順へのアクセス
旅順へは、タクシーを利用すれば所要40分ほどだが、バスで行く場合は大連駅南長距離バス乗り場や大連駅北側広場からバスが出ている。2017年6月に旅順新港から河口までの軽軌12号線が開通したため、地下鉄1号線から終点の河口で乗り継いでそのまま旅順に行けるようになった。ただし、接続がよくないためこの行き方は時間がかかるので一般的ではない。

1爾霊山記念碑　2砲台は当時のものではない　3二〇三高地の麓には、旅順桜の公園がある（5月開花）　4ロシア軍の塹壕跡

住 旅順口区
TEL 86287271
開 5～9月6:30～17:30
　　10～4月8:00～16:00
休 無休
料 無料
アクセス 旅順口区内からタクシー
　　で片道20元、所要20分が
　　目安

▲1926年に建立された記念碑

▲ロシア軍で最も有名なコンド
ラチェンコ少将の慰霊碑

住 旅順口区
TEL なし
開 24時間
休 無休
料 無料
アクセス 東鶏冠山北堡塁の西へ
　　車で3分

▲大砲には1899年ロシア製の刻
印が残る

東鶏冠山北堡塁／东鸡冠山北堡垒

とうけいかんざんきたほるい／dōngjīguānshān běibǎolěi

二〇三高地と並ぶ日露戦争時の激戦地

　東鶏冠山北堡塁は水師営会見所の南東に位置する東鶏冠山に築かれた日露戦争時のロシア側防御要塞跡。1900年から4年かけて造ったコンクリートのトーチカである。当時は約30門の大砲が配備され、1904年8月19日から24日の第1回旅順総攻撃では、攻撃した日本軍が全滅した。その後トンネルを掘り、敵陣を地下から爆破し、肉弾戦に持ち込み、12月18日かろうじて陥落させたが、死傷者は日本側では9000人を超え、ロシア側守備兵もほぼ全滅したという激戦地であった。

　堡塁内には旅順日露戦争陳列館という展示施設もあり、ここでは日露戦争時の旅順のジオラマを造り、各要塞の位置や高さがわかるようになっている。

▲ロシア軍の司令部跡

望台山砲台／望台山炮台

ぼうだいさんほうだい／wàngtáishān pàotái

標高185mの高台にある砲台跡

　東鶏冠山北堡塁のすぐ西にある。旅順防備のためロシア軍が造った砲台のうち、最も高い標高185mの場所にある。1905年1月1日に日本軍に占領され、これをもって旅順の開城となった。中国側の資料によると、この砲台を造るため、ロシアは中国人労働者2000人を苦役として使い、半月かけて山頂まで大砲を運ばせたという。旅順攻略戦の舞台となったロシア軍の堡塁のほとんどを見渡せる。

▲2門の大砲が碑とともに山上にある

水師営会見所／水师营会见所

すいしえいかいけんじょ／shuǐshíyíng huìjiànsuǒ

日露両軍会見の地

　二〇三高地の陥落を受け、1905年1月1日旅順総司令官ステッセル中将から降伏の申し入れがあり、翌日日本側がこれを受け入れ、旅順での戦闘は終了した。そして、1月5日に乃木将軍とステッセル中将が水師営で会見を行った。

　現在見どころとなっているのは、1996年に当時の資料に基づき再建されたもの。右側の部屋が日本側の室で左側がロシア側の室、会見はロシア側の室で行われたとされる。そこには会見の模様を記述した解説図や、両国代表の集合写真などが展示されている。敷地内には、ステッセル中将が乗ってきたアラブ産の白馬（会見後、乃木将軍に贈られた）がつながれたというナツメの木もあるが、当時のものではない。なお、水師営とは、1715（清の康熙54）年に康熙帝がこの地に設けた軍隊の駐屯地の名前に由来する。

▲水師営会見所のゲート

旅順駅／旅順站

りょじゅんえき／lǚshùnzhàn

木造白壁のしゃれた駅舎

　帝政ロシア時代に建てられた東清鉄道の終着駅、旅順の駅舎は、木造白壁に緑の丸屋根がのったエキゾチックでおしゃれな駅舎だ。ロシアが東清鉄道の最南端の駅として建設し、1903年に大連からの線路が開通。現在の駅舎は1906年に満鉄がロシア人設計士に建てさせたもの。2005年に改築され、きれいになった。ただし、現在旅順駅に発着する列車はない。駅は切符売り場としてのみ利用されている。

▲東北地方でも珍しいヨーロッパ式駅舎

水師営会見所
MAP P.58-G5
住 旅順口区水師営
TEL 86233509
開 8:30～17:00
休 無休
料 無料
アクセス 8、9、10、12路バス「水師営」。旅順口区内からタクシーで片道30元、所要25分が目安

▲当時野戦病院として使われた

▲蘇軍烈士陵園の中に、日露戦争時に亡くなったロシア人の墓地（MAP P.55-I1）がある。日本が造ったものだ

旅順駅
MAP P.55-I2
住 旅順口区旅順駅
TEL 62830273
開 8:00～11:30、12:30～18:00
アクセス 5、6、12、18、19路バス「火車站」

▲旅順駅の正面入口

▲現駅舎の隣に1900年に建てられた旧駅舎も現存

▲白山街（MAP P.55-H2）は1944年に創建された関東神宮の参道だった

80年前にタイムスリップ？
旅順歴史MAP
ПортАртур Историческая Карта

昭和11（1936）年当時発行されていた「旅順戦蹟案内圖」をもとに、歴史MAPを作成してみた。区画は当時とほぼ変わらず、重要な建築は今も使われていた。散策の参考にしてほしい。

二〇三高地
おなじみ旅順攻略の激戦地

水師営会見所
乃木将軍とステッセル将軍の会見の場

旧旅順工科大学
ロシア時代は兵舎。現海軍四〇六医院

文明街（旧常盤町通り）
新市街北の高台。ロシア家屋が多く残る

旧旅順ヤマトホテル
改築され、外観は当時と違う。文化街30号

旧旅順師範学堂
かつては中国人のための師範学校。列寧街24号

旧粛親王邸
川島芳子も住んだ邸宅。新華大街9号

旧旅順中学
ロシア時代はドイツ商会。現在は軍施設

旧関東軍司令部
現関東軍司令部旧址博物館。万楽街10号

旅順博物館
1917年開館。万楽街30号

旧関東州庁
1900年創建。友誼路59号

旧溥儀邸
ラストエンペラー溥儀の別荘。寧波街47号

旧日本橋
旧市街と新市街を結ぶ。現解放橋

旅順駅
1906年竣工のロシア風木造駅舎

望台山砲台
ロシア軍の置いたふたつの砲台が残る

東鶏冠山北堡塁
最強を誇ったロシア軍堡塁

旧旅順刑務所
現旅順日露刑務所旧址。向陽街139号

旧旅順最高法院
現日本関東法院旧址陳列館。黄河路北一巷33号

旧旅順医院
ロシア時代は赤十字病院。現海軍司令部

旧表忠塔
現白玉山塔。旅順港を一望できる

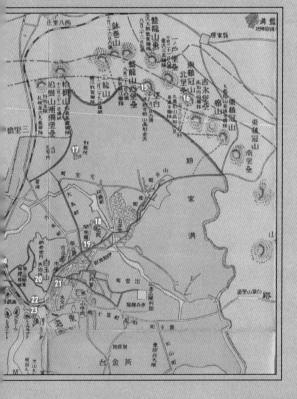

光輝街(旧青葉通り。隣は及木町通り)
日本統治時代の住居がわずかに残る界隈

旧関東州庁長官邸
白玉山中腹にある。現軍施設

軍港游園
軍港なので、外国人の立ち入りは禁止

旅順博物館／旅順博物館

りょじゅんはくぶつかん／lǚshùn bówùguǎn

大谷探検隊のコレクションが有名

中国国内外から収集した青銅器、彫刻、磁器、書画、仏像など6万点以上の収蔵品を有する中国東北地方を代表する博物館。1917年に関東都護府によって開館され、1919年に関東庁博物館となり、1934年に旅順博物館と改称された。なかでも京都西本願寺第22代目の住職だった大谷光瑞（1876～1948）が中央アジア探検で発掘収集した仏教関係の文物は「大谷コレクション」と呼ばれ、必見の価値がある。

▲旅順博物館は本館（写真）と分館のふたつがある

旅順日露刑務所旧址／旅順日俄監獄旧址

りょじゅんにちろけいむしょきゅうし／lǚshùn rìéjiānyù jiùzhǐ

安重根を拘置した部屋も残っている

旅順旧市街の北に位置する旅順日露刑務所旧址（旧旅順刑務所）は、23万㎡の敷地内に275室の牢獄や独房、拷問室、絞首刑室などが展示されている。監獄の建物は、当初ロシアが建てたグレーの建物と後に日本が建てたれんが色の建物が接合しており、ひとめでわかる。伊藤博文を暗殺した安重根が拘置されていた部屋も残っている。日露戦争の戦跡に関する碑などの多くがここに収集、展示されている。

▲日本の建てた監獄の2階

白玉山塔／白玉山塔

はくぎょくさんとう／báiyùshāntǎ

旅順港を一望にできる

日露戦争終結後、連合艦隊司令長官の東郷平八郎と陸軍第三軍司令官の乃木希典が日本兵の慰霊のために建てさせた高さ66.8mの塔。狭い階段を上り塔の上に行くと、旅順港や新旧旅順の町並みを一望できる。1907年6月に着工し、1909年11月に完成。白玉山には旧白玉山神社と当地で亡くなった約2万5000人の日本兵の納骨祠もあったが、現在は旅順海軍兵器館になっている。

▲白玉山塔からの旅順港の眺め

旅順博物館

MAP P.55-H2

🏠 旅順口区列寧街42号
☎ 86383006
🕐 9:00～16:00
休 月曜
料 主館＝無料
　分館＝無料
URL www.lvshunmuseum.org
アクセス 1、2、3、6、10路バス「列寧街」

▲シルクロードで大谷が発掘したミイラの展示も

旅順日露刑務所旧址

MAP P.55-I1

🏠 旅順口区向陽街139号
☎ 86610675
🕐 9:00～16:00
※入場は閉館の30分前まで
休 月曜
料 無料
URL www.lsprison.com
アクセス 3路バス「元宝坊」

▲1902年ロシアが最初に建設し、1907年以後は日本が増築

白玉山塔

MAP P.55-I2

🏠 旅順口区白玉山
☎ 非公開
🕐 9:00～16:00
休 無休
料 無料
アクセス 5、6、12路バス「友誼公園」。リフト片道15元

▲日本統治時代は「表忠塔」と呼ばれた

旅順博物館

東北地方を代表する博物館

旅順新市街の中心部に位置する旅順博物館（→P.74）は、中国国内外から集められた6万点以上の文物が収蔵される中国東北地方を代表する博物館である。古代中国の青銅器や玉器、近世以降の陶磁器、書画、新疆ウイグル地方やインドなど西域で出土した文物、江戸から明治にかけての日本の絵画、大連近郊の考古学的資料の収蔵などに特色がある。

大谷コレクション

なかでもユニークなのは、20世紀初頭京都西本願寺第22代住職だった大谷光瑞（1876〜1948）が仏跡の発掘調査のために行った中央アジア探検で収集した仏教彫刻や仏像、壁画、陶器、経典など、シルクロードの文物が充実していることだ。「大谷コレクション」と呼ばれるこれらの多くは南北朝時代から唐代のもので、当時の中国と西域の経済的、宗教的な交流や東西文化の融合を物語っている。

大谷は1902年から14年にかけて3回の探検隊を組織、中央アジア全域（現中国も含む）を訪れている。18世紀から20世紀初頭にかけて、中央アジアは「知られざる秘境」として西欧列強の関心を集めていた。南下政策を進めるロシアや、インドに植民地をもつイギリスなど、列強のさまざまな思惑が、これまで誰も足を踏み入れることのなかった西域に彼らを呼び込んだ。有名なスウェーデンの探険家スウェン・ヘディン（1865〜1952）をはじめ、英独仏などの探検家が競うように押しかけ、ある意味、略奪に近い形で考古学文物を海外に持ち出した。

1900年当時、ロンドン留学中の大谷は、ロシア経由でカスピ海沿岸を南下し、サマルカンドを経てパミール高原に向かった。彼の探検隊が発掘した文物の一部が旅順博物館に分蔵されているのだ。

開館は1917年

旅順博物館の前身は1917年、当時日本の植民地だった関東州を統括する関東都護府が、ロシア将校倶楽部の建物を改築し、関東都護府満蒙物産館として開館したものだ。1919年に関東庁博物館、1934年には旅順博物館と改称された。

1935（昭和10）年に大連で刊行された『旅順博物館考古図録』にはこうある。「本館は満洲蒙古および支那本土における考

1 旅順博物館分館　2「関東庁博物館旧址」の石碑　3 古代インド王朝（8〜12世紀）の仏教彫刻。大谷コレクションのひとつ

古および風俗参考品を主体としその標本総数三万余点を蒐蔵するものなるも輓近東亜における考古学の趨勢は本館をして益々考古学的博物館としてその態容を定めんとする機にあり」「本館蔵品の増加に関して特に記すべきは考古部の揺籃時代において篤志の士の厚意に俟つ所多く就中、大谷光瑞師の中央亜細亜および印度において蒐集せられたる遺品ならびに南満洲鉄道会社より満洲および蒙古発見の多数品目の交付を受けたる等なり」

当時の旅順博物館は、植民地から持ち込まれた収蔵品を展示する日本版「大英博物館」のような施設でもあったのだ。

その後、日本の敗戦とともにソ連軍が旅順入りし、1945年10月同館を旅順東方文化博物館と改称する。ソ連軍が中国政府に同館を移管したのは1951年1月のことだ。1954年4月、大連市政府は旅順博物館に改称、独自の考古学的調査と歴史文物の収集を始める。ところが、1960年代に始まった「十年動乱」＝文化大革命で5年間閉鎖されてしまう。再び開館したのは1972年5月1日だった。

以後、改革開放の時代を迎え、中国全土の歴史博物館と連携しながら発展を遂げる。1988年、神奈川県立博物館で「中国・遼寧省文物展」として旅順博物館収蔵品の海外初となる展示を成功させた。

新生旅順博物館

そのとき副館長として来日したのが、大連現代博物館館長の劉広堂さん（55）だ。文革世代の彼は1970年代から現職に異動する2006年まで旅順博物館に勤務した。新生旅順博物館を現在の姿に創り上げた功労者のひとりである。

劉さんに博物館を案内していただいた。実は、事前にいくつかの質問を伝えていた。「日本時代の収蔵品はどうなったのか」「文革時代、収蔵品はいかに守られたのか」「改革開放後、博物館はどう変わったのか」。博物館の封印された過去をめぐる問いのなかには、中国の現職公務員には答えづらいものも含まれていたはずだ。

来日回数も多く日本の博物館関係者と交流のある劉さんは、ジャンル別に分けられた展示室を一つひとつ紹介しながら、「日本人は仏教文物に関心が強いですね」と言い、大谷光瑞が持ち帰った文面の一部が破損した経文をCGで蘇らせた展示を見せてくれた。石器時代から金王朝にかけての大連近郊の考古学資料が展示される分館にも足を運んだ。これらは新生旅順博物館の成果といえるだろう。

展示を見終わると、劉さんは本館裏の庭園に連れ出し、歩きながら言った。「旅順博物館は正面から見ても威風堂々とすばらしいけれど、後ろ姿も美しいですよ」

旅順桜の咲き乱れる庭園は日本統治時代「後楽園」と呼ばれ、植物園や動物園があった。「私が博物館に勤めたのは17歳のときでした。当時背丈の低かった樹々が成長し、博物館の外観を隠すまでになりました」。彼は懐かしそうにそう言った。

もとロシア将校倶楽部という出自だけに、博物館の裏側は舞踏会に使われてもおかしくないような優美で精緻な意匠がふんだんに採り入れられていた。そこが、文革の騒乱が収まり始めた青春時代から35年間勤めた彼の仕事場だった。

最後に劉さんは車で新市街の北部にある高台に案内してくれた。そこには、ずいぶん長い間人の住んだ気配の感じられない古い洋館の廃墟があった。

「ここは大谷光瑞の邸宅でした。当時彼が仲間と撮った写真が残っていて、この円筒のような建物とそっくりなのです」

そこから旅順港と新市街が一望にできた。「まだ私ひとりの構想ですが、ここで大谷光瑞ゆかりの文物を展示して記念館にできたらおもしろいと思っています」

封印されていた博物館の過去をつまびらかにすることは、まだ時期尚早なのだろう。それでも、劉さんは大谷光瑞への敬意とともに、自分の仕事に対する自負の思いを伝えてくれたのだった。（2010年5月）

1 旅順博物館もと館長の劉広堂さん　2 本館裏側の美しい建築デザインは必見　3 天井の格子が印象的な青銅器の展示室　4 本館裏側にあるライオンの意匠　5 「右側の重厚な石柵は当時のもので左は最近改修したもの」と劉さんは解説してくれた　6 大谷探検隊が発掘した新疆地方のミイラの展示　7 タクラマカン砂漠を踏破する大谷探検隊のパネル　8 大谷光瑞旧邸とされる洋館はかつて廃墟だったが、2013年に修復された

MAP P.55-J6
- 🏠 中山区棒棰島
- 🕐 5〜10月8:00〜19:00
- 🚫 無休 20元
- 🚌 90路バス「棒棰島」。市内からタクシーで片道30元、所要30分が目安

▲これが棒棰島。朝鮮人参を意味する「棒棰」の名で呼ばれている

▲中朝両首脳が海岸を歩く様子を掲載した人民日報の記事

MAP P.52-C6
- 🏠 金州区大黒山風景区
- 🕐 各寺院による
- 🚫 無休
- 💴 観音閣、朝陽寺、唐王殿、響水観はすべて各15元
- 🚌 瀋大線「金州站」または快軌3号線「开发区」から登山口まで車で約20分

▲卑沙城からは大連経済開発区が一望に見渡せる

▲乃木将軍の長男勝典が埋葬されたのは大黒山の麓（現存しない）

棒棰島風景区／棒棰岛风景区

ぼうすいとうふうけい／bàngchuídǎo fēngjǐngqū

美しい海水浴場のあるリゾート

　大連市の東南の海岸に位置するリゾート地。ビーチの目の前に浮かぶ小島が棒棰島だ。1959年に建てられた棒棰島賓館を中心にゴルフ場やテニスコート、プールなどの施設が揃い、春はアカシアの花が咲き乱れる風光明媚な公園、夏は地元市民が訪れる海水浴場として人気だ。市内から8km離れ、四方を森と海で囲まれていることから、長く中国の要人たちの避暑地や会談の場として利用されてきた。かつて周恩来や鄧小平なども訪れていたという。棒棰島賓館には本館以外に13棟の別荘がある。

2018年5月に開催された習近平主席と金正恩委員長の2度目の首脳会談の舞台として有名になった。

▲夏になると、地元の海水浴客がどっと押し寄せる

大黒山／大黑山

だいこくやま／dàhēishān

「金州古八景」と呼ばれた景勝地

　大黒山は大連市金州区にある風光明媚な山で寺院や名勝が多いことから「金州古八景」と呼ばれていた。西側の朝陽寺方面と開発区に近い東側の観音閣方面からのふたつの登山口がある。ぜひ訪ねたいのが、古刹のたたずまいを残す観音閣と清代の道教寺院の響水観だろう。この地はかつて高句麗と唐が戦った場所でもあり、古い城壁（卑沙城）が残っている。その東側に唐王殿と呼ばれる寺院があり、唐の太宗が高句麗遠征の際、病を治した場所と言い伝えられている。日本統治時代は「大和尚山」と呼ばれ、登山やハイキングの名所としてにぎわっていた。

1 観音閣は明代の仏教寺院。参拝客の線香の煙が絶えることはない　**2** 朝陽寺は日露戦争時、第2軍司令部がおかれたこともある　**3** 卑沙城を模して複製された門

金石灘／金石灘
きんせきたん／jīnshítān

東北地方随一の海浜リゾート

　大連市区中心から北東に約50kmの場所にある東北エリア唯一の国家指定の海洋型リゾートエリア（国家旅游度假区）。黄海に面した海岸線の長さは30kmにも達する。

▲金石灘にはロシアからの海水浴客も多い

　南東側の岬に広がる奇観は3億年前に出現した岩石が長い間海水によって浸食されたもの。ゴルフ場をはじめ、2006年にオープンしたテーマパーク「発現王国主題公園」など、アミューズメント施設も充実している。夏場は海水浴に全国から観光客が訪れ、にぎわっている。

南山／南山
なんざん／nánshān

日露戦争初期の激戦地

　南山は大連北部にある小山で、日露戦争初期の激戦地だ。遼東半島の中ほどにあるこの地を占領することで旅順の孤立を図ることが日本陸軍の目的だった。ロシア軍の堅固な要塞に初めて対峙した日本軍の死傷者は、4000人を超えた。司馬遼太郎は「金州・南山の戦闘で日本軍は近代戦のすさまじさを初めて知った」と書いている。日本統治時代は山頂に「戦跡塔」があったが、現在は破壊されて台座のみ残っている。

▲金州で詠んだ乃木希典の句を刻んだ鎮魂碑のあった南山山頂

金州／金州
きんしゅう／jīnzhōu

日清・日露の戦跡がある古都

　金州は古くから遼東半島の中心地として発達した古都だが、日清戦争（1894〜1895年）や日露戦争の戦場となった。日本統治時代は城壁が残っていたが、文革時代にほとんど壊されてしまった。旧市街にある金州副都統衙門に日清戦争時に従軍記者として金州入りした俳人の正岡子規の句碑がある。

▲金州副都統衙門

金石灘
MAP P.52-D6
住 金州区金石灘
TEL 87900241
開 5〜10月8:30〜17:30
　 11〜4月8:30〜16:30
休 無休　料 40元
アクセス 快軌3号線の終点「金石灘」下車。大連駅から8元、所要約50分

南山
MAP P.52-C6
住 金州市南山
TEL なし　開 見学自由
休 無休　料 無料
アクセス 金州バスターミナルそばの解放広場から101路バス「老馬家村」

▲乃木の碑は現在、旅順日露刑務所旧址（→P.74）に展示

金州
MAP P.52-C6
住 金州市南山
TEL なし　開 見学自由
休 無休　料 なし
アクセス 瀋大線「金州站」。10元、大連駅から所要約20分

▲金州で詠んだ子規の句碑

▲金州郊外には日清戦争の碑（石門子攻撃記念碑）も

ワンポイントアドバイス
●大連在住の日本人ガイド大連金橋国際旅行社（→P.105）に勤める宮崎正樹さんは、日本人向けに GB-TRAVEL（URL www.gbt-dlcjp.com）という情報サイトを主宰。中国東北地方とその周辺へのディープな旅を提案している。チェックしてみよう。

▲遼河老街から遼河を渡るフェリーが出ている。往復2元

ワンポイントアドバイス

大連在住の李威さんはこの道37年のベテラン日本語ガイドで。これまで何千人もの日本人を案内してきた。2018年春、旅行会社を退職したが、連絡すれば個人ガイドを引き受けてくれる。連絡先は**携帯** 15898138363
メール 1719058187@qq.com。

熊岳城
MAP P.48-E5

住 遼寧省営口市鲅魚圈区熊岳鎮
アクセス 高速鉄道「鲅鱼圈站」から車で所要約15分

▲熊岳鎮には古城の門が残っている

▲温泉街は在来線の熊岳城駅から近い

▲熊岳城の町には三輪タクシーも多く、5元も出せば駅から温泉地に連れて行ってくれる

営口／营口

えいこう／yíngkǒu

19世紀後半、外国人租界が形成された港町

東北地方南部を流れる遼河の河口にできた港町で、開港は1861年と大連より早く、19世紀後半大豆の輸出港としてにぎわった。その名残は河沿いに立つロシア領事館跡や教会、外国人租界として形成された旧市街に見られる。なかでも市内西部に位置する遼河老街には100年以上前の西洋建築が残り、遊歩道ができていて、カフェなどの飲食店が並ぶ。営口港からは韓国の仁川港を結ぶフェリーが運航している。

11906年に日本が建てた旧牛荘郵便局で、現在は赤十字ビルとして使用(写真提供:李威)　**2**遼河老街には現在31棟の租界建築が残る　**3**20世紀初頭の営口の写真

熊岳城／熊岳城

ゆうがくじょう／xióngyuèchéng

満洲三大温泉のひとつ

営口市鲅魚圈区熊岳鎮にある温泉地で、戦前は湯崗子温泉や五龍背温泉とともに満洲三温泉地(→P.106)のひとつとしてにぎわった。とりわけ温泉街の南を流れる熊岳河周辺は河床から温泉が湧き出し、砂湯で有名だった。2008年頃までは日本時代の温泉ホテルも現存していたが、再開発により現代的な温泉リゾートに生まれ変わった。

1営口熊岳天沐温泉リゾートの日本式露天風呂　**2**熊岳河は現在、遊歩道も整備されている　**3**温泉地の近くにある望児山は息子の帰郷を待つ母の伝説がある

葫蘆島／葫芦島

ころとう／húludǎo

日本人居留民105万人が引き揚げた町

　遼寧省南西部にある遼東湾に面した港湾都市で、20世紀初頭、大連を始点とする南満洲鉄道に対抗して、張学良が港の建設を進めたことで発展した。当時は海浜避暑地としても知られていた。1945年の満洲国崩壊後、現地に残された日本人居留民約105万人が1946年から48年にかけて葫蘆島の港から引き揚げ船に乗って博多港などへ帰還している。現在、葫蘆島市内には「日本僑俘遣返之地」の記念碑が建てられている。

1 市内東部の海が見える丘にある「日本僑俘遣返之地」の記念碑。向かいに張学良の築港開工記念碑がある　2 戦後の埋立地に立つもうひとつの記念碑

興城／興城

こうじょう／xīngchéng

古城の残る温泉地

　行政的には葫蘆島市に属する興城市だが、遼代の史書に登場するほど古い町で、古城「寧遠州城」がある。1626年、明軍は攻めてきた後金の軍を破り、この戦いによる負傷でヌルハチは死亡した。古くから温泉地としても知られ、唐の太宗や清の乾隆帝も湯治したと伝えられる。アルカリ泉で効能は皮膚病など。現在市内には多くの温泉ホテルや海水浴場があるなど、風光明媚な海浜避暑地として多くの行楽客が訪れている。

1 興城温泉の中心にある水調歌頭温泉酒店の露天風呂　2 市の東部に海水浴場がある　3 この地方の名物は肉や魚の串焼きで「錦州焼烤」という

葫蘆島
MAP P.48-D5
住 遼寧省葫蘆島市
アクセス 高速鉄道「葫芦島北站」からバスで所要約20分

▲かつて日本人居留民が降ろされた葫蘆駅(その後、馬杖房駅となり、現在は使われていない)

▲張学良は1930年に葫蘆島の港の建設に着手した。その記念碑(築港開工紀念碑)は葫蘆島港に近い海の見える高台の上に立っている。もし日本の引き揚げ記念碑(日本僑俘遣返之地)を訪ねたいなら、タクシーの運転手に「張学良の記念碑へ」といえば案内してくれるだろう

興城
MAP P.48-C5
住 遼寧省興城市
アクセス 高速鉄道「葫芦島北站」からバスで所要約40分

▲20世紀初頭、この地を支配した張作霖の別荘が歴史博物館になっている

▲古城には東西南北の4つの門と鼓楼があり、城内は観光客でにぎわう

▲古城で味わうトウモロコシ粥は美味

1 ロシア人や韓国人、日本人がともに学ぶ教室　2 書道教室などの課外授業も　3 簡体字の習得も必須

大連 語学留学のすすめ

　一般に中国語学留学といえば、北京や上海が知られているが、語学学習の本来の目的や現地での生活を考えると、大連留学には次のようなメリットがある。第一に、中国東北地方は日本語学習が盛んなうえ、教師の質も高いので、語学を学ぶには格好の環境であること。日本語を学習したい現地の学生も多く、授業以外にもさまざまな交流のチャンスがあることだ。

　第二に、気候がよく、生活環境も日本に近いこと。大連留学がシニア世代に人気があるのはそのためだ。第三に、北京や上海に比べて学費が安いこと。また留学期間も1週間ほどの短期から1年以上の長期まで、留学生の要望に合わせた多彩なコースが用意されているのも魅力だ。夏から秋にかけて3ヵ月間過ごし、冬の間は帰国し、春になったらまた3ヵ月という留学生もいる。

市西部に位置する 国際色豊かなキャンパス

遼寧師範大学

　遼寧師範大学は1951年に創立された教員養成のための大学だが、1985年以来、毎年40ヵ国以上の国々から約1000名の長・短期留学生を受け入れている。短期留学クラスは夏期と冬期休暇時期に設けられる。民族楽器や太極拳、書道といった語学以外の課外授業も豊富に用意されている。

遼寧師範大学
MAP P.54-C4
住 沙河口区黄河路850号　TEL 84200935
URL gjy.lnnu.edu.cn

多彩な留学プログラムは シニアにも人気

大連交通大学

　大連交通大学(旧大連鉄道学院)は1956年創立の工業専門大学で、現在は理学、情報科学、外国語学科等を併せもつ総合大学。1980年代半ばより留学生の受け入れを開始した。幅広いニーズに応えてくれる多彩なプログラムが人気だ。学生の要望に応じて会話班、夏期短期班、団体短期班等がある。

大連交通大学
MAP P.54-C4
住 沙河口区黄河路794号　TEL 84106218
URL www.djtu.edu.cn

その他の留学受入大学

　上記2大学以外にも、語学教育では定評のある大連外国語学院や理工系の名門、大連理工大学、開発区に位置する大連民族学院などでも留学生を受け入れている。多くの大学はすでに日本の大学と交換留学制度も結んでおり、日本人学生も在籍している。各大学の詳細は中国留学館のサイトを参照のこと。

大連留学の相談なら
中国留学館

MAP P.54-C4
住 沙河口区蘭玉南街未来星城77-14-2
TEL 62911551　URL www2.crosstalk.or.jp/ryugaku

　中国留学館は、現地に直営事務所をもつ遼寧省人民政府公認の大連を専門に扱う留学センターだ。市内にある9大学との密接な関係を基に留学手続きから快適な留学生活のサポートまで相談に乗ってくれる。詳しい内容はウェブサイトを参照のこと。

大連近郊、満鉄の名残を訪ねる

満鉄貨物引き込み線路跡

　大連市沙河口区の住宅街の一角、蓋州街の側道沿いに長さ約1.2kmの線路跡が残っている。この線路は1922年に満鉄の石炭火力発電所「天の川発電所」まで石炭を運ぶ貨物車両のための引き込み線だった。2000年代初めの発電所閉鎖とともに廃線となったが、線路だけは残されたまま。南は五一路から緩やかなカーブで北に向かい、黄河路でいったん途切れるが、通りを越えると泉涌街の市場まで延びている。

金福鉄道と廃駅の光景

　大連とその近郊には満鉄の名残がほかにも見られる。1927(昭和2)年に開通した金州と満洲国国境の町である城子瞳(現・城子坦)とを結ぶ金福鉄道

（1939年に金城線として満鉄に編入）沿線の風景もそうだ。

　大連市内から丹東方面へ車で80km走ると、廃駅となった皮口駅があった。昭和モダン風の駅舎はひっそり閉鎖されていた。同鉄道が廃線になったのは最近のことだ。2015年12月の丹大高鉄の開通で、用なしになったのである。

　かつて沿線から海に向かって塩田が広がっていたが、現在はナマコなどの養殖場になっている。その一角に当時の製塩工場の廃墟が捨ておかれていた。

幻の国境は今

　さらに丹東方面に20km走ると、城子坦駅があった。駅舎の裏には、ホームと廃線が残っていた。大連はかつて関東州と呼ばれる租借だった。日露戦争後の1905年、ロシアから遼東半

▲歩道には並木が植えられているが、線路は取り外さなかったようだ

▲線路には満鉄のロゴがしっかり残っている

▲皮口は金州から11番目の駅

▲内部は崩壊し、外観だけ残る製塩工場の廃墟

島の先端部の3462.5km²（鳥取県の大きさに近い）の地域の租借権が日本に移行した。その後、1932年に満洲国が建国されるが、関東州との国境や税関は当時存在した。大連は満洲国ではなかったからである。

その幻の国境ともいえる関東州の税関の建物は、城子坦東駅に近い集落に残っていた。現在は木材加工会社が使用しており、隣に小さなどぶ川があった。それが国境だったのだ。周辺には当時のアヘン窟の建物も残っていた。

金福鉄道沿線には大連の近代史にかかわる場所がほかにもある。金州から皮口に向かう途中に猴児口という港があり、そこは日露戦争時の日本軍の上陸地だった。また城子坦の10km先に花園口という海岸景勝地があるが、そこは日清戦争時の日本軍の上陸地だ。

▲城子坦東駅の廃線の先に高速鉄道の高架がある

▲関東州の税関の建物の現在の姿

いまだ現役の塩田鉄道

場所は変わって、大連北駅から高速鉄道でひとつ目の普湾駅から車で西へ約30分の復州湾に広がる大塩田地帯をナローゲージのミニ機関車群が走っている。機関車自体は中国の製造だが、これら塩田鉄道の762mmの軌道は日本時代に建設されたものだ。何台もの機関車が並ぶ車両倉庫もある。白い塩の山を背景にのんびり走る塩田鉄道の光景は、おそらく昔と変わらないだろう。

これらのスポットを案内してくれたのは、大連金橋国際旅行社（→P.105）の宮崎正樹さんだ。大連近郊に残る満鉄の廃駅や近代史の舞台を訪ねたいなら、同社に連絡してほしい。

▲日本時代から走り続ける塩田鉄道

シャングリ・ラ ホテル 大連／大连香格里拉大饭店

だいれん／dàlián xiānggélǐlā dàfàndiàn ★★★★★

香港を拠点とする国際的ホテルチェーンのシャングリ・ラ ホテル大連の開業は1997年。客室はエレガントなアジアンテイストの色調をベースにまとめられ、快適に滞在できる。ファミリー客向けのサービスに力を入れていて、子供が楽しめる客室や特設キッズルームなどを導入している。メインダイニングの「香宮」では北京ダックと飲茶ビュッフェが人気。2階の日本料理店「西村」は新鮮な素材を使った本格的な味が楽しめる。また宿泊客以外にも人気なのが、ゴルフシミュレーターを楽しめるスポーツバー「ザ・スイング」だ。出張客にはエグゼクティブラウンジの「ホライゾンクラブ」の利用がおすすめ。隣のレジデンスには日本人駐在員も多く、何かと便利なホテルだ。

MAP P.57-I3
住 中山区人民路66号
TEL 82525000
FAX 82525050
料 ⑤900元～ ⑥1000元～
税 16%
C A.D.J.M.V
URL shangri-la.com/jp

1スーペリアクラスのキングベッドルーム 2子供が楽しめる客室サービスもいっぱい 3レジデンス棟とホテルをつなぐ美しい中庭 4メインダイニングの「香宮」 5スタッフもファミリー客向けのホスピタリティを心がけている 6館内にはキッズルームも用意されている

大連フラマホテル／大连富丽华大酒店

だいれん／dàlián fùlìhuá dàjiǔdiàn ★★★★★

海外VIPの宿泊も多い中国系高級ホテル。ビジネスや観光、ショッピングに便利な人民路にあり、大連でも最大規模の客室数を誇る。中山広場も徒歩圏内。日本人の利用が多く、日本語で対応のできるスタッフが多い。すべてのバスルームにバスタブとシャワー室があり、全室シャワートイレ付き。無料Wi-Fiの接続もスムーズだ。朝食ビュッフェではご飯や味噌汁、焼魚、納豆などの日本食も用意されている。フィットネスクラブも広く、メニューも充実している。メインダイニングの「潮州城中餐庁」をはじめ、日本料理レストラン、韓国料理レストラン、西洋料理レストランなど、食の楽しみも充実している。

MAP P.57-I3
住 中山区人民路60号
TEL 82630888
FAX 82804455
料 東館＝688元〜　西館＝806元〜
税 15%
C A.D.J.M.V
URL www.furama.com.cn

1 客室の広さには定評がある　2 客室はすべてバスタブとシャワートイレ付き　3 館内には中国料理レストランが2軒ある。ここは高級広東料理の「潮州城」　4 朝食ビュッフェは2階の「花都西餐戒」で　5 東館と西館に分かれている　6 プールやスカッシュコートも完備

Hotel

スイッシュホテル大連／大連瑞诗酒店

だいれん ／dàlián ruìshī jiǔdiàn ★★★★

大連駅から徒歩10分という好ロケーションに位置する高級シティホテル。客室からは緑豊かな労働公園や大連港を眺められる。日本人客への対応も万全で、8階に日本語ゲストサービスデスクを設置。ビジネス客向けのエグゼクティブラウンジも広くて快適だ。朝食はインターナショナルビュッフェの「スイッシュカフェ」と日本料理の「江戸前」の和定食から選べるのがうれしい。宿泊客はフィットネスクラブを自由に使えて、サウナも楽しめる。1階に大連市内のホテルで初の無人コンビニ（→P.101）がある。長期滞在用のコンドミニアムもある。

MAP P.56-C6
住 中山区五恵路21号
TEL 82303388
FAX 82302266
料 ⑤① 458～646元
税 15% C A.D.J.M.V
URL www.swishhotel.com.cn
メール emailus@swish-hotel.com.cn

S ⑪ 🍴 💆 TV 🛏 🔌

①清潔であたたかみのあるスタンダードルーム ②エグゼクティブルームは出張客に人気 ③プールで過ごす時間をつくって楽しみたい ④朝食はスイッシュカフェで ⑤地下鉄2号線「青泥洼橋」駅からも近い ⑥フロントは8階。ラウンジが広くてくつろげる

城堡ラグジュアリーコレクションホテル大連／大连城堡豪华精选酒店
じょうほ　だいれん／dàlián chéngbǎo háohuá jīngxuǎn jiǔdiàn ★★★★★

星海広場を一望できる晩霞山の山腹に建てられた欧風城郭ホテルで、スターウッドの高級ブランド「ラグジュアリーコレクション」のひとつ。スイートを含む全室がどれも優雅に仕上げられている。

MAP P.54-D6
住 沙河口区濱海西路600号
TEL 86500000
FAX 86560056
料 1110元～
税 15%
C A.D.J.M.V
URL luxurycollection.com/castle

グランドハイアットホテル大連／大连君悦酒店
だいれん／dàlián jūnyuè jiǔdiàn ★★★★★

2014年に星海広場の近くに開業した外資系ラグジュアリーホテル。星海湾に面している客室は絶景で、大連で最も眺めのいいホテルのひとつ。テラスで楽しむアフタヌーンティーが地元で人気。

MAP P.54-D6
住 沙河口区星海広場C3区33号
TEL 39881234
FAX 39881235
料 ⑤1280元 ⑥1650元
税 15%
C A.D.J.M.V
URL www.grandhyattdl.cn

ホテル・ニッコー大連／大连日航饭店
だいれん／dàlián rìháng fàndiàn ★★★★★

斬新な外観、モダンな客室デザインで知られる大連を代表する5つ星ホテル。朝食には焼きたてのパンや日本食の総菜を用意。シェフの手作り豆腐もあり、中国と日本の味を同時に楽しむことができる。

MAP P.57-F2
住 中山区長江路123号
TEL 82529999
FAX 82529900
料 ⑤⑥638～738元
税 なし
C A.D.J.M.V
URL www.nikkodalian.com.cn

コンラッド大連／大连康莱德酒店
だいれん／dàlián kānglàidé jiǔdiàn ★★★★★

ヒルトングループ最高級ブランドのコンラッドを冠して2012年に開業した。アールデコを基調とした客室デザインには落ち着きがあり、同じ東港にあるヒルトンの若々しさとは対照的。

MAP P.55-H4
住 中山区人民東路31号
TEL 86776666
FAX 86776633
料 ⑤①800元～
税 15%
C A.D.J.M.V
URL conrad.com.cn/dalian

アロフトホテル大連／大连雅乐轩酒店
だいれん／dàlián yǎlèxuān jiǔdiàn ★★★★★

スタイリッシュな感覚が若いエグゼクティブに人気のスターウッドのブランド「アロフト」。フロントからロビーの待合室、各フロアの廊下、そして客室にいたるまで都会的なセンスのデザインで統一されている。

MAP P.57-G4
住 中山区魯迅路18-1号
TEL 39071111
FAX 39075398
料 ⑤①520元～
税 15%
C A.D.J.M.V
URL alofthotels.com/dalian

Hotel

大連賓館／大连宾馆
だいれんひんかん／dàlián bīnguǎn　　　　　★★★

中山広場に面するクラシックホテル。もとは満鉄直営のヤマトホテルとして建てられた建物をそのまま使っている。完成したのは1914(大正3)年だが、昔の面影をよく残して改修工事が行われたので、ルネッサンス式の外観やロビーの装飾、重厚な階段や廊下などは昔のままだ。客室やレストランは現代的に改装されており、宿泊に不便はない。ただし、2017年秋から改装のため休業中で、営業再開の時期は未定だ。だが、館内2階の「大和」という名のカフェは営業しており、散策の合間にひと休みするのがおすすめ。

MAP P.57-F4
住 中山区中山広場4号

S T 🐕 📶 TV 📧 🍴

1 ゴージャスなベッドルーム　2 窓からは中山広場が見える。写真は「大和」からの眺め　3 ロビーも歴史を感じさせる重厚な雰囲気　4 ロビーのシャンデリアも見事　5 「大和」の営業時間は8:30～18:00。時間が止まったような空間でくつろげる　6 重厚なホテルの外観は変わらない

ヤマトホテルの過去と現在

中国東北地方には、日本統治時代に建てられた西洋式ホテルが多数現存するが、その代表格が満鉄ホテルチェーンだ。最初に開業したのが、1907(明治40)年の大連ヤマトホテル。初代はロシア東清鉄道の建物■を借用したが、1909年に旧ロシア市役所を別館■として開業(2代目)。この年満洲を訪れた夏目漱石が宿泊している。現存する3代目■のルネッサンス式建築は清水組(現清水建設)が竣工し、1914年に開業したものだ。大連郊外の海浜景勝地に1910年に開業したのが、ビーチリゾートの星が浦ヤマトホテル■。旅順ヤマトホテル■■は1908年に開業。旅順のビーチリゾートホテルとして1918年に開業した旅順黄金台ヤマトホテル■は廃墟となっているが、「大和旅館」のプレートが今も残っている。奉天ヤマトホテルは当初、東京駅を模した赤れんがの奉天駅(現瀋陽駅)■の一部をステーションホテルとして1910年に開業し、1929(昭和4)年に大広場(現中山広場)に堂々たる威容で再開業している■。1910年開業の長春ヤマトホテル■(満洲国建国後は新京ヤマトホテルに改称)は、最先端のセセッション(アールヌーボー)様式の設計スタイルを採用している。当時、満鉄経営ホテルは日本の内地をも凌ぐ最新式の設備を誇っていた。中国の経済発展で老朽化が目につくものの、20世紀初頭のモダニズム空間の魅力は色褪せることはない。これから先も大事に使い続けてほしいものだ。(情報提供：大連世界旅行社)

■初代大連ヤマトホテル　■2代目大連ヤマトホテル(旧大連自然博物館)　■現在の大連ヤマトホテル(大連賓館→P.90)　■星が浦ヤマトホテル(現存しない)　■旅順ヤマトホテル　■現在の旅順ヤマトホテル(すでに閉業)　■現在の旅順黄金台ヤマトホテル(廃墟)　■初代奉天ヤマトホテル(瀋陽館)　■現在の奉天ヤマトホテル(遼寧賓館→P.131)　■現在の長春ヤマトホテル(春誼賓館→P.176)　■現在のハルビンヤマトホテル(龍門大廈→P.245)　■北朝鮮(羅先)に現存するヤマトホテル(南山旅館)

ケンピンスキーホテル大連／大连凯宾斯基饭店

だいれん／dàlián kǎibīnsījī fàndiàn ★★★★★

労働公園のすぐそばに立つドイツ系ラグジュアリーホテル。館内はほかの大連市内のホテルとは少し違い、シックで都会的なイメージを醸し出している。SPAも評判だ。

MAP P.56-D6
住 中山区解放路92号
TEL 82598888
FAX 82596666
料 ⑤638元～ ⑧738元～
税 15%
C A.D.J.M.V
URL www.kempinski-dalian.com

ニューワールド大連ホテル／大连新世界酒店

だいれん／dàlián xīnshìjiè jiǔdiàn ★★★★★

大連の5つ星ホテルが並ぶ人民路、大連フラマホテルの向かいに立つ高級ホテル。中山広場も徒歩圏内にあり、観光にもショッピングにも最適なロケーションだ。「品味軒」は飲茶ランチが人気。

MAP P.57-I3
住 中山区人民路41号
TEL 88078888
FAX 88078899
料 ⑤⑩520元～
税 15%
C A.D.J.M.V
URL www.dalian.newworldhotels.com

九州国際大酒店／九州国际大酒店

きゅうしゅうこくさいだいしゅてん／jiǔzhōu guójì dàjiǔdiàn ★★★★★

大連駅のすぐ目の前にあり、勝利広場に面した高級ホテル。観光やビジネスにも便利な場所にあるので日本人の利用も多い。客室ではNHKや香港の衛星放送を楽しむこともできる。

MAP P.56-C4
住 中山区勝利広場18号
TEL 82808888
FAX 82809704
料 ⑤389元～ ⑧439元～
税 なし
C A.D.J.M.V
URL www.gci-hotel.com

大連中山大酒店／大连中山大酒店

だいれんちゅうざんだいしゅてん／dàlián zhōngshān dàjiǔdiàn ★★★★

大連駅前の勝利広場にほど近いショッピングエリアにある4つ星ホテル。ホテル周辺にはレストランや旅行会社、バスターミナルなどがあり、観光にとても便利。2011年にリニューアルされた。

MAP P.56-C5
住 中山区解放路3-5号
TEL 82812888
FAX 82810150
料 ⑤①528元
税 なし
C A.D.J.M.V
URL zs-hotel.com

大連ロイヤルホテル／民航大厦

だいれん／mínháng dàshà ★★★

1988年に開業した日中合弁ホテル。市の中心部、労働公園の北に位置する。ホテル入口向かって右側には民航航空券売り場、南側約100mに多くの日本企業が駐在する森茂大厦がある。

MAP P.56-A6
住 西崗区中山路143号
TEL 83633111
FAX 83638211
料 ⑤450元 ①510元
税 なし
C A.D.J.M.V
URL www.dlroyal-hotel.jp

九龍匯／九龙汇
きゅうりゅうかい／jiǔlónghuì

大連で評判の海鮮鍋のレストラン。新鮮な魚介を白湯スープで味わうのが大連風。大人数で一緒に大鍋もいいが、この店では個人用の小鍋を出してくれる。軽くしゃぶしゃぶして食べるのもおいしい。場所は星海広場に沿ったグルメ街の中にある。

MAP P.54-D6
住 沙河口区中山路572号星海広場星海国宝E区49号A座
TEL 54803456
営 10:00〜22:00
休 無休　C 不可

1 ヒラメを刺身としゃぶしゃぶで味わえる　2 イカや貝も鍋で食べる　3 星海広場に面しているのでわかりやすい

東海明珠美食城／东海明珠美食城
とうかいめいじゅびしょくじょう／dōnghǎi míngzhū měishíchéng

MAP P.57-H1
住 中山区文林街1号
TEL 82563366
営 10:00〜21:30
休 無休
C 不可

大連の海鮮をリーズナブルに味わえるなら。テーブルに着く前に生けすで魚や貝をチョイスして料理を待つのが決まりだ。ピッチャーに入って出てくる自家製生ビールもある。場所は民主広場に近い。

天天漁港／天天渔港
てんてんぎょこう／tiāntiān yúgǎng

大連を代表する海鮮料理の店。新鮮なアワビやエビ、カニなど、水槽の中から食べたい食材を選んで調理してもらう。淡いスープの海鮮鍋や刺身など日本人好みの調理も頼める。

MAP P.57-F6
住 中山区延安路41号
TEL 82813846
営 10:00〜22:00
休 無休
C A.D.J.M.V

万宝海鮮舫／万宝海鲜舫
まんほうかいせんほう／wànbǎo hǎixiānfǎng

労働公園東門に面した巨大な店構えの海鮮料理店で、店内の装飾も豪華。そのときどきの旬の海鮮素材を選んで食べられる。春先ならハマグリやアサリなど貝類のスープがおすすめ。

MAP P.56-D6
住 中山区解放路108号
TEL 39912888
営 10:30〜22:00
休 無休
C A.D.J.M.V

船歌魚水餃／船歌鱼水饺
せんかぎょすいぎょう／chuángē yúshuǐjiǎo

大連では各種魚介を具材にした餃子を食べられるが、この店の名物はイカ墨餃子43元だ。練り込まれたイカ墨で真っ黒に染まった皮に包まれるのは、イカと豚肉と野菜とをほどよく合わせたもので、独特の風味と食感が人気だ。

MAP P.55-F5
住 西崗区唐山街26号
TEL 83702086
営 9:00～21:00
休 無休
C 不可

■餃子以外にも魚介を使った料理が豊富。黄色い餃子は黄花魚（アイナメ）を具にしたもの ■海鮮素材をその場で選んで調理してもらう ■窓越しに厨房で餃子の皮を練り込む様子が見える

皇城老媽／皇城老妈
こうじょうろうま／huángchéng lǎomā

MAP P.55-G4
住 中山区港湾広場3A号
TEL 84301111
営 11:00～翌2:00
休 無休
C 不可
URL www.hclm.net

■真っ赤に煮えたぎる火鍋の迫力 ■ランチタイムは飲茶も楽しめる ■火鍋のスープのおみやげもある

成都に本店のある四川風火鍋専門の全国チェーン。本場の激辛鍋から味わい深い白湯まで、スープに定評がある。なかでも3種の野生キノコ入りスープの三菌湯は、漢方成分もたっぷりで体に優しい。どちらも捨てがたいので、2種類のスープを選ぶと両方味わえる。つけだれも海鮮風味やゴマ味などから選ぶ。肉は羊から牛、豚まで種類も多い。大連では魚介の団子やキノコ類の素材が新鮮なので、チョイスするといい。市内には西安路にも支店がある。

品海楼／品海楼
ひんかいろう／pǐnhǎilóu

チェーン展開に積極的な大連の海鮮カジュアルレストランで、ここは老虎灘の「漁人碼頭」にあるおしゃれな洋館店。海鮮ピザやアジアンテイストのシーフードメニューなどもあり、若者に人気だ。

MAP P.55-I7
住 中山区濱海東路72号
TEL 82738088
営 11:00～21:30
休 無休
C 不可

何鮮菇／何鲜菇
かせんじょ／héxiāngū

油っぽい中国料理で疲れた胃を癒やしてくれるのが、キノコ鍋の専門店。東北地方はキノコの種類が豊富なことで有名だが、この店の鍋は10種類以上のキノコが一度に食べられてうれしい。食べ方はまずキノコだけを鍋に入れ、のどごしすっきりのふくよかなスープを味わい、煮立ってきたらキノコを取り出して食べる。あらかたキノコを味わったら、肉や野菜を入れよう。肉を先に入れると味が変わるので厳禁だ。8月からはマツタケの季節になるので楽しみは倍増だ。マツタケ焼酎など、キノコ風味の焼酎も各種ある。

MAP P.54-D4
- 🏠 沙河口区黄河路703号
- 📞 84646999
- 🕐 9:30～21:00
- 休 無休
- C 不可

1ごくうまキノコスープが体に優しい **2**テーブル数は多いが、予約を忘れないように **3**三八広場に近い **4**羊と豚は最後にしゃぶしゃぶして食べよう

江城老胖／江城老胖
こうじょうろうはん／jiāngchéng lǎopang

今大連で最もにぎわうエリアは、地下鉄1号線と2号線が交わる西安路の周辺だ。人気レストランも集中しているが、若者に支持されているのがこの串焼き屋。羊や牛、豚などとその内臓系はもちろん、エビやイカなどの海鮮串焼きに加え、中華風のピリ辛焼き魚など、安くて値段を気にせず食べられる。週末は行列ができるので覚悟したい。

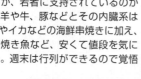

MAP P.54-D4
- 🏠 沙河口区如意街33号
- 📞 82282898
- 🕐 10:00～22:00
- 休 無休
- C 不可

1串焼きは1種4本からの注文。1本2元から **2**店内には若者しかいない **3**羅斯福国際中心の裏にある

大地春餅店／大地春饼店
だいちしゅんへいてん／dàdì chūnbǐngdiàn

「春餅」とは東北地方の名物で、クレープのような小麦粉の薄い皮に肉や野菜を包んで食べる料理。屋台などでもよく見かけるが、その人気の専門店がここ。見た目は北京ダックの皮と似ているが、若干厚みがあり、具の中身が東北風だ。皮は種類がいろいろあり、6枚で3～10元、牛肉の細切り醤油炒め28元といったところ。野菜をたくさん入れるとヘルシー感覚で食べられるので、おいしくて皮を何枚も注文してしまう。リーズナブルなためか、店内には若者の姿が目立つ。

MAP P.54-D5
住 沙河口区黄河路696号
TEL 84611688
営 10:30～21:30
休 無休
C 不可

1 野菜とともに包んで食べる
2 店内は明るく清潔
3 支店は市内に6店ある

斑魚府／斑鱼府
はんぎょふ／bānyúfǔ

雲南省麗江名物の斑魚という名の淡水魚のしゃぶしゃぶの店。薄く切った白身を特製スープでしゃぶしゃぶして食べるのだが、まず先に魚を食べ、最後に肉や野菜を入れて食べるのが作法だ。

MAP P.57-G6
住 中山区柳林街10号
TEL 82826611
営 10:30～21:30
休 無休
C 不可

千日賀／千日贺
せんにちが／qiānrìhè

大連市内にチェーン展開する香港式飲茶レストラン。看板メニューの千日賀蝦餃星は、プリプリのエビを包んだ水餃子がセイロに3個入って19元。エッグタルトなどのデザートも安くておいしい。

MAP P.56-A4
住 西崗区中山路大公街7号栢威年購物広場地下1階
TEL 83792388
営 11:00～21:00
休 無休
C 不可

李連貴酒家／李连贵酒家
りれんきしゅか／lǐliánguì jiǔjiā

MAP P.56-D5
住 中山区昆明街36号
TEL 82806436
営 9:00～22:00
休 無休
C 不可

ここは吉林名物の豚の燻製肉が評判の店。トウモロコシの粉をこねた厚めのクレープに甘辛の特製味噌をつけて食べる。野菜なども加れて食べれば、ヘルシーかつ素朴な味わいだ。

牟傳仁飯荘／牟传仁饭庄
むでんじんはんそう／mùzhuànrén fànzhuāng

山東省出身の有名なシェフ「牟傳仁」の名を冠した店で、看板料理は「牟傳仁天下第一餃」と呼ばれる水餃子。おすすめは「桜桃肉」という甘酢味の東北風酢豚とキノコ料理。

MAP P.57-J4
住 中山区職工街51号
TEL 82726070
営 10:00～21:00
休 無休
C 不可

大福餃子館／大福饺子馆
だいふくぎょうざかん／dàfú jiǎoziguǎn

MAP P.54-D5
住 沙河口区新華街182号
TEL 84328002
営 9:30～21:00
休 無休
C 不可

皮が薄くて具はぎっしり、とてもひと口ではほお張れないジャンボ餃子が売り。変わり種も多くて、大連ならではのサザエ入り餃子38元や卵とトマト入り餃子16元などもある。

小城粥道／小城粥道
こじょうしゅくどう／xiǎochéng zhōudào

旅行中に体調を崩したり、脂っこい中国料理はもうたくさんというときに行くといいのが、お粥専門店だ。南山にあるここは、予約をしなければ入れないほどの地元の人気店。おすすめは何といっても海鮮粥だ。

MAP P.57-F7
住 中山区延安路80号
TEL 88861111 営 10:30～翌2:30
休 無休 C 不可

一品誠記／一品诚记
いっぴんせいき／yīpǐn chéngjì

MAP P.55-H6
住 中山区迎賓路199号
TEL 82893939
営 9:00～22:00
休 無休
C 不可

市内から老虎灘に向かう中南路と迎賓路が交差する場所にある人気の韓国焼肉専門店。人気はサムギョプサル、石板豆腐、トウモロコシのチヂミなど、値段も手頃。

蟹将軍／蟹将军
かにしょうぐん／xièjiàngjūn

大連でカニをお手頃値段で食べるなら、新感覚の海鮮レストランのここがおすすめ。大連港で水揚げされた新鮮な魚介を使った刺身や焼き物、煮物、鍋など、とにかくメニューの種類が多い。

MAP P.54-E5
住 西崗区五四路66号恒隆広場707b
TEL 82888630
営 11:30～15:30、17:30～21:30
休 無休 C 不可
URL www.dlxiejiangjun.com

Gourmet

喜家徳水餃／喜家徳水饺
きかとくすいぎょう／xǐjiādé shuǐjiǎo

全国に480店舗を展開する水餃子チェーン。安くてうまいと評判だ。具材の種類が多く、海鮮系はもちろん、変わり種でいけるのがキノコ餃子。調理の様子がガラス越しに見えるのもこのチェーンの特徴だ。

MAP P.56-E4
住 中山区友好広場11号
TEL 400-0468555
営 8:00〜22:00
休 無休
C 不可
URL xijiade.com.cn

不二心／不二心
ふじしん／bùèrxin

大連市内に20店舗ある点心のチェーン店。人気は小籠包で一籠18元と安くてうまい。小腹がすいたとき、ボリュームたっぷりの肉まんを立ち食いするのも悪くない。あんは豚肉やエビなど各種ある。

MAP P.55-G5
住 中山区解放路430号
TEL 82688188
営 8:00〜14:00、16:00〜20:00
休 無休
C 不可

霊芝妹子／灵芝妹子
れいしまいし／língzhī mèizi

大連生まれの海鮮米麺のチェーン店。ここの米麺は日本のうどんのように太く、もちもちしておいしい。単品で麺だけ選んでもいいが、エビやカキなどをお好みで1品付けるといい。市内のいたるところに支店がある。

MAP P.57-J5
住 中山区職工街98号
TEL 82729133
営 9:00〜21:00
休 無休
C 不可
URL www.lingzhimeizi.com

パウラナー・ブラウハウス／普拉那啤酒坊
／pǔlànà píjiǔfáng

ケンピンスキーホテル大連の地下1階にある本格ドイツビアバー。自家製ビールは種類が豊富で、いろいろ試したくなる。毎晩バンドのステージがあり、店内はいつもにぎやかだ。外国人客の姿も多い。

MAP P.56-D6
住 中山区解放路92号ケンピンスキーホテル大連地下1階
TEL 82598888
営 17:30〜翌1:30
休 無休
C A.D.J.M.V
URL paulaner-brauhaus.com/dalian

---

❶ 大連の日本語フリーペーパー

　大連では在住日本人向けの生活情報誌が多数発行されている。おもな月刊誌は『Concierge』や『Whenever』『ID』『Look』など。各誌はそれぞれ趣向を凝らし、大連の最新ニュースやニューオープンのアミューズメントスポット、レストラン、ホテルなど の情報を発信しており、旅行者にも役立つ内容ばかりだ。おもなホテルや日本食レストランなどに配布されているので、チェックしたい。

▶「今夜何を食べようかな」というときに役立つ

Shop

西安路／西安路
せいあんろ／xīānlù

地下鉄1号線と2号線が交差する西安路駅から興工街駅にかけては中央大道、羅斯福国際中心、マイカル、福佳・新天地などの巨大なショッピングモールが集中する、大連で最もにぎわうエリアだ。ユニクロや無印良品などの日本ブランドをはじめ、さまざまなショップが軒を並べている。大学が近くにあり、若者の町でもある。大連のファッションや流行を知りたければこのエリアに足を運ぶといい。

MAP P.54-D4
住 沙河口区西安路
営 店舗により異なる
C 店舗により異なる
URL qqpark.com.cn（中央大道）

１中央大道の館内には巨大なマリリン・モンローのモニュメントがある　２週末は若者たちの路上ライブが見られる　３中央大道は地下鉄1号線「興工街」駅下車、南へ徒歩3分

大連商場／大连商场
だいれんしょうじょう／dàlián shāngchǎng

MAP P.56-C5
住 中山区青三街1号
TEL 83880355
営 9:00〜21:00
休 無休
C 不可

１地元客でぎわう北館1階のフードコーナー　２大連みやげの定番は海鮮乾き物　３日本時代はこの周辺は市場だった

スイッシュホテルの裏の青泥窪路の中央に位置する老舗百貨店。本館と北館に分かれるが、おもしろいのは北館1階の食品コーナーだ。大連産の海産物の干物やお茶、酒、お菓子など、おみやげを買うなら、ここがいい。館内は以前に比べると現代風にリニューアルされていて、日本の百貨店のデパ地下のような明るさ。餃子や麺、各種地元お総菜、お弁当などの中食の店がたくさんあり、昼前に行くと人混みで大変だ。お総菜を選んでランチにするのも楽しそう。

柏威年購物広場／柏威年购物广场
パビリオンこうぶつひろば／bǎiwēinián gòuwù guǎngchǎng

2015年4月にオープンした新感覚のショッピングモールで、英語名は「PAVILION」。6階建てのモール内には、海外の高級ブランドや地元高級アパレル店、レストラン街、シネコンなどの娯楽エリアが揃う。

MAP P.56-B4
住 西崗区中山路129号
TEL 84211211
営 9:30〜21:30
休 店舗により異なる
C 店舗により異なる

恒隆広場／恒隆广场
こうりゅうひろば／hénglóng guǎngchǎng

2015年12月にオリンピック広場の南側にできた香港系ショッピングモールで、英語名は「Orympia66」。海外のブランド店も多いが、子供向けのショップやスポーツジムなど、ファミリー向けの施設が多い。

MAP P.54-E5
住 西崗区五四路66号
TEL 39717192
営 10:00〜22:00
休 店舗により異なる
C 店舗により異なる
URL www.olympia66.com

大連高新万達広場／大连高新万达广场
だいれんこうしんワンダひろば／dàlián gāoxīn wàndá guǎngchǎng

MAP P.54-A7
住 高新園区黄浦路500号万達広場
TEL なし
営 10:00〜22:00
休 店舗により異なる
C 店舗により異なる
URL daliangx.wandaplaza.cn

2013年にオープンした大連発ワンダグループのショッピングモール。H&Mやユニクロ、無印良品などの海外カジュアルブランド店が揃う。モールの西側に地元飲食店が集まるグルメ通りもある。

羅斯福国際中心／罗斯福国际中心
ルーズベルトこくさいちゅうしん／luósīfú guójì zhōngxīn

沙河口区の中心に位置する五四広場周辺には、天興羅斯福国際中心やカルフール、百盛など大型商業施設が集まっていて、大連最大のショッピング街を形成している。モール内には飲食店も多く、食事も楽しめる。

MAP P.54-D4
住 沙河口区五四広場
TEL なし
営 9:30〜21:00
休 無休
C 店舗により異なる

勝利広場／胜利广场
しょうりひろば／shènglì guǎngchǎng

MAP P.56-C3
住 中山区勝利広場
TEL 82502888
営 9:30〜20:30
休 無休
C 店舗により異なる

大連駅前広場の地下に広がる巨大なショッピングコンプレックス。4フロアあり、階によってファッションや雑貨、ネイルサロン、ゲームセンター、カフェなどのアミューズメントゾーンまで全店舗数は1500店。

新華書店／新华书店
しんかしょてん／xīnhuá shūdiàn

大連でいちばん大きな本屋がここ。1階から5階まであり、ジャンル別に膨大な数の本が並んでいる。日本では手に入らない中国のガイドブックや地図、古い絵はがきの復刻版など、いろいろ見つかりそう。

MAP P.56-E3
住 中山区同興街69号
TEL 82654448
営 9:00〜18:30
休 無休
C 不可

温州城商品交易市場／温州城商品交易市場
おんしゅうじょうしょうひんこうえきしじょう／wēnzhōuchéng shāngpǐn jiāoyì shìchǎng

MAP P.55-H4
住 中山区二七広場5号
TEL 85977201
営 9:00〜17:30
休 無休
C 不可

温州商人といえば、中国では日常生活品や雑貨、衣料、靴、バッグなどの小売りで全国的に有名なだけに、あらゆる商品が揃う。基本的に地元向けだが、中国の庶民の暮らしを知るにはおもしろい。

大菜市／大菜市
だいさいし／dàcàishì

大連駅北側にある巨大なショッピングセンター。1階から3階までは韓国ファッションを中心にした衣料品や日用品がたくさん並ぶ。4階は中国工芸品のフロア。中国の定番みやげを安く買える。

MAP P.56-C1
住 中山区興業街11号
TEL なし
営 8:00〜17:00
休 無休
C 不可

COLUMN

無人コンビニを体験してみた……

中国ではモバイル決済(→P.44)の普及とともに、無人コンビニの実験店が各地に生まれている。大連にも数軒あり、高新園区のショッピングモール「錦輝購物広場」(**MAP P.54-A7**)にある「京東無人超市」を訪ねた。中国のECサイト大手として知られる京東の運営する無人コンビニでは、利用者はWeChat PayやAlipayのアカウントを取得していることが最低条件だが、さらに入店時に顔認証の手続きが必要となる。店舗に並ぶ商品にはすべてICタグが貼られていて、カゴに入れたまま出口の小部屋で精算される仕組みだ。商品は少し割り引きされているが、利用者はまだそれほど多くない印象。今後どこまで普及するか要注目だ。

1 入店前にQRコードをスキャンする 2 店内には日本をはじめ海外製の商品が並ぶ 3 買い物が済むと、精算用の小部屋に入り、顔認証で決済される 4 錦輝購物広場の1階にある 5 錦輝購物広場は地下鉄1号線「海事大学」駅下車すぐ

潘小姐的店／沈小姐的店
シンシャオジェのみせ／shěnxiǎojiě de diàn

旧ロシア人街（→P.65）の奥まった場所に、若い中国人夫婦の経営する小さなカフェがある。店内には女性客が多い。お茶を飲むだけでなく、版画や手作り工芸を楽しんでいる。1984年大連生まれの周科さんと潘潔さんは大連工科大学の同級生。周さんは子供の頃、古い日本家屋に暮らしていた。高校生になった頃、「老房子」が次々に再開発されるのを見て、自分の大切な思い出が失われていくようで惜しいと思った。大学で美術を専攻した彼は「老房子」の写真を撮り始める。その作品を絵はがきにして、大連を訪れる観光客に伝えたいと考えたのが、このカフェの始まりだ。潘潔さんも毛糸や皮の小物の手作り名人だ。そんなふたりに大連の魅力を教えてもらおうと、全国からファンが店に集まっている。

MAP P.56-D1

住 西崗区団結街6号文化産業研究中心
TEL 15898159551（携帯：潘小姐）
　　13998627353（携帯：周小哥）
営 10:30～18:00　休 火曜　C 不可
URL site.douban.com/129650

1 イラストマップ「大連漫游计划」（一部）
2 大連みやげにオリジナル絵はがきを
3 入口ではふたりの作品を販売している
4 ふたりは星海広場の近くに民宿も経営
5 若い女性客でにぎわっている
6 窓の外には旧大連自然博物館が見える
7 新しい大連観光の情報発信地

猫的天空之城／猫的天空之城

ねこてきてんくうのしろ／māodetiānkōngzhīchéng

2009年に蘇州で生まれた全国的なブックカフェチェーンで、宮崎駿作品を連想させるネーミングからしてそうだが、店内には今どきの中国の若者が好みそうな海外旅行や暮らしをテーマにした書籍やおしゃれ雑貨、文具などが置かれている。1階の一部と2階がカフェスペースで、スイーツやコーヒーを味わえる。自分の将来の夢や願い、約束ごとなどを書いて送る「未来郵便局」のコーナーもある。老虎灘の「漁人碼頭」にも同チェーン店がある。

MAP P.55-I4
住 中山区港浦路72号東方威尼斯水城B16棟
TEL 39580086
営 10:00～21:00
休 無休
C 不可
URL momibook.com

1 2階のカフェスペースはカップルばかり 2 ワッフルとアイスのセット35元 3 無印良品や日本の作家の本も多い

フローレンス大連カルチャー＆アートセンター／佛罗伦萨大连文化艺术交流中心

だいれん／fóluólúnsà dàlián wénhuà yìshù jiāoliú zhōngxīn

2018年6月にオープンした大連を代表する文化センターで、館内にはコンサートホールやギャラリー、レコーディングスタジオなどを完備。イタリアのフィレンツェの音楽学校と連携した芸術教育の拠点として、現代アートや音楽などのイベントを開催している。

MAP P.57-J3
住 中山区丹東街42号港湾壹号
TEL 66001111
開 演目などによる
休 無休
URL florencedl.com

15庫／15庫

じゅうごこ／shíwǔkù

MAP P.55-H3
住 中山区港湾広場港湾街1号
TEL 82622666
営 10:00～23:00
休 無休
C 不可
URL www.weibo.com/15cool

かつて中国大陸の玄関口だった大連埠頭入口の建物はもはや存在しないが、その跡地そばの倉庫群を横浜赤レンガ倉庫のように再開発してできたのが15庫だ。ショップやカフェ、レストランが入店している。

くまカフェ／KumA主題餐飲

／ zhǔtícānyǐn

中国全土に展開中のくまカフェが大連にも登場。店内にはおなじみのくまモングッズが並び、地元の人たちがスイーツを食べながら和んでいる姿を見られる。コーヒーは25元から。隣にバーガーキングがある。

MAP P.56-E4
住 中山区玉光街3号
TEL 39861168
営 10:00～23:00
休 無休
C 不可

宏済大舞台／宏济大舞台
こうさいだいぶたい／hóngjì dàwǔtái

MAP P.57-F2
住 中山区民生街59号
TEL 82820922
開 毎週土曜15:00開演（ただ
し、季節によって曜日、
開演時刻の変更がある）
料 30元、50元、100元（1週
間前から購入可能）
C 不可
URL www.dlhjdwt.com

大連で京劇の舞台が観られるのは、1908年に建てられたこの劇場だ。古くは「永善茶園」と呼ばれた。日本統治時代から京劇が行われていた場所で、現在は大連京劇院による公演が行われている。

東方威尼斯水城／东方威尼斯水城
とうほうヴェニスすいじょう／dōngfāng wēinísī shuǐchéng

大連湾の近くの再開発地区（東港）に50億元もの投資で誕生したイタリア・ヴェネチアの運河を再現したテーマパーク。約1kmの人造運河の脇に並ぶ壮麗な洋風建築の間を遊覧するゴンドラ代はひとり25元。

MAP P.55-I4
住 中山区港浦路
TEL なし
営 10:00〜21:00
休 無休
料 無料
URL www.eastmontage.com

老虎灘海洋公園／老虎滩海洋公园
ろうこたんかいようこうえん／lǎohǔtān hǎiyáng gōngyuán

MAP P.55-H6
住 中山区老虎灘海洋公園内
TEL 82688188
開 8:30〜17:00
休 無休
料 255元
C 不可
URL www.jdg.com.cn
アクセス 2、4、30、403路バス
「老虎灘」

老虎灘にある、ベルーガ（シロイルカ）やホッキョクグマ、ペンギン、ゾウアザラシなどの極地動物50種を見られる水族館。極地体験できる部屋やオーロラのプラネタリウムなどもある。

慕榕保健院／慕榕保健院
ぼようほけんいん／mùróng bǎojiànyuàn

南山の閑静な住宅街の中にあるマッサージ店で、現地在住日本人の間でも評判。おすすめは「中国式全身按摩」（60分、88元）や足裏マッサージを加えた「全身＋足底按摩」（120分、150元）。

MAP P.55-G4
住 中山区紅叶广場3号2-1-1号
TEL 82826708
営 9:30〜23:00
休 無休
C 不可

Tai Dian／泰殿养生会馆
タイディアン／tàidiàn yǎngshēnghuìguǎn

MAP P.57-I3
住 中山区人民路35-37号
TEL 82691566（日本語可）
営 10:00〜翌2:00
料 足ツボマッサージ＝
80元（60分）、全身マッ
サージ＝138元（120
分）、タイ式マッサー
ジ＝198元（90分）
C 不可
URL www.taidian.net

タイ王立寺院ワット・ポー協会認定の古式マッサージを基本にしたマッサージ店。中国式全身、足裏マッサージなども受けられる。店内は涼しげなタイ音楽がかかる癒やしの空間で、旅の疲れやコリをほぐしてくれるだろう。

大連金橋国際旅行社／大连金桥国际旅行社
だいれんきんきょうこくさいりょこうしゃ／dàlián jīnqiáo guójì lǚxíngshè

大連在住の宮崎正樹さんが所属する旅行会社。同社がメインで扱うのは、大連から高速鉄道で行くハルビン、長春、瀋陽、丹東など東北各都市への1日ツアー。宮崎さんが得意とするのは、東北三省の周辺諸国の国境を訪ねるツアー企画。ロシアや北朝鮮との国境の町へなどを手配してくれる。日本のゆかりの地を訪ねるツアーも企画。詳しくはウェブサイトを参照のこと。

MAP P.54-E4
住 西崗区新開路87号金福星大厦1502室
TEL 83787640 FAX 83668094
営 9:00～17:30 休 日曜 C 不可
URL gbt-dlcjp.com（日本語）
メール gbt-miya@zg8.so-net.ne.jp（日本語可）
※2019年1月より中山区五恵路29号2-20階A号に移転予定

①近々開通するといわれる中朝両国を結ぶ新鴨緑大橋など、丹東旅行の手配はお任せ
②氷祭りで有名なハルビンの冬は美しい
③いちばん左が宮崎正樹さん

大連東旭国際旅行社／大连东旭国际旅行社
だいれんとうきょくこくさいりょこうしゃ／dàlián dōngxù guójì lǚxíngshè

明るく元気な女性社長の劉建雲さん率いる同社の設立は2011年。大連外国語学院卒で日本語堪能な賈飛さんをはじめ、優秀な女性スタッフが揃っている。かつて大連に住んでいた日本人やその家族の住家を探して歩いたり、大連の老建築を訪ねたり。ていねいかつアットホームな仕事ぶりには定評がある。事前にメールで自分の訪ねたい場所や要望を伝えれば、オリジナルのツアーコースを作ってくれる。

MAP P.56-E3
住 中山区友好路曼哈頓大厦B座3613室
TEL 82559532
営 9:00～17:00
休 土曜の午後、日曜
C 不可
URL dlorientaru.jp
メール dlorientaru@yahoo.co.jp（日本語可）

①大連の路面電車は乗るだけで観光気分
②かつて「大連第五小学校」と呼ばれた学校も現存
③大連の夏は海水浴でにぎわう。最新レジャースポットを案内してくれる
④日本時代の古い民家が残る南山を散策
⑤劉社長（中央）や賈飛さん（その右）など同社のスタッフ

明治の文豪も訪ねた満洲三大温泉

日露戦争後、関東州と南満洲鉄道附属地を手に入れた日本は、満鉄主導で現在の東北地方の開発を進めたが、いかにも日本らしいのが、各地に温泉を開発し、行楽地にしたことだ。なかでも有名だったのが、湯崗子温泉（鞍山）、熊岳城温泉（営口）、五龍背温泉（丹東）の満洲三大温泉だ。これら満洲の温泉を世に広めるのにひと役買ったのが、明治の文豪たちである。

戦前期に存在した温泉リゾート

最初の話題提供者は、『満韓ところどころ』を書いた夏目漱石。彼が訪ねたのは日露戦争後わずか4年目の1909（明治42）年で、満鉄沿線は開発途上だった。それでも、漱石は熊岳城温泉と湯崗子温泉を訪ねており、兵士の療養小屋に毛の生えた程度の温泉宿の様子を「すこぶる殺風景」と評している。

時代は移って大正期に入ると、紀行作家として有名な田山花袋のベストセラー『温泉めぐり』や『満鮮の行楽』などの読み物の中に、満洲三大温泉の滞在記がある。花袋が訪ねた1920年代になると、それぞれ洋風の温泉ホテルができていて、「私達はビイルを飲んだり、湯に浸かったりして、そこに午後二時までいた」（熊岳城温泉）「温泉場としては、内地では、とてもこれだけのものは何処にも求めることが出来なかった。日本風の室ではあったけれども、副室がついていて、半ばベランダのように椅子だの卓だのが並べてあるのも心地が好かった」「今までに曽て見たことのない、箱根、塩原、伊香保、何処に行ったって、こうした設備の整ったところ

はないと思われる立派な浴槽」（湯崗子温泉）と書いている。この時期すでに満洲にモダンな温泉地ができていたのだ。

昭和に入ると、与謝野寛・晶子夫妻が湯崗子温泉を訪ね、こう書いている。「鉄道の本線に沿って便利なために、在満の邦人が絶えず南北から来て浴遊し、ことに夏期には露西亜人や支那人の滞浴客もあって賑ふそうである」（『満蒙遊記』）。夫妻が訪れたのは1928（昭和3）年。国内よりひと足先に湯崗子温泉は国際的な温泉リゾートになっていた。

ラストエンペラーの浴室が現存

では、当時これほど栄えていた満洲三大温泉は現在、どうなっているのか。明治の文豪たち（夏目漱石、田山花袋、与謝野晶子）が訪ねた名温泉は今……。

湯崗子温泉は温泉療養のための国際医療センターとなっていて、ロシア人が多く訪れていた。その一角には龍宮城のような建物（湯崗子龍宮温泉）があり、かつてラストエンペラー溥儀が滞在した温泉ホテル「対翠閣」を大幅に改修したものだった。館内には、溥儀のために造られた豪華浴室「龍池」が残っていた。この浴室は対になっていて、皇后専用の浴室「鳳池」も併設されていた。料金を払えば個室風呂として利用できる。

一方、熊岳城温泉の戦前期の温泉ホテルは、2009年頃に壊され、高級温泉リゾートとして再開発されていた。リゾート内には日本式の露天風呂がいくつも造られていた。五龍背温泉でも当時の温泉を見つけることはできなかったが、1936年に満鉄が造ったという露天風呂と湯小屋だけは残っていた。

満洲三大温泉の泉質は、硫黄や酸性泉などの刺激のある「火山性の温泉」ではなく、地熱で温泉が湧く「非火山性の温泉」だ。どの温泉も、日本統治が終わると、行楽地というより、ソ連の影響を受けた療養施設として使われていた。ところが、2000年代に入り、中国が豊かになってくると、日本風の温泉リゾートを開発する動きが各地に起こった。その際、日本統治時代の老朽化した温泉ホテルは姿を消した。満洲三大温泉を訪ねるには、大連からのアクセスが便利だ。湯崗子温泉と熊岳城温泉は高速鉄道を途中下車する。五龍背温泉は、瀋陽からなら瀋丹線で途中下車。大連からだと、まず丹東まで行き、バスで行ける。

1 豪華な溥儀の個室風呂「龍池」 2 現在の湯崗子龍宮温泉 3 対翠閣(現龍宮温泉)前の溥儀夫妻(1932.3.8)

湯崗子温泉
MAP P.49-F4
住 鞍山市千山区湯崗子温泉旅游度假区
URL www.tgz.com.cn
アクセス 高速鉄道「鞍山西站」下車。タクシーで所要30分が目安

4 日本式の露天風呂 5 現代的な温泉リゾートに変身 6 戦前期の絵はがき。このホテルはもう存在しない

熊岳城温泉
MAP P.48-E5
住 営口市経済技術開発区熊岳鎮温泉村鉄東街
URL tianmu.net
アクセス 高速鉄道「鲅魚圏站」下車。タクシーで所要10分が目安

7 満鉄が造った露天風呂 8 当時の温泉ホテル(現在は軍の施設となり、訪問できない)

五龍背温泉　　**MAP P.49-H5**
住 丹東市五龍背鎮温泉路
URL www.wulongbeiwenquan.cn
アクセス 丹東駅から218路バス「五龙背站」下車。所要50分が目安

世界文化遺産に登録された清朝の古都

遼寧省

市外局番 024

沈阳 Shěn Yáng

瀋陽

しんよう

ロシア

内蒙古自治区・フフホト／黒龍江省・ハルビン／吉林省・長春／モンゴル／**瀋陽●**／遼寧省 北朝鮮／★北京／北京 韓国

基本データ

●瀋陽市
人口 726万人
面積 1万2980km²

在瀋陽日本国総領事館
（日本国駐瀋陽総領事館）
MAP P.110-B3
住 和平区十四緯路50号
TEL 23227490
FAX 23222394
開 8:30～12:00、13:30～17:15
休 土・日曜、祝日
URL www.shenyang.cn.emb-
japan.go.jp

市公安局外国人出入境管
理処
（市公安局外国人出入境
管理処）
MAP P.110-B1
住 皇姑区北陵大街47号
TEL 86898710
FAX 86857707
開 8:30～11:30、13:00～16:30
休 土・日曜、祝日
観光ビザを最長30日間延長可
能、手数料160元。申請に必
要な書類等は写真2枚。手続
き完了まで5業務日必要

中国医科大学付属第一医
院
（中国医科大学附属第一
医院）
MAP P.111-C1
住 和平区南京北街155号
TEL 83283333
　救急＝83283001
開 救急24時間

▲瀋陽站枢紐バスターミナルか
らは遼寧省の各都市へのバスが
出ている

概要と歩き方

　遼寧省の省都である瀋陽市は、漢族を中心に29の民族が住む東北三省のなかでも最大級の都市のひとつである。少数民族のなかには、満洲族、回族、朝鮮族、シボ族、モン

▲瀋陽ではシェアサイクルの利用が普及している。乗り方はP.124

ゴル族など人口1万人を超える民族もいる。

　瀋陽の気候は温帯モンスーン型大陸性気候に属し、冬季は寒く乾燥し北風や西北風が多く吹く。夏季は高温多湿で南風と西風が多く吹く。最も寒い1月の平均気温が−12.3℃、最も暑い7月の平均気温が24.6℃で、年間平均気温が7.8℃となっている。

　瀋陽は、漢代には候城、唐代には瀋州と呼ばれた。

　瀋陽と呼ばれるようになったのは、元代の1296年、このエリアが瀋水（渾河）の北に位置するため、行政区の名称を瀋陽路と改めてからだ。その名の由来は水の北側は「陽」、水の南側は「陰」とする風水の考えによる。

　その後、女真族マンジュ部のヌルハチが女真族を統一して後金国を建国すると、1625年にはその都盛京となった。その後国号を清と改め、順治帝が北京に遷都したあとは第二の都とされ、1657年に民政機関である奉天府が設置された。

　19世紀末以降は、帝政ロシア、その後日本の勢力下に入り、最重要都市として町は発展を遂げていった。満洲国成立以降は奉天と改称された。

　中華人民共和国成立後は、重工業都市として発展を遂げた。

気温は℃、降水量はmm

	1月	2月	3月	4月	5月	6月	7月	8月	9月	10月	11月	12月
平均最高気温	-5.9	-2.1	5.7	15.8	23.0	27.6	29.6	28.7	23.7	16.2	5.3	-3.0
平均最低気温	-17.8	-14.2	-5.4	2.9	10.2	16.1	20.3	19.1	11.6	3.9	-5.3	-14.0
平均気温	-12.3	-8.4	-0.1	9.2	16.5	21.6	24.6	23.6	17.1	9.4	-0.3	-8.9
平均降水量	6.2	6.8	17.1	34.8	61.8	90.7	179.8	167.8	78.8	41.1	20.8	9.2

その後1990年代に入ると停滞期に陥っていたが、2000年代以降、大瀋陽経済圏構想を立ち上げるなど、過去の威光を取り戻しつつある。

▲週末の瀋陽ではSHY48の公演を観られる。場所は中街のSHY48Theater（→P.139）にて

▲瀋陽には中国最大のコリア人街である西塔（→P.118）がある

瀋陽の町にはいくつかの核になるエリアがある。まずは瀋陽故宮を中心とするエリアで、瀋陽で最も古い場所。ここは清代に奉天城がおかれた所で、その名残として城門や城壁も残っている。多くの老舗が並ぶ中街や張氏帥府博物館などの観光スポットも多い。

ふたつめは瀋陽駅の東側にある満鉄附属地だったエリア。20世紀初頭に開発が始まり、中山広場に向かって延びる中山路にはその遺構が一部残る。デパートやショッピングモールが建ち並ぶ新興ショッピング街となっている。

3つめは瀋陽北駅周辺に建設が進む金融ビジネス街。瀋陽北駅のほかに遼寧省高速バスターミナルなどもあり、他都市に移動する際の拠点にもなっている。

郊外には太祖ヌルハチの陵墓の福陵や瀋陽花博の会場となった植物園をはじめとして多くの見どころがある一方、マンションの造成が進むエリアにもなっている。このほか、渾河南岸には渾南大学城や渾南新区などIT関連産業をメインとする技術開発区の建設も進んでいる。また、瀋陽駅の北東に位置する西塔の周辺は、朝鮮族や北朝鮮、韓国の店が並ぶ繁華街だ。

以上のことを踏まえて宿泊先を考えると、瀋陽駅周辺、瀋陽北駅周辺、もしくは昭陵に近い北陵公園周辺を候補に挙げることができる。アクセスの面を考えると瀋陽北駅、静かな環境を最優先するなら北陵公園周辺がいいだろう。

▲古い団地から新しい高層マンションに変貌中

▲旧満鉄奉天共同事務所（現鉄道1912飯店）

▲医薬大厦

▲旧満鉄奉天事務所（現瀋陽市少年自動図書館）

▲旧満洲医科大学（現中国医科大学）

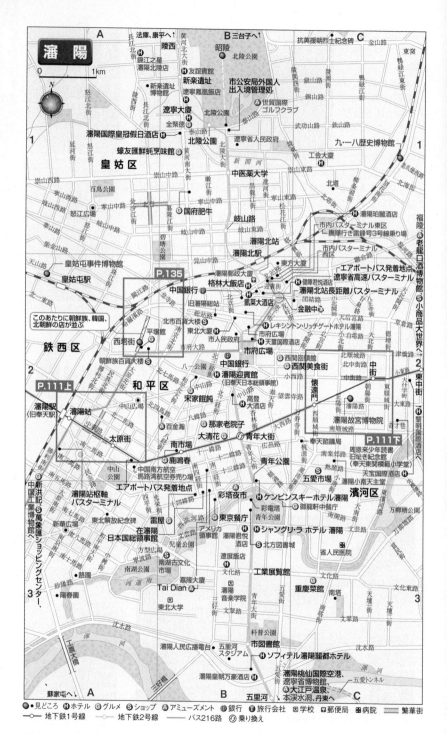

瀋陽

A 法庫、康平へ↑
陵西
長江北街
鴨江之星
瀋陽北陵店
黄河北大街
新楽遺址
遼寧鳳凰館

B 三台子へ↑
昭陵
北陵公園
友誼賓館
市公安局外国人
出入境管理処

C 抗美援朝烈士紀念碑
金山路
東窯
鴨緑江東街
銀川路
鋼山路
鴨緑江街

遼寧大廈
全聚徳
北陵公園
遼寧省人民政府
武功山路
鉄山路

1

瀋陽国際皇冠假日酒店
蟻友匯鮮蚝烹味館
北陵公園
黄河南大街
中医薬大学
工会大廈

九・一八歴史博物館

皇姑区
百鳥公園
国府肥牛
岐山路
岐山東路
瀋陽珀麗酒店

市内バスターミナル東区
└撫順行き雷鋒号3号線乗り場

市内バスターミナル西区

エアポートバス発着地点
遼寧省高速バスターミナル

このあたりに朝鮮族、韓国、北朝鮮の店が並ぶ

P.135
中国銀行
旧瀋陽総站
格林大飯店
凱莱大酒店
金融中心
瀋陽北站長距離バスターミナル
健君悦酒店
瀋陽北站

鉄西区
西塔街
平壌館
北市百貨大楼
東北大廈
市人民政府
レキシントン・リッチゲートホテル瀋陽
市府広場
天璽国際酒店

中街

2

朝鮮族百貨大楼
八一公園
中国銀行
瀋陽迎賓館
(旧奉天日本総領事館)
宋家館飩
西関飯館
西関美食街
懐遠門
瀋陽故宮博物院

東中街

P.111上
瀋陽駅
(旧奉天駅)
瀋陽站
中山広場
百金鵬
那家老院子
大清花
太原街
鹿鳴春
南市場
青年大街
青年公園
五愛市場

周恩来少年読書
旧址紀念館
(奉天東関模範小学堂)
P.111下
瀋陽桃源酒店

3

中国南方航空
馬路湾航空券売り場
エアポートバス発着地点
瀋陽站枢軸
バスターミナル
東北解放紀念碑
雷屋
在瀋陽
日本国総領事館
彩塔夜市
彩塔街
東京餐庁
アメリカ領事館
ケンピンスキーホテル瀋陽
御膳軒中餐庁
瀋陽君悦酒店
シャングリ・ラ ホテル 瀋陽
北方図書城
省人民医院

濱河区

新洪記
$萬象匯ショッピングセンター
中国工業博物館へ
新華広場
南湖公園
南湖古文化市場
嘉陵大廈
Tai Dian
瀋陽音楽学院
東北大学
児童公園
遼展飯店
工業展覧館
文化宮

重慶菜館
科学公園
市図書館
ソフィテル瀋陽麗都ホテル
瀋陽人民広播電台
五里河スタジアム
瀋陽皇朝万豪酒店
瀋陽桃仙国際空港、遼寧省博物館、大江戸温泉、本渓水洞、丹東へ

蘇家屯へ
五里河

見どころ　H ホテル　G グルメ　S ショップ　A アミューズメント　銀 銀行　T 旅行会社　学 学校　郵 郵便局　病 病院　繁華街
地下鉄1号線　地下鉄2号線　バス216路　乗り換え

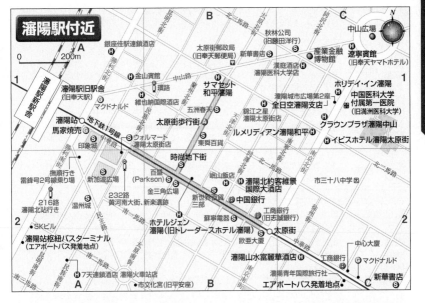

瀋陽駅付近

0　200m

- 銀座佳駅連鎖酒店
- 勝利賓館
- 太原街郵政局（旧奉天郵便局）
- 秋林公司（旧藤田洋行）
- 中山広場
- 新華書店 Ｓ
- 産業金融博物館
- 遼寧賓館（旧奉天ヤマトホテル）
- 瀋陽駅旧駅舎（旧奉天駅）
- 金山賓館 Ｈ
- 環路 Ｓ
- 漢庭酒店 Ｈ
- 瀋陽医科大学店 Ｓ
- ホリデイ・イン瀋陽 Ｈ
- 中国医科大学付属第一医院（旧満洲医科大学）
- マクドナルド Ｇ
- 維也納国際酒店 Ｈ
- サマセット和平瀋陽
- 瀋陽城市広場第2座 Ｈ
- 全日空瀋陽支店
- クラウンプラザ瀋陽中山 Ｈ
- 瀋陽駅 Ｓ
- 地下鉄1号線
- 五洲春天 Ｈ
- 太原街歩行街
- 錦江之星瀋陽太原街店
- ルメリディアン瀋陽和平
- イビスホテル瀋陽太原街 Ｈ
- 馬家焼売 Ｇ
- ウォルマート瀋陽太原街店
- 新舞百貨 Ｓ
- 印象城
- 時尚地下街
- 百盛（Parkson） Ｓ
- 市三十八中学 Ｘ
- 撫順行き
- 雷鋒号2号線乗り場
- 新加波広場 Ｓ
- 金三角広場
- 岷山飯店 Ｈ
- 瀋陽北約電景国際大酒店 Ｈ
- 216路瀋陽北站行き
- 232路黄河南大街、新楽遺跡
- 温州城 Ｓ
- 新世界百貨三部 Ｓ
- 中国銀行 Ｓ
- SKビル
- ホテルジェン瀋陽（旧トレーダースホテル瀋陽） Ｈ
- 蘇寧電器 Ｓ
- 工商銀行（旧志城銀行） Ｓ
- 太原街 Ｓ
- 瀋陽站枢紐バスターミナル（エアポートバス発着地点）
- 致亜大厦
- 瀋陽山水富麗華酒店 Ｈ
- 工商銀行 Ｓ
- 中心大厦
- マクドナルド Ｇ
- 7天連鎖酒店 Ｈ
- 瀋陽火車站店
- 瀋陽青年国際旅行社
- 新華書店
- 市文化宮（旧平安座）
- エアポートバス発着地点

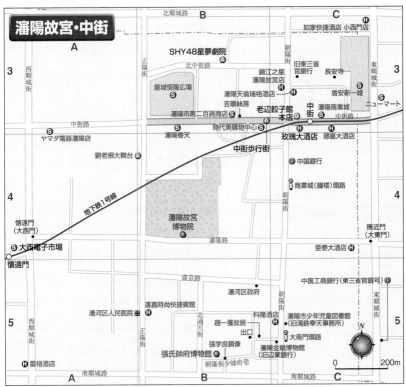

瀋陽故宮・中街

- 北順城路
- 如家快捷酒店 小西門店 Ｈ
- SHY48星夢劇院
- 正陽街
- 北中街路
- 錦江之星瀋陽故宮店 Ｓ
- 旧東三省官銀行
- 長安寺
- 東順城街
- 西順城街
- 皇城恒隆広場 Ｓ
- 瀋陽天倫瑞格酒店 Ｈ
- 盾安新一城
- 瀋陽商業城
- ニューマート
- 吉順絲房
- 中街 Ｈ
- 中街路
- 瀋陽市第二百貨商店 Ｓ
- 老辺餃子館本店
- ヤマダ電器瀋陽店 Ｓ
- 中街路
- 時代美購物中心 Ｓ
- 玫瑰大酒店 Ｈ
- 璽星大酒店 Ｈ
- 瀋陽春天 Ｓ
- 中街歩行街
- 劉老根大舞台 Ａ
- 中国銀行 Ｓ
- 地下鉄1号線
- 朝陽街
- 商業城（鐘楼）環路
- 懐遠門（大西門）
- 瀋陽故宮博物院
- 撫近門（大東門）
- 大西電子市場 Ｓ
- 懐遠門
- 渾河路
- 盛京路
- 亜泰大酒店 Ｈ
- 中国工商銀行（東三省官銀号） Ｓ
- 瀋河区政府
- 科隆酒店 Ｈ
- 瀋陽市少年児童図書館
- 東順城街
- 滙嘉時尚快捷賓館 Ｈ
- 瀋河区人民医院 Ｈ
- 趙一獲故居
- 瀋陽金融博物館（旧辺業銀行）
- 南門環路
- 雷格酒店 Ｈ
- 張氏帥府博物館
- 張学良像
- 朝陽街少帥府巷
- 南順城路

0　200m

凡例
- ● 見どころ
- Ｈ ホテル
- Ｇ グルメ
- Ｓ ショップ
- Ａ アミューズメント
- Ｓ 銀行
- Ｘ 学校
- 郵便局
- Ｈ 病院
- ─‥─ 区境
- ─○─ 地下鉄1号線
- 繁華街
- バス停

Access

空港見取図→P.309　中国国内の移動→P.318　鉄道時刻表検索→P.319

✈ 飛行機

市区の南東約25kmに位置する瀋陽桃仙国際空港(SHE)を利用する。日中間運航便が3路線ある。国内線は主要都市との間に運航便がある。2013年に新たに第3ターミナルが完成し、国際線・国内線を問わず、すべての便がこのターミナルに発着する。

国際線 成田(10便)、関西(5便)、中部(2便)。

国内線 北京、上海、広州など主要都市との間に毎日運航便があるほか、長白山、ハイラル、満州里、鶏西などの東北地方内の便もある。

所要時間(目安) 北京首都(PEK)／1時間30分　上海浦東(PVG)／2時間25分　広州(CAN)／3時間40分　長白山(NBS)／50分　ハイラル(HLD)／2時間

🚄 鉄道

瀋陽北駅または瀋陽駅を利用する。両駅からは、大連、長春、吉林、ハルビンとの間に高速鉄道が運行されるほか、瀋陽北駅からは北京駅や北京南駅行きの高速鉄道も出ている。ほかに京哈線、瀋大線、瀋丹線、瀋吉線、瀋山線の列車も発着する。2015年9月に丹東までの高速鉄道(瀋丹高鉄)が開通した。

所要時間(夏ダイヤの目安) 大連駅(dl)／高鉄2時間、長春駅(cc)／高鉄1時間30分　ハルビン西駅(hbx)／高鉄2時間15分　吉林駅(jl)／高鉄2時間15分　北京駅(bj)／動車5時間　丹東駅(dd)／高鉄1時間30分

🚌 バス

おもなバスターミナルは3ヵ所。瀋陽北駅南口の遼寧省高速バスターミナル(虎躍ターミナル)、瀋陽北站長距離バスターミナル、瀋陽駅東口の瀋陽站枢軸バスターミナル(SKターミナル)を利用する。

所要時間(目安) 丹東／4時間　桓仁／3時間20分　通化／4時間30分　集安／6時間10分

Data

飛行機

●瀋陽桃仙国際空港(沈阳桃仙国际机场)
MAP P.122-C4
住 桃仙鎮　**TEL** 89392000
移動手段 エアポートバス／馬路湾のほか、瀋陽站枢軸バスターミナル、遼寧省高速バスターミナルの計3ヵ所との間に発着する。基本的に1時間間隔の運行であるが、一部30分間隔の時間帯もある。15.5～17元、所要40分～1時間が目安。詳しくはウェブサイト参照(**URL** tx.lnairport.com)　LRT／渾南現代有軌電車2号線が、地下鉄2号線「奥体中心駅」との間を結ぶ。2元、所要40分　タクシー／(空港～中街)70元、所要40分が目安

●全日空瀋陽支店(全日空沈阳支店)
MAP P.111-C1
住 和平区南京北街206号瀋陽城市広場第2座1203室
TEL 4008828888　**時** 9:30～17:00　**休** 土・日曜、祝日
C A.D.J.M.V
移動手段 地下鉄／1号線「太原街」徒歩6分　路線バス／210、231、264、277、282路「医大一院」

鉄道

●瀋陽北駅(沈阳北站)
MAP P.110-B2
住 瀋河区北站路102号　**TEL** 共通電話=12306
移動手段 地下鉄／2号線「沈阳北站」　路線バス／105、216、262路ほか「沈阳北站」

●瀋陽駅(沈阳火车站)
MAP P.110-A2
住 和平区勝利南街2号　**TEL** 共通電話=12306
移動手段 地下鉄／1号線「沈阳站」　路線バス／環路、203、216、232路ほか「沈阳站」

バス

●遼寧省高速バスターミナル(辽宁省快速汽车客运站)〈虎躍ターミナル〉
MAP P.110-B2
住 瀋河区恵工街120号　**TEL** 62233333
時 5:20～19:00
移動手段 地下鉄／2号線「金融中心」徒歩5分　路線バス／105、136、147、163、168北、291、295路「家乐福北站」

瀋陽桃仙国際空港行き約1時間間隔(6:00～18:00)、丹東行き1日29便(最終19:00)。

●瀋陽北站長距離バスターミナル(北站长途汽车客运站)
MAP P.110-B2
住 瀋河区団結路59号　**TEL** 88529078
時 6:00～20:00
移動手段 地下鉄／2号線「金融中心」徒歩5分　路線バス／105、203、216、224、265、271、503路ほか「惠工广场」

通化行き1日11便(最終18:00)、集安行き9:30、11:30、桓仁行き10:30、14:10。

●瀋陽站枢紐バスターミナル(沈阳站汽车客运枢纽站)〈SKターミナル〉
MAP P.111-A2
住 和平区勝利南街63号　**TEL** 31877977
時 5:20～19:00
移動手段 地下鉄／1号線「沈阳站」徒歩6分　路線バス／環路、203、216、232路ほか「沈阳站」

瀋陽桃仙国際空港行き約1時間間隔(6:00～18:00)、桓仁行き1日8便(最終17:30)、鉄嶺、本溪(最終18:30)、遼陽、鞍山行き各15分間隔。

市内交通

タクシー

初乗り3km未満8元、3km以上1kmごとに1.8元加算。22:00〜6:00および夏季空調使用時は初乗り3km未満9元、3km以上500mごとに1元加算。さらに燃油代1元加算。

バス

地下鉄開通以降も、西塔をはじめバスの欠かせない地区は多い。また乗り換えが必要な地下鉄の区間と比べても、直通するバスの番号さえわかれば、バスのほうが速い場合もある。特に瀋陽北駅〜瀋陽駅で152、216、262路、西塔〜中街で140、243路などを活用したい。運行時間の目安は5:30〜22:00。23:00頃まで運行される路線が増えているほか、深夜や未明に運行する通宵車もある。運賃は200番台までのバスは1元、300番台は1元〜。

▼旅游観光バス（观光巴士）

2012年5月から運行を開始した途中乗り降り自由な観光路線バス。故宮がある旧市街を経由して、市内を南北に縦断する。故宮と北陵のふたつの世界遺産を結ぶほか、瀋陽北駅そばも通る。バスはオープントップタイプと屋根のあるタイプとがある。

🕐 7:00〜18:00（週末は〜19:00）、約30分ごとに運行
🎫 5元（1回券）、10元（1日乗車券）

地下鉄

2010年末に東西を走る1号線が、2011年末に南北に走る2号線が開通した。1号線は鉄西地区や瀋陽駅と中街を結び、2号線は北陵公園や瀋陽北駅と市区中心や南部を結ぶ。運賃は8駅以内2元、9〜12駅は3元、13駅以上は4元。運行時間の目安は6:00〜22:00。
🌐 symtc.com

▲瀋陽地下鉄1号線

2018年9月現在

瀋陽地下鉄路線図

━━ 地下鉄1号線
━━ 地下鉄2号線
◎ 乗り換え

瀋陽故宮博物院

瀋陽故宮博物院
MAP P.111-B4
住 瀋河区瀋陽路171号
TEL 24841998
開 10/11～4/9 9:00～16:30
4/10～10/10 8:30～17:30
※入場は閉館の45分前まで
休 7・8月を除く月曜午前中
料 60元
アクセス 地下鉄1号線「懐遠門」。
140、213、290、292路
バス「故宮」

世界遺産
瀋陽故宮博物院は、北京の故宮と並んで「北京と瀋陽の明・清王朝皇宮」として2004年、世界文化遺産に追加登録された。

▲瀋陽故宮の外側に立つ武功坊と文徳坊

▲瀋陽故宮大政殿

▲瀋陽故宮鳳凰楼

ワンポイントアドバイス
瀋陽在住の河原雷さんは居酒屋「雷屋」(→P.134)のオーナー。「瀋陽は一度来たらまた来たくなる町です。中国各地の料理も楽しめます。瀋陽のことを知りたければご連絡ください」
TEL 31526452

瀋陽故宮博物院／沈阳故宫博物院
しんようこきゅうはくぶついん／shěnyáng gùgōng bówùyuàn

北京入城以前の王宮

　市街の中心部である瀋河区瀋陽路に位置する清朝黎明期の宮殿。呉三桂(明の将軍)が難攻不落だった山海関を清軍に明け渡し、順治帝の摂政であったドルゴンが北京に入城した1644年の「入関後」以前は、ここが王宮であった。

　1625年、女真族国家である後金が遼陽から瀋陽(当時は盛京)に遷都した際に創建され、1636年(清の崇徳元年)に落成した。清朝建国の礎を築いた太祖ヌルハチ(1559～1626年)と清朝第2代皇帝、太宗ホンタイジ(1529～1643年)のふたりは実際にここに住んだ。北京遷都後も康熙帝、乾隆帝など清朝の歴代皇帝がこの地を行幸している。

　敷地面積約6万㎡に及ぶ故宮は、20余りの庭園と大小90余りの建築物で構成され、おもに東路、中路、西路の3エリアに分けられる。東路の主要建築物は、ヌルハチの時代に建てられたもの。著名な建物としては大政殿や十王亭などが挙げられる。

　大政殿は皇帝が式典を行う場所。またの名を八角殿、八角亭ともいう。1636年にはホンタイジにより大清国建国の式典が、1644年には順治帝の即位式がここで挙行された。

　大政殿の正面北から南に向かい東西左右対称に配列される十軒の方形亭が、清初、貴族や大臣が政務を行った十王亭である。建物の配置は、清の軍隊編成のシステムである八旗制度[1]を反映したもので、瀋陽故宮独特のものである。現在、十王亭の中には、八旗それぞれの武器や戦闘服が展示されている。

　中路の建築物は、ホンタイジの時代に建てられたもの。南端から北へ向かって、大清門や崇政殿、鳳凰楼、清寧宮などの建築物が中軸線上に並んでいる。

　崇政殿は、ホンタイジが日常の軍務や政務の処理、外国の使臣と接見する際に使用した施設。入関後は、清朝の歴代皇帝が

▲大政殿を中心に十王亭(八旗亭)が左右対称に並ぶ。満洲族の八旗の王のために建てられた

東巡の際、ここで政務を司った。

鳳凰楼は、皇帝の軍政を協議したり、宴を行った場所である。入関後は、ここに天子の訓示や国璽などが保管された。3階建ての楼閣は当時、瀋陽で最も高い建築物で、楼閣に上ると日の出が見えたという。清寧宮は、ホンタイジと孝端文皇后の宮殿。1643年ホンタイジはこの宮殿で崩御した。

▲瀋陽故宮崇政殿

▲崇政殿内部の玉座

西路の建築群は、入関後引き続き建てられたもの。1783年（乾隆48年）には、四庫全書を収容する文溯閣が建てられた。また、院蔵珍文物宝展では、磁器、彫刻、書画、服飾などの美しい宝物を鑑賞することができる。

▲崇政殿の屋根にも美しい装飾

▲瀋陽故宮内にはさまざまな意匠がある

※1　八旗制度
もとは満洲族の狩猟のための組織。10人1組で1ニル（「矢」の意）と呼ばれる単位とし、ニルごとに行動することになっていた。ヌルハチが女真族を統一する過程で規模が拡大していき、1625年に軍事・行政・社会組織に作り替え、後金、清朝成立の原動力となった。当時の編成は黄・白・紅・藍の4色とそれぞれの色に縁を付けたものを加え8つの旗で区分したため八旗と呼ばれた。そして八旗に属する者は旗人と総称され、清の支配階層を構成した。また、構成民族によって、満洲八旗（ヌルハチが創始）、蒙古八旗、漢軍八旗（これらはホンタイジ時代に成立）があった。

中山広場／中山广场

ちゅうざんひろば／zhōngshān guǎngchǎng

日本時代は大広場と呼ばれた

瀋陽は故宮を中心にした旧市街と、20世紀初頭、満鉄による瀋陽駅とその周辺の付属地の建設が始まったことで、かつてはふたつの中心をもつ都市だった。中山広場は、大連の中山広場（→P.62）と

▲広場の中央に毛沢東の像がある

同様、日本統治時代は新市街の中心に位置する広場で、当時は「大広場」と呼ばれた。広場の周辺にはヤマトホテル（1929年）や横浜正金銀行奉天支店（1925年）、奉天警察署（1906年）、朝鮮銀行奉天支店（1920年）など8つの建築が建てられた。現在もその大半は金融機関などとして使われている。

中山広場
MAP P.111-C1
住 和平区中山広場
TEL なし
開 24時間
料 見学自由
アクセス 地下鉄1号線「太原街」。114、115、123、125、129、220路バス「中山广场」

▲旧ヤマトホテルは遼寧賓館として現在も営業中。向かって左側に旧満鉄医科大学が見える

▲横浜正金銀行ビルは、現在中国工商銀行として使われている

住 瀋河区朝陽街少帥府巷46号
TEL 24842454
開 5/1～10/15 8:30～17:00
　10/16～4/30 8:30～16:30
※入場は閉館の1時間前まで
休 月曜午前
料 60元
URL www.syzssf.com
アクセス 105、140、213路バス「大南門」

▲張氏帥府入口

▲執務室

▲張氏帥府西院紅楼1号楼

住 瀋南区智慧三街157号
TEL 22741193
開 4/1～10/31 9:00～17:00
　11/1～3/31 9:30～16:30
休 月曜 料 無料
URL www.lnmuseum.com.cn
アクセス 地下鉄2号線「白塔河路」
　からタクシーで片道1元、
　所要15分が目安

▲古代北東アジアに特徴的なドルメン（支石墓）はこの地域に広く分布していた

▲遼寧省科学博物館が併設されている

張氏帥府博物館／张氏帅府博物馆
ちょうしすいふはくぶつかん／zhāngshì shuàifǔ bówùguǎn

中国東北部軍閥の巨魁、張氏の邸宅跡

奉天系軍閥の首領としてその名をはせた張作霖とその長男張学良の官邸兼私邸。大帥府、少帥府とも呼ばれる。創建は1914年で、占有面積は3万6000㎡。敷地内は東院、西院、中院の3院に

▲張氏帥府大青楼

分けられる。中院は、三進四合院という中国の伝統的建築様式の建物。当時、張親子はここに居住し政務を執った。東院には大青楼、小青楼などの建築物が立ち、庭園である花園には、山に似せた岩で築いた假山などが据えられている。また、帥府の東北の角には関羽を祀った関帝廟が建てられている。大青楼は、1918～1922年の間に建てられた3階建てのローマ様式の耐火れんが建築物。オフィスや応接室、宴会場などを有し、建築面積は2561㎡に及ぶ。その建物の威容からも、当時、東北地方に覇をとなえた張家の勢力をうかがい知ることができる。1929年1月、張学良が張作霖の部下で野心家であった楊宇霆と黒龍江省省長の常蔭槐を処刑した楊常事件は、建物内の老虎庁で起きている。

1918年に建てられた小青楼は、張作霖の夫人や子女の住居であった。1928年、張作霖が蒋介石率いる北伐軍との決戦を断念して満洲へ帰る途中、彼の乗った特別列車が関東軍の謀略により爆破され、瀕死の重傷を負ったとき、運ばれた場所がこの建物の西側の部屋である。一時建設を中止していた西院の紅楼は、満洲事変の発端となった柳条湖事件(1931年)の後、完成した。

遼寧省博物館／辽宁省博物馆
りょうねいしょうはくぶつかん／liáoníngshěng bówùguǎn

遼寧省の古代から現代までの文物を展示

遼寧省を代表する博物館で、以前は市内中心部にあったが、2015年5月郊外にリニューアルオープンした。旧博物館は清朝最後の皇帝溥儀によって故宮から持ち出された文物や唐、宋、元代の書画、東北地方に興った高句麗や契丹、遼、

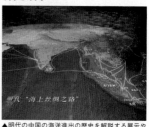
▲明代の中国の海洋進出の歴史を解説する展示や古代エジプト展などユニークな企画展を随時開催

渤海などの古代国家にまつわる収蔵品に特色があった。現在、中国では愛国主義教育の拠点として博物館の展示の内容も変わりつつある。

瀋陽の民族系近代建築遺構

中国東北地方に現存する近代建築の多くは、20世紀前半のロシアや日本の植民地支配期に建てられている。優美な港湾都市として計画された大連や首都機能を前面に打ち出したものものしい都市空間が見られる長春、ロシア建築を中心にヨーロッパの地方都市のような景観を残したハルビンというように、それぞれ異なる特色がある。

瀋陽の近代建築の分布は、市西部の「満鉄附属地」「鉄西区」と、旧市街を中心にした「老城区」「商業区」に分かれており、日本と中国民族資本というふたつの勢力がほぼ同時期に開発を進めたことに特徴がある。一般にヤマトホテル(遼寧賓館)や満洲医科大学(中国医科大学)などの「満鉄

▲瀋陽の近代建築遺構の分布は「満鉄附属地」と「老城区」に分かれている

附属地」の建築郡については知られているが、1900年代の清末新政期やその後の張作霖、張学良らによる奉天系軍閥関連の民族系近代建築についてはあまり知られていないかもしれない。

そこで、以下瀋陽の重要な民族系近代建築を並べてみた。なかでも貴重なのは、最も古い時期に建てられた 8 奉天諮議局(住瀋河区桃源街118号)だろう。現在、建築の中に観光客が入れるのは、1 4 6 7 9 10である。調査に当たって『瀋陽城市建築図説』(主編／陳伯超 機械工業出版社 2011)を参考にした。

1 張氏帥府大青楼(1922)(→ P.116) 2 張氏帥府事務所または舞庁(1925) 3 京奉鉄路遼寧総站(1930 現瀋陽鉄路分局辦公大楼) 4 趙一荻故居(1928) 5 奉天東関模範小学堂(現周恩来少年読書旧址紀念館) 6 瀋陽小南天主堂(1878) 7 辺業銀行(1926 現金融博物館) 8 奉天諮議局(1906) 9 東三省官銀号(1929) 10 吉順絲房(1914)

西塔街

MAP P.110-A2

🏠 和平区西塔街
☎ なし
🕐 24時間
🚌 140、152、216、262、243路バス「西塔」

▲西塔はもともと瀋陽城の周囲に4つあった塔のひとつで、延寿寺というチベット仏教寺院がある

▲西塔に行けば、おいしいチゲを食べられる

九・一八歴史博物館

MAP P.110-C1

🏠 大東区望花南街46号
☎ 88320918
🕐 5〜10月8:30〜17:00
11〜4月9:00〜15:30
※入場は閉館の30分前まで
🚫 月曜 💰 無料
🚌 163、325 路バス「九一八歴史博物館」

▲1928年に瀋陽郊外で起きた張作霖爆殺事件の現場に近い皇姑屯駅にオープンした皇姑屯事件博物館（MAP P.110-A2 🏠 皇姑区天山路211号 🕐 9:30〜15:30 🚫 月曜 💰 無料）

産業金融博物館

MAP P.111-C1

🏠 和平区中山路83号
☎ 23406698
🕐 9:30〜17:30 🚫 月曜
💰 無料 🌐 mocf.org.cn
🚌 地下鉄1号線「太原街」

▲時代ごとの物価をキューブにした展示がおもしろい

▲中山路に面した細長いビルの中にある

西塔街／西塔街
せいとうがい／xītǎ jiē

中国最大規模のコリアンタウン

　かつて朝鮮族居住区だった西塔街は1992年の中韓国交樹立を機に変貌を遂げた。韓国人ビジネスマンや留学生が大量に流入し、「コリアンタウン」に生まれ変わったのだ。今や中国最大規模のコリアンタウンとなり、町にはハングルの看板があふれている。

韓国風の焼肉や参鶏湯などの料理店や、韓国の生活用品や食材を売るスーパーが並んでいる。この界隈には北朝鮮が営業するレストランもあり、本場の味を楽しみたければ、P.134の「西塔グルメMAP」を参照。

▲西塔の入口に中国語とハングル併記の大きな表示がある

九・一八歴史博物館／九・一八历史博物馆
きゅういちはちれきしはくぶつかん／jiuyībā lìshǐ bówùguǎn

満洲事変の引き金となった悔恨の地

　1931年9月18日、日本の関東軍は自ら南満洲鉄道の柳条湖区間の線路を爆破し、中国側の仕業とする謀略を決行。これにより関東軍の中国東北部侵略が展開されていった。中国人にとって屈辱的なこの柳条湖事件（中国では九・一八事変という）が起きた場所に建てられた記念館が九・一八歴史博物館である。

▲カレンダーをかたどった博物館（旧館）

　入場後、向かって右側の巨大なカレンダー型の石造建築物（旧館）が博物館のシンボル。旧館はモニュメントとして残され、その隣にある新館ではジオラマなどを使った抗日戦争の歴史を展示。

産業金融博物館／产业金融博物馆
さんぎょうきんゆうはくぶつかん／chǎnyè jīnróng bówùguǎn

東北地方の民間金融経済の歴史を展示

　上海の投資グループ「中国金融博物館」が国内各地に展開する金融博物館のひとつで2016年にオープンした。ロシアや日本の進出した近代における地域経済の発展や挫折など、中国のほかの地方とは異なる東北固有のユニークな金融史が解説されている。植民地経済に取り込まれながらも、中華人民共和国成立後、東北地方の経済が国家に大きく寄与した事実を綴る展示は興味深い。

▲日本統治時代の金融機関の歴史も解説される

COLUMN

「鉄西区」の時代

中国の近代化産業遺産

瀋陽市「鉄西区」は、瀋陽駅の西側に広がる行政区域を指す。そこは20世紀前半、ロシアから東清鉄道の権益を受け継いだ満鉄が開発した重工業地帯だった。

新中国建国後、当時としては先進的な重工業インフラを利用し、社会主義経済の推進役として発展を遂げた時期もあった。だが、栄光の日々も、1990年代の市場経済化の急激な進展にともない、非効率な国営企業の経営や社会保障制度の維持が困難となり、徐々に地盤沈下。旧式な工場や粗末な住居が残る疲弊した労働者の町となった。瀋陽「鉄西区」は社会主義の敗北を象徴する町だったのである。

当時の貴重な記録が、中国人ドキュメンタリー作家の王兵による『鉄西区』(2003)だ。2008年山形ドキュメンタリー映画祭大賞作品「鳳鳴−中国の記憶」で知られる彼は、すさんだ鉄西区を舞台に相次ぐ工場閉鎖でリストラにあえぐ労働者の日常を1999年頃からビデオ片手に切り取った。作品は「工場」「街」「鉄路」

の三部作で、なんと9時間の長編だ。カメラは踏切小屋や安食堂、果ては労働者の住まいやシャワー室の中にまで進入する。変革の時代に翻弄される鉄西区の人々の生身の姿がきれいごと抜きで晒されていく。

ところが、その後時代は一変する。2003年頃から中国全土を覆う不動産開発の波がこの地にもやってきたのだ。背景には中央政府による東北振興策がある。工場からマンションへ。数年間で4000本もの煙突が倒されたという。多くの労働者が立ち退きを余儀なくされた。2000年代半ば以降、鉄西区は高層マンションの並ぶ新興住宅地となっている。その変転ぶりは、今日の中国社会を象徴する光景といえるだろう。

荒廃の時代が「鉄西区」にあったことは、王兵の作品で知ることができるが、過去の栄光については、中国工業博物館(旧瀋陽鋳造博物館)に行くといいだろう。そこは、1933年に建てられた森田鉄工所(建国後は、瀋陽鋳造工場)の廃墟を改装したものだ。満鉄時代から近年までの工作機械や車両、写真などを展示している。

■1 入館にはパスポートと記名が必要
■2 当時の鋳造工場の製造工程が展示される
■3 今日の鉄西区は中国のどこにでもあるマンション街に変貌している

中国工業博物館
MAP P.122-B3
住 鉄西区衛工北街14号
TEL 25702088
開 9:00〜16:00
休 月曜
料 無料
アクセス 147、300 路バス「工業博物館」

福陵

MAP P.122-C2

住 東陵区東陵東街81号
TEL 88031568
開 5月～10月上旬8:00～17:30
　10月中旬～4月8:30～16:30
休 無休
料 福陵＝40元
　　森林公園＝10元
アクセス 148、168路バス「东陵公園」
※東陵公園の西側が218路バスの発着所となっており、市区に戻るときは218路のほうが便利。タクシーでは瀋陽北駅から40元が目安

世界遺産

福陵は、明の十三陵などと並んで「明・清王朝の皇帝墓群」として2004年、世界文化遺産に追加登録された。

▲福陵の神道

▲福陵碑亭

ワンポイントアドバイス

●瀋陽の日本語ガイド
瀋陽在住の李卓珣さんは、日本語ガイド歴15年で、6年間の日本留学体験もある。満洲史跡や鉄道とその関連施設の見学、撮影に関心のある方は、事前に彼に連絡して案内してもらうといい。
メール lizhuoxun@hotmail.com（日本語可）
TEL 13940255283（携帯：李卓珣）

▲李卓珣さん。旅行会社勤務で来日経験も豊富

福陵／福陵

ふくりょう／fúlíng

女真族のハーン（大王）ヌルハチが眠る陵墓

瀋陽市中心部から東へ約15km。松林に覆われた丘陵地帯に位置する太祖ヌルハチと孝慈高皇后（イエホナラ氏）の陵墓。市区の東郊外にあることから東陵とも呼ばれる。1629

▲五鳳楼から南方を望んだ風景

（清の天聡3）年に建設が始まり、1651年完成。清代には毎年、大小さまざまな祭祀が執り行われた。

正紅門をくぐると傍らに松が生い茂る神道がある。神道の脇には石柱の華表やラクダ、馬といった多くの石獣が対に配置されている。さらに北に進むと108段の石段がある。これは北斗星中の108の星を合わせた数で、天地そして宇宙を表し、皇帝が世界の支配者であることを象徴すると伝承されている。この階段を上りきった所に碑亭があり、その中には康熙帝が建てた石碑、大清福陵神功聖志碑が置かれている。

碑亭の後方には方城がある。方城の正門は上部に3階建ての楼閣五鳳楼を有する隆恩門、方城の中心には東西に配殿、中央に隆恩殿が立つ。ここは祭祀を行う場所で、康熙帝や乾隆帝なども祖先の陵を祀った。隆恩殿の後ろ、方城の北門上に、福陵のなかでも最も高い建物大明楼が立っている。楼内には満洲語、中国語、モンゴル語で記された石碑の太祖高皇帝之陵がある。方城の北側に位置するのが、太祖と孝慈高皇后が眠る宝城だ。福陵は昭陵の構成とよく似ているが、福陵は天柱山の麓にあるため、南から北に行くほど地勢が高くなっていくのが特徴である。

▲五鳳楼から見た方城。手前左右が配殿、中央が隆恩殿、その後方が大明楼

昭陵／昭陵

しょうりょう／zhāolíng

清朝第2代皇帝ホンタイジ（太宗）の陵墓

総敷地面積が330万㎡にも及ぶ太宗ホンタイジと孝端文皇后（ボーアールジージーター氏）の陵墓が昭陵。清初関外三陵※2のなかでも最大の規模である。市街の北に位置することから北陵とも呼ばれる。

▲両側に石獣が並ぶ神道

昭陵は1643（清の崇徳8）年に造営が始まり、1651（順治8）年に完成した。その後、康熙帝や乾隆帝などによりたびたび改修が行われた。

陵墓は下馬牌に始まり、神橋を渡り、石牌坊とそれに続く正紅門をくぐると神道が延びている。

神道の両脇には、天に向かって吼える神獣を上部に有する華表が立ち、獅子、麒麟、馬などの石像が対になって並んでいる。石獣のなかでも最も著名なのが石馬で、ホンタイジの天下争奪の際、活躍したという伝説がある。神道の真ん中には神功聖徳碑亭が立っている。これは康熙帝の建立で、自筆の文が刻まれている。

神道からさらに北に行った場所にある方城が、昭陵の中心地。正門に隆恩門、四隅には角楼を有する。方城の中心には隆恩殿がある。

方城の後方には月牙城と宝城が続き、宝城の中心にある宝頂の下にホンタイジと孝端文皇后が埋葬されている。

1949年の中華人民共和国成立以降、徐々に拡張され、陵墓一帯がさまざまな娯楽施設を有する北陵公園となった。園内には人工湖や遊園地のほか、日本の札幌市と川崎市から贈られた庭園の芳秀園や、太祖ヌルハチや太宗ホンタイジの活躍を紹介した大清興跡宮もある。

▲方城の正門、隆恩門

昭陵
MAP P.110-B1

🏠 皇姑区泰山路12号
☎ 86901330
🕐 4月中旬～10月上旬8:00
　～17:30
　10月中旬～4月上旬8:30
　～16:30
休 無休
料 北陵公園＝6元
　昭陵＝4月中旬～10月上旬
　50元、10月中旬～4月上旬
　30元
アクセス 地下鉄2号線「北陵公園」。210、213、220、227、290路バス「北陵公園」

▲ホンタイジ（愛新覚羅皇太極）像

▲昭陵正紅門

▲神道の石獣

▲北陵公園内の湖

※2　清初関外三陵
1644年清が山海関を越え、北京に入城する以前の王家一族が葬られた陵墓。昭陵のほかは、永陵（ヌルハチの祖父が眠る陵墓。→P.123 MAP P.49-H3）と福陵（→P.120）。

● 郊外の見どころ

121

本渓水洞／本溪水洞

ほんけいすいどう／běnxī shuǐdòng

巨大な鍾乳洞と地底湖を探検

本渓水洞
MAP P.49-G4
🏠 本渓市本渓水洞風景名勝区
☎ (0414) 4891198
🕐 5～10月8:30～16:00
休 無休
料 水洞＝165元
※地質公園や珪化木石林公園
　など近隣の見どころとのセッ
　ト券(185元、200元)あり
アクセス 瀋陽站枢軸バスターミナ
　ルから本渓へ5:30～
　18:30の間15分に1便。本
　渓から「小市」行きバスで
　「本渓水洞」

本渓水洞は瀋陽の南東にある本渓市の中心部から東へ約30kmの大規模な鍾乳洞。数十万年かけて自然が造り出したユニークな景観を楽しむことができる。長さ約3kmの洞窟には水がない通常の鍾乳洞「旱洞」と、天然の地底湖がある「水洞」のふたつがあり、両方とも見学可能。「水洞」は遊覧船で約40分かけて見学する。

▲鍾乳洞の入口

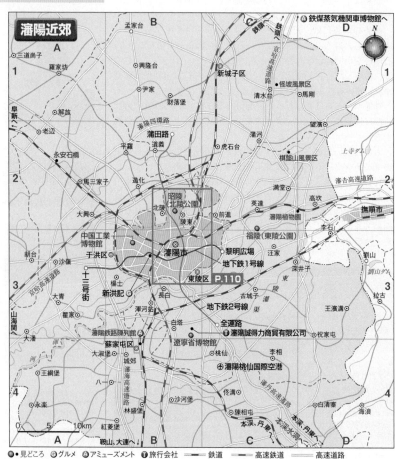

瀋陽近郊

● 見どころ　　● グルメ　　Ⓐ アミューズメント　　Ⓣ 旅行会社　　━━━ 鉄道　　═══ 高速鉄道　　━━━ 高速道路
═══ 幹線道路　　━━━ 一般道路　　━━━ 地下鉄1号線　　━━━ 地下鉄2号線　　⊕ 空港

ヘトゥアラ城／赫図阿拉城

じょう／hètúālāchéng

後金建国、清朝発祥の城

清の初代皇帝のヌルハチは女真族を統一し、ハーン(大王)となった後の1616年、ヘトゥアラ(赫図阿拉)で後金を建国、都をここに定めた。その後、ヌルハチは戦略的・軍事的な理由でジャイフィヤン、サルフ、遼陽、東京城、瀋陽と数年ごとに遷都を繰り返した。その過程で北方民族の部族国家的な山城から中華帝国的な王城へと変化している。彼の死後、息子のホンタイジは国号を清に改め、1636年ヘトゥアラを興京と改名した。現在は、古城の周辺は赫図阿拉城景区として整備されている。景区内には復元されたヘトゥアラ城やヌルハチ出生の家、正白旗衙門、満族民俗博物館などがあり、満族の歴史や文化に触れられる。

▲2016年には後金建国400周年の催しが景区内で開かれた

▲「ヌルハチ出生の地」を訪ねると、満洲族の暮らしがうかがえる

永陵／永陵

えいりょう／yǒnglíng

世界遺産となったヌルハチの祖先の陵墓群

ヌルハチの父や叔父、祖父たちなど清朝建国につながる一族の陵墓の地。1598年に造営を開始し、当初は興京陵と呼ばれていたが、順治帝の時代に改修され、永陵に改称。福陵(→P.120)、昭陵(→P.121)とともに清の関外三陵(陵墓群)のひとつ。陝西省にある秦の陵墓「永陵」と区別して中国では「清永陵」と呼ばれる。瀋陽から東へ約140kmの場所にある。

▲門を入ると、4つの碑を納めた四祖碑亭が並ぶ

ヘトゥアラ城
MAP P.49-H3

🏠 新賓満族自治県赫図阿拉旅游景区
☎ (024)55157595
🕐 8:00~17:00
休 無休　料 60元
URL www.lnhtal.com
アクセス 瀋陽站枢軸バスターミナルから「新賓」行きバスで「永陵」(所要約2時間40分)下車後、1路バスに乗り換え「赫図阿拉城」(所要約10分)

▲ヘトゥアラ城に向かう蘇子河の橋の上に清朝の旗がはためく

▲ヘトゥアラ城の隣に満族の住む赫図阿拉新村があり、農家料理が味わえる

永陵
MAP P.49-H3

🏠 新賓満族自治県永陵鎮
☎ なし　🕐 8:00~17:00
休 無休　料 50元
アクセス 瀋陽站枢軸バスターミナルから「新賓」行きバスで「永陵」(所要約2時間40分)下車後、1路バスに乗り換え「永陵」(所要約5分)

世界遺産

永陵は福陵や昭陵とともに「明・清王朝の皇帝墓群」として2004年、世界文化遺産として追加登録された。

▲それぞれの碑は亀の形をした石(亀趺)の上に載っている

▲1路バスには永陵バスターミナル(客運站)の前で乗れる

清朝の初代皇帝、ヌルハチ

明代の女真族

女真族（じょしん）は、東北から華北一帯を領有した金（1115～1234年）の支配階級だったが、モンゴル帝国によって滅ぼされたあとは、その支配下に入り、現在の吉林省から黒龍江省にかけて生活していた。明代になると、諸民族と融合しながら、3つの系統にまとまっていった。

ひとつは「マンジュ部（建州女真）」と呼ばれ、北は渾河（こんが）流域から南は鴨緑江（おうりょくこう）流域まで、東は渾河（こんが）流域から西は明国境までの範囲内に住んでおり、スクスフ、フネへ、ワンギヤ、ドンゴ、ジュチュネンに分かれていた。この北側に接していたのが、「フルン部（海西女真）」と呼ばれる、イェヘ、ハダ、ホイファ、ウラの各部、3つ目が鴨緑江上流域からウスリー川にかけて存在したフルハ、グルカ、ウェジなどの「東海諸部（野人女真）」だった。

靖難の変（1399～1402年）を経て、成祖永楽帝が即位すると、明は周辺諸国の巡撫に乗り出した。東北地区では女真族が続々と朝貢に訪れ、そうした者を「衛所」と呼ばれる軍事組織の末端に組み込み、その見返りに朝貢貿易を許すようになった。この朝貢貿易は、少なからぬ利潤を与えたので、朝貢はあとを絶たなかったが、明の財政を圧迫することにもなった。

そこで、明は朝貢を制限し、その不満については市場を設けることで解決を図った。しかし、朝貢を許さなかった者のなかには、ワンカオ（マンジュ部）など武力に訴える者もあったため、穏健だったハダ（フルン部）のワン・ハンを後押しして、女真族を抑えることにした。ワン・ハンはよく女真族をまとめたが、ワンカオは従わず、捕殺されてしまった。

ヌルハチの登場

1559年、ヌルハチはスクスフ（マンジュ部）に属するニングダー族のタクシの長男として生まれた。

彼の祖父ギオチャンガはワンカオとともに行動しており、ワンカオが死んだあとは、周囲の有力部族と婚姻関係を結びながら、その基盤を受け継ぎ、マンジュ部で権勢を誇った。

1583年6月、ワンカオの息子アタイ（ギオチャンガの孫娘の婿でもあった）がグレ城に遼東東総兵官・李成梁の討伐を受けた際、タクシとともに孫娘の救出に向かったが、乱戦に巻き込まれ、殺されてしまった。突然訪れた祖父と父の死で、24歳のヌルハチが一族を率いていくことになった。

まず彼は、ふたりの死について、明側に激しく抗議して、明に非を認めさせ、そして明兵をグレ城に誘導したうえ、捕らえられた祖父と父を助けなかったスクスフ部トゥルン城主のニカン・ワイランを討つために行動を起こした。このとき、スクスフ部は、ヌルハチ派と明の後押しするニカン・ワイラン派のふたつに割れてしまい、ヌルハチはなかなか仇を討つことができなかったが、3年後にようやくニカン・ワイランを倒した。これと同時に、ニングダー一族の敵対勢力とも和解を目指し、足元を固めることにも抜かりはなかった。

やがて基盤が固まると、周辺にあった敵対勢力の平定に乗り出した。支配地域が増えるにつれて、当初数十人規模だった兵力も400人を超えるようになっていった。1587年には、フェアラ城（佛阿拉城、遼寧省新賓満族自治県）に最初の居城を築き、政治や法律を制定するなど、ヌルハチの覇業は新たな段階に突入した。

1587年、マンジュ部のひとつ、フネヘ部のドウン城を落として、マンジュ部の統一を開始すると、翌年にはスワン、ドンゴ、ヤルグの有力部族がヌルハチに降り、1589年にワンギヤを攻め、ジョーギヤ城を落とすなど、勢いに乗ってマンジュ部の統一を達成した。

明は、ハダのワン・ハンを後押しして、女真族統治を行っていたが、彼の死後は、ハダの勢力が急速に衰え、それに敵対するイェヘ（フルン部）が力をつけてきた。

このままでは、女真族をコントロールできなくなると考えた明は、1588年ヌルハチとハダに婚姻関係を結ばせ、イェヘを牽制すると同時に、ヌルハチを懐柔するため都督僉事に任命した。

当時、ヌルハチは、明にとっても無視できない存在になっていたが、しょせん辺境の一部族長にすぎず、やがて自国を滅ぼす存在になるとは思いもしなかった。

ヌルハチの飛躍と後金の成立

マンジュ部の統一を成し遂げたヌルハチの次のターゲットは東海諸部に定められ、1591年鴨緑江方面の白山部に遠征を行い、あっという間に支配下に収めた。これに脅威を覚えたフルン部のイェヘはヌルハチに白山部領地の譲渡を要求したが、拒絶されたため、武力衝突を覚悟した。

1593年イェヘ、ハダ、ホイファ、ウラ、嫩コルチン、シベ、グワルチャなどの9部族による連合軍が三方から攻め入り、ヌルハチ率いるマンジュ部軍を蹴散らそうとした。ヌルハチはグレ山で圧倒的な敵を迎え撃った。イェヘのブジャイを討ち取ると、連合軍は簡単に崩壊し（グレの戦い）、ここにヌルハチの名声はおおいに高まり、女真族統一の道がひらけた。

その後、1593年11月にはジュシェリ、ネイエンを平定、1599年にはフルン部のハダを滅ぼし、1607年に烏碣巌の戦いでウラを破り、ホイファを滅ぼした。1613年、ウラを滅亡させ、1615

年には沿海州南部からウスリー川中流域までを支配下におくなど、女真族統一の道を突き進んだ。このように快進撃を続けているうちに、人口が急増したため、1603年にヘトゥアラ城（赫図阿拉城）に遷都（1603年）したが、このときに清朝の基礎は作られたといっても過言ではない。

そして、1616年正月には、ついに重臣たちに推される形でゲンギュン（＝聡明な）・ハーンの称号を受けて即位した。この後、内部的には、まだしばらくマンジュの名を使うが、対外的には「金」を国名にすることになった。これが「後金」の建国である。

一方、明との関係は、1607年に発生した明人の越境によって提起された国境問題で緊張状態に入っていた。いったんはお互いに自重することを誓い合ったが、明人の越境は収まらず、1616年、ヌルハチはついに強硬手段に出て、越境者を殺害した。明側はこれを激しく非難し、衝突は時間の問題となった。1618年、ついにヌルハチは撫順に攻撃をかけ、城を守っていた李永芳を籠絡して、ほとんど無血で入城を果たした。その後も周囲の城を落としていき、その数は500を超えた。

明は初戦の大敗に衝撃を受け、慌てて防衛体制を立て直し、翌年2月遼陽で兵を四軍に分け、ヘトゥアラ城を目指した。明側の兵力20万に対して、金側はわずか数万の陣容だったが、作戦をヌルハチに見破られたことや足並みの乱れから明は大敗し、開原や鉄嶺などを失った。これが明の運命を決定づけた「サルフの戦い」だ。

1619年イェヘを滅ぼし、女真族統一を達成したヌルハチは、明を倒すことを次の目標にして遼東地方に進出を開始し、1621年に瀋陽、遼陽、広寧を続けて陥落させ、明軍を遼東地区から退却させた。さらに、1626年に寧安（興城）へ進攻したが、同年8月に病没してしまった。

その後、中国制覇の偉業は、息子ホンタイジと弟ドルゴンに引き継がれ、1644年にドルゴンが明の将軍、呉三桂の手引きで、北京に入城したことで達成された。

白塔

白塔
MAP P.49-F4

住 遼陽市中華大街一段白塔公園内
TEL (0419)2126429
開 5～10月8:00～18:00
11～4月8:00～17:00
休 無休 料 30元
アクセス 瀋陽駅から遼陽駅まで動車で所要40分

▲仏像が何体もはめ込まれている

▲遼陽駅から徒歩5分

白塔／白塔

はくとう／báitǎ

800年の歴史をもつ仏塔

瀋陽の南方50kmにある遼陽市は、高句麗から遼、金など古代からこの地方を治める王朝の都がおかれていた。そこには12世紀に建立された白塔がある。金王朝の世宗完顔雍が母貞懿皇后のために造ったもので、東北地方に現存する仏塔のなかで最も規模が大きく、シルエットも美しい。仏塔の周辺は公園になっていて、現代中国の喧騒をひととき忘れて、散策を楽しめる。

▲八角13層の密檐式のれんが塔で、高さ71m

COLUMN

シェアサイクルに乗ろう

中国の都市部では、乗り捨て自由で料金格安（30分乗って1元）のシェアサイクルが普及し、市民の足となっているが、これほど旅行者にとっても便利な足はない。シェアサイクルはオレンジ色が目印のMobike（摩拝単車）が最も普及している。同サービスは日本でも始まっていることから、日本のクレジットカードで登録すれば、中国でも使えるようになっている。東北地方でモバイクが使え

るのは2018年9月現在、瀋陽のみだ。

登録方法は、スマートフォンにモバイクジャパンのアプリをダウンロードし、クレジットカードナンバー等の個人情報を入力し、500円程度のチャージをするだけだ。

▲自転車のQRコードをスキャンすると鍵が開き、乗れるようになる

▶アプリを開くと、自転車の所在地が画面に表示される

クラウンプラザ瀋陽中山／沈阳中山皇冠假日酒店

しんようちゅうざん／shěnyáng zhōngshān huángguàn jiàrì jiǔdiàn ★★★★★

中山広場のそばにある外資系5つ星ホテル。瀋陽駅からも徒歩5分と観光にもビジネスにもロケーションは抜群。客室は渋く落ち着いたグレー系のトーンで統一され、長期滞在も過ごしやすい。エグゼクティブルームは20〜24階で、シャワーブースも広く、大きなライティングデスクが置かれている。屋内プールを完備したフィットネスルームも利用できる。館内には中国料理や西洋料理のレストランやカフェ、バーがある。屋内プールを完備したフィットネスルームも利用できる。

MAP P.111-C1
住 和平区南京北街208号
TEL 23341999
FAX 23341199
料 ⑤①449〜649元　⑥1208元
税 なし
C A.D.J.M.V
URL www.ihg.com

■1申し分ない広さのスタンダードルーム
■2日本人の利用も多い

瀋陽国際皇冠假日酒店／沈阳国际皇冠假日酒店

しんようこくさいこうかんかじつしゅてん／shěnyáng guójì huángguàn jiàrì jiǔdiàn ★★★★★

インターコンチネンタルグループの高級シティホテル。19階建てで、客室から北陵公園が眺められる。レストランは中国料理と西洋料理のほかに日本料理もある。サウナ、プール、ジムも完備。

MAP P.110-B1
住 皇姑区黄河南大街88号
TEL 86311111
FAX 86252111
料 ⑤①485元〜　⑥900元
税 15%
C A.D.J.M.V
URL www.ichotelsgroup.com

ケンピンスキーホテル瀋陽／沈阳凯宾斯基饭店

しんよう／shěnyáng kǎibīnsījī fàndiàn ★★★★★

地下鉄2号線「青年公園」のすぐ北、オフィス街に隣接。ヨーロッパの老舗ブランドだけに、客室のインテリアはチャイニーズとヨーロピアンを融合したスタイル。スパ＆フィットネスもリゾートホテル並みのホスピタリティを誇る。

MAP P.110-B2
住 瀋河区青年大街109号
TEL 22988988
FAX 22988888
料 ⑤①546〜768元
税 なし
C A.D.J.M.V
URL www.kempinski.com

ソフィテル瀋陽麗都ホテル／沈阳丽都索菲特酒店

しんようりど／shěnyáng lìdū suǒfēitè jiǔdiàn ★★★★★

東北地方で最大の規模を誇る。ホテルタイプの部屋のほかにも長期滞在用にキッチンの付いたコンドミニアムタイプの部屋もある。瀋陽桃仙国際空港へは20分、市内中心までは15分ほど。

MAP P.110-B3
住 和平区青年大街386号
TEL 23188888
FAX 23188000
料 ⑤①788元〜　⑥1012元〜
税 15%
C A.D.J.M.V
URL www.sofitel.com

ルメリディアン瀋陽和平／沈阳和平艾美酒店
しんようわへい／shěnyáng hépíng àiměi jiǔdiàn ★★★★★

2017年11月に中山広場の近くにオープンした外資系ホテル。ホテルの施工を積水ハウスが担当しており、シックで落ち着いた色調や環境を意識した素材を使うなど、ほかの瀋陽のホテルとは発想からして一線を画している。1階奥のlatitude42というラウンジのカフェバースペースのデザインは斬新で、書棚にはアート関係の本が置かれるなど、宿泊客でなくても訪ねてみたくなる。

MAP P.111-C1
住 和平区北二馬路45号
TEL 23746666
FAX 89746666
料 S T 626～816元 E 1716元～
税 なし
C A.D.M.V
URL lemeridien.com

1 派手さはないがくつろげるデラックスルーム 2 宇宙船のようなデザインのフロントロビー 3 最寄りは地下鉄1号線「太原街」駅 4 ロボットによるチェックインもでき、部屋まで案内してくれる 5 1階ロビーの脇に瀋陽市内の地図を背景にしたアート作品が展示されている

シャングリ・ラ ホテル 瀋陽／沈阳香格里拉大饭店
しんよう／shěnyáng xiānggélǐlā dàfàndiàn ★★★★★

香港のシャングリ・ラチェーンが運営。観光なら、目の前にある青年公園に面したデラックスガーデンビューのエレガントな客室がおすすめ。地下鉄2号線「青年公園」からは徒歩圏内。

MAP P.110-B3
住 瀋河区青年大街115号
TEL 24366666
FAX 24366555
料 S T 1050～1160元 E 1400元
税 16 %
C A.D.J.M.V
URL www.shangri-la.com/jp/shenyang/shangrila

サマセット和平瀋陽／沈阳盛捷和平服务公寓
わへいしんよう／shěnyáng shèngjié hépíng fúwù gōngyù ★★★★

瀋陽駅より徒歩約5分にあるアパートメントタイプのホテルで、長期滞在の日本人ビジネスマンに人気。館内では日本語も使えて、日本人旅行者の宿泊にも便利なサービスが多い。

MAP P.111-B1
住 和平区太原北街80号
TEL 23975555
料 S T 435元～
税 なし
C A.D.J.M.V
URL somerset.com

瀋陽山水富麗華酒店／沈阳山水富丽华酒店
しんようさんすいふれいかしゅてん／shěnyáng shānshuǐfùlìhuá jiǔdiàn ★★★★

2016年7月にリニューアルオープンしたシティホテル（旧フラマホテル瀋陽）。値段が手頃かつ客室は快適で、Wi-Fiなどの設備も完備しており、お値打ちなホテルといえる。瀋陽駅や中山広場や遼寧賓館にも徒歩圏内。日本統治時代の建築を訪ねて歩くのにも絶好のロケーションだ。ロビーはこぢんまりしているが、スタッフの感じはいい。朝食は2階の西洋料理レストランで取る。

MAP P.111-C2
住 和平区中華路65-1号
TEL 400-7160888
FAX なし 料 ⑤①358〜498元
税 なし C A.M.V
URL www.shanshuihotel.com

S 🍴 👕 🛗 TV 📶 🔌

1 明るく清潔な客室 2 バスタブとシャワー室が両方ある 3 地下鉄1号線「太原街」C出口すぐそば

ホテルジェン瀋陽／沈阳今旅酒店
しんよう／shěnyáng jīnlǚ jiǔdiàn ★★★★

旧シャングリ・ラ系のトレーダースホテル瀋陽。客室はベージュを基調としたモダンな内装で、広くゆったりとした造り。エグゼクティブクラスの利用では、ビュッフェ形式の朝食などの特典がある。

MAP P.111-B2
住 和平区中華路68号
TEL 23412288
FAX 23411988
料 ⑤①546〜604元 ⓔ2010元
税 15%
C A.D.J.M.V
URL www.hoteljen.com/shenyang

S 🍴 👕 🛗 TV 📶 🔌

凱萊大酒店／凯莱大酒店
がいらいだいしゅてん／kǎlái dà jiǔdiàn ★★★★

瀋陽のビジネス経済地区にあり、北駅の向かいに位置する。禁煙フロアや女性専用フロアもあり、宿泊客の要望に応えてくれる。中国料理レストラン「船餐庁」では本格的な広東料理を楽しめる。

MAP P.110-B2
住 瀋河区迎賓街32号
TEL 22528855
FAX 22528533
料 ⑤330元 ①380元 ⓔ788元
税 なし
C A.D.J.M.V
URL www.gphshenyang.com

S 🍴 👕 🛗 TV 📶 🔌

格林大飯店／格林大饭店
かくりんだいはんてん／gélín dàfàndiàn ★★★★

瀋陽北駅のすぐ近くに立つホテル。もとは郵便局であった建物を改修し、1998年に開業した。大胆な整備の進む金融ビジネス街にあり、周囲には瀋陽市政府機関も多い。

MAP P.110-B2
住 瀋河区北站路72号
TEL 22576578
FAX 22522288
料 ⑤①260元 ⓔ450元
税 15%
C A.D.J.M.V
URL www.greenhotel.com.cn

S 🍴 👕 🛗 TV 📶 🔌

玫瑰大酒店／玫瑰大酒店

ばいかいだいしゅてん／méiguī dàjiǔdiàn　★★★★

故宮のおひざ元、中街の真っただ中に位置。欧文名はローズホテル。張氏帥府にも歩いて行ける距離にある。レストランは評判がよく、満漢全席は特に有名。近くには老舗レストランも点在している。

MAP P.111-C3
住 瀋河区中街路201号
TEL 24898188
FAX 24898060
料 ⑤①250元～
税 なし
C A.D.J.M.V
URL www.rosehotel.com.cn

遼寧大廈／辽宁大厦

りょうねいたいか／liáoníng dàshà　★★★★

北陵公園の西側に隣接する威風堂々としたクラシカルなホテル。1959年に開業。周囲の静かな環境もあり、おおらかな気持ちにさせてくれる。タイプの異なったレストランが9つもあり、バラエティに富む。

MAP P.110-B1
住 皇姑区黄河南大街105号
TEL 86081166
FAX 86809355
料 ⑤①408～473元
税 なし
C A.D.J.M.V

瀋陽迎賓館／沈阳迎宾馆

しんようげいひんかん／shěnyáng yíngbīnguǎn　★★★★

庭園様式のクラシックホテル。もとは1927年竣工の奉天日本総領事館で、かつて吉田茂が総領事として赴任していた。屋内プール、ボウリング場などの娯楽施設が充実している。

MAP P.110-B2
住 瀋河区北三経街9号
TEL 22805611
FAX 22836341
料 ⑤①320元
税 なし
C A.J.M.V
URL www.syybg.net.cn

ホリデイ・イン瀋陽／沈阳中山假日酒店

しんよう／shěnyáng zhōngshān jiàrì jiǔdiàn　★★★★

日本でもおなじみの外資系シティホテル。瀋陽駅に近く、観光にもショッピングにも便利。ビジネスセンターや娯楽施設は充実しており、ビジネスユースの日本人客も多い。

MAP P.111-C1
住 和平区南京北街204号
TEL 23341888
FAX 23341188
料 ⑤①580元　⑥668元
税 なし
C A.D.J.M.V
URL www.ihg.com

イビスホテル瀋陽太原街／沈阳太原街宜必思酒店

しんようたいげんがい／shěnyáng tàiyuánjiē yíbìsī jiǔdiàn

潘陽市内にはいくつかの経済チェーンのイビスホテルがあるが、太原街にあるここは瀋陽駅や地下鉄駅にも近く、宿泊代もリーズナブルなので利用価値がある。客室は広くはないが清潔。

MAP P.111-C1
住 和平区北二馬路69甲8号
TEL 31315555
料 ⑤①180元～
税 なし
C M.V
URL ibis.accorhotels.com

遼寧賓館／辽宁宾馆

りょうねいひんかん／liáoníng bīnguǎn

★★★

中山広場に面しており、瀋陽駅や瀋陽桃仙国際空港へのアクセスは非常に便利。遼寧賓館の前身は、南満洲鉄道が運営した奉天ヤマトホテルで、1929年に開業した。大連ヤマトホテルを模して造られただけに内装、外見ともに気品あふれるヨーロッパ・ルネッサンス様式が取り入れられている。改修後もオリジナルな建築様式を維持し、往時の優雅さを今にとどめている。客室の内装は、ベージュをベースにシンプルながら高級感ある造りになっている。明るく清潔感があり、必要十分な設備が整う。大理石で覆われたロビーは荘厳で当時の華やかさがしのばれる。デビュー前の李香蘭が舞台を踏んだ美しい小ホールも健在だ。

MAP P.111-C1
住 和平区中山路97号
TEL 23839166
FAX 23839103
料 ⑤①358～398元
税 なし
C 不可
URL www.liaoninghotel.com

1 優雅さと華やかさを今に伝えるエントランス　2 歴史を形作った幾多の要人も上り下りしたことだろう　3 趣向を凝らした古きよきヨーロピアンスタイル　4 天井が高く、部屋は広々と感じられる　5 瀋陽市の歴史的保存建造物のひとつになっている

Gourmet

鹿鳴春／鹿鸣春
ろくめいしゅん／lùmíngchūn

1929年開業の本格派中国東北料理店。東北三省の素材を豊富に使った多彩な宮廷料理から素朴な地元料理まで楽しめる。同店名物のひとつが鹿肉を挟んだ揚げパンで、実に素朴な味わいだ。

MAP P.110-B2
住 和平区十一緯路40号
TEL 23247777
営 10:00〜14:00、17:00〜22:00
休 無休
C 不可
URL www.sylmc.com

馬家焼売／马家烧麦
まけしゅうまい／mǎjiā shāomài

MAP P.111-A1
住 和平区中華路1号A-3門
TEL 13654007280（携帯）
営 8:00〜20:00
休 無休
C 不可

清朝初期の嘉慶元年(1796年)開業の回族料理店で、羊肉や牛肉、野菜を包んだシュウマイが名物。15個入りの蒸籠で出てくるので、数人で行って、2、3種類選んでいろいろ味わうといいだろう。

老辺餃子館本店／老边饺子馆本店
ろうべんぎょうざかんほんてん／lǎobiān jiǎozi guǎn běndiàn

清朝中期の1829年に創業された餃子の老舗。創業者、辺福が作った蒸し餃子は皇帝から賞賛されたという逸話が伝承されている。製法は門外不出とされ、190年間守り続けられている。

MAP P.111-C3
住 瀋河区中街路206号
TEL 24843956
営 10:00〜20:00
休 無休
C A.D.M.V

大清花／大清花
だいしんか／dàqīnghuā

MAP P.110-B2
住 和平区十一緯路198号
TEL 22838599
営 9:00〜21:00
休 無休
C 不可
URL sydaqinghua.com

東北地方各地に多くの支店をもつ老舗餃子料理店。名物は丸い形をした焼き餃子。具の種類が多い。清朝を生んだ満洲族の歴史や趣味を強く意識した店内のデザインや店員の服装は凝っていて、おもしろい。

新洪記／新洪记
しんこうき／xīnhóngjì

海鮮餃子で地元でとても有名なレストラン。人数が少なければ1斤(500g)でなく、半斤(250g)で2、3種類頼むのがおすすめ。広東料理を中心に中国各地の料理も楽しめる。

MAP 地図外(P.110-A2左)
住 鉄西区興工街128号
TEL 22518111
営 10:00〜21:30
休 無休
C 不可

国府肥牛／国府肥牛
こくふひぎゅう／guófǔ féiniú

MAP P.110-B1
住 皇姑区寧山中路42号
TEL 86226666
営 9:30〜22:30
休 無休
C 不可

瀋陽で一、二を争う高級火鍋店。鍋のスープはしつこくなく、品のよい味で、日本人の味覚に合う。人気のメニューは、質のよい牛の胸肉やイカ団子、エビのすり身、キノコの盛り合わせなど。

宋家餛飩／宋家馄饨
そうけわんたん／sòngjiā hún·tún

MAP P.110-B2
住 和平区八一公園南門
TEL 22701100
営 6:30〜19:00
休 無休
C 不可

八一公園の南側にある昔ながらのワンタンの店。豚肉入り6.5元、海鮮入り8元と激安だが、1杯でおなかいっぱいになる。素朴な味わいで瀋陽市民なら誰でも知っている。冬は特ににぎわう。

重慶菜館／重庆餐馆
じゅうけいさいかん／chóngqìng cānguǎn

MAP P.110-C3
住 瀋河区文化路113号
TEL 15242022968（携帯：日本語不可）
営 9:00〜22:00
休 無休
C 不可

重慶から来た家族が経営する四川料理店。人気の水煮魚など、本場の辛さも味わえるが、基本は家庭料理なのでリーズナブル。比較的夜遅くまでやっているので、夜食にも使える。

蠔友匯鮮蠔烹味館／蚝友汇鲜蚝烹味馆
ごうゆうかせんごうほうみかん／háoyǒuhuì xiānháo pēngwèiguǎn

瀋陽市内に9店舗を展開するカキ料理の店。日本の食べ方とは違い、味の濃い甘辛スープに浸して食べる新鮮な生ガキはとてもおいしい。豆腐料理も豊富にある。人気の店なので予約が必要。

MAP P.110-B1
住 皇姑区黄河南大街78号
TEL 86233399
営 10:00〜21:00
休 無休
C 不可

那家老院子／那家老院子
なかろういんし／nàjiā lǎoyuànzi

MAP P.110-B2
住 瀋河区北三経街67号
TEL 24625555
営 9:30〜21:30
休 無休
C 不可

瀋陽の地元料理を味わえる中国料理チェーン。味つけが濃厚でしょっぱい東北料理は、気取ったところがなく、盛りつけも皿にあふれんばかり。白酒など度数の高いお酒と一緒に食べる。

133

西塔で食べまくろう!

西塔(→ P.118)には、韓国・朝鮮系のレストランやスーパーが集まっている。瀋陽をよく知る食通のふたりがおすすめする名店の数々を紹介。日本では体験できないグルメワールドを堪能したい。

監修／河原雷(「雷屋」オーナー)、橋本雅之(瀋陽誠得力商貿有限公司)

中国風ウナギの店
1 金家鰻魚

中国ではウナギに甘いたれをつけず、炭火に網で焼くのが一般的。その場でさばいた新鮮な素材の味は絶品だ。

🏠 和平区図門路　🕐 11:00〜22:30

狗肉料理も食べられる
2 鴨緑江烤肉

中国朝鮮族の焼肉屋で、韓国焼肉とは少し違うが、量が多く安いので人気の店。狗肉も食べられる。

🏠 和平区市府大路琢如笔3号　🕐 24時間

北朝鮮みやげも買える
3 朝鮮族百貨大楼

1949年創業の朝鮮族百貨店で、おもに韓国の化粧品や食品、洋服などを販売。北朝鮮のおみやげも売っている。

🏠 和平区市府大路112号　🕐 8:30〜17:00

本場のキムチを買おう
4 西塔特色街

キムチや冷麺、味噌、酒、各種香辛料、キクラゲなど、中国朝鮮族の日常の食材を売る店が並ぶ通り。

🏠 和平区図門路　🕐 6:30〜17:00

北朝鮮レストラン
5 平壌館

北朝鮮が経営するレストランで毎日18時から演奏とショーがある。WeChat Payでの支払いも可能。

🏠 和平区市府大路106号　🕐 11:00〜15:00、17:00〜21:00

おばあちゃんの串焼き屋
6 西塔老太太串店

地元で有名なおばあちゃんが焼く串焼きの店。昔は屋台だったが、人気が出て店になった。おすすめは老太太串。

🏠 和平区敦化一路　🕐 15:30〜翌2:00

韓国風焼肉店
7 徳秀荘

人気の韓国焼肉店で、日本人好みの味。前菜も10品と多く、料理の数は迷うほど多い。海鮮餅と牛肉スープが美味。

🏠 和平区図門路8号　🕐 24時間

韓国雑貨や食材が揃う
8 韓百商場

1階と2階には韓国ファッションのテナントが入り、3階は韓国雑貨や化粧品、食品などを売るスーパー。

🏠 和平区西塔街方迪大廈B座南側　🕐 9:00〜21:00

身体に優しいスープ
9 長寿参鶏湯

ニワトリまるごと一羽でつくる参鶏湯の専門店。13種類の薬草と一緒に煮込んだスープは濃厚だが、体に優しい。

🏠 和平区安図北街　🕐 9:00〜21:00

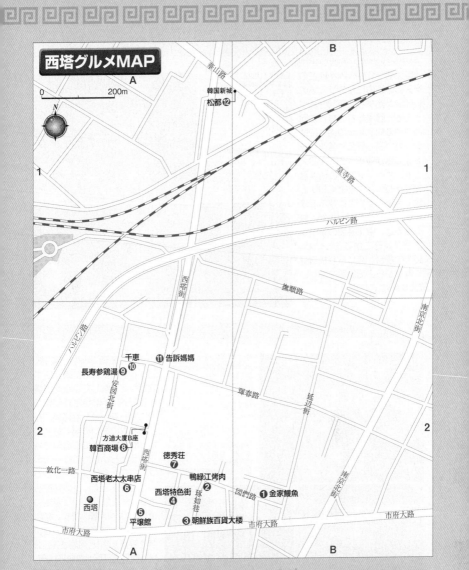

西塔グルメMAP

0 ——— 200m

A

B

兼山路

韓国新城
松都⑫

星寺路

ハルビン路

西塔街

撫順路

南京北街

千恵⑩ ⑪告訴媽媽

長寿参鶏湯⑨

安図北街

瑞春路

延辺街

方迪大厦B座

韓百商場⑧

2

西塔街

敦化一路

徳秀荘⑦

西塔老太太串店⑥

鴨緑江烤肉②

図門路 ①金家鰻魚

琢如巷

西塔特色街④

南京北街

西塔

平壌館⑤

③朝鮮族百貨大楼

市府大路

市府大路

A

B

ボリュームたっぷりの刺身
⑩ 千恵

韓国風刺身の店。刺身の盛り合わせを頼むと、10種類くらいの料理がセットで出てくるので、頼み過ぎないように注意。
🏠 和平区瑞春路 🕐 10:00～22:00

地元で人気のエンタメレストラン
⑪ 告訴媽媽

地元で人気のレストランで、手品や二人転などを観ながら食事をできる。22時を過ぎると店内はダンスで盛り上がる。
🏠 和平区西塔街12号 🕐 20:00～翌3:00

おしゃれな焼肉屋さん
⑫ 松都

内装の美しい落ち着いた雰囲気の韓国焼肉の店。値段のわりに料理の質が高く、朝鮮冷麺がおいしい。
🏠 皇姑区華山路韓国新城1階 🕐 10:00～22:00

Gourmet

西関美食街／西关美食街
せいかんびしょくがい／xiguān měishíjiē

潘陽北駅から南へ2kmほどの
奉天街の途中にイスラム系の
料理店が集まる「西関美食街」
がある。回族たちの暮らす団
地の中の約300mの通りには
シシカカブの屋台や蘭州ラー
メンの店が並ぶ。夕刻を迎え
ると、オープンエアの店は客
でにぎわい、羊を焼く匂いと
煙で包まれる。ここ数年でき
れいな店が増えているが、夏
になると、東北名物の腹出し
オヤジがそこかしこにいる。
路上の屋台が禁じられた潘陽
で昔ながらの開放感を味わい
たいならここに来よう。

MAP P.110-B2
住 和平区回民街
TEL 店によって異なる
営 10:00〜22:00
休 無休
C 不可

1 目の前でさばいたばかり
の新鮮な羊の串焼きと新疆
ビールが飲める 2 店で働
くのはウイグル族や回族の
人たちだ 3 奉天街に面し
た入口に門がある

雷屋／雷屋
かみなりや／léiwū

MAP P.110-B3
住 和平区南四経街106-9号
TEL 31526452
営 11:00〜23:00
休 無休
C 不可

1 中国人に人気のすき焼きや
カツ煮、豆腐チャンプルなど
2 自慢料理はおでんで種類も
豊富 3 在潘陽日本国総領事
館のすぐそばにある

大連外国語学院卒業後、
2006年より潘陽に来て日本
語学校を経営していた河原雷
さん(→P.114)が2014年10
月にオープンした居酒屋。在
住日本人の憩いの場でもある
が、地元中国人にも喜んでも
らおうとおいしくてリーズナ
ブルなことをモットーにして
いるだけあって、どの料理も
ボリュームたっぷり。「潘陽の
食のレベルは高いです。お店
に来ていただければおいしい
店を教えます」と河原さん。2
号店は住 鉄西区北四東路19号、
2019年には3号店もオープ
ン予定。

東京餐庁／东京餐厅
とうきょうさんちょう／dōngjīng cāntīng

1995年に開業した潘陽でい
ちばん古くて有名な日本料理
店。おすすめは特製だれの焼
肉と新鮮な素材を使ったウナ
ギ料理。地元中国人に人気の
すき焼きは、潘陽の日式すき
焼きの元祖といわれている。

MAP P.110-B3
住 和平区南三経街58号
TEL 23216602
営 11:00〜21:30
休 無休
C 不可

Shop

五愛市場／五爱市场
ごあいしじょう／wǔài shìchǎng

瀋陽最大規模を誇るショッピング街。5つの巨大ビル群の中はあらゆる日常生活用品、家具、衣類、寝具、皮革製品、玩具、家電、化粧品など、ジャンルごとに分かれていて、1〜2時間かけてもすべてを回りきれない大きさだ。

MAP P.110-C2
住 瀋河区熱閙路363号
TEL 24809398
営 5:30〜13:30
休 無休
C 不可

萬象匯ショッピングセンター／万象汇购物中心
まんしょうかい／wànxiànghuì gòuwù zhōngxīn

鉄西広場の近くにある香港系のショッピングモール。ユニクロや吉野家など日系テナントはもちろん、国内外の流行店が続々テナントに入っている。地下のグルメ街はランチにおすすめだ。

MAP 地図外(P.110-A2左)
住 鉄西区建設東路158号
TEL 23181818
営 10:00〜21:00
休 無休
C 店により異なる

時尚地下街／时尚地下街
じしょうちかがい／shíshàng dìxiàjiē

瀋陽駅前の太原街の歩行者天国の地下は、ファッション街になっている。派手なネオンに彩られたカジュアルファッションや雑貨、ゲーム、日本のアニメ商品などがところ狭しと並べられている。

MAP P.111-B2
住 和平区太原北街86号地下
TEL 32287448
営 10:00〜22:00
休 無休
C 不可
URL www.fashionpai.com

小商品大世界／小商品大世界
しょうしょうひんだいせかい／xiǎoshāngpǐn dàshìjiè

こまごまとした日用雑貨から文房具、玩具、冠婚葬祭各種用品まで、瀋陽に暮らす人たちの生活に必要な商品が何でも揃う市場ビル。歩いて見て回るだけでおもしろい。ショッピングモールも隣接している。

MAP 地図外(P.110-C2右)
住 大東区東順城街17号
TEL 店によって異なる
営 6:00〜15:20
休 無休
C 不可

大西電子市場／大西电子市场
だいせいでんししじょう／dàxī diànzǐ shìchǎng

MAP P.111-A4
住 瀋河区大西路
TEL 店によって異なる
営 8:30〜16:30
休 無休
C 不可

瀋陽の秋葉原といわれる電子街がここ。家電製品のみならず、電子部品や通信機器、電線、コード類も売られていて、懐かしい昭和の雰囲気。地下鉄1号線「懐遠門」すぐで、約500m北にヤマダ電機瀋陽店がある。

彩塔夜市／彩塔夜市
さいとうよいち／cǎitǎ yèshì

路上での屋台は禁じられている瀋陽で数少ない夜市がここ。遼寧広播電視塔（通称・彩電塔）のすぐ下の南一経街に延びる約500mの通りに中国各地のローカルフードを出すありとあらゆる屋台が並ぶ。人気は羊の串し焼きで、夏の間は屋台の後ろにテーブルを並べ、若者でにぎわっている。飲食以外にも衣料品や雑貨、的当てなどのゲームの屋台も出ていて、お祭り気分を味わえる。アクセスは地下鉄2号線「青年公園」C口を出て約500m歩くと見つかる。

MAP P.110-B3
住 瀋河区南一経街 TEL なし
営 16:00〜22:00（冬も一部営業）
休 無休 C 不可

1 人気の串焼き屋台「陈家舒心烧烤」
2 羊排（羊の骨付き肉BBQ）は68元
3 ライトアップされるテレビ塔が目印

老龍口酒博物館／老龙口酒博物馆
ろうりゅうこうしゅはくぶつかん／lǎolóngkǒu jiǔbówùguǎn

MAP 地図外（P.110-C2右）
住 大東区珠林路1号
TEL 88766575
開 9:00〜16:00
休 無休
料 30元
URL www.llkwine.com

1 白酒はコーリャンなどの穀物で造る蒸留酒 2 気軽に試飲できるが、要注意 3 清朝康熙帝の時代に山西省から来た商人が開業した

1662年創業という瀋陽を代表する老舗酒造メーカーとして知られる老龍口の歴史を伝える博物館。館内には、清代の酒館や作坊を再現した展示があり、白酒の醸造過程を解説してくれる。また中国の白酒文化の歴史を紹介するコーナーもある。博物館の外に創業当時の古井戸も残っている。頼めば白酒の試飲をさせてくれるが、30度のものから60度を超えるものもあり、勇気がいる。もちろんおみやげとしてその場で買える。婚礼用や贈答用までたくさんの種類の製品がある。

鉄煤蒸気機関車博物館／铁煤蒸气机车博物馆
てつばいじょうききかんしゃはくぶつかん／tiěméi zhēngqìjīchē bówùguǎn

瀋陽の北約100kmの調兵山市小青にある鉄煤専用鉄道の機関区に隣接。博覧園では上游0063号実物とSLに関する資料や写真を展示、陳列館ではKD6形や躍進形など上游形機関車が保存。

MAP P.49-G2
住 調兵山市暁明鎮
TEL 76826143、76829747
開 8:00〜15:30 休 無休
料 博覧園=50元　陳列館=50元
C 不可
URL www.steam-locomotive.cn
※2018年9月現在、SL列車の定期運転はほぼないため、P120の李卓珣さんに問い合わせを

Amusement

中街歩行街／中街歩行街
ちゅうがいほこうがい／zhōngjiē bùxíngjiē

瀋陽二大繁華街のひとつ。歩
行者天国でショッピング施設や
レストランが並ぶ。老辺餃子館
本店など、老舗飲食店も多い。
近くに故宮や張氏帥府がある。
復元された撫近門や懐遠門が
当時の名残を見せる。

MAP P.111-B～C3
- 住 瀋河区中街路
- TEL なし
- 営 店により異なる
- 休 無休
- C 店により異なる

太原街歩行街／太原街歩行街
たいげんがいほこうがい／tàiyuánjiē bùxíngjiē

MAP P.111-B1
- 住 和平区太原街
- TEL なし
- 営 店により異なる
- 休 無休
- C 店により異なる

瀋陽駅に近いもうひとつの大
きな歩行者天国で、ファッ
ションや飲食の店が並ぶ。国
内外の企業のキャンペーンイ
ベントも盛んに行われてい
る。周辺には印象城などの若
者向けモールもある。

大江戸温泉／大江戸温泉
おおえどおんせん／dàjiānghù wēnquán

2015年5月にオープンした
本格的な和風温泉施設。冬の
寒さの厳しい瀋陽では地元で
も大人気となっている。日本
人の設計による明るく清潔な
館内で、露天風呂や美肌風呂、
岩盤浴、サウナなど、さまざ
まな温浴体験を楽しめる。食
事処は日本料理が充実してい
て、入浴後のお楽しみも日本
の施設と何ら変わらない。館
内には女性客が目立つが、理
由は8種類のあでやかな浴衣
を館内着として選べること。
2016年10月には于洪区吉力
湖街228号に2号店がオープ
ンしている。

MAP 地図外 (P.110-B3下)
- 住 渾南新区渾南西路10甲-6号
- TEL 31350000
- 営 10:00～翌1:00
- 休 無休
- 料 月～金曜69元　土・日曜、
  祝日79元
- URL www.ooedo.cn

1 岩風呂や壺風呂があり、
露天の気分を堪能できる
2 日本料理、中国料理、西
洋料理を楽しめる　3 地下
鉄2号線「奥体中心」からタク
シーで10分

Tai Dian／泰殿养生会馆
タイディアン／tàidiàn yǎngshēng huìguǎn

日本総領事館に近い場所にあ
るタイ式マッサージ店。店内
はタイ音楽がかかっていて、
くつろげる。足裏や中国式の
全身マッサージもできる。お
すすめコースは80分足裏＋全
身マッサージ129元。

MAP P.110-B2
- 住 和平区十三緯路南三経街
  嘉隆大度1階
- TEL 23250533
- 営 12:00～24:00
- 休 無休
- C 不可

瀋陽誠得力商貿有限公司／沈阳诚得力商贸有限公司
しんようジェントリーしょうぼうゆうげんこうし／shěnyáng chéngdeli shāngmào yǒuxiàngōngsī

同社の橋本雅之さんは長年瀋陽を拠点に東北地方と日本を結ぶサポート業務を行ってきた。個人から企業まで幅広い依頼に応えてくれる「何でも屋」だ。現地視察のガイドやアテンド、車の手配に対応。また中国人材の日本への斡旋や中国政府からの企業誘致の委託も請け負っている。同社が運営する瀋陽の情報サイト「七星桜」では、現地の観光情報を詳しく紹介しているので、チェックしてほしい。

MAP P.122-B3
住 自由貿易試験区瀋陽片区全運路109-1号247-7294号
TEL 050-5539-3773（日中共通skype電話）
メール china@chiseioh.com
URL chiseioh.com

1 瀋陽の情報サイト「七星桜」 2 同社の橋本雅之さんは瀋陽事情に詳しく、おいしいレストランを教えてくれる 3 世界遺産の瀋陽故宮は必見スポット 4 橋本さんはコリアタウンの西塔をよく知る案内人 5 瀋陽の夜を楽しむには彩塔夜市へ

⚠ 地球漫歩瀋陽サポートセンター

もと遼寧省中国青年旅行社社長の高立群さんは約30年間日本からの観光客の受け入れに尽力してきた業界の重鎮だ。また同社のスタッフだった許娟さんは日本留学経験もある日本通。そんなふたりが「地球の歩き方」読者の瀋陽訪問をサポートするため立ち上げたのが「地球漫歩瀋陽サポートセンター」だ。中国は変化が速い。新しい瀋陽、今の瀋陽について旅行前に知りたいこと、またガイドや車が必要であれば、右記の連絡先にメールしてほしい。

メール xujuancts@hotmail.com（日本語可：許娟）

▲高立群さんと許娟さん

SHY48を応援しよう

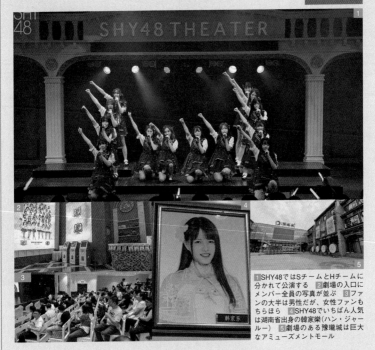

1 SHY48ではSチームとHチームに分かれて公演する 2 劇場の入口にメンバー全員の写真が並ぶ 3 ファンの大半は男性だが、女性ファンもちらほら 4 SHY48でいちばん人気は湖南省出身の韓家樂(ハン・ジャールー) 5 劇場のある豫瓏城は巨大なアミューズメントモール

中国にはAKB48のようなアイドルグループがいくつもある。彼女たちは「中国大型女子偶像団体」と呼ばれ、2018年9月現在、上海、北京、広州、瀋陽、重慶に劇場をオープンさせ、活動している。瀋陽のSHY48は、中国で最初に生まれたSNH48の姉妹グループとして2016年10月に結成。中街にあるSHY48星夢劇院の公演は2017年1月に始まった。

公演を訪ねると、地元のファンたちがステージのアイドルに向かって「超絶かわいい」「お前がいちばん」と日本語で絶叫コールしていた。毎年7月には中国でも総選挙が行われるので、応援にも熱が入るらしい。

当初はAKBグループとして設立されたが、日本側と中国側の経営方針の違いから提携を解消。独立したアイドルグループとして活動している。当初はスタッフやメンバーもアイドル文化に関するノウハウがなかったため、伸び悩んでいた時期もあった。それでも1期生募集で東北三省を中心に12万人の女の子が応募したという。中国のアイドル文化に詳しい人も、そうでない人も、瀋陽に行ったら、彼女たちのステージを観に行くのはどうだろう。

SHY48星夢劇院(SHY48星梦剧院)
MAP P.111-B3
🏠 瀋河区北中街路116号豫瓏城3階
📞 400-6176598(9:00〜21:00)
🕐 1日2公演。時間は公式サイトを参照
🚫 金〜日曜
💴 60〜168元(席により異なる)
🔗 shy48.com

遼寧省

抚順Fǔ Shùn

撫順
ぶじゅん

基本データ

●撫順市

人口	218万人
面積	1万1271km²

市公安局外国人出入境管理処
（市公安局外国人入境管理処）
MAP P.144-E3
🏠 順城区臨江東路19号
☎ 57819680
🕐 8:00〜11:30、13:30〜16:30
🚫 土・日曜、祝日
観光ビザを最長30日間延長可能。手数料160元

撫順礦務局総医院
（撫順矿务局总医院）
MAP P.144-B5
🏠 新華区中央大街24号
☎ 52606840
🕐 8:00〜12:00、13:00〜17:00
救急は24時間対応

●市内交通
【路線バス】
運行時間の目安は6:30〜19:30、1元。撫順駅と撫順北駅を結ぶ15路は23:30まで運行
【タクシー】
初乗り3km未満6元、3km以上1kmごとに1.8元加算

▲旅客電車は廃止されたが、昔ながらの日本製85t電気機関車は今も活躍中

▲瀋陽行きバスの名は「雷峰号」。所要1時間30分で運行は20:00まで

概要と歩き方

▲撫順には東西6.6km、深さ300mの巨大な露天掘り炭坑が広がるが、出炭量は減少中

　遼寧省の中部に位置し、省都である瀋陽から東へ約40kmの距離にある撫順。炭鉱を中心に重化学工業都市として発展してきた撫順は4つの区と3つの県に分かれている。

　気候は大陸性季節風気候に属し、年間平均気温は6.6℃、1月の平均気温が−12.3℃、7月の平均気温が24.6℃と冬場はかなり冷え込む。年間降水量は約800mm。水資源は豊富で、市中心部を東西に渾河が流れ、さらに東へ行くと大伙房ダムがあり、飲料水や工業用水を供給している。

　漢や唐などの歴代王朝は、この地に城を築き、役所をおいた。明代には女真族の侵入を防ぐため、渾河の北岸にある高爾山の下に撫順城が築かれた。撫順の名の由来は、「撫綏辺疆、順導夷民（国境地帯の人民を安定させて仕事に就かせ、異民族をよい方向に導く）」から来ている。そして、17世紀初め、撫順の生まれであり、清朝の礎を築いた太祖ヌルハチの勢いが日ごとに

気温は℃、降水量はmm

	1月	2月	3月	4月	5月	6月	7月	8月	9月	10月	11月	12月
平均最高気温	-5.9	-2.1	5.7	15.8	23.0	27.6	29.6	28.7	23.7	16.2	5.3	-3.0
平均最低気温	-17.8	-14.2	-5.4	2.9	10.2	16.1	20.3	19.1	11.6	3.9	-5.3	-14.0
平均気温	-12.3	-8.4	-0.1	9.2	16.5	21.6	24.6	23.6	17.1	9.4	-0.3	-8.9
平均降水量	6.2	6.8	17.1	34.8	61.8	90.7	179.8	167.8	78.8	41.1	20.8	9.2

盛んになると、明軍と激突(サルフの戦い)。撫順は清王朝成立のための重要な拠点となった。

また、撫順は石炭の町としても有名。市街地の南側には巨大な露天掘りの炭坑がある。その雄大な景観は西露天礦参観台をはじめ、市内各地で目にすることができる。石炭のほかにオイルシェールなどの資源も豊富で、重油生産が注目されている。満洲国時代には、南満洲鉄道株式会社にとって、ここ撫順の炭坑は貴重な財源となっていた。

市街地は、渾河を挟み北側の撫順北駅一帯と南側の撫順駅一帯とに分けられる。繁華街は撫順駅前に広がっている。2018年現在、再開発の真っただ中にあり、鉄道は高架化され背後には高層マンションが続々と完成している。撫順のおもな見どころへは、

▲にぎやかな撫順百貨大楼付近

撫順駅付近から出ている6路、9路、11路のバスで行くことができる。また、瀋陽とのアクセスには、撫順駅から瀋陽駅前の民主路や瀋陽北駅前のバスターミナルとを結ぶバス「雷鋒号」が多数発車している。

▲満鉄が造った旧撫順駅は現在、ある企業のオフィスとして使われていて、線路とは接続していない

▲高架駅となった撫順駅の新駅舎

▲昔と変わらぬ姿の撫順礦務局

Access

中国国内の移動→P.318　鉄道時刻表検索→P.319

飛行機　撫順に空港はないが、瀋陽桃仙国際空港(SHE)との間にエアポートバスが1時間おきに運行されている。

鉄道　市内南側に撫順線の撫順駅(通称南駅)と、北側に瀋吉線の途中駅で撫順線の終点でもある撫順北駅がある。2018年9月現在、撫順駅に発着する列車は少ない。
所要時間(目安)瀋陽駅(sy)／快速1時間　北京駅(bj)／快速11時間　通化駅(th)／快速6時間

バス　撫順駅南側の中央大街に、瀋陽市内と結ぶ「雷鋒号」の臨時ターミナルがある。また、撫順北駅の東1kmに撫順市長距離バスターミナルがある。
所要時間(目安)瀋陽／1時間30分　大連／5時間　瀋陽桃仙国際空港／1時間30分

Data

飛行機
瀋陽桃仙国際空港(沈阳桃仙国际机场)
移動手段エアポートバス／(瀋陽桃仙国際空港〜撫順楽園大廈)33.5元、所要1時間30分が目安。空港行き5:00〜22:00、空港発最終深夜1:30(約1時間間隔で運行)。

鉄道
撫順北駅(抚顺北站)
MAP P.144-B2
住 順城区新華大街27号　TEL 共通電話=12306
移動手段タクシー／(撫順北駅〜撫順駅)7元、所要10分が目安　路線バス／7、12、15、21、23、104、107路「北站」
撫順駅(抚顺站)
MAP P.144-A4
住 新撫区西一路1-1号　TEL 共通電話=12306
路線バス／1、4、5、6、7、9、11、15、21、32、51、52、53、603路「南站」

バス
雷鋒号バスターミナル(沈抚城际客运站)
MAP P.144-A5
住 新撫区中央大街15号　TEL 4009981615
移動手段路線バス／7、23、42、801路「西七路」

▲瀋陽行きバス発着場

撫順市長距離バスターミナル(抚顺市长途汽车中心客运站)
MAP P.144-C2
住 順城区河畔幸福城　TEL 57682229
移動手段タクシー／(撫順市長距離バスターミナル〜撫順駅)12元、所要12分が目安　路線バス／7、12、23、38、43、104、107、807路「中心客运站」

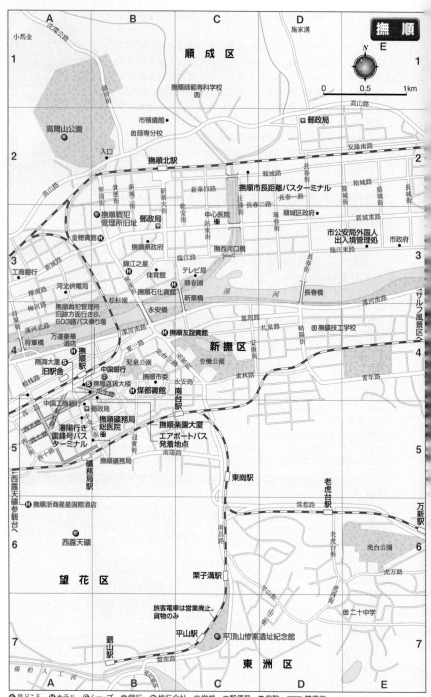

撫 順

N

0　　0.5　　1km

小馬金

沈環公路

高爾山公園

撫順師範専科学校 🏫

施家溝

高山路

🏣 郵政局

双陽南路

入口

市殯儀館

🏫 師専分校

撫順北駅

順城路

長春路

撫順市長距離バスターミナル

高山路

順城区政府

市公安局外国人
出入境管理処

市政府

撫順戦犯
管理所旧址

郵政局

新華四路

中心医院

新城東路

新華六路

工商銀行

撫順県政府

錦江之星

撫西河口橋

撫順戦犯管理所
旧跡方面行き9、
603路バス乗り場

河北供電局

体育館

テレビ局

勝春園

浑 河

撫礦技工学校 🏫

松杉園

撫順石化賓館

新華橋

撫順友誼賓館

新撫区

将軍橋

万達豪華
酒店

永安橋

青年路

商海大厦

撫順駅

旧駅舎

児童公園

労働公園

中国銀行

撫順百貨大楼

撫順市署

南台駅

煤都賓館

西露天礦参観台へ

中国工商銀行

郵政局

撫順礦務局
総医院

撫順楽園大厦

エアポートバス
発着地点

東崗駅

老虎台駅

万新駅

瀋陽行き
雷鋒号バス
ターミナル

撫順礦務局

老虎台

虎台公園

礦務局駅

撫順浙商星星国際酒店

栗子溝駅

二十中学 🏫

西露天礦

望 花 区

旅客電車は営業廃止。
貨物のみ

劉山駅

平山駅

平頂山惨案遺址記念館

東 洲 区

● 見どころ　H ホテル　S ショップ　🏦 銀行　🏧 旅行会社　🏫 学校　🏣 郵便局　🏥 病院　▨▨▨ 繁華街

見どころ

西露天礦参観台／西露天矿参欢台

せいろてんこうさんかんだい／xìlù tiānkuàng cānguāntái

炭鉱の町撫順の象徴

　市街地の南西に位置し、世界屈指の規模を誇る炭坑。東西6.6km、南北2km、深さ300mに達する。西露天礦はまれに見る厚い炭層で、新生代の第三紀にできたものと推測されている。

　その絶景を一望にできるのが、この参観台だ。眼下に目をやると、石炭を運ぶトラックや線路を走る列車の姿を望むことも可能だ。石炭は枯渇しつつあるようだが、石炭のほかに黒玉（煤精）や琥珀などを産することでも有名だ。

▲かつて使われた鉄道車両や重機を展示

撫順戦犯管理所旧址／抚顺战犯管理所旧址

ぶじゅんせんぱんかんりしょきゅうし／fǔshùn zhànfànguǎnlǐsuǒ jiùzhǐ

映画『ラストエンペラー』の舞台にもなった監獄

　市街の北、寧遠街に位置する。もとは1936年に建てられた撫順監獄だった施設。1950年7月からは、ラストエンペラー溥儀や日本人戦犯など満洲国にかかわった戦犯、国民党の戦犯など1300人余りが収監され、思想教育が行われた。

　1987年7月に開館した撫順戦犯管理所旧址は、日本人戦犯に対する教導の様子を解説した改造日本戦犯陳列室、溥儀自筆の文書や囚人服などが展示される改造末代皇帝陳列室となった。

▲撫順戦犯管理所の入口

高爾山公園／高尔山公园

こうじさんこうえん／gāoěrshān gōngyuán

観音信仰の聖地である丘陵

　市街地の北にある高台の公園で、遼をはじめとした歴代王朝が城を築いてきただけに撫順市街を見渡せる。

　公園入口の門から階段を上っていくと、まず山の中腹に明代の古刹観音閣があり、さらに上ると八角9層の実心密檐式の塔である遼代古塔がある。この塔は高さ約14mで、1088年に建造されたものだ。公園内には1600年余り前の高句麗の軍事要塞跡も残る。

▶遼代古塔

西露天礦参観台
MAP 地図外(P.144-A5左)
住 望花区古城子街1路1号
TEL 52512006
開 8:30〜16:30
休 無休
料 西露天礦広場、屋外車両展示、撫順煤炭博物館の共通券＝30元
　観光塔＝30元
アクセス 37、51、52、53、56、82路バス「古城子」、または撫順駅からタクシーで20元、所要20分が目安

▲満鉄時代の炭坑の様子。長い年月の間に深く掘り込まれていることがわかる

撫順戦犯管理所旧址
MAP P.144-B3
住 順城区寧遠街43号
TEL 57673307
開 4〜10月8:30〜16:30
　11〜3月8:30〜16:00
※入場は閉館30分前まで
休 月曜
料 50元
アクセス 9、104、603路バス「戦犯管理所」

▲内部は典型的な刑務所

高爾山公園
MAP P.144-A2
住 順城区高山路97号
TEL 57686474
開 8:00〜17:00
休 無休
料 無料
アクセス 9、603路バス「高尔山公園」

▲高爾山中腹から望んだ撫順の町並み

サイドバー（左列）

サルフ風景区
MAP P.49-G3
- 🏠 東洲区薩爾滸南路
- ☎ 風景区＝54406888
  元帥林＝54065088
- 🕐 風景区8:00～20:00
  元帥林8:00～17:30
- 休 無休
- 料 サルフ風景区＝30元、元帥林＝30元、大伙房ダム遊覧＝30元（往復）、大伙房ダム＝30元、切符売り場～遊覧船乗り場のバッテリーカー＝20元
- アクセス 11路バス「新太河」。下車後、タクシー（片道5km約30元）
  タクシー＝撫順市内から往復で160元が目安

平頂山惨案遺址紀念館
MAP P.144-C7
- 🏠 東洲区南昌路17号
- ☎ 54250072
- 🕐 9:00～15:50
- 休 月曜　料 無料
- アクセス 6、52路バス「平山紀念館」

▲平頂山の頂上に立つ鎮魂碑

本文

サルフ風景区／萨尔浒风景区
ふうけいく／sàěrhǔ fēngjǐngqū

湖底には古戦場が眠る

1958年に完成した巨大な人造湖の底には歴史的に重要な古戦場が沈んでいる。その戦争とは、明代末、ヌルハチ率いる後金軍と明軍が戦ったサルフの戦い。この戦いで明軍を破った女真族は、その後清朝を興すことになった。風景区の総面積は268㎢。風景区は大伙房ダムを主体とし、元帥林、徳古湾、杲山、薩爾滸、営盤、蓮花島、鉄背山などの風景区からなっている。

▲大伙房ダム

平頂山惨案遺址紀念館／平顶山惨案遗址纪念馆
へいちょうざんざんあんいしきねんかん／píngdǐngshān cǎnàn yízhǐ jìnlànguǎn

日本軍によるジェノサイドが行われた地

市街地の南、平頂山の麓に位置する大量虐殺の跡地。撫順炭鉱が抗日軍に襲撃された報復と見せしめのため、日本軍は1932年9月16日、この村の全村3000人余りもの村民を虐殺した。その際、日本軍は罪を隠匿するため、ガソリンを用いて遺体を焼き、山を崩して遺体を埋めたという。館内には遺骨から取り出した銃弾や、時計、財布など犠牲者の遺品も展示されており、多数の遺骨や遺品は、当時の惨劇をそのまま伝えている。

Hotel

煤都賓館／煤都宾馆
ばいとひんかん／méidū bīnguǎn　　★★★

清朝末に建てられた建物を1910年に建て替え、撫順ヤマトホテルとして開業。後に撫順炭礦倶楽部と呼ばれ、満鉄職員の宿泊施設になった。解放後は、撫順礦務局の管轄となり、当時は毛沢東や周恩来など、歴代の中国の政治家が撫順を訪れる際の迎賓館として使われた。1997年に新館もでき、煤都賓館と改称され、今日にいたる。

MAP P.144-B4
- 🏠 新撫区迎賓街1号
- ☎ 52532333
- FAX 52532331
- 料 ⑤269元　①229元
- 税 なし
- C 不可
- URL www.fkmdhotel.com

🍴🏢📶 TV 🛁

1歴史を感じさせるロビー　2周恩来の泊った客室　3新館の正面

COLUMN

鴨緑江沿いの「絶景」スポット案内

中朝国境は、長白山を源流とする鴨緑江と図們江のふたつの川で隔てられているが、鴨緑江沿いの風景の美しさは格別だ。特に美しいのは紅葉の季節。川面に映る山陰が風景を一変させる。政治的に微妙な関係にある両国だけに、軍事管理区として外国人の訪問が許されない場所も増えているが、中国の国内客がツアーバスに乗って国境観光を楽しむ光景も各地で見られる。以下、おもな「絶景」スポットを紹介しよう。

Ⓐ新鴨緑江大橋(丹東新区)…2014年に完成した中朝を結ぶ巨大で現代的な吊り橋(→P.148)。今後の両国の関係を占う場所のひとつ。

Ⓑ鴨緑江断橋(丹東)…1909年に造られた鴨緑江橋梁は朝鮮戦争時に爆撃され断橋となり、歴史モニュメントとして残っている(→P.150)。下流域に向かう遊覧船がある。

Ⓒ河口断橋…鴨緑江断橋と同じく朝鮮戦争時に落とされた橋(→P.152)がある。橋のたもとから出る遊覧船は上流に向かい、北朝鮮の町を間近に眺められる。

Ⓓ水豊湖(寛甸満族自治県)…河口断橋から上流に向かうと、1937年に建造さ

れた水豊ダム(→P.153)がある。北朝鮮の野山を背景に大きく蛇行する鴨緑江の美しさが印象的。

Ⓔ緑江景区…遼寧省と吉林省の境に位置する鴨緑江流域の景勝地で、モーターボートで国境観光を楽しめる。北朝鮮の農民を間近に見ることもある。

Ⓕ集安…高句麗遺跡の町で、北朝鮮との鉄道橋がある。遊覧船(→P.190)に乗ると、その近くまで訪れることができる。

Ⓖ臨江〜長白…鴨緑江の上流にあるこのふたつの吉林省の町の川沿いを車で走ると、北朝鮮ののどかな光景が見られる。

▶集安の遊覧ボートに乗ると、対岸の満浦(北朝鮮)の町をじっくり眺められる

▶長白鎮の対岸にあるのは恵山という町で、夏は川で水浴びする北朝鮮の人たちの姿が見られる

▲遊覧船から河口断橋の北朝鮮側が間近に見える

▲河口断橋から水豊ダムに向かう途中に中国と北朝鮮を結ぶ長い鉄道橋がある

北朝鮮との国境にある町

遼寧省

丹东 Dān Dōng

丹東
たんとう

市外局番 | 0415

ロシア
黒龍江省
内蒙古自治区
モンゴル
吉林省
●ハルビン
●長春
瀋陽●丹東
●フフホト
北朝鮮
北京●遼寧省
韓国

基本データ

● 丹東市

人口	242万人
面積	1万5030km²

市公安局外事処
(市公安局外事処)

MAP P.151-G2

住 振興区江城大街15号
TEL 2103264
開 8:00〜11:30、
　 13:30〜17:30
休 土・日曜、祝日
観光ビザを最長30日間延長可
能。手数料160元

市第一医院
(市第一医院)

MAP P.151-H1

住 元宝区金湯街74号
TEL 2819133
開 24時間
休 無休

● 市内交通

【路線バス】
運行時間の目安は6:00〜21:00、
1元。五龍背温泉へは丹東駅か
ら218路。2元、所要50分

【タクシー】
初乗り3km未満6元、3km以上
1kmごとに1.8元加算。21:00〜
6:00は初乗り3km未満7元、
3km以上1kmごとに2元加算

▲丹東港正門

▲地元ではまもなく開通すると
の声が聞かれる新鴨緑江大橋
（写真提供：閻宇飛）

▲橋の向こうは北朝鮮。中朝友誼橋を望む

概要と歩き方

　丹東は遼寧省の東南部、北朝鮮（朝鮮民主主義人民共和国）との
国境にある中国最大の辺境都市。鴨緑江を挟んだ対岸は北朝鮮の
新義州市。住民は漢族のほか、満洲族、モンゴル族、回族、朝鮮
族、シボ族など28の民族から構成。特に満洲族は総人口の23%を
占める。現在、市内の西南約20kmの場所に「丹東新区」と呼ばれ
る大規模な経済開発区を建設中で、北朝鮮と結ぶ新鴨緑江大橋も
完成している。市政府もこちらへ移転した。対岸との経済格差は
広がるばかりだが、今後この地域がどう変貌していくか要注目だ。

　現在の丹東市街地は、元宝区と振興区とに分けられる。北の
元宝区は市内最大の商業区で、南側に位置する振興区は鴨緑江
沿いの商貿旅游区がにぎやかだ。丹東港と韓国の仁川との定期
フェリーは丹東国際航運有限公司が運航。2015年9月に瀋陽と
結ぶ高速鉄道（瀋丹高鉄）、12月には大連と結ぶ高速鉄道（丹大
高鉄）が開通し、両都市とのアクセスが飛躍的に短縮された。

気温は℃、降水量はmm

	1月	2月	3月	4月	5月	6月	7月	8月	9月	10月	11月	12月
平均最高気温	-3.0	0.1	6.3	14.1	20.1	23.7	26.5	27.5	23.5	16.9	7.6	-0.2
平均最低気温	-12.5	-9.5	-2.9	3.5	9.8	15.4	20.0	19.9	13.3	6.2	-1.4	-8.9
平均気温	-7.8	-3.9	2.4	9.2	15.1	19.8	23.1	23.8	18.5	11.8	2.6	-4.1
平均降水量	10.3	11.0	22.0	43.5	74.1	94.4	290.4	250.7	115.5	59.5	34.8	12.0

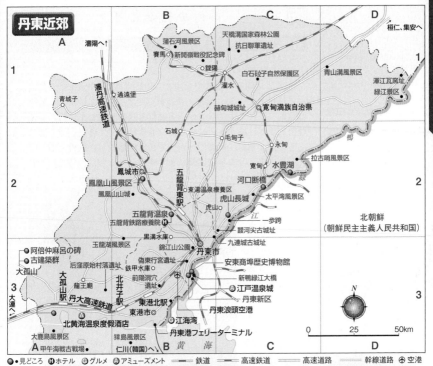

丹東近郊

A 瀋陽へ↑

B

C

D 桓仁、集安へ

蒲石河風景区
賽馬 新開嶺戦役記念碑
鼙陽
天橋溝国家森林公園
抗日聯軍遺址
白石砬子自然保護区
青山溝風景区
渾江瓦窯址
緑江景区
灌水
通遠堡
赫甸城城址 寛甸満族自治県
青城子
石城
毛甸子
永甸
拉古哨風景区
鳳城市
鳳凰山風景区
鳳凰山山城
寛甸 水豊湖
五龍背温泉療養区
五龍背東駅
河口断橋
太平湾風景区
五龍背温泉
虎山長城
虎山
五龍背鉄路療養院
黒溝水庫
一歩跨
璦河尖古城址
北朝鮮
（朝鮮民主主義人民共和国）
玉龍湖風景区
錦江山公園
九連城古城址
阿倍仲麻呂の碑
后窪原始村落遺址
偽前宮遺址
丹東市
安東商埠歴史博物館
古建築群
大孤山
龍王廟
鉄甲水庫
前陽洞穴遺址
新鴨緑江大橋
江戸温泉城
丹東新区
大孤山風景区
北井子站
東港北駅
丹東浪頭空港
大連へ↓
丹大高速鉄道
丹大高速駅
東港市
江海湾
丹東港フェリーターミナル
北黄海温泉度假酒店
大鹿島風景区
猴島風景区
仁川（韓国）へ↓
甲午海戦古戦場
黄 海

N

0 25 50km

●＝見どころ　Ｈ＝ホテル　Ｇ＝グルメ　Ａ＝アミューズメント　━━＝鉄道　━━＝高速鉄道　━━＝高速道路　━━＝幹線道路　⊕＝空港

Access

中国国内の移動→ P.318　鉄道時刻表検索→ P.319

✈ 飛行機　市区の南西15kmにある丹東浪頭空港（DDG）を利用する。

国内線 上海、深圳、烟台への運航便がある。
所要時間(目安) 上海浦東（PVG）／3時間50分　深圳（SZX）／6時間　烟台（YNT）／1時間

🚄 鉄道　瀋丹高鉄と丹大高鉄を利用する。

所要時間(目安) 瀋陽駅（sy）／高鉄1時間30分　大連北駅（dlb）／動車2時間　北京駅（bj）／高鉄6時間20分　ハルビン西駅（hebx）／4時間

🚌 バス　丹東駅の向かいにある丹東バスターミナルを利用する。

所要時間(目安) 瀋陽北／4時間　大連／4時間　桓仁／2時間40分　集安／7時間　瀋陽桃仙国際空港／3時間

🚢 船　韓国の仁川行き国際フェリーは、南に50km離れた東港市にある丹東港フェリーターミナルを利用する。

所要時間(目安) 仁川／16時間

Data

飛行機
丹東浪頭空港（丹东浪头机场）
MAP P.149-B3
住 浪頭鎮　TEL 6176500
移動手段 エアポートバス／（空港〜二三〇医院）10元、所要70分が目安

鉄道
丹東駅（丹东火车站）
MAP P.151-F1
住 振興区十一緯路1号　TEL 2023392
移動手段 タクシー／（丹東駅〜鴨緑江断橋）6元、所要5分が目安　路線バス／121、303路「丹东站」

バス
丹東バスターミナル（丹东长途客运站）
MAP P.151-G1
住 振興区十緯路98号　TEL 2134571
移動手段 丹東駅に同じ

船
丹東港フェリーターミナル（丹东港客运站）
MAP P.149-B3
住 東港市　TEL 6619123
移動手段 連絡バス／（丹東港フェリーターミナル〜丹東駅）所要1時間　丹東と韓国の仁川への定期フェリーは週3便（月・水・金）運航

149

鴨緑江断橋

MAP P.151-F2

住 振興区江岸路
TEL 2122145
開 4～10月6:00～21:00
　　11～3月8:00～20:00
休 無休
料 27元
アクセス 121、105、128、303路
バス「断橋」

ワンポイントアドバイス

●鴨緑江遊覧
遊覧船とモーターボートのふたつがある。運航は7:30～17:30。
遊覧 遊覧時間
　　遊覧船=20分
　　モーターボート=10分
料 遊覧船=60元
　　モーターボート=70元
　　（ひとり、定員6人）

▲断橋の先は北朝鮮新義州

▲爆撃される前の断橋（旧安東鉄橋）

鴨緑江断橋／鸭绿江断桥
おうりょくこうだんきょう／yālǜjiāng duànqiáo

中朝国境に架かる橋

　丹東と北朝鮮の新義州は現在、中朝友誼橋（全長946m）によって結ばれている。橋の上には鉄道と道路が1本敷かれ、道路は時間によって中朝双方が一方通行として利用している。中朝経済交流が活発化するにつれ、交通量は増えてきた。その隣にあるのが、鴨緑江断橋だ。かつて日本の建設した鉄橋だが、朝鮮戦争中アメリカ軍の爆撃により破壊。今日では、観光用として橋の折れた場所まで歩いていける。対岸の北朝鮮を眺めるのに格好のスポットだ。橋の周辺は公園となり、記念撮影する観光客の姿も多く見られる。国境という緊張感はほとんど感じられない。鴨緑江を下る遊覧ボートもある。

▶右が鴨緑江断橋で、左が中朝友誼橋。天気がよいと、対岸をよく見渡せる

◀夜の鴨緑江断橋。中朝友誼橋のネオンがともされる

丹東

丹東浪頭空港
幌蟲山
濱江橋
黄海大街
公交一公司
五道溝河
福春橋
国門湾、市政府、
江戸温泉城、新鴨緑江大橋へ
濱江西路
五道河橋
丹発島

桃源街
白房河
春五路
紅旗街
人民橋
人民広場
安東老街
花園路
万達豪華酒店
花園賓館
民主橋
馬車橋
大衆路
春江河
福春街
春江路
浜江公路
鍾江街
花園河街
丹東皇冠假日酒店
丹東国際航運有限公司（仁川行きフェリーチケット売り場）

鴨　緑　江

抗美援朝紀念館（改修中）
山上街
振八街
体育館
振七街
体育館路
鍾山大街
興心路
興五路
青年大街
青年海
新安東大飯店
中聯青年旅館
丹東江浜国際酒店
文化広場

0　250　500m

錦江山公園／锦江山公园
きんこうざんこうえん／jǐnjiāngshān gōngyuán

鴨緑江越しに北朝鮮を望める

　丹東駅の北西に広がる錦江山にある公園で、ゆるやかな登山道は地元の人々のジョギングコースとなっている。山頂に展望台があり、鴨緑江越しに北朝鮮の山野を望める。もとは1912年に満鉄が開発した公園で、遊園地などもある。

▶展望台の近くに溥儀が訪れた「皇帝陛下安東地方巡狩紀念」がある

◀鴨緑江に架かる中朝友誼橋を望む

抗美援朝紀念館／抗美援朝纪念馆
こうびえんちょうきねんかん／kàngměi yuáncháo jìniànguǎn

朝鮮戦争の歴史を展示

　建国間もない中国にとって最大の国難だった朝鮮戦争（1950～53）で、いかに中国側が北朝鮮のために奮戦したかを見せる博物館。金日成が毛沢東に援軍を乞う手紙も展示。そのせいか、北朝鮮からの訪問者はないというが、中朝関係を理解するうえで参考になる場所だ。「全国愛国主義教育模範基地」のひとつ。

▲朝鮮戦争の派手な戦闘シーンをジオラマで展示

錦江山公園
MAP P.151-G1
住 元宝区錦江山公園
開 24時間　料 無料
アクセス 丹東駅から徒歩10分

▲1932年に建てられた日本風展望台「錦江山亭」は、現在も改装され「東山閣」として残っている

▲現在の錦江山公園の門の位置に安東神社の鳥居があった

抗美援朝紀念館
MAP P.150-D1
住 振興区山上街7号
アクセス 122路バス「抗美援朝紀念館」
※ 2018年9月現在、改修中。リニューアルオープンの時期は未定

▲中朝情勢が揺れ動くなか、工事はかなり遅れている

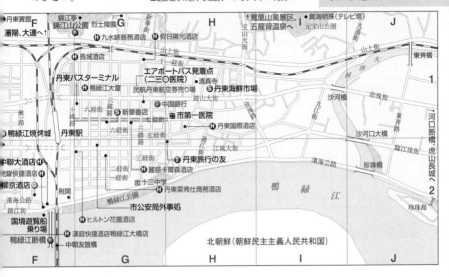

河口断橋／河口断桥
かこうだんきょう／hékǒu duànqiáo

河口断橋
MAP P.149-C2
- 住 河口風景区
- TEL 5625712
- 開 4〜11月9:00〜17:00
- 料 20元
- アクセス 丹東市内からタクシーで往復約500元、所要片道1時間

遊覧ボート
- 営 4〜11月9:00〜17:00
- 料 ひとり50元（10名以上）

丹東から鴨緑江の上流約40kmにある断橋。この橋も1942年に日本が建設したが、朝鮮戦争中に破壊された。鴨緑江断橋は町なかにあり観光化が進んでいるが、こちらは市内の喧騒も遠のき、静寂のなかで国境観光を楽しめる。橋のたもとから遊覧ボートが出ており、約1時間の鴨緑江観光ができる。ボートは対岸の北朝鮮の集落のすぐ近くまで行って折り返すので、村里の様子もうかがえて興味深い。夏のシーズンになると、橋の周辺では川魚料理のレストランもオープンし、行楽客でにぎわう。

▲北朝鮮側に近い橋梁が落とされている

▲日本時代の工場や女子刑務所などが見られ、数ある中朝国境の遊覧船でも断然におもしろい

ワンポイントアドバイス
●丹東個人日本語ガイド
丹東在住の闇宇飛さんは、日本在住経験もあり、個人の希望に合わせて丹東の今を案内してくれる。必ず予約して要望を伝えること。
メール cnddyanyufei@yahoo.co.jp（日本語可）

▲丹東の闇宇飛さん

●偽東行宮遺址

▲丹東の南西郊外には1943年に満洲国皇帝溥儀が泊まった偽東行宮が廃墟として残っている

虎山長城／虎山长城
こざんちょうじょう／hǔshān chángchéng

万里の長城の東端

丹東の北約25kmの寛甸満族自治県虎山郷虎山南麓にある長城で、南は鴨緑江、西は靉河に臨む。建造は1469（明の成化5）年に始まったとされ、いわゆる万里の長城の東端であることが確認された。1992年に修復が開始された。修復された長城には7つの石楼と戦台があり、高さは6m、幅は底部で5m、頂部で4mとなっている。石楼からすぐ目の前に北朝鮮の農作地が見える。長城から徒歩1分の場所に「一歩跨」という国境展望台がある。わずか数mの河を挟むと、そこは北朝鮮だ。

虎山長城
MAP P.149-C2
- 住 寛甸満族自治県虎山郷
- TEL 5578666
- 開 6:00〜19:00
- 休 無休 料 60元
- アクセス 丹東バスターミナルから「寛甸」方面行き（6:00〜18:00）で、「虎山長城」下車。7元、所要30分

▲修復された長城は歩きやすい

丹東新区／丹东新区
たんとうしんく／dāndōng xīnqū

北朝鮮とのメインゲートとなる開発区

丹東駅のある現在の市街地から南に約20kmに丹東新区が建設されている。すでに市政府庁舎はこちらに移り、北朝鮮とのメインゲートとなる新鴨緑江大橋も完成している。イミグレーションのビルもでき、瀋陽や大連からの高速鉄道も開通したことから、今後の発展が期待されている。

丹東新区
MAP P.149-B3
- 住 丹東新区
- アクセス 丹東市内からタクシーで片道20元、所要20分が目安

▲新鴨緑江大橋のたもとに立つ国門大廈。近くに税関ビルもあり、新しい中朝国境ゲートとして使われる予定

▲丹東新区に近い中州は北朝鮮領で黄金坪と呼ばれる。中朝の共同開発が予定されている

安東商埠歴史博物館／安东商埠历史博物馆

あんとうしょうふれきしはくぶつかん／āndōng shāngbù lìshǐ bówùguǎn

丹東が国際港だった時代の歴史を展示

鴨緑江河口に近い丹東は1876年に清朝が安東県を置いたが、日露戦争後に日本が進出し、1903年に埠頭を設置。以後、アジアや欧米の船が通航を開始し、国際港として繁栄した。1907年に創建された税関ビルを2006年に博物館にしたのがここ。館内には20世紀初頭の丹東(当時は安東と呼ばれた)の様子を写した写真などが展示されている。監修は地元の歴史家の遅立安氏による。

▲2階からは蛇行する鴨緑江の向こうに丹東市内の高層ビルが見える。手前に見えるのは北朝鮮の柳草島だ

安東商埠歴史博物館
MAP P.149-B3
住 丹東新区浪頭鎮浪頭港
TEL 非公開
開 9:00～11:00、13:00～16:00
休 月曜 料 無料
アクセス 888路沿江線バス「浪头港」下車すぐ

▲当時の税関の執務室が展示される

▲歴代の税関長はイギリス人や日本人が占めた

鳳凰山風景区／凤凰山风景区

ほうおうざんふうけいく／fènghuángshān fēngjǐngqū

「東北の黄山」と呼ばれる名勝

丹東市から北西約40kmの鳳城市にある風景区で、隆起した奇岩が見事に露出していることから「東北の黄山」と呼ばれる。主峰は海抜836mの攢雲峰。古くから登山が盛んで、登山口から尾根伝いで登山ルート約1kmを踏破するのに約5時間かかる。現在はロープウエイもあり、その場合は3時間で済む。切り立つ岩と眼下に広がる絶景は息をのむばかりだ。風景区内には朝陽寺など寺院や温泉もある。

▲むき出しの岩肌を伝って登る

▲こんな細い尾根を登る。霧で見えないが両脇は絶壁だ

鳳凰山風景区
MAP P.149-B2
住 鳳城市鳳凰山風景区
TEL なし
開 4～10月9:00～17:00
料 入山料=80元
ロープウエイ=片道50元
URL www.cnfhs.com
アクセス 丹東駅から瀋丹線で「凤凰城」下車。快速で62元、所要50分が目安

▲山門からロープウエイ乗り場まではミニバスで行く。料金は片道20元

水豊湖／水丰湖

すいほうこ／shuǐfēnghú

日本時代のダムと北朝鮮の町並みを眺める

丹東市内から鴨緑江の上流約80km上ると、巨大なダムが出現する。それは日本時代の1937年に建設された水豊ダムで、その上流は琵琶湖の半分に相当する人工湖となっている。ダムから下流域にかけて河口断橋(→P.152)にいたる国境沿いは、対岸の自然豊かな北朝鮮の風景が眺められる。水豊風景区に指定され、多くの観光客が訪れている。とりわけ秋の紅葉は美しく、ぜひ訪れるべきスポットだ。

▲河の向こうに北朝鮮の美しい山々や民家が見られる

水豊湖
MAP P.149-C2
住 寛甸満族自治県
アクセス 丹東から車で所要約1時間30分

▲水豊ダムは当時世界的な規模の水力発電施設だった。北朝鮮は国章にこのダムを描いている

※水豊ダム周辺は軍事管理区となっており、遠くから眺めるのはいいが、周辺に近づくことはできない

中聯大酒店／中联大酒店
ちゅうれんだいしゅてん／zhōnglián dàjiǔdiàn ★★★★

鴨緑江断橋のすぐ目の前に立つ4つ星ホテル。客室から断橋と対岸の北朝鮮とを見渡せることが最大の売り。客室は簡素だが、ネット環境は問題なし。レストランは中洋のふたつ。サウナも完備している。

MAP P.151-F2
住 振興区濱江中路62号
TEL 2333333
FAX 2333888
料 ⑤398元 ⒯498元
税 15%
C A.D.J.M.V
URL www.zlhotel.com

丹東江浜国際酒店／丹东江滨国际酒店
たんとうこうひんこくさいしゅてん／dāndōng jiāngbīn guójì jiǔdiàn

鴨緑江沿いの文化広場に面したホテルで、客室から北朝鮮の町並みが眺められる。ホテルのスタッフには北朝鮮の女性がいて、朝や夕方の食事の給仕をしてくれる。夜は彼女らによる歌や演奏もある。

MAP P.151-F2
住 沿江開発区房壜5号楼
TEL 4136666
料 ⑤⒯293元～
税 なし
C M.V
URL riverside-ddhotel.com/cn/dzdt

鴨緑江焼烤城／鴨緑江烧烤城
おうりょくこうしょうこうじょう／yālùjiāng shāokǎochéng

丹東名物の海産物バーベキューの専門店。春先は鴨緑江の河口でハマグリがたくさん取れるし、地元の漁港からの新鮮な海産物に、羊肉、牛肉などの炭焼きと地元ローカルビールはよく合う。

MAP P.151-F2
住 振興区青年大街清花園小区34号
TEL 3459777
営 10:00～22:00
休 無休
C 不可

江海湾／江海湾
こうかいわん／jiānghǎiwān

丹東新区から丹東港フェリーターミナルに向かう途中にある海鮮レストランで、営業は4月から10月末まで。店のそばは漁港なので、取れたての海鮮をその場で食べられる。ワタリガニやエビ、ハマグリなどを好きなだけ頼んでも4人で400元ほどの安さはうれしい。目の前の川を中国や北朝鮮の国旗を付けた漁船が行き来しているというのも、この店ならではの光景だ。

MAP P.149-B3
住 丹東新区濱海公路
TEL 7154666
営 4～10月11:00～20:00
休 無休
C 不可

1 丹東では海鮮を中華風に味つけしないので日本人の口に合う
2 目の前を漁船が通る。向こうは北朝鮮領だ
3 天気がよければオープンエアで楽しみたい

柳京酒店／柳京酒店
りゅうきょうしゅてん／liǔjīng jiǔdiàn

丹東にある北朝鮮レストランのなかで、唯一歌謡ショーの撮影が許されている店。毎日12:30と18:30に始まるショーを見るため、多くの観光客が来店する。いい席で観たければ、早めの予約が必要。

MAP P.151-F2
住 振興区佳地広場
TEL 3102222
営 9:30～21:00
休 無休
C 不可

丹東海鮮市場／丹东海鲜市场
たんとうかいせんしじょう／dāndōng hǎixiān shìchǎng

駅の北側の錦山大街を北東に向かった先に丹東最大の市場街がある。なかでも海鮮市場は黄海で取れた新鮮な海産物や貝類、干物などが売られている。周辺には屋台もたくさん出ていて、散策が楽しい。

MAP P.151-H1
住 元宝区后聚宝街
TEL なし
営 7:00～16:00
休 無休
C 不可

北黄海温泉度假酒店／北黄海温泉度假酒店
ほくこうかいおんせんとかしゅてん／běihuánghǎi wēnquán dùjiǎ jiǔdiàn

大孤山（→P.156）から車で30分の場所にある海水温泉のレジャーランド。中国式なので温泉といっても水着で楽しむのが流儀。ファミリー客が多い。お風呂の種類は豊富で、1年中楽しめる。

MAP P.149-A3
住 東港市椅子圏鎮
TEL 7829222
営 24時間
料 139元（身長1m以下の子供は無料）
税 なし
C 不可

江戸温泉城／江户温泉城
えどおんせんじょう／jiānghù wēnquán chéng

2016年2月に丹東新区にできた日本式の温泉施設。五龍背温泉に近いので、丹東では天然温泉が出る。泉質は最高だ。岩風呂や壺風呂など、さまざまな和風風呂があり、1日ゆっくりくつろげる。日本食レストランもある。高速鉄道の開通で、瀋陽や大連から日帰りでも利用できる。

MAP P.149-B3
住 丹東新区鴨緑江大街196-6号江戸城小区
TEL 2131111
営 9:00～24:00　休 無休
料 39元　C 不可
1多彩なストーンを使った岩盤浴 2露天風呂からは鴨緑江越しに北朝鮮の家並みを眺められる 3宿泊もできる

安東老街／安东老街
あんとうろうがい／āndōng lǎojiē

丹東の歴史は清朝が1876年
に政府を置いたことが始まり
だが、当時は安東と呼ばれ
た。山東省などから多くの移
民が流入し、にぎわっていた
当時の町並みを再現したテー
マパーク兼グルメ街だ。

MAP P.150-C1
住 振興区人錦山大街303号
TEL なし
営 10:00〜20:30
休 無休
C 不可

丹東旅行の友／丹东旅游之友
たんとうりょこう　とも／dāndōng lǚyóuzhīyǒu

丹東在住の日本語ガイドで旅
行会社出身の閻宇飛さんが立
ち上げた日本人向けの丹東観
光案内サービス。丹東周辺に
ある中朝国境の観光スポットや
世界遺産の集安などを訪ねた
いなら、ぜひ連絡するといい。

MAP P.151-H2
住 振興区頭道小区5号
TEL 13081263347（携帯、日
本語可）
FAX 2216950
URL www.dandts.com/jap（日
本語）
メール cnddyanyufei@yahoo.
co.jp

COLUMN

阿倍仲麻呂立ち寄り伝説の謎

　丹東市西部にある大孤山には、東北
地方最大の天后宮がある。航海や漁業
の守り神である媽祖を祀る寺院だ。驚
くことに、この山の中腹に奈良時代の遣
唐使として有名な阿倍仲麻呂の碑があ
る。そばには唐の玄宗が植えたという
銀杏の木がある。玄宗に仕えた仲麻呂
が同行したというのだろうか。媽祖寺の

存在は、黄海に面した遼東の地にも古
来南方からの航路があったことを物語っ
ている。帰国の途についた仲麻呂の船
は難破して現在のベトナムに漂着してい
るが、長安に没した仲麻呂には帰国伝
説もあり、海の守り神を祀る大孤山に立
ち寄ったという伝説が生まれたのかもし
れない。

大孤山
MAP P.149-A3
住 丹東市大孤山
アクセス 高速鉄道「大孤山站」下車、車で所
要15分

▲阿倍仲麻呂の碑には「甲戌の夏　立」と
あり、1934年建造と考えられる

▲銀杏の御利益を信じて参拝客が
絶えることがない

▲大孤山山門。途中まで車で登れる。参
道には古建築群がある

吉林省

きつりんしょう

吉林省
jí lín shěng

ライトアップされ、夜空に浮かぶ旧関東軍司令部（現中国共産党吉林省委員会）

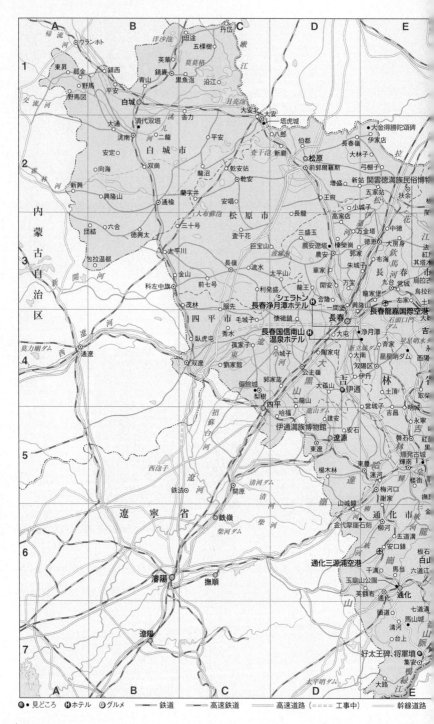

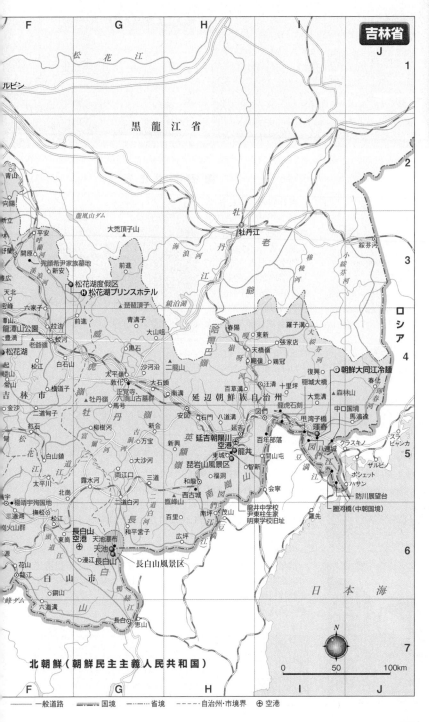

F　G　H　I

J
1

黒龍江省

松花江

ルビン

青山
向陽
新立
所蘭
舒蘭

龍鳳山ダム

平安
開原
呼蘭河
新安

大禿頂子山

前進

海浪河

牡丹江

丹江

老

小綏芬河
綏芬河

2

ロシア

3

完顔希尹家族墓地

天北
密江

松花湖度假区
松花湖プリンスホテル

琵琶頂子

鏡泊湖

穆棱河

春化

4

六家子

龍潭山公園
豊満

松花湖

老爺嶺

蛟河

前進

青溝子

大山咀

陰

哈爾巴嶺

嶺

春陽

呉

東新

張家店

天橋嶺

廟嶺

鶏冠

羅子溝

復興
穆城大橋

大綏芬河

森林山

朝鮮大同江冷麺

大荒溝

中口国境
馬滴達

起
山
吉林市

金沙

白石山

黒石

敦化

太平嶺
正覚寺、
六頂山古墓群

大石頭

沙河沿

二龍山

百草溝

延辺朝鮮族自治州

南溝

汪清

十里坪

図門

龍虎石刻

甩湾子国境
琿春

二道旬子
紅石
旬松

牡丹嶺

柳樹河

古洞

馬号

新合

安図

石門

八道溝

延吉

図們江

八連城

蓮春

図

グラスキノ

スラ
ビャンカ

白山鎮

江
道

富爾

万宝

延吉朝陽川
空港

東城

龍井

開山屯

図們江

図河城

ザルビノ

太平川

北崗

露水河

大沙河

和龍

琵琶山風景区

智新

百年部落

福洞

会寧

ポシェット

ハサン

楊靖宇殉国地

三道湖
撫松

松江

二道白河

臨峰山

西古城

百里

南坪

茂山

龍井中学校
尹東柱生家
明東学校旧址

防川展望台

圏河橋(中朝国境)

火山群

花山

臨江

長白山
空港
天池

長
白
河
道

広坪

羅先

日　本　海

5

6

銅山

天池瀑布
漫江　長白山

鴨緑江

長白山風景区

六道溝

鴨緑江

白　山　市

山

長白

恵山

7

N

0　　50　　100km

F　G　H　I　J

―――― 一般道路　━━━━ 国境　―‥―‥― 省境　――――― 自治州・市境界　✈ 空港

吉林省

市外局番 | 0431

长春 Cháng Chūn

長春
ちょうしゅん

ロシア

内蒙古自治区
モンゴル
黒龍江省
●ハルビン
吉林省 ●長春
瀋陽●
遼寧省 北朝鮮
●フフホト 北京
韓国

▲長春駅南口は2018年9月現在
改修中。北口は完成している。
南口から北口へは通路がある

▲2017年6月 地下鉄1号線が開
通。写真は人民広場駅

概要と歩き方

　吉林省の省都長春は、吉林省の中部、伊通河畔に位置する。大陸性気候に属し、はっきりした四季がある。気温は7月の平均気温が23.4℃、1月の平均気温が-16.2℃、年間平均気温が5.2℃。北国春城、塞北春城と称されるだけあって、夏は比較的涼しく、町は多くの緑に覆われている。

　長春の都市としての歴史は比較的新しく、1800年に清朝政府が伊通河沿岸の長春堡に行政機構である長春庁を開いたことに始まる。

▲偽満洲皇宮博院の勤民殿。溥儀が即位式典を行った場所

▲旧満洲国時代の建築も残る人民広場

　1932年には、日本の傀儡国家である満洲国（中国では偽満洲国）が建国され、その首都として革新的な都市計画に基づいた整備がなされ、新京と改称された。長春の市街では満洲国当時の遺構がいまだ各機関として使用されると同時に、長春の見どころにもなっている。

　中華人民共和国建国後は、中国有数の自動車メーカー中国第一汽車集団公司を設立。現在ではトヨタやマツダとも提携し、中国自動車産業界をリードしている。また、長春電影制片廠は満映時代が揺籃期となり、多くの映画人を輩出。映画の都、長春の拠点として歴史を刻んでいる。

気温は℃、降水量はmm

	1月	2月	3月	4月	5月	6月	7月	8月	9月	10月	11月	12月
平均最高気温	-10.5	-6.1	2.5	13.5	21.4	26.1	28.2	26.9	21.5	13.3	1.5	-7.5
平均最低気温	-21.9	-18.5	-9.4	0.4	8.0	14.4	18.6	16.9	9.2	1.2	-9.0	-18.1
平均気温	-16.2	-12.3	-3.4	6.9	14.7	20.2	23.4	21.9	15.4	7.3	-3.7	-12.8
平均降水量	4.8	4.9	12.8	22.3	47.5	100.2	178.5	134.2	56.7	34.1	13.8	5.0

長春市街の町は長春駅から南に真っすぐ延びる人民大街（じんみんだいがい）を中心に成り立っている。長春で効率的に動くには、長春駅前や人民広場付近のホテルに泊まるのが便利。駅前から繁華街の重慶路、人民広場、さらに南に延びる人民大街沿いに多くのホテルが集まっている。

▲生まれ変わった長影旧址博物館（→P.169）

▲シネコンも併設されている

長春の見どころには、ラストエンペラー溥儀（ふぎ）のかつての宮殿であった偽満皇宮（ぎまんこうぐう）や偽満洲国国務院旧址、偽満洲国八大部（こうまんしき）などの満洲国時代の遺構がある。これら消滅した帝国の遺構は、興亜式や帝冠式と呼称される建築群。長春は、町自体がまさに満洲国テーマパークと呼ぶにふさわしい。

また、長春は満洲国時代に都市計画に沿って造られた町だけに、ほかの都市にはない落ち着いた雰囲気をもっている。公園も数多く、なかでも南湖公園は大きな人造湖をたたえ、都市の中の憩いの場である。このほか、市街地の南東約15kmには浄月潭国家森林公園もある。軽軌3号線や102、160路バスを利用するとよい。乗り物に興味のある人は満洲国時代に敷設された線路を活用している路面電車54路に乗車してみよう。市内西南部の紅旗街から長春汽車経済貿易開発区のある春城大街まで走っている。ただし2006年に大連から中古車を導入したことに加え、2012年に新車が入り、満洲国時代からの車両は現存しない。

ほかの東北地方の大都市と同様、長春は現代化の波に洗われている。新しいショッピングモールやアミューズメント施設も続々誕生し、新しい中国の顔を見せ始めている。また、南方の郊外には大学や博物館などの文化施設が移転し、長影世紀城というテーマパークもオープンしている。もっとも、昔ながらの文化体験がお好みなら、東北地方の伝統的なお笑い文化である「二人転」を観るのもおもしろい。東北風劇場（→P.180）が有名だ。

▲長春では毎年モーターショーが開催される

▲長春雑技宮の入口には横浜正金銀行の文字がはっきり残る

▲旧満洲国中央銀行（現中国人民銀行）

▲昔のマンホールが多く残る。MTT（満洲電電）のもの

▲旧満洲国時代の神武殿は現在、公民館として使われている

▲長春駅に近い旧新京神社（現吉林省オルガン第一幼稚園）裏手に鳥居が残る

▲重慶路は地元の若者でにぎわう繁華街

▲西広場の日本時代の給水塔がライトアップされていた

▲人民大街に面した旧満洲電信電話株式会社ビル（現吉林省残疾人聯合会）

161

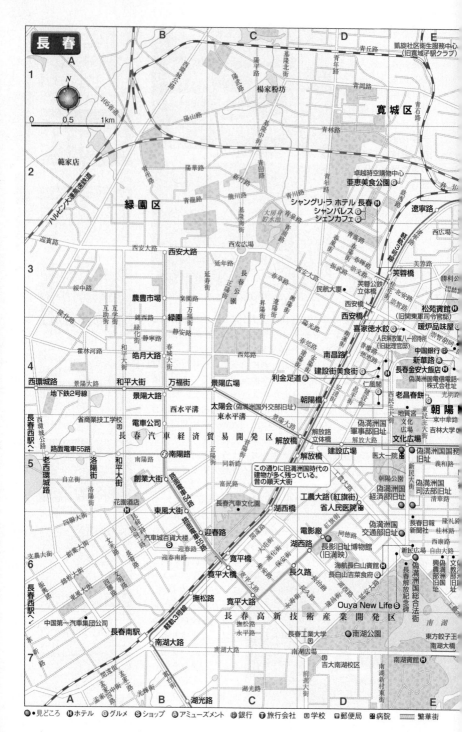

長春

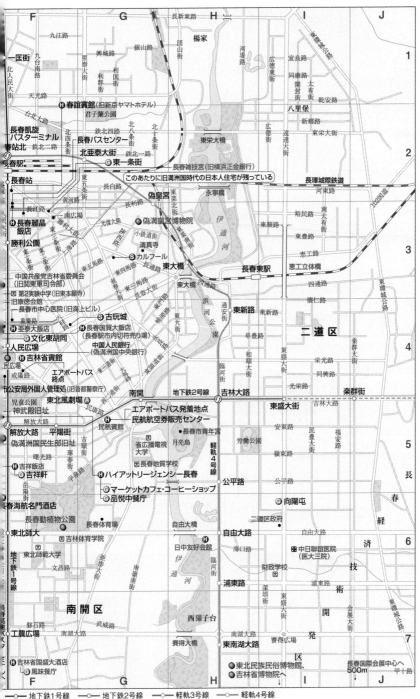

Access

空港見取図→P.310　中国国内の移動→P.318　鉄道時刻表検索→P.319

 飛行機　市区の北東約35kmに位置する長春龍嘉国際空港（CGQ）を利用する。国内線は主要都市との間に運航便がある。最寄りの龍嘉駅と長春駅は高速鉄道で所要15分と便利。

国際線 成田（2便）。

国内線 北京、上海、広州など主要都市との間に毎日運航便があるほか、長白山、延吉などの便もある。

所要時間(目安) 北京首都（PEK）／1時間30分　上海浦東（PVG）／2時間25分　広州（CAN）／3時間40分　長白山（NBS）／50分　延吉（YNJ）／1時間15分

鉄道　長春駅または高速鉄道専用の長春西駅を利用する。長春駅からは瀋陽、大連、北京、ハルビンとの間に高速鉄道が運行されるほか、吉林へは毎時2～3本程度運行。2015年9月20日、琿春までの高速鉄道も開通し、便利になっている。

所要時間(夏ダイヤの目安) 瀋陽北駅（syb）／高鉄1時間30分　大連駅（dl）／高鉄3時間35分　ハルビン西駅（hebx）／動車1時間35分　吉林駅（jl）／動車45分　北京駅（bj）／動車6時間35分　延吉駅（yj）／高鉄3時間　図們駅（tm）／動車3時間　琿春駅（hul）／高鉄3時間20分　ハイラル駅（hle）／快速14時間40分

バス　おもなバスターミナルは3ヵ所。長春駅南口の長春バスセンター、北口の長春凱旋バスターミナル、市区南端の市政府近くにある長春高速バスターミナルを利用する。

所要時間(目安) 延吉／6時間　白山／4時間30分　通化／4時間

Data

飛行機

長春龍嘉国際空港（长春龙嘉国际机场）
MAP P.158-E3
住 九台区龍嘉鎮　**TEL** 88797111　**URL** ccairport.cn
移動手段 高速鉄道（龍嘉駅〜長春駅）8.5元、所要15分が目安。空港から徒歩5分で龍嘉駅に行けるエアポートバス／（空港〜民航賓館）30分間隔、20元、所要50分　タクシー／（空港〜人民広場）100元、所要45分が目安

▲長春龍嘉国際空港

民航航空券販売センター（民航中心售票处）
MAP P.163-G5
住 南関区解放大路480号民航賓館1階　**TEL** 62977777
営 8:00〜18:00
移動手段 タクシー／（人民広場〜民航航空券販売センター）6元、所要5分が目安　路線バス／1、9、61、152、246、254、301、361路「二道街」

鉄道

長春駅（长春火车站）
MAP P.163-F2
住 寛城区長白路5号　**TEL** 共通電話＝12306
※南口は入口のみ。北口は入口と出口あり
移動手段 地下鉄／1号線「長春站」　タクシー／（人民広場〜長春駅）10元、所要5分が目安　路線バス／1.6、25、62、66、257、301、306、362路「長春站」

長春西駅（长春西站）
MAP 地図外(P.162-A7左)
住 綠園区安廣路　**TEL** 共通電話＝12306
移動手段 路面電車／55路「長春西站」　タクシー／（人民広場〜長春西駅）40元、所要25分が目安　路線バス／139、159、355路「長春西站」

バス

長春バスセンター（长春客运中心站）
MAP P.163-F2
住 寛城区人民大街226号　**TEL** 86769882　**営** 5:30〜18:00
移動手段 長春駅に同じ
吉林、集安、北京行きなどのバスがある。

市内交通

タクシー

初乗り2.5km未満5元、2.5km以上1kmごとに2元加算。さらに燃油代1元加算。

地下鉄

2017年6月30日に地下鉄1号線が開通。人民大街に沿って市内を南北に走る。2018年9月現在、北環城路から長春駅、人民広場、衛星広場などを南下し、紅嘴子までの全15駅。さらに2018年8月30日2号線も開通。双豊から東盛大街までの15駅。料金は2～4元。運行時間の目安は5:50〜21:30。
URL ccqg.com

▲地下鉄1号線「卫星广场」駅

バス

運行時間の目安は6:00〜21:30。1元。浄月潭行きの102、160路は2元。人民大街を南北に走

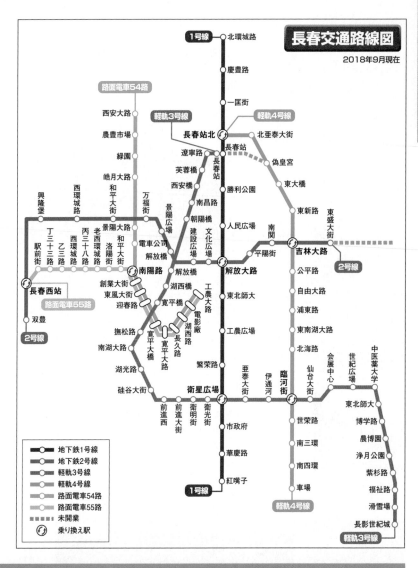

長春交通路線図

2018年9月現在

地図内の駅名・路線名：

1号線　北環城路　慶豊路　一匡街　長春站北　長春站
軽軌3号線　軽軌4号線　北亜泰大街　偽皇宮　東大橋　東新路　東盛大街
路面電車54路　西安大路　農豊市場　緑園　皓月大路　和平大街　景陽大路
遼寧路　芙蓉橋　西安橋　南昌路　朝陽橋　建設広場　文化広場　勝利公園　人民広場　南関　平陽街
吉林大路　2号線　公平路　自由大路　浦東路　東南湖大路
興隆堡　西環城路　丁三十三路　乙三路　丙三十八路　西環城路　老西環城路　洛陽街　景陽大路　和平大路　万福街　景陽広場　電車公司　解放橋　南陽路
長春西站　路面電車55路　創業大街　東風大街　迎春路　撫松路　南湖大路　湖光路　硅谷大街
解放橋　湖西街　寛平橋　工農大路　電影廠　湖西路　長久路　繁栄路
解放大路　東北師大　工農広場　北海路　亜泰大街　伊通河　臨河街
寛平大橋　寛平大路　双豊　2号線
衛星広場　前進西　衛明街　衛光街　市政府　華慶路　紅嘴子　1号線
世栄路　南三環　南四環　車場　軽軌4号線
会展中心　仙台大街　世紀広場　中医薬大学　東北師大　博学路　農博園　浄月公園　紫杉路　福祉路　滑雪場　長影世紀城　軽軌3号線

凡例：
地下鉄1号線　地下鉄2号線　軽軌3号線　軽軌4号線　路面電車54路　路面電車55路　未開業　乗り換え駅

る66路は2階建てバスを使用。

軽軌
長春駅と長影世紀城を結ぶ3号線と、長春站北と車場を結ぶ4号線がある。運行時間の目安は6:00〜21:00、2〜4元。

▲軽軌3号線と4号線は長春の環状線のような役割を果たしている

路面電車
工農大路（紅旗街）と西安大路を結ぶ54路と、工農大路から南陽路までは同じ路線だが、そこから枝分かれして長春西駅まで向かう55路がある。運行時間の目安は6:00〜19:50、1元。

▲路面電車55路

165

偽満皇宮博物院

MAP P.163-G3

🏠 寛城区光復北路5号
☎ 82866611
🕐 5〜9月 8:30〜17:20
※入場は閉館の1時間前まで
　10〜4月 8:30〜16:50
※入場は閉館の40分前まで
🚫 無休
💴 80元
🚍 264路バス「偽皇宮」。1、
　8、16、80、88、115、
　116、256、257、268、
　357路バス「光復路」、
　徒歩約8分
　軽軌4号線「偽皇宮」、
　徒歩15分
※「偽皇宮」駅は偽満皇宮博
　物院入口の東側にある
🌐 www.wmhg.com.cn

▲日本語自動音声解説機は20元
（デポジット100元）

▲公式行事が行われた勤民楼

▲修復前は壁に塗り込められて
いた建国神廟入口の鳥居も復元

▲防空壕の横にある屋外プール

▼映画『ラストエンペラー』にも
登場した同徳殿のホール

偽満皇宮博物院／伪满皇宫博物院

ぎまんこうぐうはくぶついん／wěimǎn huánggōng bówùyuàn

満洲国皇帝の仮御所

満洲国皇帝に即位した愛親覚羅溥儀が新宮殿（地質宮。現吉林大学朝陽校区）完成までの仮宮殿として執政した宮廷府。しかし太平洋戦争勃発により建設が中断された

▲1938年に建てられた同徳殿

ため、在位期間の1932年から1945年までをここで過ごした。

長春門をくぐり、まず正面に見える建物が緝熙楼（しゅうきろう）。1階は皇妃譚玉齢の生活を紹介する譚玉齢生活区。2階は西側が溥儀生活区。ここには寝室、書斎、漢方薬庫、仏堂などがある。東側は皇后婉容生活区で寝室、客室、アヘン吸引室がある。

緝熙楼を抜け、中和門をくぐると内庭を四角く囲んだ勤民楼。2階には、満洲国官吏や外国使節と非公式に謁見した西便殿、玉座のある公式謁見殿である勤民殿などがある。1階には関東軍参謀、吉岡安直の執務室もある。勤民楼の奥にあるのが懐遠楼（えんようろう）。2階には祖先である清国の皇帝の位牌を祀る奉先殿、1階は帝室会計審査局、侍従武官処などで構成されていた。

さらに、緝熙楼の東側に立つのが同徳殿。この宮殿は日本人による設計で、1938年に落成。溥儀と最後の皇妃李玉琴（りぎょくきん）が生活する場であったが、盗聴装置があると疑った溥儀は利用したことがなかったと伝えられる。2005年からの修復により、同徳殿東側にある東御花園地下の防空壕や建国神廟跡などが整備公開されたほか、扶余付近の川底から発掘された東清鉄道のSLを展示。2006年に開館した「東北淪陥史陳列館」は無料で見学できる。

◀勤民楼での日満議定書調印式を再現した東北淪陥史陳列館の展示

偽満洲国国務院旧址／伪满洲国国务院旧址

ぎまんしゅうこくこくむいんきゅうし／wěimǎnzhōuguó guówùyuàn jiùzhǐ

満洲国の最高行政機関

満洲国の最高行政機関で
あるこの建物は1934年に起
工し、1936年に竣工した。
鉄筋コンクリート造りの建
物で、建築面積は2万㎡余
り。日本の国会議事堂のデ
ザインをベースに、興亜式
と呼称される西洋古典様式
と中国古典様式を融合させ
た中西折衷の建築スタイル
で設計された。当時、地下
道により長春駅や関東軍司
令部(現在の中国共産党吉
林省委員会)とつながっていた。

▲偽満洲国国務院正面と内部

4階には、軍事部(現吉林大学白求恩医学部付属第一医院)や
地質宮(現吉林大学朝陽校区)などを一望できる閲兵台があった。
1937年3月に皇帝溥儀が初めて満洲国軍の閲兵を行った所とし
ても有名。そしてその閲兵台の内側には、満洲国第2代総理張
景恵の執務室があった。

1階にはオーティス社製エレベーターや菊の紋章、大理石の
階段手すりなどが当時のま
ま残されている。

今では、吉林大学基礎医
学院となっており、かつて
は内部が公開されていたが、
2018年9月現在、部外者が
建物内部の見学をすること
はできない。

▲すぐ北側には新皇居として建設された地質宮がある

偽満洲国軍事部旧址／伪满洲国军事部旧址

ぎまんしゅうこくぐんじぶきゅうし／wěimǎnzhōuguó jūnshìbù jiùzhǐ

満洲国軍の最高司令部

新民大街を挟んで国務院の向かい側に位置し、当時は行政に
睨みを利かせていたのではないかと想像させるようなたたずま
いの建物。緑色の瑠璃瓦の三角屋根を中央に頂いた中西折衷の
興亜式の建築様式で、1935年の竣工。満洲国の軍務や治安を担

当した部署である。軍事部は1943
年以前は、軍政部、治安部とされ
た。竣工当時は4階建てだったが、
1970年に1階増設され、5階建てと
なった。現在は、吉林大学白求恩
医学部付属第一医院として利用さ
れている。

▲満洲国の遺構群のなかでひときわ異彩を放つ

▲大理石の手すりは当時の同盟
国イタリアからの寄贈(2018年9
月現在は非公開)

▲皇帝溥儀が植樹した松の木は
大きく成長した

ワンポイントアドバイス

●長春在住の日本語ガイド
長春で長く日本語ガイドを務
めている単君さん。事前に
メールか携帯で連絡をすれば、
相談に乗ってくれる。
[メール] 599068431@qq.com
[TEL] 13504323502(携帯:単君)

▲単君さんは長春生まれ

偽満洲国軍事部旧址
MAP P.162-E5
住 朝陽区新民大街1号
アクセス 13、156、213、240、
264、283路バス「吉大
一院」

▲緊張感を強いるフォルムだ

偽満洲国司法部旧址

MAP **P.162-E5**

住 朝陽区新民大街828号

アクセス 13、156、213、240、264、283路バス「吉大三院」

▲正面破風の美しいレリーフ

偽満洲国経済部旧址

MAP **P.162-E5**

住 朝陽区新民大街829号

アクセス 13、156、213、240、264、283路バス「吉大三院」

偽満洲国交通部旧址

MAP **P.162-E6**

住 朝陽区新民大街1163号

アクセス 13、156、213、240、264、283路バス「吉大三院」

▲アラビア風の装飾が建物に独特の個性を与える

偽満洲国総合法衙

MAP **P.162-E6**

住 朝陽区自由大路2号

アクセス 13、62、80、120、227、228、264、265、362路バス「新民广场」

▲れんがと瑠璃瓦のバランスがすばらしい

偽満洲国司法部旧址／伪满洲国司法部旧址

ぎまんしゅうこくしほうぶきゅうし／wěimǎnzhōuguó sīfǎbù jiùzhǐ

和漢折衷の旧満州国司法府

　おとぎの国から抜け出してきたような不思議なデザインのこの建物は、満洲国の司法府であった。この不思議な建築様式は、中国式のアーチ型窓拱窓と日本式の玄関などが入り混じる和漢折衷の建築様式である。

　1935年に創建され、鉄筋コンクリートの構造。地上3階、地下1階で、中央の塔の部分は6階建てになっている。

　現在は、吉林大学白求恩医学部として使用されている。

▲青い瑠璃瓦が白い壁面に映える

偽満洲国経済部旧址／伪满洲国経済部旧址

ぎまんしゅうこくけいざいぶきゅうし／wěimǎnzhōuguó jīngjìbù jiùzhǐ

どことなくアカデミックな雰囲気を醸し出す

　経済部の前身は財政部で、満洲国の税務、金融、国債、投資、貿易など多方面にわたり司った。

　建物は1935年に竣工。地上5階建て、両翼部分4階建て、地下1階建ての鉄筋コンクリート構造。中国と西洋のエッセンスを併せもつ興亜式の造りである。現在は吉林大学第三医院。

▲ほかの遺構に比べシンプルだが、アカデミックな雰囲気が漂う

偽満洲国交通部旧址／伪满洲国交通部旧址

ぎまんしゅうこくこうつうぶきゅうし／wěimǎnzhōuguó jiāotōngbù jiùzhǐ

装飾の妙が光る興亜式建築

　褐色タイル張りの壁面に浮かぶ中央部の装飾が見事な建築物。満洲国の交通部門を管理していた機関だ。

　1935年の創建で、地上4階建て、両翼部分3階建て、地下1階建ての鉄筋コン

▲興亜式建築の典型といわれる

クリート構造。深い紅色の瑠璃瓦を有する建物の建築様式は、典型的な興亜式である。現在は、吉林大学公共衛生学院となっている。

偽満洲国総合法衙／伪满洲国综合法衙

ぎまんしゅうこくそうごうほうが／wěimǎnzhōuguó zǒnghé fǎyá

中世ヨーロッパの城を彷彿とさせるデザイン

　満洲国の最高検察庁であった総合法衙は、新民広場の東側に位置し、占有面積は10万㎡に及ぶ。褐色の瑠璃瓦とれんがの色合いが見事にマッチしている。

　円筒の上に中国式屋根をかぶせた構造が珍しく、独特の外観を今に伝えている。現在は中国人民解放軍第四六一医院として利用されている。

旧関東軍司令部／旧关东军司令部
きゅうかんとうぐんしれいぶ／jiùguāndōngjūn sīlìngbù

権力を誇示したランドマークは今も同様の異彩を放つ

大陸にあって実に異様な容姿である。満洲国の実質的支配の象徴であったのが関東軍司令部。日本の城は日本の風土にあってこそ美しいことを証明するいい例であろう。この建物の設計・監督者であった関東軍

▲中国共産党吉林省委員会が現在の主

がいかに戦国武将的な気分であったかが推測される。

この庁舎は1932年に大手ゼネコンにより起工され、1934年に竣工。帝冠式とも呼ばれる和洋折衷の建築様式である。満洲国の遺構群のなかでも飛び抜けて違和感と威圧感の混ざった異彩を放っている。消滅した帝国の権力を誇示するランドマークであった関東軍司令部は、中国共産党吉林省委員会へと主が引き継がれ、引き続き過去の異彩を現代にとどめている。

長影旧址博物館／长影旧址博物馆
ちょうえいきゅうしはくぶつかん／chángyǐng jiùzhǐ bówùguǎn

シネコンに生まれ変わった満洲映画の撮影所

前身は、満洲国の国策会社である満洲映画協会(満映)。関東軍の宣伝部的な役割を担うため、南満洲鉄道株式会社(満鉄)の映画班として1923年に発足した。当初は満洲の風俗や関東軍の中国大陸での戦いの様子などを撮影した記録映画を製作していた。

1937年に株式会社満洲映画協会として満鉄から独立。建国間もない満洲国の正当性や五族協和(建国理念)、日満親善を内外に対しアピールするための記録映画や劇映画を次々と製作し始めた。しかし、作品は不評でヒット作もなく、業績はさっぱりだった。そこで建て直しのために迎えられたのが、映画『ラストエンペラー』で坂本龍一が演じた甘粕正彦元憲兵大尉だった。甘粕は陸軍の暗部を背負い、満洲国建国で暗躍した人物。

甘粕は数々の大改革を断行し、李香蘭(山口淑子)という希代の専属女優の存在もあって、満映を優良会社に育て上げた。毀誉褒貶も甚だしく、硬骨漢な性格と言動ゆえに関東軍にさえ煙たがられた男は、終戦の翌日服毒自殺を遂げた。

新中国建国後、中国の映画制作をけん引してきた長春映画撮影所は、2014年9月長い改修工事を経てシネコンや音楽ホールを併設した新装「長影旧址博物館」に生まれ変わった。

▲博物館の建物のみ、かつての満映の姿を残している

旧関東軍司令部
MAP P.163-F3
住 寛城区新民大街55号
アクセス 221、224、264、280、288路バス「省委」

ワンポイントアドバイス
●旧関東軍司令部の撮影
旧関東軍司令部の建物は現在、中国共産党吉林省委員会が使用しており、正門真正面からの撮影は歩哨に止められることが多い。また、脱北者や地方陳情者の扱いをめぐって突然緊急状態になることもあり得るので、道路の反対側から1〜2枚撮る程度にとどめて無理に撮影するのは避けよう。

▲日本の城郭建築が突如現れる

長影旧址博物館
MAP P.162-D6
住 朝陽区紅旗街1118号
TEL 89236888
開 5〜10月 9:00〜17:00
11〜4月 9:00〜16:30
休 無休
料 90元
アクセス 路面電車54路「長影」
52、80、230、232、255、264、267路バス「長影」

▲博物館では、長影で制作された初期の中国映画の作品を紹介

▲1960年代当時の撮影所の写真(館内展示から)

▲シネコンの長影電院では長影で撮影した作品などを上映

住 朝陽区工農大路2715号
TEL 85664455
開 24時間
休 無休
料 無料
アクセス 13、213、282、232、120、270、277 路バス「南湖公園」

▲市民の憩いの場となっている

住 朝陽区人民大街3133号牡丹園内
アクセス 62、362、213、266 路バス「东朝阳路」。13、16、104、124 路バス「网通大厦」

▲現在は地域の公民館として使われている

▲竣工時の神武殿（「建築雑誌」1941.4)

吉林省博物院
MAP 地図外(P.163-I7下)

住 浄月国家高新技術産業開発区永順路1666号
TEL 88917353
開 9:00～16:30
休 月曜 **料** 無料
アクセス 軽軌3号線「长影世纪城」下車、タクシーで10分が目安
URL www.jlmuseum.org

▲4階建ての巨大な施設

南湖公園／南湖公園
なんここうえん／nánhú gōngyuán
理想的な都市計画のカタチ

　長春市南部に位置する公園で、北京の頤和園に匹敵する湖水面積をもつ風光明媚なスポットだ。

　公園の面積は222ヘクタール、そのうち湖水面積は93ヘクタール。園内には広葉樹、針葉樹、灌木等80種もの木が育ち、緑地が占める

▲すがすがしい風が湖面にそよぐ

面積は全体の50%。南湖は満洲国時代の1937年、伊通河のいくつかの支流を堰き止め造営された。

神武殿旧址／神武殿旧址
じんむでんきゅうし／shénwǔdiàn jiùzhǐ
純日本式の武道館跡

　旧関東軍司令部、旧東本願寺新京別院とともに長春に残る純日本式建築物の代表的存在。「神武」という名称から現地では神武天皇を祀った施設という誤解があるが、もとは1940年にできた日本式武道館である。竣工時内部は柔道場や剣道場、相撲の土俵があったが、現在では吉林大学の「鳴放宮(講堂)」として利用。設計は満洲帝国武道会技師宮地二郎、施工は満洲竹中組。

▲異国で純日本式建築を見るのは新鮮だ

▲お城のような印象

吉林省博物院／吉林省博物院
きつりんしょうはくぶついん／jílínshěng bówùyuàn
吉林省の民俗文化と歴史を解説

　2016年4月、長春市南部の浄月国家高新技術産業開発区にリニューアルオープン。市内児童公園の南から移転した。旧館で観ることのできた吉林省の歴史文物の展示も始まり、北方少数民族の王朝の歴史や生活文化を紹介している。吉林省科学技術館や中国光学科学技術館が併設されている。

▲吉林省の民俗文化である剪絵の展示

長春動植物公園／长春动植物公园
ちょうしゅんどうしょくぶつこうえん／chángchūn dòngzhíwù gōngyuán

『ねじまき鳥クロニクル』に出てくる動物園

　前身は1938年に計画された「新京動植物園」で、上野動物園園長の古賀忠道の指導のもと、ドイツのハーゲンベック動物園をモデルとした。無柵放養式の採用や動物の北方馴化、教育と研究重視の姿勢など、当時としては最先端の手法が導入されたものの、未完成のまま敗戦を迎えた。村上春樹の小説『ねじまき鳥クロニクル』(1995)の舞台のひとつでもある。東北地方に生息するトラなど、多くの種類の動物を見られる。

①ライオンなどの猛獣もいる②日本庭園の「吉林宮城友誼園」もある

東北民族民俗博物館／东北民族民俗博物馆
とうほくみんぞくみんぞくはくぶつかん／dōngběi mínzú mínsú bówùguǎn

12の民族の民俗文化を詳しく紹介

　中国東北地方の歴史を石器時代から高句麗や渤海などの古代王朝が勃興する歴史を解説。この地に住む12の民族＝漢族、満族、蒙古族、朝鮮族、回族、オロチョン族(鄂倫春族)、エヴェンキ族(鄂温克族)、ダウール族(達斡爾族)、ホジェン族(赫哲族)、シベ族(錫伯族)、オロス族(俄羅斯族)、キルギス族(柯爾克孜族)の民俗文化を個別に展示している。

①ウスリー川沿いに住むホジェン族のかつての生活を展示②シベ族は満族の支族で清の乾隆帝の時代に新疆に移住した

郊外の見どころ

伊通満族博物館／伊通满族博物馆
いつうまんぞくはくぶつかん／yìtōng mǎnzú bówùguǎn

中国最大の満族博物館

　満族が多く住む伊通満族自治県にある。同館は満族博物館としては中国最大の規模。展示品は3000を超える。館内では粛慎と呼ばれた民族発祥から渤海や金、後金などの満族が興した王朝の歴史を政治や経済、文化、風俗、信仰などの観点から解説。なぜこのような小さな民族が清朝を興し、漢族を支配できたのか、その理由を考えるのはおもしろい。満族の生活用具や住居、婚姻や祭りの風習や、北方民族に共通するサマン(シャーマン)文化の展示も豊富にある。

▶満族のシャーマンの衣装の展示

長春動植物公園
MAP P.163-F6
住 朝陽区自由大路2121号
TEL 85644769
開 7:30～16:30
休 日曜　料 30元
URL cczoo.net
アクセス 地下鉄1号線「东北师大」17、25、80、265路バス「动植物公园」

▲現在は親子連れも多いどかな動物園

東北民族民俗博物館
MAP 地図外(P.163-I7下)
住 経済技術開発区衛星路98号 世紀広場
TEL 89165518
開 9:00～16:00
※チケット販売は15:30まで
休 月曜　料 50元
URL dbmzms.nenu.edu.cn
アクセス 軽軌3号線「世纪广场」

▲清朝末期に東北地方に移住する漢族の展示

▲宇宙ドームのようなユニークな博物館の外観

伊通満族博物館
MAP P.158-D4
住 伊通満族自治県伊通鎮人民大路1129号
TEL (0434)4226643
開 9:00～17:00
休 月曜　料 無料
URL ytmzbwg.org.cn/
アクセス 地下鉄1号線「卫星广场」にある長春高速バスターミナルから「伊通」行きバスに乗り、所要約1時間。伊通バスセンター下車後、タクシーで所要5分が目安

▲伊通では商店の看板に満洲文字が使われている

▲博物館の前にはヌルハチの像が立つ

満族の剪絵作家の工房を訪ねる

満族のシャーマン文化を扱った金大偉監督のドキュメンタリー映像作品『ロストマンチュリア サマン』（→P.40）にひとりの芸術家が登場する。吉林市の北78kmほど離れた其塔木鎮に住む関雲徳さんだ。関さんは満族文化をテーマにした剪絵の作家。中国の民間芸術として広く知られる剪絵は、一般に花や鳥、動物などのわかりやすい図案を作品化し、提灯や窓などの生活用具に貼って日常の装飾品として使われることが多い。だが、彼の作風はそれらとはまったく異なっている。満族の古い風習や神話に基づくテーマを図案に選んでいるからだ。ただの装飾品ではないのだ。

なかでも神と交信する満族のシャーマンを描いた作品群は、驚くほど現代的で、ポップアートのような世界だ。満族の神話に出てくるトラやクマ、サルなどの動物、月や長白山などに宿る神々を独自のインスピレーションで生きいきと表現している。

関さんは地元でも知られた人だが、其塔木鎮の人里離れたトウモロコシ畑の中に、自分の工房と満族の生活用具や民芸品などを集めた博物館を建て、創作活動を続けている。固有の言語を失ったといわれる満族の文化を継承し、発展させることは、彼にとってライフワークといえるだろう。社交はあまり好まず、奥さんと孫娘がこの博物館の管理をしている。

工房を訪ねたとき、偶然、吉林テレビ局の撮影チームが彼のドキュメンタリー番組を収録しに来ていた。ディレクターに聞くと、2019年放映されるそうだ。彼の思いはどれだけ多くの人に伝わるだろうか。

関雲徳満族民俗博物館
MAP P.158-E3
🏠 九台区其塔木鎮
☎ 13756427929
🕐 事前に予約が必要
💴 無料
🚌 吉林市長距離バスターミナルから「其塔木鎮」行きバスに乗り、所要約3時間。其塔木バスセンターからタクシーで所要10分が目安

1 工房で自分の作品の前に立つ関雲徳さん **2** これは剪絵ではないが、彼が描く満洲の神々は現代アートそのもの **3** 満族が漁労に使った小舟や生活用具が展示される **4** 布に描かれた装飾は関さんの作風とよく似ている **5** 満族の結婚式のとき、新婦が乗る「喜轎」という輿 **6** 吉林テレビ局のみなさん

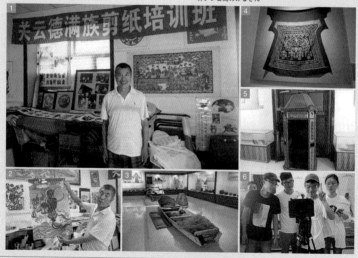

Hotel

シャングリ・ラ ホテル 長春／长春香格里拉大酒店

ちょうしゅん／chángchūn xiānggélǐlā dàjiǔdiàn ★★★★★

人民広場から徒歩数分、周辺はショッピングエリアという好立地にある高級ホテル。長春では最高クラスのホスピタリティを誇り、快適な滞在が楽しめる。2016年末に客室の大幅なリフォームが完了し、中国国内でも先進的な試みとしてPM2.5を濾過する設備を取り付けたことで、館内すべての場所で新鮮な空気を吸うことができる。最新のエアコンシステムにより、快適な室内温度と湿度を保てるようにしている。宿泊客はフィットネスクラブやプールも自由に使える。エグゼクティブラウンジの「ホライゾンクラブ」では、チェックイン・アウトだけでなく、ドリンクなどもフリーでくつろげる。

MAP P.162-E4

住 朝陽区西安大路569号
TEL 88981818
FAX 88981919
料 ⑤①788～888元
税 16%
C A.D.J.M.V
URL shangri-la.com

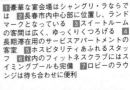

①豪華な宴会場はシャングリ・ラならではは ②長春市内中心部に位置し、ランドマークとなっている ③スイートルームの客間は広く、ゆっくりくつろげる ④長期滞在用のサービスアパートメントの客室 ⑤ホスピタリティあふれるスタッフ ⑥館内のフィットネスクラブにはスイミングプールも完備 ⑦ロビーのラウンジは待ち合わせに便利

ハイアットリージェンシー長春／长春凯悦酒店
ちょうしゅん／chángchūn kǎiyuè jiǔdiàn

2016年1月にオープンしたここは、長春にはまだ少ないシックで大人向けのホテルだ。館内の照明は明るさが抑えられ、落ち着いた気分で滞在できる。客室の内装も派手さはなく、目に優しい色調とシンプルなデザインで、長期滞在におすすめだ。客室からは長春市内が一望にできるので、新民大街にある日本時代の遺構もよく見える。館内には中国料理「品悦中餐庁」(→P.177)やインターナショナル料理の「マーケットカフェ・コーヒーショップ」(→P.178)など5つのレストランがあるが、どれも味に定評がある。1階のラウンジバーでは、夜に外国人ミュージシャンによる音楽ライブがある。

MAP P.163-F5
住 朝陽区人民大街3233号
TEL 81161234 FAX 81161100
料 S758元 1208元
税 15% A.D.J.M.V
URL regency.hyatt.com

日 英 S T ⚡ 📶 TV 🚪 ♨

1シンプルモダンなツインルーム 2リビングスペースがあるスイートルーム 31階チェックインロビーの脇にあるアート展示はしゃれている 41階のラウンジバー 5おいしそうなスイーツの並ぶパティスリー 6ホテルの周辺は緑に囲まれている 7スイミングプールも完備

長春国信南山温泉ホテル／长春国信南山温泉酒店
ちょうしゅんこくしんなんざんおんせん ／chángchūn guóxìn nánshān wēnquán jiǔdiàn

美しい山や湖に囲まれた最高級温泉ホテル。地下から湧き出すのはミネラルと微量元素が含まれる「美人湯」で、館内にはさまざまなタイプの温泉プールが完備されているので、のんびり滞在できる。市内から約40km離れていて、車で所要約1時間が目安。温泉だけの日帰り利用も可。

■超豪華な客室 ■施設は7万㎡ ■施設内に温泉プール ■会議室も充実

MAP P.158-E4
住 双陽区長清公路南延線16km
TEL 85837777
料 ⑤①638元～
税 なし
⑥ 不可
URL cgignanshan.com

長春金安大飯店／长春金安大饭店
ちょうしゅんきんあんだいはんてん／chángchūn jīnān dàfàndiàn ★★★★

人民広場の西に広がる長春随一の繁華街の中心に位置する高級シティホテル。エグゼクティブフロアは21～22階。レストランはインターナショナルスタイルの「金品」と東北料理の専門店「珍味軒」などがある。

MAP P.162-E4
住 朝陽区新華路499号
TEL 85838888
FAX 85860666
料 ⑤①494～662元 ⑤1474元
税 15% ⑥ A.D.J.M.V
URL www.jin-anhotel.com

日英 S ⑪ 🛁 ☕ TV ⬛ 🔌

シェラトン長春浄月潭ホテル／长春净月潭益田喜来登酒店
ちょうしゅんじょうげつたん／chángchūn jìngyuètán yìtián xǐláidēng jiǔdiàn ★★★★★

長春市の南東部に広がる浄月潭国家森林公園内にある高級リゾートホテル。周辺にはスキー場やゴルフ場があり、都市の喧騒を忘れられる環境だ。長春駅から軽軌3号線で直結している。

MAP P.158-D4
住 浄月経済開発区永順路1777号
TEL 81811111 FAX 81811550
料 ⑤①665～828元 ⑥1015～1481元
税 なし ⑥ A.D.J.M.V
URL www.starwoodhotels/sheraton/property/overview

S ⑪ 🛁 ☕ TV ⬛ 🔌

長春海航名門酒店／长春海航名门酒店
ちょうしゅんかいこうめいもんしゅてん／chángchūn hǎiháng míngmén jiǔdiàn ★★★★★

人民広場から南へ約2km、人民大街に面した5つ星ホテル。エグゼクティブルームは世界的チェーンのホテルと比較しても遜色ない。レストランも充実している。

MAP P.163-F6
住 朝陽区人民大街4501号
TEL 85565001
FAX 85665522
料 ⑤①298～448元
税 なし
⑥ A.D.J.M.V
URL www.hnahotel.com

S ⑪ 🛁 ☕ TV ⬛ 🔌

春誼賓館／春谊宾馆
しゅんぎひんかん／chūnyì bīnguǎn ★★★★

長春駅前に位置するクラシックホテル。旧館は明治43年（1910年）開業で、南満洲鉄道経営のヤマトホテル。新築のヤマトホテルとしてはこのホテルが第1号であった。こぢんまりとした建物は日本人設計ながら、当時最先端のアールヌーボー様式が取り入れられた。長春は東清鉄道との接続点であることから、アールヌーボー建築を好んだ東清（ロシアが敷設）側を強烈に意識した結果だともいわれている。早い時期に改修されたため、当時の原形を残す部分が少ないのが惜しまれる。

MAP P.163-F2
住 寛城区人民大街80号
TEL 82096101 FAX 88960171
料 ⑤①240～428元
税 なし C M.V

①ヤマトホテル当時は最先端の建築様式だった ②美しく装飾された、エントランスへ通じる階段 ③新館のロビー

吉林省賓館／吉林省宾馆
きつりんしょうひんかん／jílínshěng bīnguǎn ★★★★

人民広場の東側に面して立つ中西折衷様式の美しいホテル。1958年の開業で、2005年に改修され4つ星になった。客室はレトロな雰囲気が生きておりあたたかみがある。3人部屋があるのも便利だ。

MAP P.163-F4
住 南関区人民大街2598号
TEL 88488855
FAX 88978835
料 ⑤①289～898元
税 なし
C M.V

松苑賓館／松苑宾馆
しょうえんひんかん／sōngyuàn bīnguǎn ★★★★★

長春駅から約2km、松林に覆われた広い敷地にひっそりと立つホテル。写真は餐飲楼で宿泊施設はないが、旧関東軍司令官邸だった建物だ。省の重点保護建築物でもある。本館は最新設備の整う現代的なビル。

MAP P.162-E3
住 寛城区新発路1169号
TEL 82753199
FAX 82727621
料 ⑤①520元～
税 なし
C M.V

長春麗晶飯店／长春丽晶饭店
ちょうしゅんれいしょうはんてん／chángchūn lìjīng fàndiàn

長春駅南口から600m南にある長春バスセンター（黄河路客運站）の隣にあるシティホテル。施設は新しく、鉄道、バス、軽軌などの公共交通の利用は便利で、価格もリーズナブルなので利用価値が高い。

MAP P.163-F2
住 寛城区人民大街6号
TEL 81156777
FAX 81963810
料 ⑤①210～459元
税 なし
C 不可
URL ljfdvip.com

Gourmet

シャンパレス／香宮
xiānggōng

本来、広東料理で有名な高級レストランだが、地元の食材を生かした東北料理もリーズナブルな料金で楽しめる。ランチの飲茶も評判が高く、種類も豊富。高級店ではあるがフレンドリーな接客も印象的。

MAP P.162-E4
住 朝陽区西安大路569号シャングリ・ラ ホテル長春2階
TEL 88981818
営 11:00～14:00、17:00～22:00
休 無休
C A.D.J.M.V

1豪華さのなかに落ち着きを感じさせる内装 2中国料理レストランでは、ステーキも独自の仕上げで美味 3点心類も豊富で、見た目も美しい

シェンカフェ／参咖啡
shēn kāfēi

MAP P.162-E4
住 朝陽区西安大路569号シャングリ・ラ ホテル長春1階
TEL 88981818
営 6:00～24:00
休 無休
C A.D.J.M.V

朝食やランチ、ディナー時にはビュッフェ形式の食事も提供している。中国料理はもちろん、寿司や刺身などの日本料理から西洋料理まで楽しめる。特に中国各地の麺類や日替わりのスープはおすすめ。

品悦中餐庁／品悦中餐厅
ひんえつちゅうさんちょう／pǐnyuè zhōngcāntīng

MAP P.163-F5
住 朝陽区人民大街3233号ハイアットリージェンシー長春7階
TEL 81161339
営 11:00～14:00、17:00～21:30
休 無休
C A.D.J.M.V

1オープンキッチンで調理してくれる 2人気の食後のデザート一式 3ダイコンの千切り入りの点心は歯応えがあり、ヘルシー

ハイアットリージェンシー長春のメインダイニング。おすすめ料理は四川担担麺や海鮮酸辣湯、子牛の鉄板焼き、甘辛ソースをかけた魚の唐揚げの松鼠桂魚など。中国各地のおなじみの料理を地元吉林省の食材を使い、油を多用することなく品よく仕上げているので、日本人の口に合う。なかでも女性に人気なのは食後のデザートで、マンゴープリンやチョコムース、アイスシャーベット、フルーツ、各種中華団子がお盆に載って運ばれてくる。

177

Gourmet

吉祥軒／吉祥軒
きっしょうけん／jíxiángxuān

MAP P.163-F5
🏠 朝陽区解放大路2228号吉祥飯店1階
☎ 85589777
🕐 11:00～14:00、16:30～21:00
休 無休
C A.D.J.M.V

吉林料理はキノコなど山の幸を多く使うのが特徴。また、羊腿肉のあぶり焼きなど野趣あふれる料理も多い。鹿の脚の筋と松茸のボイルは、ほかの中国料理とは一線を画している。

マーケットカフェ・コーヒーショップ／Market Cafe咖啡厅
／kāfēitīng

MAP P.163-F5
🏠 朝陽区人民大街3233号ハイアットリージェンシー長春5階
☎ 81161318
🕐 6:00～10:30、11:30～14:00、17:30～21:30
休 無休
C A.D.J.M.V

オープンキッチンのビュッフェで、中国料理から西洋、アジア風エスニック料理まで、日替わりで60種類以上のニューから豊富に選べる。営業時間は朝、昼、夜の部に分かれていて、メニューが変わる。

老昌春餅／老昌春饼
ろうしょうしゅんへい／lǎochāng chūnbǐng

MAP P.162-E4
🏠 朝陽区東民主大街666号
☎ 88983990
🕐 10:00～22:00
休 無休
C 不可
URL laochangchunbing.com

東北名物の春餅のレストラン。小麦粉の薄い皮に味噌をつけ、肉や野菜やキノコなどの料理を包んで食べる。皮は4種類あり、一般の皮は3元。超薄型は8元。薄くなるほど料理の味が繊細になる。

向陽屯／向阳屯
こうようとん／xiàngyángtún

MAP P.163-I6
🏠 二道区東盛大街と公平路の交差点から60m南
☎ 88982876
🕐 11:00～21:00
休 無休
C 不可

■トウモロコシや豆腐などヘルシーな素材が多い ■呉向東さんの作風はこんな感じ ■2018年に朝陽区から二道区に移転した

中国東北地方の伝統的な農家を模したユニークな内装と店内に描かれるユーモア画で有名なレストラン。料理はいかにも田舎料理で、1皿15元くらいから。ユーモア画を描いているのは、長春在住の呉向東さん。1970年代の農民の社会や暮らしを風刺的に、でも愛情込めて描いていて、「東北風情画」と呼ばれる。個室ごとに絵のテーマや内容が異なり、この店は呉向東美術館といってもいいほど。全国から観光客が訪れる店になっている。

建設街美食街／建设街美食街
けんせつがいびしょくがい／jiànshèjiē měishíjiē

長春市内にはいくつもの美食街(グルメ街)がある。建設街と普慶路が交差する周辺はレストランが集中しているエリア。いろんなタイプの店があるので、歩いて探そう。一方、屋台の並ぶ夜市もいくつかある。長春駅や長春バスセンターに近い東一条街は、昼間は大衆的な食堂街だが、夕方5時くらいから串焼きなどの屋台が出る。長春一の繁華街である重慶路に近い人民大街の西側に文化東胡同があり、ここも夜は屋台が並ぶ。中国的なにぎわいが楽しめるだろう。

建設街美食街
MAP P.162-D4
🏠 朝陽区建設街

東一条街
MAP P.163-F3
🏠 寛城区東一条街

文化東胡同
MAP P.163-F4
🏠 朝陽区文化胡同

1 建設街美食街は比較的高級店が多い **2** 交通の拠点に近いので、地方の人が多い地区 **3** ショッピングモールの並ぶエリアの一角にある

亜恵美食公園／亚惠美食公园
あけいびしょくこうえん／yàhuì měishí gōngyuán

MAP P.163-F4
🏠 朝陽区重慶路卓越時空購物中心7階
📞 店により異なる
🕐 10:00～21:30
休 無休
C 不可

シャングリ・ラ ホテル長春に近いショッピングモールの卓越時空購物中心にある若者向けフードコート。清潔で新しいコート内には約20店あり、手頃な値段で食事やお茶が楽しめる。

喜家徳水餃／喜家徳水饺
きかとくすいこう／xǐjiādé shuǐjiǎo

MAP P.162-E4
🏠 朝陽区建設街と西安大路交差点
📞 81851631
🕐 9:00～21:00
休 無休
C 不可
URL xijiade.com.cn

東北地方を中心に大人気の水餃子チェーン。おすすめはニラタマとエビ入りの餃子で、500g24元。キノコやキクラゲと肉入りなどメニューは次々変わるので、いつ行っても楽しめる。フルーツジュースもある。

暖炉品味屋／暖炉品味屋
だんろひんみや／nuǎnlú pǐnwèiwū

MAP P.162-E4
🏠 朝陽区建和胡同と崇智胡同の交差点
📞 18943981728(日本語可)
🕐 10:00～22:00
休 無休
C 不可

シャングリ・ラ ホテル長春の裏手の崇智胡同にある日本の定食屋。長春出身で日本語を学んだ斉紀さんが友人と始めた店で、カツどん定食は20元からととてもリーズナブル。店の隣にバーも開店している。

Shop / Amusement

Ouya New Life／欧亚新生活
オウヤ ニューライフ／ōuyà xīnshēnghuó

MAP P.162-E6
住 朝陽区延安大街99号
TEL 82717222
営 10:00～21:00
休 無休
C 店により異なる
URL oyxsh.com

長春市の南西部にある新民広場に面した一角に生まれた新感覚のショッピングモール。ただ買い物や食事をするだけでなく、アミューズメント施設や子供向けテーマパークなど、体験型のテナントが多い。

古玩城／古玩城
こがんじょう／gǔwánchéng

MAP P.163-F4
住 南関区大経路768号
TEL 店により異なる
営 9:00～17:00
休 無休
C 店により異なる

長春市内にはいくつかの骨董ビルがあるが、ここは最も大きい。雑居ビル内はあらゆる中国骨董が床に並べられている。古書や古地図、写真、コインなどを扱う店もたくさんあり、見て回るだけでもおもしろい。

東北風劇場／东北风剧场
とうほくふうげきじょう／dōngběifēng jùchǎng

MAP P.163-G5
住 南関区民康路26号
TEL 88973444
営 19:45～22:20
※入場券は9:00～開演まで販売
休 無休　C 不可
料 50～280元
URL www.2rzw.com

東北地方の伝統芸能である「二人転」を中心に上演している劇場。二人転とはおもに男女ひと組のペアによる漫才みたいなもの。決して高尚なものではなく、ボケとツッコミ、軽い下ネタなどで笑いを取る。

新華路／新华路
しんかろ／xīnhuálù

MAP P.162-E4
住 朝陽区新華路
TEL 店により異なる
営 店により異なる
休 店により異なる
C 店により異なる

シャングリ・ラ ホテル長春から西安大路を渡った先にある新華路界隈は、バーやスナックが多いエリアだ。日本語が使える店もある。さまざまなレストランや食堂が並ぶ長春を代表する夜の街だ。

利金足道／利金足道
りきんそくどう／lìjīn zúdào

長春市内に数店舗を展開するマッサージチェーン。人気は足と全身のマッサージ（90分）85元。しっかりほぐしてくれるので、終わったら足が軽くなること請け合いだ。

MAP P.162-D4
住 朝陽区建設街1508号
TEL 88529038
営 24時間
休 無休
C 不可
URL ljzd.5858.com

どこでも簡単！ 支払いまくり

中国ではレストランやフードコート、カフェなどの飲食店はもちろん、タクシーの支払いもモバイル決済が普及している。使い方はP.46にあるとおり、自分のスマートフォンのWeChat Payを立ち上げて、QRコードを店の人にスキャンしてもらうか、逆に自分で相手のQRコードをスキャンするか、いずれかだ。以下、実例を紹介する。

フードコート

もうプリペイドカードは不要

これまでフードコートでは、プリペイドカードを購入し、食事が済んだら余ったお金を払い戻しする必要があった。でも、WeChat Payが使えれば、各店でモバイル決済ができる。どの店もたいていQRコードを用意している。

「QRコードのスキャン」を開いて店のコードを自分でスキャンする

牛肉麺28元

フードコートはさまざまな種類の店から好きなものが選べるのがいい

¥28.00

カフェ

コーヒー1杯でも決済できる

カフェでもモバイル決済できる。むしろ、おしゃれな店ほどキャッシュ払いの客を見かけるのが珍しいほどだ。支払いはレストランと同じ。店員が席に来て決済してくれる。

カフェオレ1杯31元。日本よりちょっと高め？

バーコードリーダーからレシートが出る

店の人にQRコードをスキャンしてもらえば決済完了

タクシー

モバイル決済で明朗会計

中国では料金メーターのあたりにGPS代わりにスマートフォンを置いている運転手が多い。たいてい2台持っていて、QRコードをスキャンするか、逆に運転手にスキャンしてもらうか、どちらでもいい。

運転手のQRコードをスキャンする

¥16

料金が確定したら、「送金」をタップすれば支払い完了

決済後に運転手の名前が表示される

¥16.00

181

霧氷の美しい町

吉林省

吉林 Jí Lín

吉林
きつりん

市外局番 | 0432

ロシア
内蒙古自治区
黒龍江省
ハルビン
吉林省
長春● ●吉林
瀋陽
モンゴル
●フフホト
●北京
遼寧省 北朝鮮
韓国

基本データ

●吉林市
人口 430万人
面積 2万7722k㎡

市公安局出入境管理処
（市公安局出入境管理処）
MAP P.184-A5
住 船営区解放西路16号市政府政務大庁3階
TEL 64820335
開 8:30～11:30、
　　13:00～16:30
休 土・日曜、祝日
観光ビザを最長30日間延長可能。手数料160元

市中心医院
（市中心医院）
MAP P.184-C4
住 船営区南京街4号
TEL 62456181
開 24時間 休 無休

●市内交通
【路線バス】
運行時間の目安は6:00～20:30、
1元。
【タクシー】
初乗り2.5km未満5元、2.5km以上1kmにつき1.8元加算

ワンポイントアドバイス
●吉林の日本語ガイド
吉林在住のベテラン日本語ガイドの佟強さん。連絡先は
TEL 13804424697（携帯）

▲松花湖行きバスは吉林駅東口広場から33路、333路（快速バス）を利用。所要40分が目安

概要と歩き方

　吉林は吉林省のほぼ中央に位置し、長白山脈の西端にあるため、東から南にかけては山がちで、西から北にかけては肥沃な東北平原が広がる。市内には長白山を源にする松花江が逆S字形に蛇行して流れている。

▲松花江の美しい夕景（写真提供：石山徹）

　有名なのは、「吉林霧凇」と呼ばれる霧氷（→P.186）。見られるのは、12月中旬から2月末まで（午前中のみ）。松花江沿岸の木々が結氷し、その美しさは中国四大奇観のひとつ（ほかは桂林、雲南省の石林、長江三峡）といわれるほどだ。吉林霧氷の観測地としては、吉林天主教堂から臨江門大橋にかけての一帯がおすすめだ。特産品に東北三宝と呼ばれる朝鮮人参、貂の皮、鹿茸がある。良質の松茸も採れる。

　吉林市は吉林省第2の都市で、1954年に長春へ移されるまでは、省都であった。

　気候は大陸性気候に属するため、四季ははっきりしているが、年較差が激しく、最高気温37.8℃、最低気温－40.2℃をそれぞれ記録している。年間平均気温は4～5℃とかなり低いが、これは冬が長い（降霜期間が200日を超える）ことによる。

　市内で最も大きい道は、南北に延びる吉林大街。にぎやかなのは解放中路と河南街が連なる通りと琿春街が交わるあたり。昼夜を問わず多くの人出でにぎわいを見せる。吉林大橋を中心とした松花江両岸は夜にはライトアップされてきれいだ。2015年、吉林市南の郊外の青山鎮にプリンスホテルグループが手がけた松花湖国際スキー場がオープンした。

気温は℃、降水量はmm

	1月	2月	3月	4月	5月	6月	7月	8月	9月	10月	11月	12月
平均最高気温	-11.0	-5.0	3.0	13.0	21.0	25.0	28.0	25.0	22.0	12.0	4.0	-5.0
平均最低気温	-25.0	-20.0	-8.0	-1.0	7.0	13.0	18.0	17.0	8.0	-1.0	-9.0	-15.0
平均気温	-18.0	-12.0	-2.0	6.0	14.0	19.0	23.0	21.0	15.0	5.0	-2.0	-10.0
平均降水量	4.8	4.9	12.8	22.3	47.5	100.2	178.5	134.2	56.7	34.1	13.8	5.0

Access

中国国内の移動→P.318　鉄道時刻表検索→P.319

飛行機　長春龍嘉国際空港（CGQ）（→P.164）を利用する。空港最寄りの龍嘉駅と吉林駅は高速鉄道で所要30分と便利。

鉄道　吉林駅を利用する。長春駅との間に高速鉄道が毎時2～3本程度運行される。また2015年に琿春までの高速鉄道も開通し、便利になっている。

所要時間（夏ダイヤの目安）長春駅(cc)／動車45分　瀋陽北駅(syb)／高鉄2時間15分　大連北駅(dlb)／高鉄4時間10分　ハルビン西駅(hebx)／動車2時間22分　延吉駅(yj)／動車2時間30分

バス　吉林駅西口地下にある吉林市長距離バスターミナルを利用する。

所要時間（目安）ハルビン／4時間　延吉／4時間

Data

飛行機

長春龍嘉国際空港（长春龙嘉国际机场）
MAP P.158-E3
住 九台区龍嘉鎮　TEL 88797111
移動手段 高速鉄道／（吉林駅～龍嘉駅）22.5元、所要30分。駅から徒歩5分で空港に行ける　タクシー／（吉林駅～空港）200元、所要1時間が目安

鉄道

●吉林駅（吉林火车站）
MAP P.184-C4
住 船営区重慶路1号　共通電話=12306
移動手段 タクシー／（江城広場～吉林駅東口）8元、

所要10分が目安　路線バス／7、9、13、19、32、64路ほか「吉林站东广场」

バス

●吉林市長距離バスターミナル（吉林市长途客运站）
MAP P.184-C4
住 船営区吉林駅西広場地下1階　TEL 63305310
営 5:30～17:30
移動手段 タクシー／（江城広場～吉林駅西口）8元、所要8分が目安　路線バス／3路「吉林站西广场站」
長春、延吉、ハルビン行きなどのバスがある。

見どころ

松花湖／松花湖

しょうかこ／sōnghuāhú

ダム建設によって生まれた景勝地区

　吉林市の南東14kmの第二松花江の上流にある人工湖で、1937年に着工し、42年に完成した豊満ダムが松花江の水を堰き止めて生まれた。冬は湖水も凍結する。1988年には松花湖風景区に指定され、風景区内には森林、島、岸壁など自然の織りなす眺めが広がっている。

　松花湖風景区の観光地点で最も有名なのが五虎島だ。五虎島は豊満ダムから17kmの所にある緑に覆われた島で、最も高い所は湖面から60mもある。人造湖ができるまでは五虎山と呼ばれた。島内にはレストランや遊泳場などの施設があり、避暑地として有名。島の名前は、人々を苦しめた龍が長白山からやってきた5頭の虎に退治されたという伝説に由来している。

▲夏は水をたたえる松花湖も、冬は湖面が氷結する

松花湖
MAP 地図外（P.184-E7下）
住 豊満区松花湖風景区
TEL 64698753
開 8:00～17:00　休 無休
料 松花湖景区=10元
展望台からの観光車往復=10元
行き方 33路、333路（快速バス）を利用。所要40分が目安

ワンポイントアドバイス

●松花湖の遊覧船
松花湖では、夏季（5～10月）に遊覧船が運航される。五虎島遊覧船（7:30～16:00）は風景区の入場料と往復の遊覧船代、五虎島の入場料込みで122元。五虎島までは所要50分が目安。五虎島には五虎島陸地楽園というテーマパークがあり、入場料は別途150元。

▲ダムより下流は冬でも水は凍らない

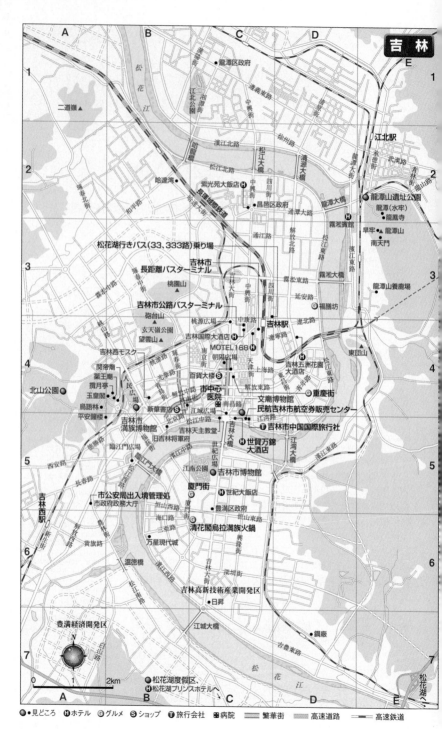

吉林

●・見どころ　Ｈホテル　Ｇグルメ　Ｓショップ　Ｔ旅行会社　田病院　　繁華街　　高速道路　━━高速鉄道

A | **B** | **C** | **D** | **E**

1

二道嶺▲

龍潭区政府

江北駅

2

哈達湾

紫光苑大飯店

昌邑区政府

龍潭大橋

龍潭山遺址公園

龍潭（水牢）

龍鳳寺

早牢　▲龍潭山

南天門

霧淞賓館

松花湖行きバス（33、333路）乗り場

3

吉林市
長距離バスターミナル

桃園山

吉林市公路バスターミナル

砲台山

玄天嶺公園

望雲山

吉林国際大酒店

桃源広場

中康街

吉林駅

福騰坊

霧淞大橋

龍潭山養鹿場

東団山

4

吉林西モスク

関帝廟

薬王廟

攬月亭

玉皇閣

烏語林

平安鐘楼

北山公園

MOTEL168

百貨大楼

市中心
医院

新華書店

吉林市
満族博物館

旧吉林将軍府

吉林天主教堂

吉林五洲花園
大酒店

重慶街

文廟博物館

民航吉林市航空券販売センター

吉林市中国国際旅行社

世賀万錦
大酒店

5

臨江門広場

江南公園

吉林市博物館

廈門街

世紀大飯店

6

吉林西駅

市公安局出入境管理処

市政府政務大庁

豊満区政府

清花閣烏拉満族火鍋

万星現代城

温徳橋

吉林高新技術産業開発区

●日昇

鋼廠

7

豊満経済開発区

N

0　1　2km

松花湖度假区

松花湖プリンスホテルへ

江城大橋

松花江

松花湖へ

文廟博物館／文庙博物馆

ぶんびょうはくぶつかん／wénmiào bówùguǎn

孔子を祀った廟

文廟とは儒教の開祖である孔子を祀った廟で、吉林の文廟は、1742（清の乾隆7）年に乾隆帝の勅命によって建立された。1906（清の光緒32）年には、孔子を祀る儀礼でも最高等級である大祀を行

▲改修工事を済ませたばかりの大成殿

う場所となり、1909（宣統元）年には、吉林巡撫朱家宝によって、現在の場所に移された。内部には、南から北に向かって、南門、状元橋、欞星門、大成殿、崇聖殿などの建物が連なっている。

文廟博物館
MAP P.184-C4
住 昌邑区南昌路2号
TEL 62454333
開 8:30～16:00
※入場は閉館30分前まで
休 月曜
料 無料
アクセス 3、30、31、32、40、42、61路バス「江城广场」

▲孔子像

北山公園／北山公园

ほくざんこうえん／běishān gōngyuán

寺観の多い公園

北山公園は、市街地の西部に位置する。1926年開園。公園内には、清代に建立された多くの寺観（仏閣と道観）があり、陰暦の4月8日から5月31日（5月下旬から6月下旬に当たる）までさまざまな縁日の祭りが開かれ、地元の人でにぎわう。

寺観には三国志で有名な関羽を祀った関帝廟、伝説上の皇帝である三皇（伏羲、神農、黄帝）と中国の十大名医を祀った薬王廟は民間信仰の廟。最も北山公園の特色を表しているのが玉皇閣。如来（仏教）、太上老君（道教）、孔子（儒教）が合わせて祀られている（三教合一と呼ばれる）。

吉林市内を展望したいなら、玉皇閣に登ろう。園内の散策は所要約1時間。晴れた日には市内が一望にできる。

▲玉皇閣

北山公園
MAP P.184-A4
住 船営区徳勝路51号
TEL 65078553
開 5月～10月上旬7:30～17:00
　10月中旬～4月8:00～
　16:00
休 無休
料 入場料＝無料、鳥語林＝20
　元、薬王廟・関帝廟＝3元、
　玉皇閣＝2元、坎離宮＝1元、
　平安鐘楼＝20元
アクセス 7、42、59、107路バス
　「北山公園」

▲関帝廟大雄宝殿の内部

吉林市満族博物館／吉林市满族博物馆

きつりんしまんぞくはくぶつかん／jílínshì mǎnzú bówùguǎn

満族の民俗文化を展示

北山公園のそばにある古い四合院の邸宅を改修して造った博物館。吉林市周辺にも多く住んでいる満族の民俗文化や彼らが

北方で興した金や後金（清朝）の歴史、皇族ゆかりの地などを展示している。満族の宗教文化に欠かせない存在であるサマン（シャーマン）の儀式を描いた絵や衣装など、興味深い展示も多い。

▲1日4回館内をガイドしてくれる（ただし、中国語のみ）

吉林市満族博物館
MAP P.184-B4
住 船営区徳勝路47号人民広場
TEL 62279123
開 9:00～9:30、10:00～
　10:30、13:30～14:00、
　14:30～15:00
休 月曜
料 無料
URL jlsmzbwg.org.cn
アクセス 7、42、59、107路バス「北
　山公園」

▲旧満州国時代に王百川という
商人が建てた私邸を改修した

龍潭山遺址公園

龍潭山遺址公園
MAP P.184-E2
住 龍潭区龍山路2号
TEL 63093384
開 24時間
休 無休
料 無料
アクセス 12、30、42、44路バス
「龙潭山遗址公园」

▲龍鳳寺

吉林市博物館
MAP P.184-C5
住 豊満区吉林大街100号
TEL 64661214
開 吉林市博物館＝
　9:00～16:30
　吉林市隕石雨博物館＝
　8:30～16:30
※入場は吉林市博物館が閉館
　1時間30分前まで、吉林市
　隕石雨博物館が閉館30分前
　まで
休 吉林市博物館＝月曜
　吉林市隕石雨博物館＝無休
料 吉林市博物館＝無料
　吉林市隕石雨博物館＝100元
アクセス 3、19、32、33、59、
　61路バス「世纪广场」
URL www.jlsmuseum.com.cn

▲大きな隕石には有料で触れられる

龍潭山遺址公園／龙潭山遗址公园
りゅうたんざんいしこうえん／lóngtánshān yízhǐgōngyuán

高句麗時代の山城跡が残る

　松花江の河畔の丘の上にある森林公園。公園内には高句麗山城や龍鳳寺などがあり、南側には龍潭山養鹿場が広がる。

　高句麗山城は、好太王碑文で有名な好太王が、当時この地を支配していた扶餘国に遠征し、支配下においた5世紀初頭に築き上げた山城といわれている。約2.4kmの城壁をもち、388mの山頂には南天門と呼ばれる見張り台跡があり、吉林市内を一望できる。このほか、城壁の西北角には、山の名の由来となった龍潭(水牢とも呼ばれる貯水池)や旱牢といった遼、金代の遺跡も残る。

▲龍潭山公園龍潭(水牢)

吉林市博物館／吉林市博物馆
きつりんしはくぶつかん／jílínshì bówùguǎn

吉林に落下した隕石を展示する

　豊満区の世紀広場奥に位置する総合博物館。2万点を超える収蔵物から、扶余や高句麗、渤海、金など、東北地方に現れた古代国家の文化財を選び出して展示している。

　博物館の展示の目玉となるのは、本館の南側に立つ吉林市隕石雨博物館だ。1976年3月8日、大気圏突入で砕けた隕石が、隕石群となって吉林省内に落下した。138個の隕石が標本として収集され、最大の隕石(1770kg)は吉林1号隕石と命名された。見学時には係員が付き添って解説(中国語)をしてくれる。

▲館内は幻想的な雰囲気

松花湖度假区／松花湖度假区

しょうかこどかく／songhuāhú dùjiàqū

1年中楽しめる大自然リゾート

　吉林市郊外の青山村にスキーリゾートをメインとして開発された松花湖度假区。西武グループが参画したプロジェクトで、2015年1月オープンした松花湖スキー場と松花湖プリンスホテル（→P.25）は中国一の水準と折り紙付きだ。

　同リゾートの宿泊施設はほかに3つある。プリンスホテルに隣接するカジュアルなファミリー向けホテルの「青山客桟」やゲストハウス感覚のロッジ「白樺旅社」、地元の農家を改装した「青山民宿」とタイプが異なり、目的によって選べる。

　夏も営業しており、サマーゲレンデを利用したアクティビティも各種用意。ゴンドラに乗って野山をトレッキング、マウンテンバイク、釣り、サバイバルゲームなど。子供たちが自然体験できるサマースクールのプログラムもある。

１夏もゴンドラで山に登れる　２展望台「森之舞台」からの松花湖の眺め　３ホテルの前のゲレンデは夏、緑の草原になる　４マウンテンバイクも人気

松花湖度假区
MAP P.159-F4
吉林市豊満区青山大街888号松花湖西武プリンスホテル
TEL プリンスホテル予約センター（日本国内）
0120-00-8686（無料）
開 スキー営業11月中旬～3月、夏季営業5月下旬～10月
URL princehotels.co.jp/syoukako

▲青山客桟の1階はレストランやスキーショップがある

▲白樺旅社は若者向けのおしゃれなロッジ

▲青山民宿では農家民泊のような体験ができる

▲「王子号」で松花湖を遊覧できる

吉林省／吉林

●見どころ／コラム

▲松花湖スキー場のゲレンデ案内

187

世貿万錦大酒店／世贸万锦大酒店
せぼうまんきんだいしゅてん／shìmàowànjǐn dàjiǔdiàn ★★★★★

江城広場の東側に位置する高級ホテルで、2013年に開業。38階建ての建物の南側は松花江に面し、川沿いの客室からはリバービューを堪能できる。館内には日本料理店「神戸」がある。

MAP P.184-C5
住 昌邑区江満路2号
TEL 62222222
FAX 62222999
料 ⑤440元 ①540元 ⑧580～750元
朝 なし
C A.D.J.M.V
URL www.smwjhotel.com

🅢 🍴 ♨ 🛗 📺 🏧 🈁

清花閣烏拉満族火鍋／清花阁乌拉满族火锅
せいかかくうろうまんぞくひなべ／qīnghuāgé wūlā mǎnzú huǒguō

MAP P.184-C6
住 豊満区厦門街海口路交差点近く
TEL 64660011
営 10:00～21:00
休 無休
C 不可

吉林市北部に住む伝統ある満族村、烏拉鎮で継承された本格的な火鍋の店。スープは意外やカニ味噌入りの海鮮風だが、羊肉とともに東北名物の酸菜を入れるなど、この土地でしか食べられない美食といえる。

厦門街／厦门街
アモイがい／xiàménjiē

MAP P.184-C6
住 豊満区厦門街
TEL 店により異なる
営 店により異なる
休 店により異なる
C 不可

吉林でおいしいものを食べたいなら、美食街の厦門街に行こう。約1kmの通りに沿って、東北の地元料理から四川や広東まであらゆるレストランが並んでいる。1ヵ月通い続けても食べきれないほどだ。

重慶街／重庆街
じゅうけいがい／chóngqìngjiē

MAP P.184-C4
住 昌邑区重慶街
TEL 店により異なる
営 店により異なる
休 店により異なる
C 不可

吉林の繁華街は吉林大街と解放路が交差する周辺だが、1本裏手の重慶街には百貨店やレストランが集まっている。なかでも老舗の「大冷麺」は人気店で、お昼どきになると店内は人であふれている。

吉林市中国国際旅行社／吉林市中国国际旅行社
きつりんしちゅうごくこくさいりょこうしゃ／jílínshì zhōngguó guójì lǚxíngshè

毎年7月中旬から9月中旬にかけて長白山ツアー(中国語ガイド)を催行。車のチャーター(市内)1日500元。日本語のできるスタッフは常駐していないが、日本語ガイドの佟強さん(→P.182)に連絡してもらおう。

MAP P.184-C5
住 昌邑区松江東路朝陽世紀城502室
TEL 62445707 FAX 62444096
営 5～9月8:30～11:30、13:30～17:00
10～4月8:30～11:30、13:30～16:30
休 5～9月＝無休
10～4月＝土・日曜、祝日
C 不可 URL www.cits-jl.com
メール 240646681@qq.com

COLUMN

中国朝鮮族と映画『豆満江』の世界

▲延辺の朝鮮族の女性たち

　中国は漢族と55の少数民族からなる多民族国家だが、朝鮮族は14番目の人口で、おもに吉林省や黒龍江省、遼寧省に住んでいる。なかでも延辺朝鮮族自治州は朝鮮族の数が多く、州の人口212万人のうち、約80万人が朝鮮族だ。

　中国朝鮮族は、朝鮮半島から中国に移民してきた中国国籍を持つ人々で、多くは日本の朝鮮半島支配にともない、土地を奪われたり、独立運動に対する政治的圧迫から逃れて移住した人々とその子孫である。その後、現在の中国が建国され、今度は中国人として生きることになったが、文革時代には迫害に遭っている。

　彼らのおかれた状況を物語るひとつの映像作品がある。

　延吉出身の映像作家、張律監督作品『豆満江』(2010)は、ひとりの朝鮮族の少年の眼を通して延辺朝鮮族自治州の世界をリアルに描いている。舞台は2000年代初めと思われる中朝国境の寒村。村人の大半は朝鮮族だ。目の前を流れる豆満江(図們江)の向こうには北朝鮮の山並みが見える。今と違い、脱北者が比較的自由に河を渡ってこられた時代である。

　主人公の少年チャンホには、朝鮮からきおり訪ねてくるミョンジンという友達がいる。ミョンジンはサッカーが上手なので、チャンホは隣村との試合に出てくれと頼む。韓国に出稼ぎに行った母を除く、祖父と姉の3人暮らしの自宅に彼を招き入れ、食事を与える。村には脱北者をあたたかくもてなす大人たちも少なくない。

　ところが、一部の脱北者が村の羊を盗ん

だことで、村の雰囲気が一変する。そして、試合の前日、ミョンジンは警察に捕まってしまう。密告したのは、同じサッカー仲間の少年だった。彼の父親は脱北者の逃亡を手助けしたことで逮捕されていたのだ。

　この映画がユニークなのは、主人公も含め、登場人物の大半は実際の村人たちが演じていることだ。それだけに、古びたオンドル部屋や唐辛子で真っ赤に染まった食事と高粱酒、農作業のシーンなどから朝鮮族の生活実感が伝わってくる。さらには、同じ民族でありながら、国境の河を隔てて暮らすという特殊な環境が理解できるのだ。

▶当局の検閲を通っていない「独立系」作品。中国では上映できない

▲2013年12月の中国独立映画祭で来日した張律監督

世界文化遺産の遺跡のある町

吉林省　市外局番 | 0435

集安 Jí Ān

集安
しゅうあん

基本データ
●集安市
人口　22万人
面積　3408k㎡

市公安局外事処
（市公安局外事処）
MAP P.191-B2
住 黎明街1159号
TEL 6222617
開 8:00～11:30、
　　13:00～16:30
休 土・日曜、祝日
観光ビザの延長は不可

世界遺産
集安の「古代高句麗王国の首都と古墳群」は2004年、世界文化遺産に登録された。

市医院
（市医院）
MAP P.191-B1
住 迎賓路111号　TEL 6223590
開 24時間　休 無休

●市内交通
【路線バス】
運行時間の目安は6:30～18:00、1元。太王陵から鉄道駅を経由し市内中心部にいたる6路（5～10分間隔）が便利
【タクシー】
市内では初乗り5元。メーターはあるが、ほとんど使わない。行き先を告げて料金を確認してから乗ること。郊外の遺跡を巡るチャーターは半日150～200元

▲太王陵と市内を結ぶ6路バス

ワンポイントアドバイス
●遊覧船
営 4～11月9:00～17:00
料 40元（5人乗りモーターボートは90元）

概要と歩き方

　集安は吉林省の南部に位置する小都市で、辺境の小江南とも呼ばれている。紀元3年（日本では2世紀末説が有力）高句麗が遼寧省本渓市桓仁県の五女山城より遷都してから平壌遷都（427年）まで、400年（または200年）以上にわたって政治と文化の中心であった。このため、現在でも城趾や貴族の古墳が残っており、2004年には蘇州で開催されたユネスコの会議で、世界文化遺産に登録された。

　集安の市街地は小さく、おもだった見どころもその周辺に点在しており、6路バスと徒歩でも、時間はかかるが十分に観光は可能だ。鴨緑江を挟んだ対岸は北朝鮮の満浦だが、黎明街と堤防の突き当たり周辺から鴨緑江遊覧のモーターボート（個人経営）も出ている。世界文化遺産に登録されて以来、かつては静かな田舎町だったこの町にもホテルや旅行者向けのレストランなどが増えている。遺跡好きにとっては見どころも多く、すべてをじっくり見て回るには2日間は必要だろう。

① 鴨緑江の背後に見える山々は北朝鮮領　② 遊覧船やモーターボートに乗って国境観光が楽しめる　③ 集安はワインの産地。甘くて濃厚な「北冰紅」は有名

気温は℃、降水量はmm

	1月	2月	3月	4月	5月	6月	7月	8月	9月	10月	11月	12月
平均最高気温	-8.0	-1.0	6.0	16.0	23.0	27.0	29.0	28.0	23.0	17.0	9.0	-4.0
平均最低気温	-23.0	-16.0	-5.0	2.0	8.0	14.0	19.0	18.0	11.0	2.0	-5.0	-15.0
平均気温	-15.0	-8.0	1.0	9.0	15.0	20.0	24.0	23.0	17.0	9.0	2.0	-9.0
平均降水量	10	20	20	30	60	120	200	190	90	30	30	20

集安中心部

A 禹山公園

丸都山城、
山城下貴族墓地へ

通化行きタクシー乗り場 🚕
新華書店 🛍
東城商厦 🛍
工商銀行 🏦
集安税関
国内城遺址
市七中学 🏫
西大橋
溝河
集安
バスターミナル
躍進橋
正興賓館 🏨
国内城西南角楼

麻線・丹東へ

市医院 🏥

慶隆新百貨 🛍

路明賓館 🏨

高句麗遺址
公園
香港城假日
大酒店 🏨
翠園賓館 🏨
望江亭

市政府
蓮花公園
中国銀行 🏦
集安博物館 🏛
郵政局 📮
文化中心
市公安局
外事処

B

禹山貴族墓地 🏛
好太王碑、将軍墳へ
通化へ

好太王碑、将軍墳、長川墓区、舟椅墓へ

C

集安駅

北朝鮮の溶浦へ

豪江大酒店 🏨
乾園時尚賓館 🏨

市民生局

鴨

緑

江

堤防

遊覧船、モーターボート乗り場

集安香洲花園酒店 🏨
金剛山烤肉 🍴

筏登島

北朝鮮（朝鮮民主主義人民共和国）

通溝沙河

N

0　　　300m

●・見どころ　🏨ホテル　🍴グルメ　🛍ショップ　🏦銀行　🏫学校　📮郵便局　🏥病院　▨▨▨繁華街　——バス6路

Access

中国国内の移動→P.318　鉄道時刻表検索→P.319

🚃 **鉄道**　梅集線の終点である集安駅を利用する。通化との間に1日2往復の列車が発着する。

所要時間(目安) 通化駅(th)／普快3時間

🚌 **バス**　勝利路にある集安バスターミナルを利用する。

所要時間(目安) 通化老站(通化火車站の南約300m)／2時間20分　瀋陽／6時間10分　長春／6時間　丹東／6時間30分　青石／1時間

Data

鉄道
集安駅（集安火車站）
MAP P.191-C1
🏠 站前街
☎ 6143142
移動手段 タクシー／（集安駅〜勝利路）5元、所要7分が目安　路線バス／6路「火車站」

バス
集安バスターミナル（集安客運总站）
MAP P.191-A2
🏠 勝利路1028号
☎ 6214020　🕐 4:30〜16:00
移動手段 徒歩／（集安バスターミナル〜市内中心部）5〜10分が目安　路線バス／6路「中行」下車、徒歩5分、5路「客运站」

通化老站行き1日9便(最終16:00)、瀋陽行き6:20、11:20、長春行き5:30、14:50、ハルビン行き6:25、桓仁行き6:30、6:55、丹東行き7:30。

▲集安駅

▲集安バスターミナル

好太王碑／好太王碑

▲太王陵。形は少し崩れてしまっている

高句麗最盛期の王をたたえる碑文

こうたいおうひ／hǎotàiwáng bēi

　市街地より北東に約4km行った禹山南麓の丘陵部にある石碑。広開土大王は、4世紀末に即位した第19代高句麗王で、その在位期間中(391〜412年)に高句麗史上空前の繁栄を成し遂げた王である。

▲好太王碑はガラスで囲って保存してある。中で写真は禁止

好太王碑は、彼の功績をたたえるために、息子である第20代高句麗王長寿王によって建てられた墓碑だ。高さ6.39m、幅1.34〜2mの石柱の四面に漢文で彼の業績を刻み込んだもので、構成は全3段、文字総数は1775字(風化などにより、現在判別できるのは1600字弱)にも及ぶ。その文中には、当時の日本を示す倭国に関する記述も数ヵ所見られ、5世紀前後の日本史を知るうえでも、貴重な史料となっている。

　好太王碑の西側には太王陵と呼ばれる古墳がある。名前の由来は「願太王陵安如山固如岳」と記されたれんがが陵墓から発見されたため。陵墓はひとつ10トンを超える花崗岩を積み重ねており、1辺66mの正方形で現在の高さは14.8m。墓室は頂上部にあるが、盗掘のため何も残っていない。

将軍墳／将軍坟

▲支石墓の様式をもつ1号陪墳
※以前は将軍墳に上ることができたが、2018年9月現在は禁止になっているので注意

東方のピラミッドと称される

しょうぐんふん／jiāngjūn fén

　将軍墳は、市街地の北東約6kmの龍山山麓にある高句麗王陵墓。高句麗古墳群のなかで最も著名な古墳で、東方金字塔王陵墓(東方のピラミッド)とも称される。現存する陵墓は1000を超える花崗岩を7層に積み上げたもので、一辺が31.58m、高さは13.1mにも及ぶ。

　以前は高句麗初代王鄒牟王(朱蒙)の墓だと考えられていたが、調査の結果5世紀初頭のものだと認定され、好太王またはその息子長寿王の陵墓という説が有力。このほか、将軍墳のすぐ北側には陪葬墓である高さ4.7mの将軍墳1号陪墳もある。盗掘のため埋葬人物を特定できないが、将軍墳の埋葬者の妃とされる。

▲将軍墳の全景。方形の花崗岩が積み上げられている

丸都山城／丸都山城

がんとさんじょう／wándū shānchéng

高句麗期の典型的な山城

　市街地の北約3kmの丸都山にある、高句麗期の典型的な山城。周囲を山に囲まれており、入口は通溝河に面する東側の1ヵ所のみで、自然の地形をうまく利用した要塞となっている。丸都山城は戦争時の避難先として造られたものだが、高句麗存亡の際には臨時の都となった。

　山城は不規則な長方形で、城壁の長さは6951m。城門は東と北にふたつずつ、南にひとつあるが、南側は外部と通じる唯一の門で甕城と呼ばれる重要な防御地点となっていた。また、中腹には緊急時の宮殿（東西62m、南北92m）も築かれていたが、現在は廃城となっている。通溝河と丸都山城の間には山城下墓地と呼ばれる高句麗の王族や貴族が埋葬された古墳群があり、高句麗期の典型的な古墳様式を知ることができる。

▲丸都山城の要塞物見跡

禹山貴族墓地／禹山貴族墓地

うざんきぞくぼち／yǔshān guìzú mùdì

古代日本と高句麗の関係を物語る

　禹山貴族墓地は高句麗の王族や貴族の古墳群。有名なのが、「五盔墳」と呼ばれる6世紀から7世紀にかけての高句麗晩期に造られたものだ。現在、唯一古墳内部を見られるのが「5号墓」だ。墓室壁面に描かれた四神（青龍、白虎、朱雀、玄武）は日本の高松塚古墳にも見られるもので、古代日本と高句麗の関係を物語っている。

▲草に覆われ兜のような形をした「五盔墳」

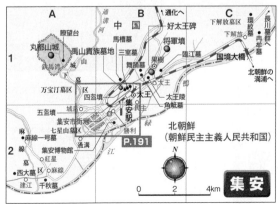

● 見どころ　━━ 鉄道　═══ 幹線道路

丸都山城
MAP P.193-A1

🏠 市区北3km
🕐 5〜9月8:00〜17:30
　　10〜4月8:00〜16:00
🈚 無休
💰 30元
🚗 タクシーで15元、所要10分が目安。往復40元（45分間の待機時間込み）

▲丸都山城南城門

▲高句麗王朝の貴族の眠る山城下貴族墓地

禹山貴族墓地
MAP P.191-C1

🏠 集安駅北1km
🕐 5〜9月8:00〜17:30
　　10〜4月8:00〜16:00
🈚 無休
💰 30元
🚗 6路バス「火車站」下車、駅に隣接する税関東側の踏切を渡り北へ徒歩10分。5号墓の入口へは時計回りに北側へ

▲現物の撮影は禁止。展示室に壁画のレプリカがある

ワンポイントアドバイス

●国境大橋
集安から北東に約5km離れた場所に北朝鮮との鉄道を結ぶ国境大橋がある。1937年日本によって建設された580mの鉄橋だ。外国人が橋の近くを訪れることは禁止。鉄道橋の上流には北朝鮮と結ぶ新しい橋と集安辺境経済合作区がある

▲2018年9月現在、中朝間を結ぶ鉄道は1日1回往復するのみ。集安発は午前9時30分発

国内城遺址
MAP P.191-A2
住 集安市内
開 24時間
料 無料

▲城壁跡は市内の団地を取り囲むように残る。中華民国時代には国内城の城門のいくつかが残っていたが、文革時に破壊された

集安博物館
MAP P.191-B2
住 建設街
TEL 6262796
開 8:00〜17:30
休 無休
料 70元
アクセス 勝利路から徒歩5分

▲城壁風の外観が目印だ

国内城遺址／国内城遗址
こくないじょういし／guónèichéng yízhǐ

高句麗初期の城跡

　国内城遺址は、集安市街地中心に位置する鴨緑江沿岸の平地地帯に築かれた、高句麗2番目の都となった国内城の城跡。中国側の説では、紀元3年、第2代王である瑠璃王類利が兵乱を避けるため、一時この地に遷都し、その後427年に都が平壌城に移るまで、高句麗の政治、経済、文化の中心地として繁栄を誇ったといわれている。城は周囲の長さが約2.7kmの長方形で、6つの城門を備え、城壁は花崗岩で造られていた。しかし、現在では高さ1〜4mの城壁が残るだけだ。集安市民は世界遺産の遺跡の中に暮らしているようなものだ。

集安博物館／集安博物馆
しゅうあんはくぶつかん／jiān bówùguǎn

高句麗時代の文物を展示

　市政府庁舎の南にある八角形の建築物。2階建ての館内は6つのコーナーに分けられ、古代から高句麗時代までの歴史を約1000点に及ぶ収蔵品と展示で解説している。好太王碑に関する展示は、最後の第六部分にある。なお集安の5つの遺跡をすべて回るなら、個別に買うより集安博物館で販売している1日チケット135元を購入すると割安だ。

▲博物館の周囲は緑豊かな公園だ

Hotel / Gorumet

香港城假日大酒店／香港城假日大酒店
ホンコンじょうかじつだいしゅてん／xiānggǎngchéng jiàrì dàjiǔdiàn ★★★★

MAP P.191-B2

集安市内では唯一の4つ星ホテル。客室は広くて快適。窓から国内城の城壁や市内が見渡せる。ホテルのすぐ近くで朝市が開かれるので、早起きして散歩しよう。

住 黎明街22号　TEL 6655888
FAX 6655777
料 ⑤①360〜380元
なし　Ⓒ不可
URL www.xgcdjd.com

金剛山烤肉／金刚山烤肉
こんごうざんこうろう／jīngāngshān kǎoròu

集安の食の名物には朝鮮族焼肉やジンギスカン風の高麗火盒などがあるが、地元の人に焼肉を食べるなら絶対ここだといわれる店。肉もおいしいし、味つけも悪くない。鴨緑江沿いの通りにある。

MAP P.191-B2
住 沿江路12-1号集安香洲花園酒店1階
TEL 6180006
営 10:00〜20:00
休 無休
Ⓒ不可

東北の雄、高句麗の登場

　紀元前1世紀から7世紀中期にかけて、現在の中国東北部、北朝鮮（朝鮮民主主義人民共和国）、韓国の3つの国にまたがる王国が登場した。その名は高句麗。その歴史を記した詳細な資料がないため、王の名前や遷都の時期など細かなところでは、研究者によって見解が分かれているが、中国の文化を取り入れ、朝鮮半島にあった新羅や百済など、さらには日本にも大きな影響を与えた強国であったことは間違いない。ここではその歴史を大まかに追ってみよう。

建国までの状況

　前漢の武帝は、紀元前108年に朝鮮半島にあった衛氏朝鮮を討ったあと、その地に楽浪郡（現在の北朝鮮平壌付近）を中心とする四郡（残りは玄菟、蒼海、臨屯）を設置し、朝鮮経営の拠点としたが、楽浪郡以外では、各地に割拠した民族の抵抗を受け、あっという間に支配権を失うか縮小していった。

　そのひとつ玄菟郡（現在の撫順近辺か？諸説あり）で勢力を拡張していったのが、高句麗の構成民族である濊貊諸族だった。

　濊貊諸族は、元来、鴨緑江中流域から渾江流域（吉林省東南部から北朝鮮北部）にかけて生活していた民族で、その一派は、この時期すでに現在の吉林省西部を中心（一説では現在の吉林省農安県）とする夫餘を建国していた。やがて朱蒙という人物が権力闘争に敗れ、旧玄菟郡の統治地域に逃れた。その後、彼はその地にあった濊貊諸族を統一していき、ついに紀元前1世紀後半、絞昇骨城（現在の遼寧省桓仁県）を都とする高句麗を建国したのだった。

遷都と試練

　建国後、宮・遂成・伯固らの王は、たびたび遼東郡（現在の遼寧省遼陽市）や玄菟郡を襲い、この地域における高句麗の支配を確立していった。

　しかし、2世紀後半、長年続いた後漢が勢力を失い、中国各地が混乱に陥ると、下級官僚から身を起こした公孫度が玄菟郡の実権を握り、高句麗の都城を攻め落とし、遼東から朝鮮半島北部にかけての地域を勢力下に収めた。

　これによって高句麗はいったん滅ぶが、一族は丸都城（現在の吉林省集安市）を都城に定め（中国では丸都城遷都は西暦3年、第2代儒留王のときとされている）、高句麗を再興した。

　だが、後漢が滅んだあと、曹操の建国した魏が、238年に公孫一族を平定して、遼東を版図に収めると、その矛先は高句麗に向けられた。魏は242年から3度の遠征を行った。

　これにより、丸都城は陥落するが、王は東に落ち延び、どうにか魏の追撃をかわすことになった。

高句麗の最盛期

　4世紀初頭、魏を受けて中国を統一した西晋が滅び、北方から遊牧民族が華北地区になだれ込んで入り乱れた、いわゆる五胡十六国期に入り、中央の支配力に翳りが見られると、高句麗はこの機を逃すことなく、313年に楽浪郡、314年に帯方郡と、次々に遼東と朝鮮半島支配の中心組織を陥落させ、繁栄の基礎を築いていった。

　342年には、五胡十六国のひとつ前燕（鮮卑族の国、337〜370年）の攻撃に丸都城が落城するという危機に見舞われたが、これを前燕の冊封体制※に入ることで堪え忍び、やがて391年広開土大王（好太王）の即位によって、高句麗の100年に及ぶ最盛期を迎えた。

　広開土大王が即位（391〜412年）する

と、朝鮮半島では新羅と結んで新興国百済を討ち、北西では稗麗（契丹族）、北東では粛慎に遠征し、さらには北の東夫餘を滅ぼすなど、領土を四方に拡大していった。

さらに息子の長寿王（412～491年）もこの路線を継承し、平壌城に遷都（427年）して朝鮮半島の経営に積極的に乗り出して、百済を一時滅亡（475年）させ、新羅を属国とし、夫餘を投降させる（477年）など、さらに国土を広げ、北は夫餘（現在の吉林省農安県）から、南は朝鮮半島の北半分までを支配下におくようになった。

高句麗の衰退

しかし、545年に王位継承問題による内紛が発生すると、復興した百済の反撃を受け、朝鮮半島の支配権を失ってしまい、これ以降、徐々に下り坂に向かっていった。

7世紀に入ると、中国を統一した隋に反抗する態度を見せたため、3度にわたって遠征されたが、これをすべて撃退し、これによって隋は滅亡することとなった。また、その後興った唐に対しても、独自の方針を貫き、太宗による遠征を3度跳ね返すなど、その存在感を十分に示した。しかし、たび重なる遠征によって国力は削がれ、663年に新羅と唐の連合軍が、高句麗との関係を修復していた百済を滅ぼすと、両国の軍事力は高句麗一国に注がれることになった。

そして、667年、またしても王位継承問題による内紛が発生、これに乗じた唐と新羅の連合軍が国内城に攻め込み、668年ついに高句麗は滅亡した。

▼1909年頃の好太王碑

1909年 的好太王碑

「好太王碑」について

吉林省集安市には、高句麗の最盛期を創出した広開土大王の功績をたたえた碑文がある。日本では「好太王碑」の名で有名な碑文だ。

碑文の内容は全3段の構成になっていて、第1段では高句麗開国神話と広開土大王が父の故国壌王の死によって391年に18歳で即位し、412年に死去したことが記述されている。

第2段では、在位期間の功績が8年、8条にわたって記されている。395年には高句麗の北西にあった稗麗に親征、396年には百済に親征して治世最大の戦果を挙げ、398年には北東にあった粛慎を討った。400年には新羅の要請を受け、軍を派遣して倭人と安羅（現在の韓国慶尚南道）人を撃退し、404年には倭と戦い、407年軍を派遣して百済と戦った。410年には東夫餘に遠征した。これから、在位期間のほとんどを領土拡大のための戦争に明け暮れていたことがわかるが、その成果は「落とした城が64、獲得した村が1400」という数字で記されている。

3段目には、王の死後墓守に徴用された家族の名前が羅列されている。

なお、この広開土大王の陵墓については、将軍墳と太王陵（中国ではこちらを好太王陵墓としている）の2ヵ所（いずれも集安市）が候補に挙げられているが、盗掘により証拠となるものがなく、現在でもまだ確定をみていない。

碑文の解釈について

日本が初めてこの碑文の存在を知ったのは、1883（明治16）年、参謀本部から中国の探索指令を受けていた酒匂影信という軍人が、集安で碑文の拓本を手に入れ、それを持ち帰ってからだった。

碑文は、すぐにその解読に取りかかられたが、碑文の記す時代の史料が日本、中国、朝鮮ともに少なく、特に「辛卯年」

の条をめぐって解釈が分かれた。それらの説を整理すると、次のようなものになっている。

問題の部分は「倭以辛卯年来渡海破百残□□新羅以為臣民」なのだが、「□」の文字が風化して読めないために、日本と朝鮮半島の学者で解釈が分かれている。

日本で多いのは「倭国が辛卯年に海を越えて百済、□□、新羅を破って支配下においた」と解釈する説で、「□□」には任那を当てる場合が多い。これに対し、朝鮮半島では、主語に高句麗を当て、「高句麗が海を越えて、倭の国を攻めた」とか「百済が倭の国まで動員して、高句麗を攻めたので、高句麗は海を越えて百済を討った」とする説である。

また、碑文の内容に関して、朝鮮半島の学者のなかには、碑文の内容を日本が改ざんしたと唱える者もいるが、中国の研究者から改ざんはなかったという調査報告も出たといわれている。

さらに、碑文が読みづらくなったのは、好太王碑が改めて世に出た清末に、好太王碑を覆っていた草やツタを火で焼き払い、大量の拓本を取ったことも原因に挙げられるだろう。

日本と高句麗の関係について

好太王碑にも高句麗と日本（倭国）の関係が見られるが、両国の関係は時代によって大きく変化していったようだ。

高句麗が最盛期を迎えた頃には、百済と倭が結び、高句麗に対抗していたことから、たびたび衝突が起こっていたようだ。これが、王位継承をめぐる内乱勃発によって国力が低下し、朝鮮半島の南東部にあった新羅が勢力を伸ばし始めた6世紀中期以降は劇的に変化する。

570年以降、倭との友好関係樹立のため、使者がたびたび派遣されるようになり、隋の遠征を受けた598年には慧慈らの僧侶が派遣されている。

中国に唐王朝が登場すると、唐・新羅と高句麗・百済・倭国の対立軸が明確になるが、660年に百済が滅び、663年に白村江の戦いで唐・新羅軍が国の再興を目指した百済・倭の連合軍を破り、ついに668年に高句麗は歴史から姿を消すことになった。

両国の文化交流

6世紀後期に高句麗と日本の関係が好転すると、高句麗から当時の先進文化が伝えられるようになった。例えば、曇徴という人物が絵の具や紙、墨を日本に伝えたという記述が『日本書紀』に見られたり、6世紀末に前述した慧慈という僧侶が来日し、聖徳太子（厩戸皇子）の師となったという記録も残されているようだ。

さらに、奈良県明日香村にあるキトラ古墳や高松塚古墳（ともに7世紀末～8世紀初）の壁画は中国および朝鮮半島からの影響を強く受けており、四方の壁に描かれた青龍、白虎、朱雀、玄武の四神や日、月、星宿など、集安に残る高句麗の壁画墓との共通点も非常に多い。古墳の成立した年代を勘案すると、おそらく高句麗から渡来（高句麗滅亡による亡命など）した絵師がこれらの古墳の壁画作成に携わったと考えて間違いないだろう。

また、キトラ古墳の天井に描かれた天文図から、その観測地点の緯度を計算したところ、北緯38.4度となり、高句麗の後期の都がおかれた平壌（ピョンヤン）の緯度39度にほぼ等しいことがわかっている（さらに綿密な確認作業が必要）。

▼高松塚古墳について（奈良文化財研究所）
URL www.nabunken.go.jp

※冊封体制
　中国が周辺諸国と形式上の君臣関係を結ぶことで形成した国際秩序。朝貢した首長には官位が与えられたり、朝貢貿易が許されたりした。高句麗は南北朝期には両王朝に朝貢し、バランスを保っていたといわれている。当時、日本や新羅も朝貢していたが、高句麗の官位は2国よりはるかに高かった。

～中朝国境に位置する聖なる山と湖

吉林省

市外局番 0433

長白山Cháng Bái Shān

長白山
ちょうはくさん

ロシア
内蒙古自治区
黒龍江省
ハルビン
モンゴル
吉林省
長春 長白山
瀋陽
遼寧省 北朝鮮
●フフホト
北京
韓国

ワンポイントアドバイス

●長白山観光コース
中国側の北坡、西坡、南坡の3つの山門から展望スポットに登るコースがある。外輪山のどこからでも天池を眺めることができるが、その見え方はそれぞれ異なっている。最初に開発されたのは、長白瀑布や長白温泉のある北坡山門コースで、延吉からバスで向かうのが一般的な長白山観光のスタイルだったが、2008年の長白山空港の開港にともない、西坡山門周辺で本格的なリゾート開発が進められている。北京や長春からダイレクトに長白山のすぐ麓まで乗り入れることが可能となり、登山客も急増中だ。ただし、南坡山門コースは、2018年9月現在、入山禁止となっている。北朝鮮国境に近いため、観光客が何かのトラブルに巻き込まれることを管理局が懸念しているのがその理由だ。

●登山時の注意
長白山では、麓では晴れていても山頂の天候は急変することも多いので、雨具の準備は必要。また、11月から5月にかけて、山門より先は積雪量も多く、山頂部は吹雪となることも多い。長白山観光を管理する長白山保護開発管理委員会が防寒コート(有料)を貸してくれるので、利用したい。なお、長白山には、公安局、中国銀行、病院などの公共施設はない。個人で行く場合、両替などは出発前に延吉や長春などの町で済ませておくこと。

▲西坡の登山道を登ると、中朝国境を示す定界碑がある

概要と歩き方

▲北坡の展望台から眺める天池。湖面に雲が映っている

　長白山は吉林省の東南部、延辺朝鮮族自治州安図県を中心とした長白山自然保護区内にある休火山で、頂上に天池と呼ばれる火口湖があることや第二松花江、鴨緑江、図們江の源流がある場所として有名だ。また、長白山は中国の名山のひとつに数えられるが、東西200km、南北310kmと、その規模は図抜けている(最も有名な山のひとつ黄山でも東西30km、南北40km)。

　長白山は古来より朝鮮半島やこの地で暮らす人々が聖地としてあがめていた。清代には支配民族であった満洲族の発祥地として特別視され、1677(清の康熙16)年と1776(乾隆41)年の2度にわたって入山禁止令が出されたほどだ。新中国成立後は、1960年に長白山自然保護区として指定され、この地区に生息する動植物を保護している。

　登山開発は1980年代後半から始まり、現在では中国や海外から

気温は℃、降水量はmm

	1月	2月	3月	4月	5月	6月	7月	8月	9月	10月	11月	12月
平均最高気温	-12.3	-2.0	0.8	11.0	18.0	22.7	26.4	25.3	19.0	13.6	3.1	-7.9
平均最低気温	-24.8	-17.6	-9.4	-1.2	5.0	11.5	16.0	14.7	5.7	-0.1	-8.9	-21.5
平均気温	-18.6	-9.2	-3.9	4.8	11.5	17.1	20.9	19.7	12.3	6.7	-2.9	-14.7
平均降水量	0.7	5.2	4.2	19.4	81.0	73.1	170.2	173.7	34.9	10.8	36.9	2.2

①毎年夏になると、北坡の展望台にはたくさんの登山客がやってくる　②長白山空港は西波の近くにある　③高原のなだらかな草原に咲くキバナシャクナゲ

も多くの人々が訪れている。北緯42度に位置し、日本では北海道の駒ケ岳の緯度に当たるため、登山シーズンは6月中旬から9月中旬の3ヵ月にかぎられる。初夏には美しい高原植物がいっせいに花を開き、フラワートレッキングのツアーも催行されている。

Access

中国国内の移動→P.318　鉄道時刻表検索→P.319

✈ **飛行機**　西坡山門から西へ18kmの長白山空港(NBS)を利用する。北坡山門からは104kmある。

国内線 北京、上海、天津、長春、瀋陽、大連、ハルビンなどの間に運航便がある。
所要時間(目安) 北京首都(PEK)／1時間50分　上海(PVG)／2時間15分　長春(CGQ)／40分　瀋陽(SHE)／40分　大連(DLC)／1時間10分　ハルビン(HRB)／1時間30分

🚃 **鉄道**　西坡山門からは松江河駅、北坡山門からは白河駅を利用する。

所要時間(目安) 通化(th)／快速6時間　龍井(lj)／快速3時間

🚌 **バス**　延吉や長春から北坡山門や西坡山門行きのバスが出ている。

所要時間(目安) 延吉／3時間30分　長春／5時間

Data

飛行機
長白山空港(长白山机场)
MAP 地図外(P.200-A5左)、P.159-G6
住 白山市松江河鎮　☎ (0439)6259111
移動手段 タクシー／(西坡山門～空港)50元、所要30分が目安

鉄道
松江河駅(松江河火车站)
MAP 地図外(P.200-A5左)
移動手段 タクシー／(西坡山門～松江河駅)80元、所要50分が目安

白河駅(白河火车站)
MAP 地図外(P.200-D1上)
移動手段 タクシー／(西坡山門～白河駅)80元、所要50分が目安

白河駅▶

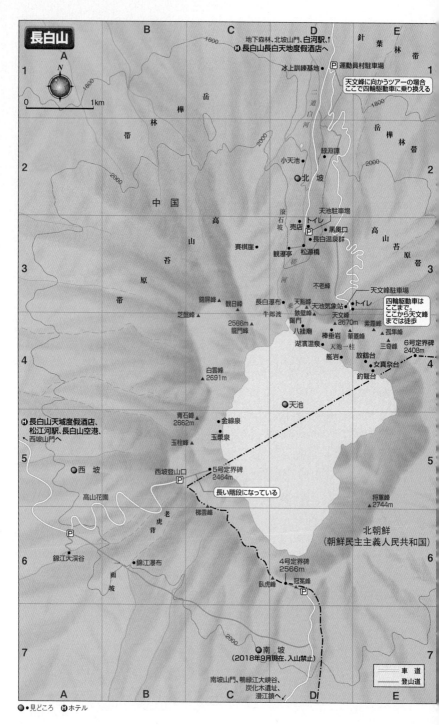

長白山

A　B　C　D　E

N
0　1km

地下森林、北坡山門、白河駅、Hへ
H 長白山長白天地度假酒店へ

氷上訓練基地 ●
● 運動員村駐車場 P

天文峰に向かうツアーの場合
ここで四輪駆動車に乗り換える

針葉林帯
岳樺林帯
岳樺林帯

緑淵譚 ●

小天池 ●

二道白河

北坡 ◎

中国

高山苔原帯

天池駐車場
濱石坡
トイレ
P 売店
● 黒風口
長白温泉群
賽棋崖 ●
観瀑亭 ● 松源橋

高山苔原帯

不老峰

天文峰駐車場
錦屏峰 ▲
観日峰 ▲
長白瀑布 ●
天豁峰 ▲
天池気象站
トイレ P
芝盤峰 ▲
牛郎渡 ●
鉄壁峰 ▲
天文峰 ▲2670m
紫霞峰 ▲
2586m
龍門峰 ▲
闥門 ●
八挂廟 ●
棒垂岩 ●
華蓋峰 ▲
孤隼峰 ▲
湖濱温泉 ●
天池一柱 ●
放鶴台 ●
三奇峰 ▲
艦岩 ●
女真奈台 ●
釣鰲台 ●

四輪駆動車は
ここまで。
ここから天文峰
までは徒歩

6号定界碑
2408m

白雲峰
▲2691m

天池 ◎

青石峰
2662m
金線泉 ●
玉柱峰 ▲
玉漿泉 ●

H 長白山天域度假酒店、
松江河駅、長白山空港、
西坡山門へ

西坡 ◎

高山花園

西坡登山口
P
5号定界碑
2464m

長い階段になっている

老虎背

将軍峰
▲2744m

北朝鮮
（朝鮮民主主義人民共和国）

梯雲峰 ▲

P
錦江大渓谷
錦江瀑布 ●
面坡

4号定界碑
2566m
臥虎峰 ▲
● 冠冕峰 ▲
P

南坡 ◎
（2018年9月現在、入山禁止）

南坡山門、鴨緑江大峡谷、
炭化木遺址、漫江鎮へ

車道
登山道

◎●見どころ　H ホテル

見どころ

天池／天池

てんち／tiānchí

透明度の高い火口湖

天池は長白山の山頂にある火口湖で、湖面は2257mの高さにあり、ここから流れ落ちる雪解け水は、やがて第二松花江、鴨緑江、図們江となる。新疆ウイグル自治区にある天池と区

▲天文峰から見た初冬の天池は幻想的な美しさ

別するため長白天池とも呼ばれる。湖面は東西に3.55km、南北に4.4kmの広さをもち、水深は最深部で384mにもなる。湖水は青く、周囲の灰色の峰々とのコントラストは鮮やかだ。

北坡／北坡

ほくは／běipō

長白瀑布と天池が見られる

長白山北側に位置する山門(北坡山門)から天池展望スポットを目指すコース。山門から長白瀑布に向かう道と途中から天池を眺望できる天文峰(2670m)に登る道に分かれる。

●長白瀑布

天池の水は天文峰と龍門峰の間から落差68mの長白瀑布となる。満水期(7月)には毎秒2.15トンの水量に及ぶ。雪解けの頃には、水しぶきが登山路まで飛んでくるほどだ。東北地方最大の滝である。

●長白温泉

北坡山門から長白瀑布に向かう二道白河沿いには、多くの温泉が自然に湧き出している。山門内には共同温泉施設もある。温泉卵やゆでトウモロコシが名物だ。

●緑淵潭

長白瀑布と運動員村駐車場の中間に位置する美しい湖沼。高さ26mの滝があり、幾本にも分かれた白い糸の筋のように水が落ちていくさまが見られる。また道路を挟んだ向かいには、噴火時にできた狭い岩の亀裂を流れる渓流や「小天池」と呼ばれる湖沼もある。散策道が整備されているので、シャトルバスで途中下車して訪ねよう。

▲しぶきを上げる長白瀑布

天池
MAP P.200-D4〜6
住 吉林省長白山保護開発区
TEL 5710778

ワンポイントアドバイス
●天池観光の注意
2018年9月現在、一般の観光客は長白瀑布の脇にある登山路を上って天池のそばまで訪ねることはできない。登山客の増加にともなう天池周辺の環境の悪化を防ぐためだ。北坡山門コースよりあとに開発された西坡から天池に下りることも禁止となっている。

北坡
MAP P.200-D1〜3
住 吉林省長白山開発区北坡
開 6〜7月8:00〜17:00
料 入山料=125元。長白瀑布までの往復シャトルバス代85元。天文峰駐車場までの往復車代=80元

▲北坡山門

▲天文峰駐車場行きのミニバス

▲天文峰の駐車場

▲緑淵潭の水はエメラルドグリーン

▲長白瀑布の下流には岩の亀裂を流れる渓流がいくつもある

▲西坡山門

▲西坡登山口から頂上の稜線を目指す

▲雄大な眺めの錦江大峡谷

▲南坡山門

▲鴨緑江大峡谷

1チョウノスケソウ 2ベンケイソウ 3ツガザクラ 4南坡から眺める天池。右側は北朝鮮領

西坡／西坡

せいは／xīpō

快適な山岳リゾートが誕生

　長白山西側に位置する山門（西坡山門）から天池展望スポットを目指すコース。新しくできた登山道で、錦江大峡谷や錦江瀑布、高山花園などの見どころも多い。頂上には5号定界碑（2464m）という中朝国境を示す石碑がある。山門周辺は開発が進むエリアで、登山を楽しんだあとも快適にくつろげる温泉付きの山岳リゾートホテルがある。特に西坡山門に近い長白山空港周辺には、外資系の5つ星ホテルも誕生している。

●錦江大峡谷

　錦江大峡谷は、長白山の噴火時にできた巨大な亀裂による最大の峡谷で、長さ70km、切り込む深さが平均80mに及ぶ。西坡山門から上った駐車場より徒歩で行ける。

●高山花園

　長白山は高山植物の宝庫である。初夏（7月上～中旬）になると海抜2000mを超えたあたりから山の斜面にさまざまな種類の花が咲き乱れる。

▲初夏になると高原植物が咲き乱れる高山花園

南坡／南坡

なんは／nánpō

高山植物を見るなら南坡へ

　長白山南側の北朝鮮国境沿いに位置する山門（南坡山門）から天池展望スポットを目指すコース。北坡や西坡に比べると、後発で開発された登山道で整備はこれからだが、山門から頂上に向かう登山道に見られる高原植物の豊富さは随一といえる。フラワーハイキングのツアーに最適のコースだろう。鴨緑江の源流となる長さ10kmの鴨緑江大峡谷や長白山噴火時に炭化した樹木が地表に露出した炭化木遺址などもある。山門から下った場所にある漫江鎮は山菜の宝庫で、日本にも輸出されている。地元名物のマスの刺身や山菜料理を食べさせてくれる食堂もある。

❗ 長白山への入山は予約できる

　北坡と西坡のふたつの山門から昼間の入山時間内に展望スポットまで登って天池を眺める、というのが一般的な長白山登山のスタイルだが、西坡から天池越しに眺める日の出もすばらしい。7月上旬の長白山の日の出の時刻は午前4時前。ホテルを深夜1時に発ち、車で山門まで向かう。そこから約1時間かけて暗闇の中を展望台まで登る。3時に展望台に到着すると、長白山の周辺の闇がだんだん薄らいでくる。あとはカメラの三脚を立て、日の出の瞬間を待つのみ。入山時間以外の登山には管理局の許可がいるため、長白山サンライズウオッチングをしたければ、P.213の延辺日中文化交流センターに問い合わせること。車やガイドを手配してくれる。

▲前日が雨天だったので、天池を霧が覆う。1年に数度しか見られない幻想的な光景だ

　2010年代以降、長白山を訪れる登山客が急増しており、山頂での混雑を避けるため、7月～10月上旬の登山シーズンにかぎり、7:00から14:00まで1時間ごとの入山人数制限が始まっている。そのため、当日山門でチケットを購入しても、すぐに入山できないケースが増えている。

　そこで長白山保護開発管理委員会は、モバイルアプリ「长白山景区游客游览须知」を使った時間帯ごとの予約を受け付けている。2日前から予約可能だ。ただし、受付には個人情報の入力が必要で、支払いもモバイル決済が前提なので、決済手段をもたない外国人は利用できない。もし日程的に予約が必要なら、延辺日中文化交流センターに相談してほしい。なお入山券には3タイプあり、山門から長白瀑布までのシャトルバスや天文峰までのミニバス代、そして入山料を合わせると290元になる。天文峰に登らないと天地を見ることはできないので注意。

▲长白山景区游客游览须知
URL wx.ichangbaishan.com

Hotel

長白山天域度假酒店／长白山天域度假酒店
ちょうはくさんてんいきどかしゅてん／chángbáishān tiānyùdùjiǎ jiǔdiàn　★★★★

2011年に開業した、西坡山門の近くにある高級山岳リゾートで、英語名は「ホライズン・リゾート」。車で長白山空港から5分、西坡山門まで10分の好ロケーション。館内には温泉もある。

MAP 地図外(P.200-A5左)
住 吉林省長白山保護開発区池西区
TEL (0439) 6558888
FAX (0439) 6558999
料 ⑤①1260元～
税 なし
C A.D.J.M.V
URL www.horizon.com.cn

長白山長白天地度假酒店／长白山长白天地度假酒店
ちょうはくさんちょうはくてんちどかしゅてん／chángbáishān chángbáitiāndì dùjiājiǔdiàn

長白山の麓の二道白河にある通称「宇宙船ホテル」がここ。宇宙ステーションのような目を引く外観のリゾートホテルで、客室のデザインもモダンでスタイリッシュだ。北坡山門からは約24km離れた場所にある。

MAP 地図外(P.200-D1上)
住 延辺安図県長白山北区二道白河鎮長白大街
TEL (043) 5051222
料 ⑤①599元～
税 なし
C A.D.J.M.V

吉林省

市外局番 | 0433

延吉 Yán Jí

延吉

えんきち

ロシア

黒龍江省
・ハルビン
内蒙古自治区
モンゴル
吉林省・
長春● ●延吉
瀋陽・
北朝鮮
フフホト 遼寧省
●北京 韓国

基本データ

●延吉市	
人口	52万人
面積	1731km²

州公安局外国人出入境管理処
(州公安局外国人出入境管理処)
MAP 地図外(P.206-A5左)
住 天池路金達莱広場北側
TEL 2242330
開 8:00～11:30、13:30～17:00
休 土・日曜、祝日
観光ビザを最長30日間延長可能。手数料160元

延辺医院(延辺医院)
MAP P.206-D3
住 局子街119号
TEL 2660120
開 8:00～11:30、13:30～17:00
休 無休
救急は24時間対応

●市内交通
【路線バス】
運行時間の目安は6:00～18:30、1元
【タクシー】
初乗り2.5km未満5元、2.5km以上1kmごとに2.7元加算

▲延辺では「平壌冷麺」を出す店が増えている

▲延吉で最もにぎわうのは光明街と人民路が交差する界隈だ。延吉百利城百貨店にはスターバックスやユニクロも入店

概要と歩き方

　中国で朝鮮族の最も多く居住するのが、吉林省東南部に位置する延辺朝鮮族自治州だ。総人口は約210万人、住民は漢族、朝鮮族、満洲族、回族など19の民族からなる。このうち、漢族が約60%、朝鮮族が約

▲延吉大学のキャンパス

37.7%。大陸性気候に属し、年間平均気温は6℃、最高気温は37℃、最低気温は－32℃。冬が長く、厳しい。降水量は年間500～700mmとそう多くはない。

　この地に最も早く定住したのは、北沃沮と呼ばれる民族。その後、8世紀には渤海国が興った。朝鮮半島からの農民の移動は明末に遡るが、清は王朝発祥の地として封禁政策を取った。19世紀末、ロシアの南下を恐れてこれを解除し、清は朝鮮農民を受け入れるようになる。清末には3ヵ国の国境地帯であったため、延吉辺務公署の管轄下に入り、延辺と呼ばれるようになった。満洲国統治時代には間島省と呼ばれ、抗日運動の最も激しい場所のひとつだった。中華人民共和国成立後は、延辺朝鮮族自治区を経て、1955年12月延辺朝鮮族自治州となった。

　政治経済の中心である延吉市は自治州の東部にある州都。朝鮮族が多く、市内のあらゆる場所で、中国語よりも朝鮮語が目立つことからも、それは実感できる。また、北朝鮮との交易も盛んで、市場には海産物も豊富。市内の移動には3路と5路のバスを使えば、ほとんどの所がカバーできる。繁華街は光明街と人民路の交差点を中心とした一帯だ。

　2015年9月20日に長春から琿春までの高速鉄道が開通。長春までの所要時間が約3時間と、飛躍的な移動時間の短縮が実現した。

気温は℃、降水量はmm

	1月	2月	3月	4月	5月	6月	7月	8月	9月	10月	11月	12月
平均最高気温	-7.2	-3.1	4.9	14.8	21.6	24.0	26.6	26.9	22.0	14.7	3.7	-4.9
平均最低気温	-19.9	-17.0	-8.8	-0.5	6.5	12.5	16.9	16.9	8.9	0.0	-8.5	-16.9
平均気温	-14.3	-10.6	-2.4	6.6	13.5	17.8	21.6	21.5	14.8	6.8	-3.0	-11.4
平均降水量	4.1	4.9	10.7	23.4	49.4	82.0	98.6	122.8	67.4	28.4	13.3	5.7

Access

中国国内の移動→P.318　鉄道時刻表検索→P.319

 飛行機　市内の南西約7kmに位置する延吉朝陽川空港（ＹＮＪ）を利用する。日本との間には関西国際空港への直行便がある。

国際線関西（2便）。
国内線北京、上海など主要都市との間に毎日運航便があるほか、長春、瀋陽、大連などの便もある。
所要時間(目安)北京首都（PEK）／2時間5分　長春（CGQ）／50分　瀋陽（SHE）／1時間15分　大連（DLC）／1時間30分　上海浦東（PVG）／3時間　天津（TSN）／2時間10分

鉄道　長図線の途中駅である延吉駅を利用する。高速鉄道は延吉西駅を利用する。

所要時間(目安)長春駅（cc）／高鉄3時間　吉林駅（jl）／高鉄1時間40分　瀋陽北駅（syb）／高鉄4時間　大連駅（dl）／高鉄6時間10分　ハルビン駅（heb）／動車3時間50分　北京駅（bj）／動車9時間

バス　市内南側の長白山路に位置する延吉東北亜バスターミナル、延吉駅そばの延吉公鉄分流バスターミナル、市内北側の延吉北バスターミナルの3ヵ所を利用する。

所要時間(目安)図們／1時間　琿春／1時間30分　龍井／40分　長春／5時間　長白山／3時間30分

Data

飛行機
延吉朝陽川空港（延吉朝阳川机场）
MAP **P.159-H5**
(住)長白山西路6666号　(TEL) 2234433
移動手段タクシー／（空港～延吉駅）40元、所要15分が目安　路線バス／29、45路「机场」

▲延吉朝陽川空港

鉄道
延吉西駅（延吉西站）
MAP **地図外（P.206-A3左）**
(住)朝陽川鎮光石村　(TEL)共通電話=12306
移動手段タクシー／（白山大廈～延吉西駅）30元、所要20分が目安　路線バス／4、16、37路「延吉西站」

延吉駅（延吉火车站）
MAP **P.206-B6**
(住)站前街　(TEL)共通電話=12306
移動手段タクシー／（白山大廈～延吉駅）8元、所要5分が目安　路線バス／2、3、4、5、6、24、27、28、32、46、48、49路「火车站」

バス
延吉東北亜バスターミナル（延吉东北亚客运站）
MAP **P.206-C5**
(住)長白山西路2319号　(TEL) 2909345　(営)5:00～18:00
移動手段タクシー／（白山大廈～延吉東北亜バスターミナル）8元、所要4分が目安　路線バス／2、3、4、5、28、48路「东北亚」
龍井行き約10分間隔（最終16:55）、長白山北坡山門行き5:30、和龍行き1日22便（最終16:00）。

市内の見どころ

延辺博物館／延边博物馆
えんぺんはくぶつかん／yánbiān bówùguǎn

朝鮮族の民俗文化を紹介

　2012年9月に延辺朝鮮族自治州創立60周年を記念して開館した延辺地方の歴史を扱う博物館。この地に朝鮮族が入境した19世紀後半以降の歴史や独自の民俗文化、生活習俗などをわかりやすく展示している。また石器時代から始まる古代史、7

▲ろう人形を使って20世紀前半の延辺の町を紹介

世紀末に現れた渤海の遺跡から発掘された文物の展示もある。

延辺博物館
MAP **地図外（P.206-A5左）**
(住)新区新体育場隣
(TEL) 43110007
(開)9:00～11:30、13:30～16:30
(休)月曜　(料)無料
(URL) www.ybbwg-china.org
(アクセス)市内からタクシーで30元、所要20分が目安

▲2階が朝鮮族の歴史、3階が渤海などの古代史

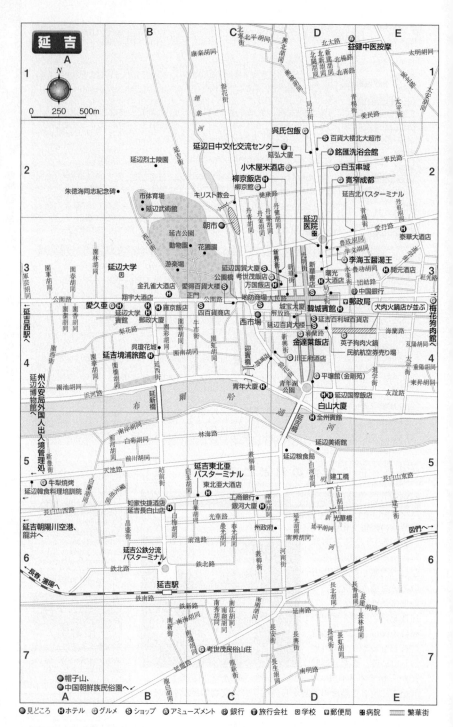

延吉

A B C D E

1

N

0 250 500m

北緯北平胡同
東北胡同
北太路
益健中医按摩
北新建胡同
北楊路
太明胡同
康楽胡同
北開胡同
北青路

参花街
煙集街
局子街
局子路
青楊路
愛民路

2
延吉烈士陵園
呉氏包飯
百貨大楼北大超市
銘匯洗浴会館
軍民路
延辺日中文化交流センター
延弘大廈
朱徳海同志紀念碑
小木屋米酒店
白玉串城
市体育場
柳京飯店
寛窄成都
延吉武術館
柳京館
延辺北バスターミナル
キリスト教会
健康路
青場街
丹青胡同
丹慶胡同
丹健胡同
延辺医院
愛拝路

朝市
丹春胡同
泰華大酒店

3
延辺公園
動物園
花園園
新華書店
李海玉醤湯王
開元酒店
游楽場
延辺国貿大廈
新華路
曙光大酒店
中国銀行
園林胡同
延辺大学
金孔雀大酒店
愛得百貨大楼
万国飯店
考世茂店店
園春胡同
公園橋
地防商場
翔宇大酒店
正門
公園路
城宝大廈
韓城賣館
郵政局
犬肉火鍋店が並ぶ
延辺西駅へ
愛久亜
延辺大学
羅京飯店
延辺百貨商店
西市場
延辺百貨大楼
延辺百貨百貨
海蘭路
梅花狗肉館

4
州公安局外国人出入境管理処、延辺博物館へ
呉瓊花城
延吉境浦旅館
金達莱飯店
英子狗肉火鍋
川王府酒店
民航航空券売り場
青年大廈
青年渕公園
平壌館(金剛苑)
延辺国際飯店
白山大廈
全州賓館
延辺美術館

5
牛梨焼烤
延辺韓食料理培訓院
延吉東北亜バスターミナル
東北亜大酒店
延辺粮食店
建工橋
如家快捷酒店延吉長白山店
工商銀行
銀河大廈
長白山東路
長白山西路
延吉朝陽川空港、龍井へ
光華路
州政府
新光華橋

6
延吉公鉄分流バスターミナル
鉄北路
図們へ
長春、瀋陽へ
延吉駅
鉄南路

7
帽子山、
中国朝鮮族民俗園へ
考世茂民俗山荘

A B C D E

●見どころ Ｈホテル ●グルメ Ｓショップ Ａアミューズメント ●銀行 Ｔ旅行会社 Ｓ学校 ●郵便局 Ｈ病院 繁華街

206

西市場／西市场

にしいちば／xī shìchǎng

延吉市民の胃袋を満たす市場

　延吉市民の胃袋を満たす食材と日常生活用品を扱う巨大市場。朝早くから開いているが、おもしろいのは朝鮮族の食材が並ぶエリア。真っ赤な各種キムチや豚の腸詰、延辺特産のリンゴ梨、日本海で取れた海産物、各種穀物など、ほかの地方では見られないものが並んでいる。犬食の習慣があるこの土地らしく、肉売り場の一部に狗肉のコーナーもあり、外国人はちょっとびっくり。かばんや靴、衣類、電気製品、日用雑貨など生活品のほか、北朝鮮グッズを揃える店舗もあり、見ているだけでも楽しい。

▲日本海で取れた干しタラはお酒のつまみに合う

▲黄色いのは延辺名物のトウモロコシ麺

朝市／早市

あさいち／zǎoshì

早朝から活気づく

　煙集河と参花街に挟まれた河川敷には、1年中朝市が立つ。ここでは、延吉周辺で取れる食材を中心に、日用雑貨や家電製品などいろいろなものが売られている。また、同じ所で中国式、朝鮮式の朝食を出す屋台も出ているので、朝食を取る（持ち帰りも可）ついでに見学してみよう。

▲参鶏湯売りの名物おばさんはいつも明るい

中国朝鮮族民俗園／中国朝鲜族民俗园

ちゅうごくちょうせんぞくみんぞくえん／zhōngguó cháoxiǎnzú mínsúyuán

朝鮮族の民俗文化に触れられる

　延吉郊外の景勝地のひとつ、帽子山森林公園の近くにある朝鮮族の民俗文化を体験できるスポット。園内には再現された古い朝鮮民家がたくさんあり、市民が民謡や伝統楽器の演奏を学ぶ場となっていて、観光客はその様子を見学できる。朝鮮料理やマッコリなどを味わえる民家もある。民俗園の周辺では地元のおみやげも購入できる。

▲民家の前で地元の演奏家が民謡を奏でる

西市場
MAP P.206-C4
住 参花街
TEL なし
開 8:40～16:00
休 無休
アクセス 1、4、41、44、50路バス「青年湖」

▲色とりどりの餅がおいしそう

▲キムチの種類は豊富

朝市
MAP P.206-C2～3
住 参花街
TEL なし
開 4:30～7:00
休 なし
料 無料
アクセス 29、50路バス「自来水公司」
※早くから見学に行く場合は、路線バスが動いていないので、前日までに旅行会社などで車を手配してもらおう

▲朝鮮人参も売られている

中国朝鮮族民俗園
MAP 地図外（P.206-B7下）
住 延龍路海蘭江花園
TEL なし
開 8:00～16:00
休 月曜　料 30元
アクセス 46路バス「海兰江花园」

▲朝鮮民謡の歌を学ぶ地元の主婦たち

▲園内には朝鮮民家が点在している

帽子山／帽儿山

ぼうしやま／mào'érshān

延吉近郊のハイキングスポット

延吉市の南の郊外10kmにある帽子のような形をした標高517mの山で、周辺は地元のハイキングコースやキャンプ場になっている。山頂の展望台からは、北側は延吉市内、南側は中国朝鮮族が移住してきて最初に開墾した平江の水田や龍井の町が望める。山頂まではゆっくり登って約30分。緑も豊かで、朝早く起きて散策すると気持ちいい。

▲登山口に高さ3mのトラの彫刻が立っている

▲野生のリスが生息している

ワンポイントアドバイス
●中国吉林省延辺延吉市情報！延吉市で暮らす山口敦さんの発信する情報ブログ。「延吉市は朝鮮族と漢族の方が暮らす、中国であって中国とは思えない、ちょっと変わった町です。現地のことはお問い合わせください」

URL tems.info/yanji

郊外の見どころ

龍井／龙井

りゅうせん／lóngjǐng

延吉と並んで朝鮮族の多く暮らす町

龍井は延吉の南西に位置する人口約20万人の都市で、延辺朝鮮族自治州内で最も多く朝鮮族が集住する地域とされる。もともと森林の広がる荒地で、村落が形成されたのは、図們江を渡ってきた朝鮮半島の人々がこの地を開拓した19世紀後半のことだ。1907年、日本は龍井に朝鮮統監府間島派出所をおき、2年後に間島領事館を設置した。日韓併合以降、抗日独立運動が盛んな地域となり、「間島パルチザン」の拠点の地と呼ばれた。

都市化の進む延吉に比べ、市街地は落ち着いた雰囲気があり、日本統治時代の建築が今でも比較的よく残っている。郊外にはリンゴなどの果樹園が広がるのどかな田園風景が見られる。

龍井
MAP P.159-H5
住 延辺朝鮮族自治州龍井市
アクセス 延吉北バスターミナル（MAP P.206-D3）から「龙井」行きバスに乗る。5元、所要40分が目安

▲龍井中学校の敷地内にある歴史記念館。尹東柱（ユン・ドンジュ）の碑や展示も

▲1945年戦時下の日本で獄中死した尹東柱の詩集「空と風と星と詩」は彼の死後出版された

※2013年以降、中国政府は中朝国境付近を外国人が個人で訪ねることに敏感になっており、日本人個人旅行者が公安に拘束される事例も発生している。なるべく現地旅行会社（→P.213）で手配した車でガイドと一緒に行くことをおすすめする

1 龍井発祥の地とされる井戸が残る記念碑　2 1926年に建てられた旧間島領事館（現龍井市人民政府庁舎）　3 改修された龍井駅　4 復元された尹東柱の生家。尹東柱生平展覧館を併設　5 龍井の郊外の丘に上に尹東柱の墓がある　6 朝鮮族の民族教育の拠点、明東学校旧址が博物館になった

琶岩山風景区／琶岩山风景区

びがんさんふうけいく／píyánshān fēngjǐngqū

お花畑を散策できる

龍井市内から南西に3kmほど離れた琶岩山は標高494mの山林公園。地元市民がハイキングやBBQを楽しむ身近な行楽地だ。2018年夏から始まったのが、東側のなだらかな斜面を一面花で埋め尽くす「花海」プロジェクト。赤や黄色、ピンクなどに染まった花畑を見ながら散策できる。山の反対側には全長300mのガラスの床のつり橋もあり、登山だけではない、さまざまなアウトドア体験ができる。龍井市内で歴史観光を済ませたあと、訪ねるといい。

▲「花海」の向こうに龍井市内が見渡せる

琶岩山風景区
MAP P.159-H5
住 龍井市琶岩山風景区
TEL (0433)3528666
時 8:00～17:00
休 月曜
料 観光車＝6元（往復12元）
アクセス 龍井市内から車で10分

▲この観光車で山の中腹まで上り、帰りは花畑の小道を歩いて降りるといい

COLUMN

延辺大学で中韓
2ヵ国語をマスターする

吉林省延吉市にある延辺大学は、世界各国から数多くの留学生を受け入れている。延辺朝鮮族自治州を代表する大学だけに、正課で中国語を学ぶだけでなく、課外授業や地元朝鮮族の学生たちとの交流を通じて韓国語も学べることから、「一度に中韓2ヵ国語をマスターできる」のが最大のウリだ。日本からも毎年十数名の留学生が学んでいる。

延辺大学の学生数は2万3700人で、キャンパスも広く、最新施設も揃っている。北京や上海、大連などに比べると、町はのんびりしているけれど、そのぶん、語学を学ぶには恵まれた環境にある。

延辺大学国際交流合作処留学生管理科の李浩科長は、同大学についてこう説明する。「延辺大学は1949年に民族大学として創立された吉林省重点総合大学です。現在、韓国やロシア、モンゴル、日本、タイなどの34ヵ国、600名の留学生が学んでいます。当管理科では、日本やロシア、韓国の留学生を対象に、長白山観光や朝鮮民族講座、ホームステイなどを組み合わせた夏のキャンプを実施しています。参加してみてはどうでしょう」

延吉市にある延辺日中文化交流センター（→P.213）では、延辺大学留学に関する相談や手配を受け付けている。

延辺大学
MAP P.204-B3
住 公園路977号
TEL (0433)2732350（日本語可）
URL liuxue.ybu.edu.cn

1 夏季の短期コースもある
2 お隣の国、ロシアからの留学生も多い。

白山大厦／白山大厦
はくさんだいか／báishān dàshà ★★★★

延吉市中心にある高級ホテル。客室は広めで快適。ネット環境も問題がない。部屋からは延吉市街が一望にできる。サウナやプール、朝鮮料理レストランもある。長白山観光のベースとして利用できる。

MAP P.206-D4
住 友誼街66号
TEL 2588888
FAX 2526659
料 ⑤①580元
税 なし
C A.D.J.M.V
URL www.baishan-hotel.com

韓城賓館／韩城宾馆
かんじょうひんかん／hánchéng bīnguǎn

局子街と人民路の交差する繁華街に近い場所にあるホテル。北朝鮮から来たスタッフがいて、夜はレストランでショーが行われる。価格もリーズナブルなうえ、ほかのホテルと比べて料理がおいしいと評判だ。

MAP P.206-D3
住 局子街766-1-4号
TEL 2506611
料 ⑤168～198元 ①220～268元
税 なし
C 不可

柳京飯店／柳京饭店
りゅうきょうはんてん／liǔjīng fàndiàn

MAP P.206-D3
住 新興街124号
TEL 2912211
FAX 2912217
料 ⑤260元 ①380～460元
税 なし
C V

1 ツインルームは清潔で快適 2 ホテル周辺にはレストランも多い 3「柳京館」では北朝鮮の歌謡ショーがある 4 レストランで平壌冷麺が食べられる

町の中心部に位置するホテルで設備とサービスは4つ星相当。繁華街である人民路まで約200m、繁華街の光明街も徒歩圏内で観光にも便利。室内のテレビでNHK衛星放送のほか、北朝鮮の平壌放送も視聴できる。ホテル内に北朝鮮レストラン「柳京館」がある。北朝鮮の女性はフロントでも働いている。部屋数にかぎりがあるので、夏季は予約を入れておいたほうが確実。ホテルの予約は延辺日中文化交流センター(→P.213)で受け付けている。

延吉境浦旅館／延吉境浦旅馆
えんきちきょうほりょかん／yánjí jìngpǔ lǚguǎn

ホテル代を安く上げたいなら旅館がいい。客室は清潔で、家庭的な雰囲気で過ごせるのが魅力。夜景の美しい布爾哈通河に近く、散策を楽しめる。予約は延辺日中文化交流センター(→P.213)で。

MAP P.206-B4
住 延西街378号呉瓊花城A座3階
TEL 2720699
FAX なし
料 ⑤160元 ①200元
税 なし
C 不可

Gourment

白玉串城／白玉串城
はくぎょくかんじょう／báiyùchuànchéng

延辺名物の羊肉串焼きの有名
チェーン店。11種類のスパ
イスをブレンドした秘伝の串
料が人気。締めにはこれも延
辺名物の汁なしトウモロコシ
麺が決まり。豚や牛、鶏など
肉の種類は豊富。

MAP P.206-D3
住 局子街140-1号
TEL 5019966
営 16:00～翌2:00
休 無休
C 不可

1 延辺の羊肉串に欠かせないのが特製スパイス 2 名物の汁なしトウモロコシ麺 3 人気店なので、予約を入れたほうがいい

小木屋米酒店／小木屋米酒店
おぎやマッコリてん／xiǎomùwū mǐjiǔdiàn

延吉で生まれたマッコリと朝鮮
族料理のチェーン店で、長春や
ハルビン、丹東、集安にもある。
同店の二大メニューは、韓国で
も人気のヤンニョムチキン（甘
辛チキン）と特製プルコギだ。
値段が手頃なので、若者に人気
で、いつもにぎわっている。

MAP P.206-D3
住 新華街90号
TEL 2259696
営 11:00～翌1:00
休 無休
C 不可
URL www.ybxiaomuwu.com

1 ヘルシーな味噌付け野菜とジャガイモチヂミをマッコリで 2 店内は木造のぬくもりを感じさせる内装 3 木造の小屋のような外観が目印

金達莱飯店／金达莱饭店
きんだつらいはんてん／jīndálái fàndiàn

地元で有名な朝鮮冷麺の店
で、延吉にやってきた韓国人
観光客がよく利用する。普通
の冷麺が10～15元、朝鮮民
族冷麺が30元、高級冷麺が
50元となっている。さっぱ
りとして食べ応えがある。

MAP P.206-D4
住 海蘭路388号
TEL 2513634
営 9:00～22:00
休 無休
C 不可

寛窄成都／宽窄成都
かんさくせいと／kuānzhǎi chéngdōu

MAP P.206-D3
住 局子街87号
TEL 2223444
営 11:00～22:00
休 無休
C 不可

本格的な四川風火鍋の店。肉や野菜、麺などを選んで注文する方式。たれの種類は20種類以上あるので、自分の好みで選ぶ。激辛スープだけだとつらいので、白湯スープも頼んでおこう。

呉氏包飯／吴氏包饭
ごしほうはん／wúshì bāofàn

MAP P.206-D2
住 局子街(百貨大楼北大超市対面)
TEL 2632323
営 9:00～21:00
休 月曜
C 不可

延吉ではたいていの韓国料理を食べられるが、ここはゆでた豚肉をキムチやニンニク、特製味噌などと一緒に野菜で包んで食べるポッサムの専門店。野菜をたくさん食べられるので、ヘルシーだ。

李海玉醤湯王／李海玉酱汤王
りかいぎょくしょうとうおう／lǐhǎiyù jiàngtāngwáng

地元でも有名な李海玉さんが始めたおいしい味噌チゲの店。特製味噌を使った具だくさんのチゲは、これだけでおかずになる。雑穀入りのご飯とよく合う。

MAP P.206-D3
住 豊功胡同
TEL 832966
営 5:00～翌1:30
休 無休
C 不可

梅花狗肉館／梅花狗肉馆
ばいかにくかん／méihuā gǒuròuguǎn

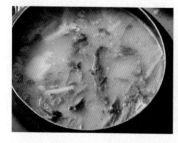

延辺名物の狗肉鍋の有名店。スパイスの利いた特製スープと味噌だれで味わう狗肉は思いのほか芳醇で、新鮮な食感が味わえる。延辺に来たら一度は試してほしい。炒め料理や麺類、酒類なども豊富。

MAP 地図外(P.206-E3右)
住 人民路1860号
TEL 2528421
営 7:00～22:00
休 無休
C 不可

愛久亜／爱久亚
あくあ／àijiǔyà

延吉市内に4店をもつ日本料理店で、本店は延辺大学正門の向かいにある。延辺在住11年の鈴木友広さんが経営。天ぷらや刺身定食など、何でもあるが、8月以降は松茸料理がおすすめ。

MAP P.206-B3
住 公園路大学城B棟5階
TEL 13844777389(携帯：鈴木)
営 9:00～21:00
休 無休
C 不可

銘匯洗浴会館／铭汇洗浴会馆
めいかいせんよくかいかん／mínghuì xǐyù huìguǎn

市内中心部に位置し、何より安いのがうれしいサウナ。店内は清潔で、安心して利用できる。旅の疲れを取りたいなら、足マッサージとのセットがおすすめだ。垢すりもしてくれる。

MAP P.206-D3
住 局子街80号
TEL 2521888
営 24時間
休 無休
料 入浴39元、入浴＋足マッサージ45分58元、垢すり30元
C 不可

益健中医按摩／益健中医按摩
えきけんちゅういあんま／yìjiàn zhōngyī ànmó

日本在住経験のある延吉生まれの方仁善さんが経営するマッサージ店。市内中心から少し離れているが、優秀なマッサージ師による専門的な施術を体験できる。料金もリーズナブルなので、予約して行こう。

MAP P.206-D2
住 新村路と北安胡同の交差店
TEL 18743309164（携帯、日本語可）
X-ル fangrenshan37@yahoo.co.jp（日本語可）
開 9:00～21:00　休 無休
料 全身60分80元、足裏50分60元
C 不可

延辺日中文化交流センター／延边日中文化交流中心
えんべんにっちゅうぶんかこうりゅう　　　　／yánbiān rìzhōng wénhuà jiāoliú zhōngxīn

京都留学経験のある崔明玉さんと延辺在住日本人が共同で立ち上げた日本人旅行者と滞在者向けのサポート組織。延吉市内の半日観光や延辺朝鮮族自治州における民俗、国境、長白山観光（宿泊、専用車、列車・航空券手配、通訳ガイド、食事）、延辺大学への長短期留学手続き、短期語学研修、ビジネスサポート支援業務など幅広く扱っている。延辺は北朝鮮とロシアに国境を接する地域。朝鮮族が多く住み、中国と朝鮮の文化が溶け合ってよそでは味わえない体験をできるだろう。センターには延辺日本人会の事務局もあり、日本語での対応も問題ない。ウェブサイトに詳しい情報が載っているので、参照のこと。

MAP P.206-D3
住 愛丹路538号延弘大厦1-2405号
※訪問の際は事前にメール、電話で連絡のこと
TEL 2738336、13944395303（携帯：崔明玉）
FAX 2738336　開 9:00～17:00
休 無休
C 不可
URL yanbian-city.in
X-ル cmy1107@hotmail.com（日本語可）

1中国朝鮮族民俗園で歌う地元の女性　2伝統的な朝鮮民家は味わいがある　3センターの主要メンバー。いちばん左が崔明玉さん。延辺大学、延辺博物館、中国朝鮮族民俗園、西市場、延辺民族食品会館を訪ねる1日ツアーも催行中

韓国料理好きなら
試してみたい

延辺
朝鮮族
料理ガイド

延辺朝鮮族料理は、中国に暮らす朝鮮族が普段食べている味。
基本は韓国料理と同じだが、韓国でも地方によって
味が変わるように、延辺独自の食材やメニューがある。

取材協力／延辺日中文化交流センター

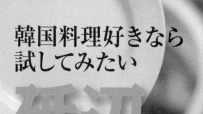

1 地酒はコーリャン酒「高粱村」
2 名物タッコンは汁なし参鶏湯
で、いち押しのメニューだ
3 市場で売られる真っ赤なキムチ
は韓国とのつながりを感じさせる
4 とにかく種類が豊富

見た目も味も優しく日本人の口に合う
延辺朝鮮族料理図鑑

日本でもエスニックグルメ通の間で延辺料理が話題になっている。本場、延辺を代表するレストランの人気メニューを紹介しよう。

延辺串焼き

延辺串焼きの特徴は、クミンなど複数のスパイスを混ぜ合わせた特製調味料を付けること。味に深みがある。(白玉串城→P.211)

タッコン (鶏飯)

ホクホクでモチモチのタッコンは、地鶏のうまみと延辺産のもち米がマッチしてたまらない一品。

ジャガイモチヂミ (土豆煎餅)

ジャガイモのでんぷん質を生かした素朴な料理だが、ヨモギの葉を練り込むなどひと工夫で食感と香りが変わる。

スンデ (猪肉米腸)

韓国ではあまり見られないもち米入り豚の腸詰めのスンデ。酒のつまみとしてもいける。(梅花狗肉館→P.212)

トウモロコシ麺 (玉米温麺)

串焼きのシメはトウモロコシ麺で、というのが延辺風。汁なし麺も人気だ。(白玉串城→P.211)

延辺冷麺

淡白なスープの味つけが日本人好み。延辺はお米もおいしいので主食の選択に迷う。

延辺風山菜炒め (炒蕨菜)

長白山山麓で採れた山菜を軽く炒めるのが延辺風。山菜の種類が豊富な土地だけに、味わい深い一品だ。(柳京館→P.210)

狗鍋 (補身湯)

名物の狗肉鍋。軟らかく煮た食用の狗肉をスープに入れ、特製だれをつけて食べる。(梅花狗肉館→P.212)

中朝国境に位置する町

吉林省

市外局番 | 0433

图们 Tú Mén

图們

とちん

ロシア

黒龍江省
内蒙古自治区・ハルビン
吉林省・長春　图們
モンゴル
瀋陽・遼寧省　北朝鮮
・フフホト　北京
韓国

基本データ

●図們市	
人口	12万人
面積	1142km²

市公安局外事処
（市公安局外事処）
MAP P.217-B2
住 図們大路
TEL 3668617
開 8:30～11:30、
13:30～16:30
休 土・日曜、祝日
観光ビザの延長は不可

市人民医院
（市人民医院）
MAP P.217-C2
住 口岸大街1408号
TEL 6129021
開 8:30～11:30、
13:30～17:00
休 日曜、祝日
救急は24時間対応

●**市内交通**
【路線バス】
運行時間の目安は6:30～18:30、
1元
【タクシー】
市内は一律5元。郊外に行く
場合は要交渉

▲琿春ではロシア人の姿をよく
見かける

▲日光山森林公園の展望台から
眺める中朝国境。川の対岸が北
朝鮮南陽の町並み

概要と歩き方

▲遊覧船（→P.218）の上から眺める図們の国境ゲートと大橋

　図們は、延辺朝鮮族自治州の東部にある国境の町で、図們江を挟んだ対岸は、北朝鮮（朝鮮民主主義人民共和国）南陽市だ。住民の構成は、朝鮮族59％、漢族40％、残りの1％が満洲族、回族、モンゴル族（蒙古族）などの少数民族。1965年に図們市となった。

　ずいぶん以前から中国、北朝鮮、ロシア、日本の間で図們江下流域の開発計画が叫ばれているが、現在は棚上げされたままになっている。図們は小さい町で、観光は徒歩でも十分だが、バスやタクシーを利用すると楽。また、繁華街は解放路と図們大路の一帯で、観光ポイントは図們江沿いに集まっている。中朝国境ゲートのある図們大橋のたもとからは、対岸の北朝鮮の町並みを見渡せる。図們江の川岸に沿って図們江公園があり、川辺を散策できるほか、図們江広場にはみやげ物屋やカフェ、朝鮮族の文化に関する博物館がある。国境の往来は多くなく、国境を挟んだ経済格差は両岸の景観を大きく変えている。

気温は℃、降水量はmm

	1月	2月	3月	4月	5月	6月	7月	8月	9月	10月	11月	12月
平均最高気温	-7.2	-3.1	4.9	14.8	21.6	24.0	26.6	26.9	22.0	14.7	3.7	-4.9
平均最低気温	-19.9	-17.0	-8.8	-0.5	6.5	12.5	16.9	16.9	8.9	0.0	-8.5	-16.9
平均気温	-14.3	-10.6	-2.4	6.6	13.5	17.8	21.6	21.5	14.8	6.8	-3.0	-11.4
平均降水量	4.1	4.9	10.7	23.4	49.4	82.0	98.6	122.8	67.4	28.4	13.3	5.7

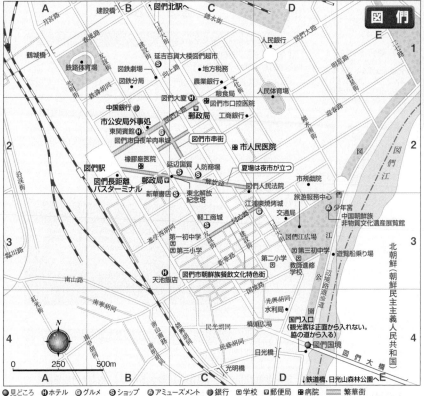

図們

凡例： ●見どころ　**日**ホテル　**G**グルメ　**S**ショップ　**A**アミューズメント　**⊕**銀行　**図**学校　**日**郵便局　**田**病院　▬▬▬ 繁華街

Access

中国国内の移動→P.318　鉄道時刻表検索→P.319

鉄道　長図線の終点駅であり図佳線の起点駅である図們駅を利用する。2015年に開通した長春からの高速鉄道は図們北駅を利用する。

所要時間(目安) 長春駅(cc)／動車3時間　吉林駅(jl)／動車2時間30分　瀋陽駅(sy)／高鉄4時間20分　ハルビン駅(heb)／動車4時間30分　延吉駅(yj)／高鉄15分

バス　図們駅そばの図們長距離バスターミナルを利用する。

所要時間(目安) 延吉／1時間　琿春／1時間

Data

図們駅(图们火车站)
MAP P.217-A2
住光明街18号　**TEL**共通電話＝12306　**営**3:30～22:55
移動手段タクシー／(図們国境～図們駅)8元、所要6分が目安　路線バス／1、3、5、6、7、8路「火车站」
鉄道

図們北駅(图们北站)
MAP 地図外(P.217-B1上)
住月晴鎮曲水村　**TEL**共通電話＝12306　**営**5:00～22:30
移動手段タクシー／(図們駅～図們北駅)20元、所要20分が目安　路線バス／9路「图们北站」
バス

図們長距離バスターミナル(图们长途客运总站)
MAP P.217-B2
住光明街635号　**TEL**3625447
営6:00～19:00
移動手段タクシー／(図們国境～バスターミナル)8元、所要6分が目安　路線バス／1、3、5、6、7、8路「火车站」　延吉行き約20分間隔(最終19:00)、琿春行き約20分間隔(最終19:00)、牡丹江行き10:30

図們国境

MAP P.217-D4

住 口岸大街
開 8:00～18:00
休 なし
料 20元(国門に上る場合)
アクセス 2、7、8路バス「国門」
※ 2018年9月現在、国門に外国人が上ることは禁じられている。図們江沿いの展望台には、南側の路地を通って行ける

▲イカダ型遊覧船が人気(60元)

▲橋の下のオレンジ色までが中国領、ブルーは北朝鮮領

▲国境遊覧船乗り場から見る北朝鮮の山々

琿春

MAP P.159-I5

住 延辺朝鮮族自治州琿春市
アクセス 延吉西駅から高速鉄道「琿春」、所要40分が目安

▲ロシア人の買い物の町となっている

◲　　　見どころ　　　◳

図們国境／图们国境

ともんこっきょう／túmén guójìng

間近に北朝鮮が望める国境

対岸の北朝鮮との間に図們大橋が架かる国境ゲート。大橋の真ん中までが中国領なので、そこまで歩いていける。多くの中国人観光客が記念撮影を楽しんでいる。ゲートの屋上は展望台。双眼鏡も設置されているので、北朝鮮の町並みをじっくり観察できる。内部には売店も設置されており、北朝鮮の切手やお金、人参製品などを買うことができる。なお、国際情勢により見学ができない場合もある。また、川辺を散策できる遊歩道が整備され、鉄道橋のあたりまで自由に行ける。

▲2018年9月現在、図們大橋の南側に新しい架橋を建設中

琿春／珲春

こんしゅん／húnchūn

ロシアと北朝鮮との国境の町

延辺朝鮮族自治州の東端に位置する町で、南は図們江を隔てて北朝鮮の羅先特別市と接し、東はロシア沿海地方と国境を接している。8世紀には渤海国が八連城をおいた。以後、清朝を興す女真族の暮らす地域だった。今では、市内にはロシアから訪れた観光客の姿をよく見かけ、ロシア語やハングル併記の看板も多い。

▲ロシア風の町並みが続く欧式街

Gourmet

朝鮮大同江冷麺／朝鮮大同江冷面

ちょうせんだいどうこうれいめん／cháoxiǎn dàtóngjiāng lěngmiàn

MAP P.159-I5

住 琿春市沿河西街琿春盛博大酒店1階
TEL (0433)7628188
営 10:30～20:00
休 無休
C 不可

琿春市内にある琿春盛博大酒店に入店している冷麺食堂で、平壌冷麺を16元で食べられると話題の店。ほかにも朝鮮風の温麺や汁なし麺もある。北朝鮮の大同江ビールも20元で飲める。

COLUMN

延辺の国境沿いドライブ

　吉林省東端に位置する延辺朝鮮族自治州は、図們江（豆満江）沿いにロシアや北朝鮮（朝鮮民主主義人民共和国）と国境を接している。国境沿いの道路を車で走ると、対岸の北朝鮮の山々が見渡せる。かつては以下に紹介する中朝間の橋梁や断橋を訪問することができたが、2018年9月現在、圏河橋を除くと、訪問できなくなった。2013年以降、外国人が国境付近を訪ねることに中国当局が敏感になっているからだ。だが、図們から琿春にかけての国境沿いの風景はのどかで美しい。高速道路だと内陸を走るので、この風景は見られない。現地事情に詳しい旅行会社（→P.213）などで車をチャーターしてドライブを楽しむことをおすすめする。

①穏城大橋（図們市涼水鎮）

　中国の涼水鎮と北朝鮮の穏城（オンソン）郡に架かる橋で、昭和12年（1937年）に日本が造った橋梁。ソ連進軍の際、日本側が橋を破壊したといわれている。

②甩湾子橋（琿春市密江郷）

　穏城大橋が中国側で落ちているのに対し、この橋はかなり北朝鮮に近い所で落ちている。

③圏河橋
（琿春市圏河口岸）

　1937年に竣工した橋で中国の圏河と北朝鮮の元汀里を結ぶ。北朝鮮の羅先市（ラソン）との交易をより充実させるため、整備された。

④防川展望台
（琿春市防川）

　ロシアと北朝鮮、中国が国境を接するビューポイント。近くには張鼓峰事件の戦場となった張鼓峰もあるが、こちらも訪問不可。

▲対岸の砂州はもう北朝鮮だ

▲穏城大橋

▲甩湾子橋

▲圏河橋（琿春市圏河口岸）

延辺からウラジオストクへ

延辺朝鮮族自治州からお隣のロシア沿海地方には国際バスで行くことができる。

バスのチケットは延吉や琿春のバスターミナルで購入する。延吉からだとウスリースク行きが1日1便しかなく、途中で乗り換えが必要だ。琿春からだと、ロシア国境の少し先のスラビャンカ行きが1日数本出ていて、そこでウラジオストク行きのバスに乗り換えることになる。

バスに乗ると、まず琿春のイミグレーションに向かう。そこでロシア人と一緒に出国手続きをし、次はそこから少し先にあるロシアのイミグレーションで入国手続きをする。乗客全員の手続きが済まないとバスは発車しないので、場合によっては1時間以上かかることも。

車窓の風景を眺めていると、同じ気候風土でありながら、中国とロシアでこんなに大きく変わってしまうのかと驚くほどだ。そして、中国からロシアに入ると、時計が2時間進む。ボーダーツーリズム

の醍醐味を味わえるだろう。

所要時間の目安だが、延吉を朝7時に出ると、ウラジオストク到着は現地時間の18時(中国時間は16時)頃になる。途中の乗り換え町でランチを食べたり、バスをのんびり待ったり、1日がかりの旅になる。

2017年8月からロシア沿海地方に空路や航路で入国する際、日本人に対して電子簡易ビザの制度(→P.297)が適用されることになった。ただし、陸路の場合は、2018年9月現在、ロシア側のイミグレーションが電子簡易ビザに対応できていないため、従来どおり、ロシア大使館で観光ビザを取得する必要がある。今後、陸路でも電子簡易ビザが適用されると、中ロ国境越えがもっと便利になるだろう。

1 中国側琿春のイミグレーション。ロシア行きのバスが通る 2 バスの中はロシア人が多い 3 国境を越えると、風景が一変。開墾されていない自然がそのまま残る 4 ウラジオストクに近づくと、渋滞が始まった

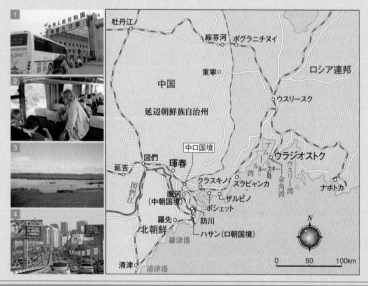

黒龍江省

こくりゅうこうしょう

黒龙江省

hēi lóng jiāng shěng

ハルビン氷雪祭りには雪の彫刻展もある（雪博覧会）

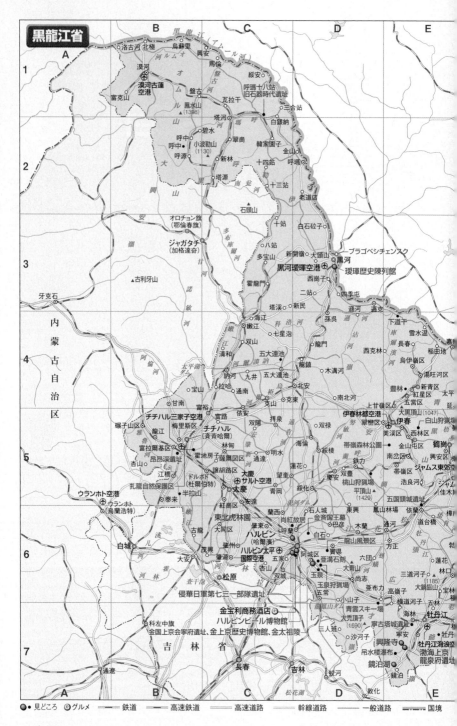

洛古河 北極
烏蘇里
興安
黒龍江
アムール河
馬倫
綏安
漢河
漢河古蓮空港
富克山
鳳水山
(1398)
呼瑪十八站
旧石器時代遺址
瓦拉干
三合站
白銀納
盤古
碧水
呼中
翠崗
韓家園子
金山
呼中
小波勒山
(1130)
呼源
新林
十四站
呼瑪
塔源
十三站
老道店
石頭山
十站
白石砕子
オロチョン旗
(鄂倫春旗)
九站
プラゴベシチェンスク
ジャガタチ
(加格達奇)
八宝山
新開嶺
大頭山
黒河
黒河瑷琿空港
瑷琿歴史陳列館
多宝山
霍龍門
西崗子
古利牙山
塔渓
新民
二站
四季屯
遜河
遜克
下道干
雪水温
牙克石
海江
嫩江
科星泡
孫呉
通河
長春
稲田地
内蒙古自治区
双山
七星泡
龍門
西克林
烏伊嶺区
湯旺河区
清和
五大連池
五大連池
龍鎮
木溝河
南北河
豊林
上甘嶺区
新青区
紅星区
太平
訥河
九井
北安
五営区
甘南
拉哈
通南
克東
伊春林郡空港
伊春
大黒頂山
(1047)
白山狩猟場
富裕
宝山
依安
拝泉
双禄
翠巒区
美渓区
金山屯区
黒竜
西林区
鶴崗
チチハル三家子空港
梅里斯区
富路
海倫
綏棱
帯嶺森林公園
鉄力
帯嶺区
興安区
ジャムス東郊区
チチハル
(斉斉哈爾)
龍江
砕子山区
林甸
明水
蓮花
双鴨山
桃山狩猟場
浩良河
ジャム
(佳木)
杏山
富拉爾基区
昂昂渓区
薩爾図区
紅崗区
林甸
電地房子
通遠
青岡
蘭西
平頂山
(1429)
五国頭城遺址
依蘭
道台橋
ドルボド
(杜爾伯特)
半拉山
大慶
サルト空港
大慶
肇東
安達
青岡
綏化
東興
鳳山林場
張広
ウランホト空港
奉来
扎龍自然保護区
東北虎林園
肇州
金斉国王墓
石人城
巴彦
木蘭
通河
方正
蓮花
三道河子
(1185)
林口
白城
古龍
大同区
肇州
呼蘭
白石
龍山風景区
ウランホト
(烏蘭浩特)
大安
肇源
茂興
ハルビン
(哈爾濱)
賓県
亜布力
大鍋盔山
宝林
松原
ハルビン太平
国際空港
五常
双城
阿城区
亜満石窟
玉泉
大青山
玉泉狩猟場
六団
尚志
亜布力
高嶺子
五林
横道河子
海林
牡丹江
侵華日軍第七三一部隊遺址
科左中旗
金宝利商務酒店
ハルビンビール博物館
金国上京会寧府遺址、金上京歴史博物館、金太祖陵
五常
三人班
小山子
青雲スキー場
大禿頂山
(1690)
沙河子
牡丹
牡丹江海浪空港
渤海上京
龍泉府遺址
興隆寺
寧安
通遼
吊水楼瀑布
鏡泊湖
鏡泊
牡丹江
敦化
吉林省
長春
吉林
蛟河
松花江
敦化

●● 見どころ　◎ グルメ　━━━ 鉄道　━━━ 高速鉄道　━━━ 高速道路　━━━ 幹線道路　━━━ 一般道路　━━━ 国境

▲中ロ国境を流れる黒龍江（黒河）

▲氷雪祭りの時期、ハルビンでは町中に氷の彫刻ができる

▲渤海上京龍泉府遺址（牡丹江）

▲中ロの国境に位置する興凱湖は海のよう

▲日本軍が建設した虎頭要塞は現在博物館になっている（虎林）

------- 省境　⊕ 空港

223

東方の小パリと呼ばれる黒龍江省の省都

黒龍江省

市外局番 | 0451

哈尔滨 Hā ěr Bīn

ハルビン

ロシア

黒龍江省
ハルビン
内蒙古自治区
吉林省 ●長春
瀋陽●
フフホト ●遼寧省 北朝鮮
●北京
韓国

基本データ

●ハルビン市

人口	994万人
面積	5万3186km²

市公安局出入境外国人管理処
（市公安局出入境外国人管理処）
MAP P.226-C2
🏠 道里区工程街2号
☎ 87661130
🕐 8:30～11:30、
　13:30～16:30
休 土・日曜、祝日
観光ビザを最長30日間延長可
能、手数料160元

ハルビン医科大学付属第一医院
（哈尔滨医科大学附属第一医院）
MAP P.226-E4
🏠 南崗区東大直街199号
☎ 85556000
🕐 24時間
休 無休
URL www.54dr.org.cn

▲中国のLCC春秋航空は成田～
ハルビン便を運航

▲夏は遊覧船が行き交う松花江
も冬は氷結する

▲ハルビンの老舗レストラン「老
厨家」（→P.247）ではロシアの発
酵飲料クワスを飲める

224

概 要 と 歩 き 方

▲20世紀初頭に生まれた中央大街。冬の美しさも格別

　シベリア鉄道によってはるかモスクワへと通じる北東アジア
の交通の要衝のひとつであるハルビンは、中国で最も北部に位
置する行政区画、黒龍江省の省都である。

　ハルビンは大陸性季節風気候に属し、四季がはっきりしてい
るが、冬が長くて夏は短い。1年で最も寒い1月の平均気温は－
19.3℃、最も暑い7月の平均気温が23.1℃と、東北地方のなかで
も冬場はかなり冷え込む。毎年1月初めから開催される氷雪祭
り（→P.237）は国内外ともに有名で、冬の風物詩として多くの
観光客を集めている。

　19世紀末まで小さな漁村にすぎなかったハルビンに劇的な変
化を生じさせたのが、清朝と帝政ロシアの間で結ばれた不平等
条約（1896年の李鴻章・ロマノフ条約と1898年の遼東半島租借
条約）によって敷設が許された東清鉄道だ。これによって帝政
ロシアは鉄道の敷設、町の建設を開始した。ハルビンはその中

気温は℃、降水量はmm

	1月	2月	3月	4月	5月	6月	7月	8月	9月	10月	11月	12月
平均最高気温	-13.3	-8.4	1.1	12.5	20.7	25.8	28.1	26.6	20.5	11.9	-0.5	-10.4
平均最低気温	-25.2	-21.6	-11.3	-0.3	7.3	13.8	18.1	16.4	8.7	0.0	-11.1	-21.1
平均気温	-19.3	-15.1	-5.1	6.1	14.0	19.8	23.1	21.5	14.7	6.0	-5.7	-15.8
平均降水量	4.0	5.2	10.5	22.2	42.5	88.7	155.7	117.1	60.7	28.1	9.7	5.2

心として、人口が急激に増え、近代都市として大きな変貌を遂げた。

ロシア革命に始まる混乱が収束した1920年代後半には、ロシアを除く欧米企業の支店は1000を超え、秋林公司や馬迭爾賓館（モデルンホテル）といった現在も残る

▲美しい松花江の夕景。遊覧船も人気

著名な欧風建築が数多く建てられた。その結果、今日のハルビンは「東方のモスクワ（東方莫斯科）」、「東方の小パリ（東方小巴黎）」などと呼ばれている。

現在でも中央大街に残る旧松浦洋行の建物（現ハルビン観光サービスセンター）を中心に日本の活動も跡を残すが、ロシアや欧米に比べハルビン進出は出遅れていた。1914年当時ロシア人（ユダヤ人を含む）約3万4000人に対して日本人は約700人、1925年でもロシア人約9万3000人、中国人約21万3000人、日本人約3300人という具合だった。この流れが変わったのは、満洲事変（1931年）で関東軍が中国東北地方を掌握し、1932年に満洲国が成立してから。以後1945年まで実質的に日本の支配下におかれ、七三一部隊の人体実験など、中国人に対する非人道的な行為も行われた。

さて、現在のハルビンの特徴は、ロシア風の町並みがよみがえっていること。そして、ハルビン人のビール好きだ。ハルビンビールは1900年にビールの生産を始め（青島より早い）、都市別に見たビール消費量は、中国一多いという。

ハルビンの見どころは、ほとんど市街区に集中している。まずは中央大街（旧キタイスカヤ）の散策から始めよう。モデルンホテルをはじめ多くの欧風建築が建ち並ぶ石畳の歩行者天国は、ショップやレストランも多く、夜遅くまで地元の人たちでにぎわっている。中央大街を北に向かうと、斯大林（スターリン）公園。眼前には松花江が悠々と流れている。松花江の対岸にある太陽島公園へは、船着場から出ている船やロープウエイ、徒歩などで行ける。太陽島側には中国版サファリパークともいえる東北虎林園もある。夏はビール祭り、冬は氷雪祭りの会場となる。もうひとつの繁華街は地下鉄の走る東大直街で、老舗デパートの秋林公司がある。

このほか、古い建築に興味がある人は、アールヌーボー建築が残る西大直街のハルビン鉄路博物館周辺（MAP P.226-D5）、旧中国人地区の老道外中華バロック歴史文化区周辺（MAP P.226-E2）を歩いて町並みを眺めてみてはどうだろう。

▲地元ハルビンビールは9種類のタイプがある。博物館（→P.240）もできた

▲旧シナゴーグは現在「老会堂音楽庁」でコンサートも開催される

▲ハルビンでロシア人をよく見かけるようになった

▲旧ユダヤ人学校は現在、グラズノフ音楽芸術学校（MAP P.226-C2）として使われている

▲黒龍江省出身の山水画家で雪の風景を描かせると当代一といわれる于志学。彼の作品を展示する于志学美術館（→P.250）の建築は超モダンなデザインだ

▲文革期に取り壊された中央寺院（現紅博広場MAP P.226-D4）1930年代の絵はがき

▲ハルビン郊外の香坊駅は1925年建造のルネサンス式建築

225

ハルビン（哈爾濱）

A
- ハルビン極地館
- 氷雪大世界、
- ⑪ケンピンスキーホテル ハルビン、
- ⚠ハルビン国際ビール祭りへ
- 旧キタイスカヤ。この通りに多くの欧風建築物が建ち並ぶ
- 市公安局出入境外国人管理处
- ハルビン北駅へ
- 如家精選酒店ハルビン中央大街店 ⑪
- 老厨家
- シャングリ・ラ ホテル ハルビン
- 黒龍江省新世紀国際旅行社
- ハルビン市グラズノフ音楽芸術学校
- 菱建物業商務写字楼
- 老会堂音楽庁（旧シナゴーグ）
- ハルビン市建築芸術館分館（旧ユダヤ教新シナゴーグ）
- 旧東清鉄道車両工場、給水塔
- 星ლ名廉 ⑪
- ホリディ・イン ハルビン ⑪
- 安重根記念館
- 道里区
- 東方餃子王 ⑤
- 崑崙大酒店 ⑪
- ハルビン西駅行き96路バス
- 338、343路バス
- エアポートバス発着地点
- 601路バス
- 龍門大廈（貴賓楼がⅡヤマトホテル）⑪
- 龍門貴賓楼酒店
- 関東古巷へ
- ハルビン鉄路博物館（旧東清鉄道本社）
- ⑪ワシダ レアルム ハルビン
- ハルビン西駅へ
- 哈工大
- このあたりにアールヌーボー様式の旧東清鉄道職員住宅が残る
- 西大橋
- 和興路
- 清濱公園
- 学府路
- 南崗区
- ハルビン師範大学
- ハルビン理工大学
- 理工大学 A

B
- 太陽島公園
- ハルビン新潟友誼園
- ライラック園
- 黒竜科大劇院
- 俄羅斯風情小鎮
- 太陽島百貨商店
- 江畔餐庁（旧松花江駅舎）
- 松花江スローブウェイ
- 九站埠頭
- 亜道古魯布水岸餐庁（旧東清鉄道ヨットクラブ）⑪
- 哈爾濱游泳宮 ⑪
- 龍運饅館 ⑪
- ハルビン駅
- 駅前広場
- 南崗バスターミナル
- 阵上绿車吧
- 安発橋
- ハルビン工業大学
- 大直街立体橋
- 旧ハルビン駐在関東軍司令部
- ハルビン南崗博物館
- 国展・正大購物中心
- カルフール
- ポストホテル
- 黒龍江省博物館
- ハルビン理工大学
- 東北林業大学

C
- 東北虎林園へ
- 太陽島街
- ハルビン新凱莱花園大酒店 ⑪
- カチューシャ
- 防洪紀念塔
- 尚志胡同
- 新華書店（旧前田時計宝石店）
- 中医街
- 兆麟公園
- 兆麟小学（旧桃山小学校）
- 黒龍江省美術館（旧横浜正金銀行）
- 聖ソフィア大聖堂（建築芸術館）
- 革命領袖視察黒龍江省紀念館
- 旧ハルビン日本特務機関
- 旧満鉄病院
- 華融飯店 ⑪
- 旧日本領事館
- 鉄路局
- 南崗区

D
- 宏鳴火鍋 ⑤
- 濱洲鉄路橋
- 松花江特大橋
- 省児童少年活動中心
- 麦田国際青年旅舎 ⑪
- 張包舗 ⑤
- ハルビン京劇院
- 正陽錦江大酒店 ⑪
- ハルビン基督教堂へ
- 東北抗日烈士紀念碑
- ハルビン医科大学付属第一医院
- 東北烈士紀念館
- 医大院
- パワーホテル ⑪
- アジア映画院 ⑤
- 旧ウクライナ教会
- 博物館
- 旧東清鉄道管理局長官邸
- 中国銀行 ⑤
- 旧日本領事官邸
- 児童公園
- 国際飯店 ⑪（旧ホテル・ニュー・ハルビン）
- 紅博広場
- 波特曼西餐庁
- 旧アレクシイ教会（ハルビン天主教堂）
- 和平村賓館1号楼
- 秋林公司 ⑤
- ロシアパン作り展覧館
- 百事成花園食
- 旧花園小学校
- 天鵝航空公司
- エアポートバス発着地点
- ハルビン民航航空券売り場
- 香坊駅へ、ボルガ荘園、聖ニコライ教会へ

E
- ハルビンフェリーターミナルへ
- 老道外中華バロック歴史文化区
- 児童芸術劇院 ⚠
- 純化医院 ⑱
- 中東鉄道印書館
- ハルビン京劇院
- 松花江
- 宣化街
- 省政府
- ハルビン税
- 民航大廈
- 天鵝賓館
- 中山路

●・見どころ　⑪ホテル　⑤グルメ　⑤ショップ　⚠アミューズメント　⑤銀行　⑦旅行社　⑫学校　⑪郵便局　⑱病院　▨▨▨繁華街

F G H I J

江心島　　　松浦大橋　　　　　　松　花　江　　　　　　　江心島　東浜江橋

1

松花江造船廠

道台府

道外区
北十四道街
北十八道街　北新街
靖宇街
道外区府
崇倹街
靖宇街

海員街　　ハルビン港務局

東北新街

橋頭屯

2

哈黒路

水源路

南直立体橋

太平橋駅

臨堤街

橋頭三道街

35路バス　　安華街　　北園街　　平安街
新浜街　　太平北道街　　北樹七道街

交通学院

太平大街

平湖街

樹七八道街

三棵樹大街

三棵樹

3

旧ウスペンスキー教会
ハルビン游楽園
(旧ロシア人墓地)

東直路

太平公園

樺樹街
太平区政府

太平橋

七級浮屠塔

入口
入口　南通大街

南元頭路

ハルビン東駅　　ハルビン東駅

哈東路

北大直街

濱江駅

極楽寺

普照寺

哈煙包装材料工業
(旧ロバート煙草公司)

工程大学

ハルビン工程大学

旧関東軍陸軍病院

黒龍江省
軍区直属部隊

文廟
(黒龍江省民族博物館)

八一賓館

文廟路

宏南路

宏図路

宏偉路

武源街

南直路

南棵一道街

機路

鋳鋼街

道口頭道路

4

馬家溝河

馬端二道街

馬端街

大有坊街

古梨園

紅旗大街

衛星路

東棵街

5

先鋒立交橋

先鋒路

蕭山路

淮河路

海河東路

泰山路

ハルビン工業大学

黄河路

香坊区

黄河路

6

旧ハルビン学院

龍塔

華旗飯店

ハルビン国際会展体育中心

ハルビン
シェラトン香坊ホテルへ

福順天天
大酒店

ハルビン国際ゴルフ倶楽部

大潤発RT-Mart

万達広場

ソフィテル ワンダ ハルビン

老朴朝鮮風味

珠江賓館

省画院

7

0　　　　1　　　　2km

F G H I J

═══ 高速鉄道　　━━ 地下鉄1号線　　━━━ バス103路　　🚏バス停

Access

空港見取図→P.311　中国国内の移動→P.318　鉄道時刻表検索→P.319

✈ 飛行機　市区の南西40kmに位置するハルビン太平国際空港(HRB)を利用する。日中間運航便が3路線あるほか、韓国の仁川との間に毎日運航便がある。ターミナル新築工事にともない、国際線は専用ターミナルに移転した。国内線は主要都市との間に運航便がある。

国際線 成田(6便)、関西(3便)、新潟(3便)。

国内線 北京、上海、広州など主要都市との間に毎日運航便があるほか、黒河、ハイラル、満洲里、長白山、大連、伊春、ジャムス、撫遠、加格達奇、漠河、通遼などの東北地方内の便もある。

所要時間(目安) 北京首都(PEK)／1時間50分　上海浦東(PVG)／2時間40分　広州(CAN)／4時間30分～5時間20分　黒河(HEK)／1時間25分　ハイラル(HLD)／50分　満洲里(NZH)／1時間30分　長白山(NBS)／1時間30分　大連(DLC)／1時間40分　伊春(LDS)／55分　ジャムス(JMU)／1時間10分　撫遠(PYJ)／1時間20分　加格達奇(JGD)／1時間45分　漠河(OHE)／3時間20分

🚃 鉄道　ハルビン西駅またはハルビン駅、ハルビン東駅を利用する。ハルビン西駅からは、大連、瀋陽、長春、吉林、北京との間に高速鉄道が運行される。また2018年9月現在、ハルビン駅は工事中のため、チチハルやフルンボイル方面はハルビン北駅、黒河方面はハルビン東駅を利用する。2018年9月ハルビン～ジャムス間の高速鉄道が開通。12月にはハルビン～牡丹江高速鉄道も開通予定。

所要時間(夏ダイヤの目安) 大連北駅(dlb)／高鉄4時間15分(最速3時間30分)、瀋陽北駅(syb)／高鉄2時間15分　長春西駅(ccx)／高鉄1時間5分　吉林駅(jl)／高鉄1時間50分　北京駅(bj)／動車8時間　綏芬河駅(sfh)／快速(夜行)8時間　牡丹江駅(mdj)／快速5時間30分　黒河駅(hh)／快速(夜行)11時間30分　満洲里駅(mzl)／快速(夜行)13～15時間　ハイラル駅(hle)／快速(夜行)10時間30分～13時間40分

🚌 バス　ハルビン駅前にある南崗バスターミナルから黒龍江省各地への便が出ている。特に牡丹江、ジャムス、大慶、チチハルへの便が多い。また、高鉄ハルビン西駅に隣接したハルビン西バスターミナルからもハイラルや東京城へ数便が出ている。

所要時間(目安) 牡丹江／4時間30分　黒河／8時間　綏芬河／7時間　東寧／7時間

Data

飛行機
●ハルビン太平国際空港(哈尔滨太平国际机场)
MAP P.222-C6
住 太平鎮迎賓路　**TEL** 82894220
移動手段 エアポートバス／(機場快線)ハルビン駅へ随時運行、20元、所要1時間が目安。空港へは40分間隔(5:50～20:00)で運行
タクシー／(空港～ハルビン駅)120元＋高速代10元、所要40分が目安

▲ハルビン太平国際空港

鉄道
●ハルビン駅(哈尔滨火车站)
MAP P.226-D4
住 南崗区鉄路街1号　**TEL** 共通電話＝12306
移動手段 路線バス／2、6、7、8、11、13、16、21、28、64、74、94、101、103、107、108、109、120路ほか「哈站」

▲ハルビン駅北口。南口は工事中

●ハルビン西駅(哈尔滨西站)
MAP 地図外(P.226-A6左)
住 南崗区ハルビン大街501号　**TEL** 共通電話＝12306
移動手段 地下鉄3号線「哈尔滨西站」路線バス／11、31、96、120、124、602路ほか「哈西客站东广场」

▲高速鉄道が発着するハルビン西駅

バス
●南崗バスターミナル(南崗公路客运站)
MAP P.226-D4
住 南崗区春申街26号　**TEL** 53634528
営 4:30～18:00
移動手段 路線バス／2、6、7、8、11、13、14、16、21、28、64、74、94、101、103、107、108、109、120路ほか「哈站」
牡丹江行き20～30分間隔(5:40～18:00)、黒河行き1日4便、綏芬河行き1日2便、東寧行き1日1便。

▲南崗バスターミナルはハルビン駅前の正面にある

市内交通

タクシー

初乗り3km未満8元、3km以上500mごとに1元加算。さらに燃油代1元加算。

バス

路線バスはハルビンの重要な交通手段だ。高速鉄道のハルビン西駅もバスでアクセスできる。ハルビン西駅東広場の市内バスターミナルとハルビン駅を直結する96路(運賃2元)が便利。11路で「医大二院」駅、120路で「黒龍江大学」駅に出て地下鉄1号線に乗り継ぐこともできる。124路は市区北西の新陽路方面とを結ぶ。

旅行者に便利なのは中央大街と友誼路の交差点の東にある「防洪紀念塔」から出る、103だ。また、101路をはじめ8や16路などが利用しやすい。中央大街(西十二道街)〜ハルビン駅〜秋林公司を結ぶ13路も便利な路線のひとつだ。また、中華バロック建築を見られる道外七道街へは1、28、120路など。果戈里(ゴーゴリ)大街へは7、8、109路などを利用する。運行時間の目安は6:00〜21:30。運賃は、200番台までのバスは1元、空調付き2元、侵華日軍第731部隊遺址など郊外へ行く338、343、601路などは別運賃になる。

▼103路

松花江に面した「防洪紀念塔」(友誼路)と市東部の「市伝染病医院」を結ぶ路線バス。市内をほぼ南北に縦断するルートを走るため、観光に便利だ。運行時間は5:30〜22:00(22:00〜24:00は深夜バス「夜1路」として2元で運行)。中央大街東側の尚

志大街を南下しハルビン駅へ、さらに黒龍江省博物館を通る。

▲中央大街とハルビン駅を結ぶ103路

地下鉄

ハルビン東駅と南駅を結ぶ1号線と医大二院からハルビン西駅を結ぶ3号線が開通している。1号線は東大直街〜西大直街を通っている。運賃は8区まで2元、12区まで3元、それ以上は4元。6:00〜21:35に約5分間隔で運行される。今後は博物館駅からハルビン駅を通る2号線も計画中。

▲ハルビンの地下鉄1号線

▲中央大街からハルビン駅を経由し、東大直街の秋林公司を結ぶ13路

▲老道外中華バロック歴史文化区に行くなら1路が便利

交通学院
太平橋
樺樹街
工程大学
煙廠
医大一院
鉄路局
博物館
西大橋
哈工大
和興路
学府路
理工大学
黒龍江大学
医大二院
哈達
ハルビン東駅
ハルビン西駅
ハルビン大街
哈西大街
ハルビン南駅

(2018年9月現在)
━━ 地下鉄1号線
━━ 地下鉄3号線

ハルビン地下鉄路線図

中央大街

中央大街／中央大街
ちゅうおうたいがい／zhōngyāng dàjiē

中央大街
MAP P.226-C2～3
住 道里区中央大街
開 24時間 休 無休
料 無料
アクセス 8、16、23、74、101、
102、103、201バス「防
洪紀念塔」

▲かつての中央大街（1930年代の絵はがき）

帝政ロシア時代の名残をとどめる町並み

　1900年に建設が始められたハルビンを代表する歴史的な通りで、ロシア語で「キタイスカヤ（中国人街）」と呼ばれていた。1903年（清の光緒29年）帝政ロシアがこのエリアを鉄道付属地に組み入れてからは急速に開発が進み、欧米や日本の商店や銀行の並ぶ満洲有数の商業地となっていった。北は松花江から南は経緯街まで全長は1450m、幅は21.34m。1924年に敷き詰められた花崗岩の通りに沿って、当時の建築物が30棟ほど残っている。

　南端の2～10号にかけて立つ建築物は1914年建設の旧ハルビン一等郵便局、88～92号にあるのが1921年に建てられた旧カフェ

▲西五道街の旧ユダヤ病院

▲旧秋林洋行道里支店

▲モデルンホテル

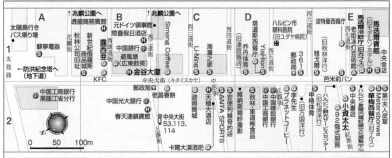

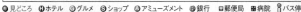
● 見どころ　Ｈ ホテル　Ｇ グルメ　Ｓ ショップ　Ａ アミューズメント　Ｂ 銀行　郵便局　病院　バス停

▲コの字形がユニークな旧万国洋行

▲旧松浦洋行

▲旧マルス

ミニアチュール、19〜23号にあるのが1923年に建てられた旧アグロフ洋行などなど。

そして、89号にあるのが中央大街を代表する1913年創建のモデルンホテル。107号にあるのは1919年創建の旧秋林洋行、120号にあるのがバロック式の旧松浦洋行（日系デパート）だ。

この通りは、ハルビン市によって保存建築物に指定されており、歴史的な建物には解説のプレート（英語、中国語）がはめ込まれている。興味のある人はプレートを確かめながら散策するのもいいだろう。

現在の中央大街は、ハルビン随一のショッピング街としてにぎわっている。古い建物が若者向けファッションの店になっていたり、中央商城などのモダンなショッピングセンターがあったり、華やいだ雰囲気だ。ロシア料理店や人気餃子店があるなど、レストランも充実している。

▲松浦洋行屋上から南方向を俯瞰（1930年代の絵はがき）

▲1930年代のモデルンホテル（満鉄パンフレット）

▲旧ハルビン市公署

▲旧ユダヤ国民銀行

▲旧アグロフ洋行

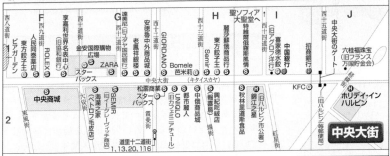

▲旧イー・グレーヴィッチ商店

▲旧カフェミニアチュール（後にヴィクトリア）

▲旧ハルビン一等郵便局

住 道里区透籠街88号
TEL 84684170
開 8:30〜16:45
※入場は閉館30分前まで
休 無休 料 20元
アクセス 8、13、28、74、116路
バス「建筑艺术广场」
※聖ソフィア大聖堂は改修工
事のため閉館中。工事終了
は2019年8月31日の予定

▲ハルビンの歴史を物語る大聖
堂の円形ドーム

ワンポイントアドバイス
●ハルビンの日本語ガイド
ハルビンにある黒龍江省新世
紀国際旅行社（→P.251）の呼
海友さんは日本語堪能で、黒
龍江省のみならず内モンゴル
やロシア旅行など相談にも
乗ってくれる。
メール hncits2006@yahoo.co.jp

▲呼海友さんはクラシック音楽
好き。日本にもよく来る

住 道里区経緯街162号
TEL 87630882
開 8:30〜16:45
休 無休 料 25元
アクセス 2、13、113、114、126
路バス「通江街」

▲館内の窓にもヘキサグラムの
デザインが採用されている

▲ハルビン市建築芸術館分館な
どユダヤ関係の施設は通江街に
集中している

聖ソフィア大聖堂／圣索菲亚大教堂
せい　　　　　　だいせいどう／shèng suǒfēiyà dàjiàotáng

ハルビンを代表する欧風建築物

　ネギ坊主形のドーム屋根にれんがの外壁。兆麟街でもひときわひとめを引くロシア正教の教会である聖ソフィア大聖堂は、ハルビン随一の観光名所となっている。

　寺院の歴史は、1907年3月、帝政ロシア兵士の従軍用教会として創建されたのが始まり。その後もロシアの茶商人の出資などを経て、拡張工事が行われ、教会は1932年に現在の規模になった。高さ53.35m、建築面積721㎡。ビザンチン様式建築の影響を深く受けたこの教会は、2000人もの信者を収容することができたといわれている。

　教会内はハルビン市建築芸術館として公開されており、「東方のモスクワ」、「東方の小パリ」と呼ばれるゆえんを、ハルビン市内の建築物の写真や模型、絵画などを使って説明している。またパソコンを用いてそれぞれの建築物の情報発信も行われている。

▲2001年の修復により美しくよみがえった聖堂

ハルビン市建築芸術館分館(旧ユダヤ教新シナゴーグ)／哈尔滨市建筑艺术馆分馆
しけんちくげいじゅつかんぶんかん／hāěrbīnshì jiànzhù yìshùguǎn fēnguǎn

ハルビンのユダヤ人社会についての展示が秀逸

　もともとは1918年にできたユダヤ教の礼拝堂（新シナゴーグ）であり、高さ23.6m、面積2400㎡を誇る中国で最大規模のユダヤ教施設であった。2004年からの修復作業により復元され、建築芸術とハルビンにおけるユダヤ人の足跡を展示する施設となっている。注目は2階と3階にあるユダヤ人関連の展示で、かつての名士やユダヤ人関連施設について新旧の写真を交えて細かく解説してある。ハルビンに住んでいたユダヤ人の大半は1950年までにソ連やアメリカ、あるいはイスラエルに移住して中国を去ったが、1940年代までのハルビン経済は彼らにより支えられていたことがよくわかる。

▲展示スペースの中心に描かれるユダヤを象徴するヘキサグラム(六芒星)

ハルビン教会巡り

現在、ハルビンのシンボルとなっているのは聖ソフィア大聖堂（→P.232）だが、それ以外にもいくつかの教会が現存している。その多くは19世紀末から20世紀初頭にかけてこの地に移り住んだロシア人が建てたものだ。彼らは満洲に鉄道を敷き、植民都市を次々に建設したが、駅のそばには必ずロシア正教の聖堂を建てた。聖堂は礼拝施設だけでなく、慈善活動や教育などロシア人社会をまとめる重要な場だった。とりわけロシア革命（1917年）以降、宗教が否定された本国から遠く離れたロシア人たちにとって強い精神的支えとなっていた。ロシア人は満洲国崩壊後もしばらくハルビンに暮らしていたが、1954年本国への帰還を許され、ほとんどがソ連に戻った。ロシア聖堂としての活動はこれで終わり、1966年に始まった文化大革命によって多くの聖堂が破壊され、撤去された。

中国人信徒の礼拝の場として

そのうち現存するのは、旧ウクライナ教会（現「中華東正教会ハルビン教会」。1930年創建のロシア聖堂。MAP P.226-E4）や旧ウスペンスキー教会（1908年創建のロシア聖堂。MAP P.227-G3）、旧アレクシイ教会（現「ハルビン天主教堂」。1935年創建のロシア教会。MAP P.226-E5）などだ。なかでも旧ウクライナ教会（東方正教会）と旧アレクシイ教会（カトリック教会）は、現在でも中国人信徒の礼拝の場として使われている。ハルビンにはロシア人以外にも多くの外国人が住んでいたため、プロテスタント教会やユダヤ教会も残っている。旧ウクライナ教会の隣に立っているハルビン基督教堂（1916年創建のドイツ系プロテスタント教会。MAP P.226-E4）はドイツ人が建てたものだ。

1 ウクライナ教会（東大直街268号）　2 ウスペンスキー教会（ハルビン游楽園内）　3 ハルビン基督教堂（東大直街252号）　4 ハルビン天主教堂（士課街211号）

黒龍江省博物館

MAP P.226-D4

住 南崗区紅軍街64号
TEL 53644151
開 9:00～15:30
※入場は閉館の1時間前まで
休 月曜
料 無料
※パスポートを提示して入場
券をもらう
アクセス 地下鉄1号線「博物館」
　7、13、16、21、28、32
　路バス「博物館」
URL www.hljmuseum.com

▲元来は1904年にできた「モスクワ商品館」というロシア系デパート。満洲国時代は大陸科学院ハルビン分院博物館だった

東北烈士紀念館

MAP P.226-D4

住 南崗区一曼街243号
TEL 53643712
開 9:00～15:30
※入場は閉館の30分前まで
アクセス 7、105、107、108、
　109、120 路バス「烈士館」

▲正門横には2軸タイプの古いハルビン市電が保存されている

ハルビン南崗展覧館

MAP P.226-D5

住 南崗区聯発街1号
TEL 83199801
開 9:00～16:00
休 月曜
料 無料
アクセス 地下鉄1号線「鉄路局」

▲遊び心あふれるアールヌーボー建築

黒龍江省博物館／黑龙江省博物馆
こくりゅうこうしょうはくぶつかん／hēilóngjiāngshěng bówùguǎn

黒龍江省の文物を紹介する博物館

　紅博広場の北西にある博物館。創建は1923年で、当初は東省文物研究会陳列所といい、現在の名称になったのは1954年から。館内には歴史文物、民俗文物、古生物の化石のほか、鉱物、土壌、岩石といった標本など黒龍江省に関連する各種文物や自然標本が10万4000点余り収蔵されている。上京龍泉府で発掘した渤海遺跡の遺品も多く展示されている。

▲20世紀前半のハルビンは多国籍社会だった

東北烈士紀念館／东北烈士纪念馆
とうほくれつしきねんかん／dōngběi lièshì jìniànguǎn

東北で中国革命に身を捧げた人々を紹介する記念館

　抗日戦争期と国民党との解放戦争期に東北地方で犠牲となった革命人士の足跡を展示した記念館で、中国東北地区解放後の1948年10月にオープンした。建物は満洲国時代に関東軍の憲兵司令部があった場所に立っている。

▲革命人士の軌跡を展示

　館内では、写真や豊富な資料を用いて楊靖宇や李兆麟、趙尚志、趙一曼といった人物を紹介している。日本籍の人士として佐々木源吾や緑川英子(本名長谷川照子)といった名も見られる。

ハルビン南崗博物館／哈尔滨南岗博物馆
なんこうはくぶつかん／hāěrbīn nángǎng bówùguǎn

ハルビンの100年前の歴史を展示

　ハルビン駅の東南に広がる南崗区はロシア人によって開発された地区で、東清鉄道に関する施設や社員の宿舎、教会、日本をはじめヨーロッパ各国の領事館などたくさんの西洋建築が建てられ、多くの外国人が暮らしていた。その雰囲気は今でも残っているが、この展覧館は100年前のハルビンの歴史を豊富な資料や展示で解説しており、見るべき価値がある。この不思議なデザインの建物は東清鉄道社員のための宿舎だった。

▲20世紀初頭のハルビンには約20ヵ国の領事館があった

ハルビン鉄路博物館／哈尔滨铁路博物馆

てつろはくぶつかん／hāěrbīn tiělù bówùguǎn

100年間のハルビン鉄路史を展示

　2017年、ハルビン鉄路博物館がオープンした。旧ハルビン鉄路文化宮の建物を改修したもので、19世紀後半のロシアによる東清鉄道(中東鉄道)の建設に始まるハルビンを中心とした東北地方の鉄道史が展示されている。入館すると、まず目を引くのが中東鉄路クラブのコンサートホールだ。展示では東清鉄道、満鉄、1945年以降の中国国鉄による建設の歴史を描く。豊富な写真と資料、ジオラマなど見ていて飽きさせない内容だ。

▲展示は「中東鉄道」の歴史から解説が始まる

▲バロック式の美しいコンサートホール

極楽寺／极乐寺

ごくらくじ／jílèsì

東北四大寺院のひとつ

　極楽寺は、1924年(民国13年)に創建された天台宗の寺院で、長春の般若寺、瀋陽の慈恩寺、営口の楞厳寺と合わせ、東北四大寺院に数えられる。敷地面積は約5700㎡。寺院は東院と西院のふたつに分かれるが、主となるのは西院で、天王殿、大雄宝殿、三聖殿などの建築物がある。一方の東院にあるのが、1924年に建てられたれんが造りで高さ37m、八角7層の七級浮屠塔。塔の南側には地蔵殿、東西には2層の鐘楼があり、お互いにつながっており、三大仏、四菩薩、七尊銅像などが奉ぜられている。

▲七級浮屠塔

文廟(黒龍江省民族博物館)／文庙(黑龙江省民族博物馆)

ぶんびょう(こくりゅうこうしょうみんぞくはくぶつかん)／wénmiào (hēilóngjiāngshěng mínzú bówùguǎn)

孔子と黒龍江省に暮らす少数民族を紹介する

　ハルビン在住の商人が寄付を出し合い、1926年(民国15年)に創建され、1929年に落成した孔子廟。北東部には中国東北地方最大規模の孔子を祀る廟がある。

　周りを赤い壁で囲まれた廟は三進院落という造りで、前院、中院、後院の3部分からなる。各院は前院から苫池、櫺星門、大成門、廟のメインとなる中院の大成殿、後院の崇聖祠など。

　前院の東西に配される建物の中に、黒龍江省に住む少数民族であるホジェン族やダフール族、オロチョン族、エヴェンキ族などに関する民族文物陳列展覧が常設されている。

▲黒龍江省北方の少数民族(錫伯族)の展示

ハルビン鉄路博物館
MAP P.226-D5
住 南崗区西大直街84号
TEL 非公開
開 9:00〜11:00、14:00〜16:00
休 日・月・木曜の午後
料 無料
アクセス 地下鉄1号線「鉄路局」

▲1911年中東鉄路クラブとして建てられ、満鉄、ハルビン鉄道に引き継がれた

極楽寺
MAP P.227-F3
住 南崗区東大直街9号
TEL 82534762
開 8:00〜15:40
休 無休
料 10元
アクセス 地下鉄1号線「工程大学」
　3、6、14、53、74、104、105路バス「哈工程大学」、徒歩約10分
URL www.hrbjls.net

▲陰暦の4月8、18、28日には祭りが催される

文廟(黒龍江省民族博物館)
MAP P.227-G4
住 南崗区文廟街25号
TEL 82540093
開 9:00〜16:00
※入場は閉門の30分前まで
休 水曜
料 無料
※パスポートを提示して入場券をもらう
アクセス 地下鉄1号線「工程大学」

▲文廟の正門

ワンポイントアドバイス
●黒龍江省の少数民族
中国は56の民族(うち漢民族が91.6%)から形成。黒龍江省には47の民族が住んでいる。人口3800万人のうち、漢民族が94.3%で、そのほかの少数民族が5.7%。本文中に出てくる以外に、満洲族、朝鮮族、蒙古族、回族など。

斯大林公園、防洪紀念塔
MAP P.226-C2~E2
[住] 道里区斯大林公園
[TEL] 斯大林公園＝84634216
[開] 24時間
[休] 無休 [料] 無料
[アクセス] 8、16、23、74、101、102、103、201路バス「防洪紀念塔」

▲三角屋根がかわいらしい江畔餐庁（1930年建築）

▲松花江の渡し船乗り場

斯大林公園、防洪紀念塔／斯大林公园，防洪纪念塔
スターリンこうえん　ぼうこうきねんとう／sīdàlín gōngyuán　fánghóng jìniàntǎ

松花江を眺めながら散歩を楽しむ

　中央大街を真っすぐ北に進んで突き当たりが、防洪紀念塔を中心とする斯大林（スターリン）公園。眼前には黒龍江省最大の河川である松花江が広がる。

　防洪紀念塔は、1957年の松花江の氾濫による洪水を記憶にとどめるために建てられた塔。塔のある広場はこのエリアの中心的な存在となっている。斯大林公園は、川沿い1750mにわたって続く緑道で、ベンチに座っておしゃべりをしたり、散歩やジョギング、ローラーブレードを楽しむ人々の姿がある。公園には70年以上前に日本人が設計したシベリア様式の木造建築が残り、現在は軽食店になっている。

▲防洪紀念塔

▲斯大林公園内の木造カフェテリア

▲夕映えの松花江。ロープウエイで渡れる

濱州鉄路橋
MAP P.226-D1
[住] 道里区濱州鉄路橋
[TEL] なし
[開] 24時間
[休] 無休
[アクセス] 26路バス「少年宮」

▲松花江鉄橋の背後に中東鉄路印象館がオープン（[開]9:00～16:00 [休]月曜 [料]無料）

▲20世紀初頭のハルビンを紹介する展示がある

濱州鉄路橋／滨州铁路桥
ひんしゅうてつろきょう／bīnzhōu tiělùqiáo

歩いて太陽島に行ける

　1903年に建造された濱州鉄路橋は、ハルビンと満洲里を結ぶ濱州線の松花江に架かる美しい鉄橋。東清鉄道の遺産といえるが、2015年に高速鉄道も走る松花江特大橋が完成し、現在では鉄道路線としての運営は廃止され、代わりに歩いて太陽島に渡れるようになった。ふたつの新旧橋の対比もおもしろいが、松花江の夕景の眺めは格別だ。

▲100年の歴史をもつ松花江鉄橋（旧橋）の隣に松花江特大橋が架かる

▲旧橋の線路にはガラスが張られて約2kmの遊歩道になった

太陽島公園／太阳岛公园
たいようとうこうえん／tàiyángdǎo gōngyuán

ハルビン市民が愛する憩いの場

松花江の河岸から船やロープウエイに乗って川を渡ると、太陽島だ。濱州鉄路橋を歩いても行ける。

この太陽島はかつてはロシア人のダーチャ（別荘）があった所。この島にある太陽島公園は、人造湖である荷花湖や日本式庭園のハルビン新潟友誼園、氷雪芸術館などを有するハルビン最大の総合公園となっている。週末ともなると、家族連れでおおいににぎわう。また結婚記念写真の撮影に訪れるカップルも多い。冬には氷雪祭りの会場となることでも知られている。

▲美しいかつてのダーチャ

▲ハルビン氷雪芸術館

太陽島公園
MAP P.226-B1
住 松北区警備路2号
TEL 太陽島公園＝88192933
　ハルビン氷雪芸術館＝88190801
開 太陽島公園8:00～17:00
　ハルビン氷雪芸術館8:30～16:30
休 無休
料 太陽島公園＝30元、ハルビン氷雪芸術館＝110元、電気バス＝20元(8:30～16:30)
アクセス ハルビン駅北広場から29路バスに乗る。2元
※このほか、通江街の突き当たりから渡し船が出ている。運航時間は7:00～18:30、5元
URL www.taiyangdao.com.cn

松花江ロープウエイ
MAP P.226-C1～2
住 道里区通江街218号
TEL 84688841
開 8:30～17:30
休 無休
料 片道＝50元、往復＝80元
全長1150mで斯大林公園と太陽島を結ぶ。所要約10分。

COLUMN
冬の一大イベント「氷雪祭り」

"−30℃の世界"の愉しみ

夏は30℃、冬は−30℃にも達し、寒暖差が非常に大きいハルビンだが、最も多くの観光客が訪れるのは、実は冬だ。

松花江が全面凍りつき、あたり一面、雪と氷の世界と化すと、恒例の「氷雪祭り」のシーズン到来となる。氷雪祭りは1985年にスタート。メイン会場は市内の3ヵ所で、太陽島公園（→P.237）と道理区の兆麟公園（MAP P.226-D2）では12月20日頃から、松北区の氷雪大世界（MAP 地図外：P.226-A1左）では1月5日から2月下旬頃まで開催される。

会場には、巨大な彫像がたくさん造られる。ハルビンでは氷の彫像がメイン。透明な氷は光を通し、カラフルにライトアップされた氷像は、華やかで幻想的だ。

最も大規模なのは、夏にビール祭りが開催される「氷雪大世界」（住 松北区太陽島西区 入場料：平日300元、土・日曜330元 URL hrbicesnow.com）。敷地面積は60万km²もの広さだ。氷上での遊びも楽しめ、レストランや売店もある。

中央大街にもたくさんの氷の彫刻が並び、にぎわっている。

▲ハルビン氷雪大世界の会場は巨大な氷の祭典となる

ハルビン老建築MAP

ハルビンは「建築博物館の町」である。20世紀初頭、ロシア人をはじめ多くのヨーロッパ人が訪れ、当時一世を風靡したアールヌーボーやアールデコなどの建築物をこしらえた。今も残る個性豊かな老建築を訪ねに行こう。

■リストと地図作成：呼海友（黒龍江省新世紀国際旅行社）

❶	黒龍江省博物館（旧モスクワ商場）	アールヌーボー様式
❷	ハルビン鉄路工程第二工程公司（旧満林業公司事務所）	アールデコ様式
❸	波特曼西餐庁（旧東清鉄道社宅、旧満鉄ハルビン駅長宅）	ロシア建築
❹	ハルビン国際飯店（旧ホテル・ニューハルビン）	アールデコ様式
❺	紅軍街38号（旧東清鉄道管理局長官邸）	アールヌーボー様式
❻	紅軍街63号（旧イタリア領事館）	折衷主義
❼	米蘭婚紗撮影本店（旧イギリス領事館）	イギリス早期古典主義
❽	黒龍江省直属機関老幹部活動中心（旧ユダヤ商人スチデルスキー宅）	擬クラシックリバイバル様式
❾	革命領袖視察黒龍江省紀念館（旧ロシア木材商ゴワリスキー宅、旧満鉄理事公館）	新古典主義＆バロック様式
❿	アジア電影院	折衷主義
⓫	ハルビン鉄路投資管理集団有限公司（旧満鉄ハルビン事務所）	アールヌーボー様式
⓬	黒龍江郵政博物館	古典主義＆折衷主義
⓭	黒龍江省人民政府参事室	折衷主義
⓮	黒龍江哈妹対外経貿公司（旧日本総領事館）	折衷主義
⓯	紅軍街118-124号（旧オランダ領事館）	折衷主義
⓰	龍門大廈貴賓楼（旧ヤマトホテル）	アールヌーボー様式
⓱	哈医大付属四院辦公楼（旧満鉄病院）	ゴシック様式
⓲	哈医大付属四院救急中心（旧東清鉄道中央病院）	ロシア建築
⓳	聖イヴェロン教室	ロシア建築
⓴	ハルビン鉄路局建築群（旧東清鉄道管理局）	アールヌーボー様式
㉑	"大鷹"楼	アールデコ様式
㉒	ハルビン鉄路博物館（旧東清鉄道鉄路クラブ）	外観：折衷主義 内観：バロック様式
㉓	耀景街22号（旧東清鉄道図書館）	ロシア建築
㉔	聯発街64号	アールヌーボー様式
㉕	ハルビン工業大学博物館	アールヌーボー様式
㉖	ハルビン工業大学建築学院	折衷主義
㉗	聯発街姉妹楼（旧東清鉄道高級住宅）	アールヌーボー様式
㉘	黒龍江省中医研究院（旧関東軍司令部）	ロシア建築
㉙	黒龍江省人民政府外事辦公室（旧日本領事官邸）	折衷主義
㉚	花園小学校	ロシア建築。2001年改修
㉛	花園小学校図書館（旧ドイツ領事館）	ルネサンス様式
㉜	黒龍江省幼稚園（旧ポルトガル領事館）	擬ルネサンス様式
㉝	秋林公司	折衷主義
㉞	華美食店（旧アメリカ領事館）	ルネサンス様式
㉟	経工大廈	折衷主義
㊱	吉林街52-1号（旧チェコ領事館）	古典主義
㊲	中華東正教会ハルビン教会（旧ウクライナ教会）	ビザンチン様式
㊳	ハルビン基督教堂（旧ドイツルーテル教会）	ゴシック様式
㊴	張氏墓塔	中国伝統建築
㊵	極楽寺	中国古典建築
㊶	旧ウスペンスキー教会	ロシア建築
㊷	黒龍江省軍区医院建築群（旧関東軍陸軍病院）	主楼：折衷主義、補楼：疑古典主義
㊸	文廟	中国伝統建築
㊹	東北烈士紀念館（旧ハルビン警察庁）	古典主義＆折衷主義
㊺	ハルビン市非物質文化遺産保護中心（旧満クラブ）	疑古典主義
㊻	ハルビン金代銅器博物館	疑古典主義＆折衷主義
㊼	空軍第一飛行学院建築群	折衷主義
㊽	和平邸貴賓楼	中世期寨堡式
㊾	ハルビン天主教堂（旧アレクシイ教会）	ロシアバロック様式
㊿	藍天幼稚園（旧ハルビン学院）	日本近代建築
51	香坊駅	ルネサンス様式
52	黒龍江日報報業集団	モダニズム様式
53	ハルビン国際友好城市展覧館（旧デンマーク領事館）	折衷主義
54	ハルビン市地段小学校（旧朝鮮銀行）	折衷主義
55	ハルビン市建築芸術館（聖ソフィア大聖堂）	ビザンチン様式
56	黒龍江美術館（旧横浜正金銀行）	新古典主義
57	新華書店（旧前田時計宝石店）	モダニズム様式
58	ハルビン市兆麟小学校（旧桃山小学校）	ルネサンス様式
59	中国銀行ハルビン兆麟支行	折衷主義
60	工行ハルビン濱田地支行（旧満洲中央銀行ハルビン支店）	折衷主義
61	工廠街128号	早期モダニズム様式
62	中央大街1号	疑古典主義
63	中央大街58号	アールヌーボー様式
64	中央大街57号（旧ユダヤ国民銀行）	ルネサンス様式
65	東北虎皮草行	折衷主義
66	馬迭爾賓館	アールヌーボー様式
67	ハルビン游覧展覧服務中心（旧松浦洋行）	バロック様式
68	中央大街126-132号（旧万国洋行）	折衷主義
69	中央大街129号	折衷主義
70	中央大街187号	疑ルネサンス様式
71	ハルビン科学宮	古典主義＆折衷主義
72	ハルビン市教育局	折衷主義
73	ハルビン市婦幼保健院	折衷主義＆ルネサンス様式
74	韃靼清真寺（タタールモスク）	イスラム様式
75	ハルビン市グラズノフ音楽芸術学校	ユダヤ建築
76	老会堂音楽庁（旧シナゴーグ）	ユダヤ建築
77	ハルビン市建築芸術館分館（旧新シナゴーグ）	ユダヤ建築

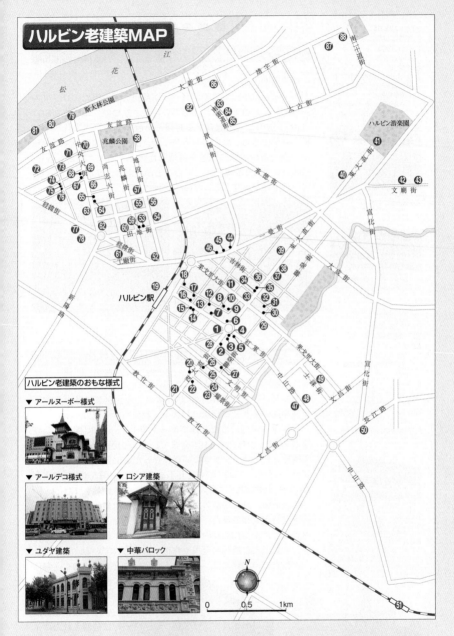

ハルビン老建築MAP

ハルビン老建築のおもな様式

▼ アールヌーボー様式

▼ アールデコ様式

▼ ロシア建築

▼ ユダヤ建築

▼ 中華バロック

⑦	ハルビン市土木建築学会	古典主義
⑦	防洪紀念塔	新古典主義
⑧	公園餐庁	ルネサンス様式を主とする折衷主義
⑧	江畔餐庁	シベリア・イズバ様式
⑧	新聞電影院（旧張学良公館）	折衷主義
⑧	純化医院（旧同義慶百貨店）	中華バロック様式

⑧	南頭道街91号	中華バロック様式
⑧	範記永餃子	中華バロック様式
⑧	中国農業銀行ハルビン道外支行	折衷主義
⑧	清真寺	イスラム様式
⑧	ハルビン市第四医院内科楼	バロック主義を主とする折衷主義

ハルビンビール博物館

MAP P.222-D6

住 平房区哈啤路9号
TEL 56778333
開 9:00〜16:00
休 月曜
料 50元(ビール1杯試飲付き)
アクセス 333路バス「黎明村头」、
徒歩15分
ハルビン市内からタクシ
ーで所要1時間が目安

▲試飲コーナーでは団体にかぎ
り食事の手配もできる

▲ハルビンビールの現在の親会
社はアメリカのバドワイザーだ

侵華日軍第七三一部隊遺址

MAP P.222-D6

住 平房区新疆大街47号
TEL 8710873
開 9:00〜16:30
※入場は閉館の1時間前まで
休 月曜
料 無料
※イヤフォンガイド=15元
(デポジットは200元)
アクセス 338、343路バス「新疆大
街」
URL www.731museum.org.cn

▲2015年8月にオープンした
新しい展示館内には、当時の実
験器具やガスマスクなどの物証
に加え、最新ジオラマ技術を駆
使して作られた驚くほどの量の
展示があふれている

郊外の見どころ

ハルビンビール博物館／哈尔滨啤酒博物馆
はくぶつかん／hābīn píjiǔ bówùguǎn

中国で最初のビール醸造の歴史を展示

ハルビンは中国で最初にビールが醸造された町だ。ロシア人が1900年に始めており、1903年の青島より早い。この博物館では100年前のビール醸造所を再現した展示と現在の現代的な工場を見学できる。歴史展示も豊富で、20世紀初頭のハルビン駅や中央大街の酒場の様子を再現したテーマパークなどもあり、当時ロシア文化が花開いていたことがわかる。展示が終わると、広い宴会場があり、そこで1杯試飲ができる。

▲ハルビン駅に停車する蒸気機関車の展示
から始まる

▲ビールを仕込む工場内を見学できる

侵華日軍第七三一部隊遺址／侵华日军第七三一部队遗址
しんかにちぐんだいななさんいちぶたいいし／qīnhuá rìjūn dì qīsānyībùduì yízhǐ

七三一部隊の行状を明らかにする

ハルビン市区から南へ約20km離れた平房区にある、日本軍特殊部隊の第七三一部隊の行状を一般公開する施設。

日本陸軍本部の直属部隊であった第七三一部隊(関東軍防疫給水部)は、1936年から1945年まで、ここ平房区で細菌兵器の研究開発を行った。ソ連軍の捕虜になった第七三一部隊の隊員の証言によれば、1939年から1945年までの間、中国人やロシア人が「マルタ」と呼ばれて人体実験を受け、約3000人が殺されたという。

終戦直前、証拠隠滅のため主要な建築物は破壊され、膨大な機密資料が焼却された。戦後、広大な敷地は工場や住宅に転用されてきたが、1985年の開館後、特に2006年以降は政府によって、立ち退きと遺跡の発掘や修復が進められている。

本部大楼の北側には、凍傷の人体実験を行った建物や、病原菌培養のために黄ネズミを飼育していた小屋、東側には破壊されたボイラー棟の残骸を見ることができる。

▲隠蔽工作のため破壊された動力班ボイラー棟の
残骸

▲旧館は閉鎖され、外観のみ見ることができる

東北虎林園／东北虎林园
とうほくこりんえん／dōngběihǔ línyuán

野性味たっぷり、東北虎の牧場

　中国版サファリパーク。総面積約1㎢の園内で放し飼いにされている東北虎（アムールトラ。約100頭）を、柵の付いているバスから観察することができる。

▲トラはすべて放し飼い

金上京歴史博物館／金上京历史博物馆
きんじょうけいれきしはくぶつかん／jīn shàngjīng lìshǐ bówùguǎn

北宋を滅ぼした金国の歴史を展示する博物館

　ハルビン市区南東約24km、阿城区から南に約3km行った幹線道路脇にある金の歴史を専門に展示する博物館。博物館は9つの展示室に分かれており、金代の文化財を数多く展示している。

▲金の遺物約400点を収蔵

金太祖陵／金太祖陵
きんたいそりょう／jīn tàizǔlíng

華北を支配下に収めた征服王朝の建国者

　金太祖陵は金を建国した完顔阿骨打（ワンヤン アクダ）（1068～1123年）の陵墓で1123年に建立されたもの。東北地方に残る数少ない皇帝の陵墓で、比較的保存状態もよい。5万1000㎡の敷地には玉帯橋、門殿、宝頂、寧神殿、地下宮などが残っている。

　完顔阿骨打は女真族完顔部の首長で、1114年に建国し華北北部から東北を支配下においた契丹が建国した遼に反抗し、金を建国した人物。また、女真文字や猛安・謀克制を制定するなど、内政面でも功績を挙げた王でもある。

▲玉帯橋から見た門殿

▲華表や石獣が並ぶ神道

▲中央は完顔阿骨打の像

東北虎林園
MAP 地図外（P.226-C1上）、P.222-C6
住 松北新区松北街88号
TEL 88080098
開 9:00～16:00
※入場は閉園30分前まで
休 無休
料 90元（サファリバス代は10元）
アクセス 東直路と安華街が交わる「市老年医院（MAP P.227-G3）」から35路バス「虎林園」
タクシーで、太陽島公園の西門から片道料金の目安は30元
URL www.dongbeihu.net.cn

金上京歴史博物館
MAP P.222-D6
住 阿城区延川南大街
TEL 53773079
開 9:00～15:30
※入場は閉館の30分前まで
休 月曜
料 無料
アクセス 阿城区の7路バス「師大」。阿城区中心部からタクシー利用の場合、片道10元が目安

■ワンポイントアドバイス■
●ハルビン～阿城間の移動
▼バスを利用する
①ハルビンから阿城へ
ハルビン駅南口鉄路街から601路バスで所要約1時間、7元
②阿城からハルビンへ
北新路客運站から601路バスで所要約1時間、7元
▼タクシーを利用する
ハルビン市中心部でチャーターすると、片道150元が目安

金太祖陵
MAP P.222-D6
住 阿城区延川南大街
TEL 53773394
開 8:00～16:30
休 無休
料 20元
アクセス 阿城区の7路バス「師大」。阿城区中心部からタクシー利用の場合、片道10元が目安

▲地下室に安置された石棺

241

Hotel

シャングリ・ラ ホテル ハルビン／哈尔滨香格里拉大饭店

haěrbīn xiānggélǐlā dàfàndiàn ★★★★★

ハルビンで最高級の5つ星ホテル。客室はゆったりとした造りで、アメニティも充実。松花江側の客室は対岸の太陽島を望み眺望も抜群だ。レストランには広東料理をメインとする「シャンパレス」などがある。

MAP P.226-B2
住 道里区友誼路555号
TEL 84858888
FAX 84621777
料 ⑤⑦1000〜1250元
税 16%
C A.D.J.M.V
URL www.shangri-la.com/jp

ソフィテル ワンダ ハルビン／哈尔滨万达索菲特大酒店

haěrbīn wàndá suǒfēitè dàjiǔdiàn ★★★★★

MAP P.227-F7
住 香坊区赣水路68号
TEL 82336888
FAX 82331818
料 ⑤⑦608〜768元
税 15%
C A.D.J.M.V
URL www.sofitel.com.cn

市内南東部の開発区エリアにあるフランス系ホテル。レストランにはアジアと西洋のインターナショナルな料理を楽しめる「聚」や本格上海料理の「老上海」、日本式鉄板焼きの「意」がある。

福順天天大酒店／福順天天大酒店

ふくじゅんてんてんだいしゅてん ★★★★★

市内南東部の開発区にある5つ星ホテル。客室は広く、ゆったりと使えるが、施設は少し古い。レストランには高級広東料理の「富豪酒家」や西洋料理の「波斯登（ボストン）西餐庁」がある。

MAP P.227-F6
住 香坊区赣水路20-22号
TEL 82368888
FAX 82367888
料 ⑤⑦488元 ❸888元
税 15%
C A.D.J.M.V
URL www.fortunedayshotel.com

ワンダ レアルム ハルビン／哈尔滨万达嘉华酒店

haěrbīn wàndá jiāhuá jiǔdiàn ★★★★★

大連万達グループの運営する高級ホテル。高速鉄道の発着するハルビン西駅に近いので、ビジネス利用に最適。エグゼクティブフロアは20〜23階。日本食レストラン「和」もある。

MAP 地図外(P.226-A6左)
住 南崗区中興大道158号
TEL 87878888
FAX 87068709
料 ⑦820〜950元 ❸1080〜1880元
税 15%
C A.D.J.M.V
URL www.sofitel.com.cn

ケンピンスキーホテル ハルビン／哈尔滨凯宾斯基酒店

haěrbīn kǎibīnsījī jiǔdiàn ★★★★★

2015年8月に開業したドイツ系高級ホテル。太陽島西部のハルビン氷雪祭りの会場となる中州に近い好ロケーション。快適に滞在できる。フィットネスジムも完備。ドイツ料理レストランがある。

MAP 地図外(P.226-A1左)
住 松北区創新一路199号
TEL 58777777
FAX 83368999
料 ⑤730〜810元 ❸990〜1830元
税 15%
C A.D.J.M.V
URL www.kempinski.com/harbin

ハルビン シェラトン香坊ホテル／哈尔滨香坊永泰喜来登酒店
こうぼう　／hāěrbīn xiāngfáng yǒngtài xǐláidēng jiǔdiàn　★★★★★

2015年12月に開業したシェラトンブランドの高級ホテル。中心部から離れたハルビン東南の香坊区にある。このホテルの売りは、15階全フロアが子供向けのテーマパークとなっていること。四川や湖南、広東、東北地方の味覚を広く味わえる中国料理レストランやロシア料理レストラン&バーがある。ホテル周辺には大型ショッピングモールやレストラン街もある。

MAP 地図外(P.227-J5右)
住 香坊区香福路63号
TEL 58568888
FAX 58568889
料 ⑤760〜820元　⑥870〜1670元
税 15%
C A.M.V
URL sheraton.com/harbinxiangfang

■1快適なスタンダードルーム　■2開発の進む香坊駅から500mの場所にある　■315階のキッズフロアはファンタジーの世界

ポストホテル／波斯特酒店
bōsītè jiǔdiàn　★★★★

MAP P.226-D4
住 南崗区郵政街147号
TEL 53626888
FAX 53626777
料 ⑤①388〜700元　⑥1448元
税 15%
C M.V
URL www.post-hotel.cn

2010年に改修されたクラシックホテル。南崗区の旧外国人居住区に位置することから「文化主題酒店」と称し、館内ロビーやエレベーター脇などに100年前のハルビンの写真や遺物を展示している。

ホリデイ・イン ハルビン／哈尔滨万达假日酒店
hāěrbīn wàndá jiàrì jiǔdiàn　★★★★

中央大街の南入口と向かい合っており、立地条件はバツグン。部屋は広めで機能的な造り。広東料理や東北地方料理などのメニューが揃う中国料理と西洋料理のレストランがある。

MAP P.226-C3、P.231-J2
住 道里区経緯街90号
TEL 84226666
FAX 84221661
料 ⑤①418〜470元　⑥560〜970元
税 15%
C A.D.J.M.V
URL www.japan.holidayinn.com

ハルビン新凱莱花園大酒店／哈尔滨新凯莱花园大酒店
しんがいらいはなぞのだいしゅてん／hāěrbīn xīnkǎilái huāyuán dàjiǔdiàn　★★★★

MAP P.226-D2
住 道里区中央大街257号
TEL 86770000
FAX 84640074
料 ⑤①460元
税 15%
C V

松花江に面し、目の前に防洪紀念塔が立つ抜群のロケーション。館内に吹き抜けの緑あふれる中庭が設けてあるのが特色で、客室は松花江または中庭を眺められるタイプがある。

馬迭爾賓館／马迭尔宾馆
モデルンひんかん／mǎdiéěr bīnguǎn ★★★★

中央大街のほぼ中央にある有名なオールドホテル。1906年にユダヤ系ロシア人が開業し、今でも当時の名称で親しまれている。館内は天井が高く高級木を多用した重厚な造りで往時がしのばれる。豪華なレストランにも歴史を感じる。

MAP P.230-E1
住 道里区中央大街89号
TEL 84884000
FAX 84614997
料 ⑤①499～699元
税 なし
C M.V
URL hotel.hrbmodern.com

1 中央大街のランドマークのひとつ
2 客室は現代的にリニューアル
3 歴史を感じさせるレストラン

金谷大厦／金谷大厦
きんこくたいか／jīngǔ dàshà ★★★★

中央大街に面した観光に便利な高層ホテルで、2009年に改修を行っている。客室はダークブラウンとアイボリーを基調とした色合いのシンプルながらも機能的な内装で、照明は明るい。

MAP P.230-B1
住 道里区中央大街185号
TEL 84698700
FAX 84698458
料 ⑤①890～950元 ⓔ1080元
税 10%
C A.D.J.M.V
URL www.jinguhotel.com.cn

パワーホテル／帕弗尔饭店
pàfúěr fàndiàn ★★★★

MAP P.226-E4
住 南崗区邮政街79号
TEL 87756888、87756999
FAX 53908585
料 ⑤①311～457元
税 15%
C A.D.J.M.V

東大直街のショッピングエリアに隣接していながら、大きな通りから少し入っているため静かな環境にある。建物は古いが重厚感があり、全体にゆったりとした造りで落ち着いた雰囲気。

麦田国際青年旅舎／麦田国际青年旅舍
ばくでんこくさいせいねんりょしゃ／màitián guójì qīngnián lǚshè

MAP P.226-E2
住 道外区南三道街98号
TEL 83108989
FAX なし
料 ⓓ54元 ⑤①169～214元
税 なし
C 不可
URL weibo.com/u/5341727123

旧中国人街を再開発しした老道外にあるゲストハウス。周辺にはレストランも多く便利。ドミトリーだけでなく、シングルルームもある。宿泊者には、若い中国の旅行者が多い。

龍門大廈／龙门大厦
りゅうもんたいか／lóngmén dàshà ★★★

ハルビン駅前に位置するホテルビル。ホテルは主楼（高層ビル）とその後方にある貴賓楼に分かれる。貴賓楼は、1901年に創建されたアールヌーボー建築で、営業は1903年から。「百年老店」という名に恥じないハルビンを代表するクラシックホテル。張学良をはじめ、満洲の近代史を飾る著名人も多く宿泊している。1937年から1945年までは満鉄が経営するヤマトホテルだった。館内は現在も当時のままによい状態で保存されている。大理石のエントランスホール、回転扉や重厚な室内装飾に注目しながら、宿泊を楽しみたい。ベルボーイの服装も昔ながらのものだ。駅に面した主楼はビジネスホテル風。

MAP P.226-D4
住 南崗区紅軍街85号
TEL 貴賓楼＝83117777
　　主楼＝86791888
FAX 貴賓楼＝53639969
　　主楼＝86425230
料 貴賓楼＝⑤①358〜458元
　　主楼＝⑤①180〜290元
税 なし
C A.D.J.M.V

❶貴賓楼のデラックススイート ❷エントランスホールは大理石造り ❸張学良が宿泊したことを記すプレート ❹フランス料理を提供する食堂 ❺貴賓楼の玄関 ❻銅製の回転扉に歴史の重みを感じる

245

Gourmet

亜道古魯布水岸餐厅／亜道古魯布水岸餐厅
ヤドグルフすいがんさんちょう／yàdàogǔlǔbù shuìàn cāntīng

「亜道古魯布」はロシア語の
ヨットクラブの意味。斯大林
公園の西の端にある旧東清鉄
道ヨットクラブ（1912年建
造）を改修し、2015年10
月に開業したレストランで、
中国料理とロシア料理、ビア
ホールの3つがある。中国料
理も捨てがたいが、値段も手
頃でボリュームたっぷりのロ
シア料理コースを2階のオー
プンエアで夕涼みしながら味
わうのがおすすめ。ボルシチ
から始まり、サラダ、パス
タ、肉、魚料理、デザートは
2種類でコーヒーも付く。

MAP P.226-C2
住 道里街九站街1-3号斯大林公園内
TEL 51620777
営 9:30～14:00、16:00～22:00
休 無休
C 不可

1 ロシア料理コース78元　2 松花江
の夕景を見ながら食事を楽しめる
3 これがロシアレストラン

波特曼西餐厅／波特曼西餐厅
ポートマンせいさんちょう／bōtèmàn xicāntīng

MAP P.226-D4
住 南崗区西大直街12号
TEL 53625888
営 11:00～22:00
休 無休　C 不可
URL portman-cy.com

1 中国風の味つけではないロシア料
理を食べられる　2 店内は明るく
ておしゃれな雰囲気　3 日本時代は
満鉄ハルビン駅長の邸宅だった建物

紅博広場の国際飯店の隣の路
地の中にある古いロシア家屋
を改修したロシア料理店。店
内の内装や調度品の一つひと
つが「東方のパリ」と呼ばれた
かつてのハルビンの雰囲気を
感じさせる。店員たちのコス
チュームもロシア風で、サー
ビスはいい。ボルシチやモス
クワ風ポテトサラダ、つぼ焼
きなど、定番のロシア料理を
手頃な値段で味わえる。ロシ
アビールや自家製ワインも楽
しめる。市内には、中央大街
の脇道を入った通りにもう1
軒（住 道里区西七道街53号）
ある。

華梅西餐厅／华梅西餐厅
かばいせいさんちょう／huáméi xicāntīng

この店は1925年開業の西洋料
理の老舗。当時はロシア人が経
営するマルスという高級カフェ
だった。現在はロシア料理をメ
インとした西洋料理店となって
いる。入口横にはハルビン名物
ロシアパンの売店がある。

MAP P.230-E2
住 道里区中央大街112号
TEL 84619818
営 11:00～21:00
休 無休
C 不可

龍門貴賓楼酒店／龙门贵宾楼酒店
りゅうもんきひんろうしゅてん／lóngmén guìbīnlóu jiǔdiàn

110年以上の歴史をもつ龍門大厦(旧ヤマトホテル)内のレストラン。ハルビン駅に近いのも便利で、ここは知る人ぞ知る穴場だ。宿泊者以外も気軽に入れるのがうれしい。料理は伝統的な東北料理がメインで、酸菜スープの肉料理や水餃子などの素朴なメニューが多いが、ホテルのレストランらしく、ロシア料理もひととおり提供している。鉄道を利用する人は、少し早めに来て、このレストランで食事を取っていくといい。

MAP **P.226-D4**
🏠 南崗区紅軍街85号龍門大厦内
☎ 83117777
営 6:00～21:00
休 無休
C A.D.J.M.V

1東北名物の豚肉料理はハルビンビールと一緒に味わいたい **2**落ち着いたたたずまいのレストラン **3**ホテルの玄関を入り、左側奥にある

老厨家／老厨家
ろうちゅうか／lǎochújiā

MAP **P.226-B2**
🏠 道里区友誼路318号
☎ 85930188
営 10:30～21:00
休 無休
C 不可

1右下が鍋包肉。左の平たい春雨のような拉皮と野菜のあえ物は東北名物のひとつ **2**店内で餃子を作っている **3**中央大街にも支店がある

1907年創業の、ハルビンを代表するレストラン。名物料理は「鍋包肉」で、豚肉を衣で包んで揚げたものに甘酸っぱいソースをかけてあり、初代調理人の鄭興文が当時ハルビンにいた西洋人向けに創案したものだ。現在のオーナーは4代目である。店内には昔の食器やメニュー、料理レシピの古書などが展示されており、ハルビンの食の歴史を知る博物館といってもいい。席が空くまで展示を眺めていると十分時間がつぶせるだろう。ロシアの発酵飲料クワスも自家製を飲める。

金宝利商務酒店／金宝利商务酒店
きんほうりしょうむしゅてん／jīnbǎolì shāngwù jiǔdiàn

郊外にある侵華日軍第七三一部隊遺址やハルビンビール博物館などを訪ねたとき、近くに食事ができる場所が少ないが、このホテルのレストランは使える。東北料理がメインで、値段も手頃だ。

MAP **P.222-D6**
🏠 平房区渤海路1号
☎ 86818666
営 10:30～21:00
休 無休
C 不可

小資太太／小资太太
しょうしたいたい／xiǎozītàitài

中国語で「プチブル奥さま」という名の店で、今の中国の若者が好きそうな遊び心にあふれている。香港飲茶がメインで、味は悪くない。名物は巨大なアイスクリーム。カップルがふたりがかりで食べている。

MAP P.230-E1
住 道里区紅専街10号
TEL 86720888
営 10:30〜22:00
休 無休
C 不可
URL weibo.com/u/2370755803

陌上緑車吧／陌上绿车吧
はくじょうりょくしゃバー／mòshàng lùchēba

ハルビン鉄路博物館(→P.235)の隣に置かれた満鉄製造の客車をカフェにした店。車内にはコーヒー好きの店主が集めた骨董や地元写真家の撮った作品などが並ぶ。散策の合間にひと休みするのにいい。

MAP P.226-D5
住 南崗区西大直街86-2号
TEL 18245011882
営 10:30〜20:00
休 無休
C 不可

宏鳴火鍋／宏鸣火锅
こうめいひなべ／hóngmíng huǒguō

斯大林公園に近い格安の火鍋店。4人でおなかいっぱい食べても200元程度。20種類のたれが用意されていて、各自でブレンドするのがこの店のルール。各種東北料理や白酒、ハルビンビールも揃う。

MAP P.226-D2
住 道里区尚志胡同18号
TEL 53603666
営 9:00〜24:00
休 無休
C 不可

張包舗／张包铺
ちょうほうほ／zhāngbāopù

1902年創業の老舗肉まん屋。豚肉のぎっしり詰まった定番肉まんだけでなく、エビやキュウリ、ナス、セロリ入りなど、多種多様な味を楽しめる。場所は老道外の美食街(南二道街)のいちばん南にある。

MAP P.226-E2
住 道外区南勲街与南二道街交口
TEL 15331881068(携帯)
営 9:30〜20:00
休 無休
C 不可

馬迭爾冷飲庁／马迭尔冷饮厅
モデルンれいいんちょう／mǎdiéěr lěngyǐntīng

馬迭爾賓館(→P.244)の横にある喫茶店。1900年代初めには有名なカフェだった。ここの「氷棍(アイスキャンディ)」3元は中央大街の名物だ。濃厚なバニラ味のカップ入りアイスは5元。

MAP P.230-E1
住 道里区中央大街89号
TEL 84884000
営 8:00〜21:00
休 無休
C 不可

Shop

秋林公司／秋林公司

チューリンこうし／qiūlín gōngsī

1900年創業の老舗デパート。ロシア商人のチューリン氏が開業したことからこの名前(秋林=チューリン)がつけられた。緑色の風格ある建物は東大直街の繁華街の中心的な存在。向かい側に新館の秋林商厦がある。旅行者にとっては、地下の食品売り場をのぞいてみるのがおもしろい。サラミのような「紅腸(ロシア式腸詰め=カルバサ)」はハルビンならではの食べ物。「巧克力酒心糖(チョコレートボンボン)」や、2kgあるという巨大なロシア風パンも店の名物。

MAP P.226-E4
住 南崗区東大直街319号
TEL 58938050
営 9:00～20:00
休 無休　C A.D.J.M.V

1 東大直街の一等地に立つ歴史を感じさせる建築 2 秋林特製のロシア清涼飲料のクワス 3 100年前から作られているロシア風パン

中央商城／中央商城

ちゅうおうしょうじょう／zhōngyāng shāngchéng

中央大街のほぼ真ん中に位置するデパートでランドマーク的な存在。地下の広い食品売り場には、お酒入りチョコレート、キクラゲやシイタケなどの乾物、お茶なども揃っているので、みやげ物探しに便利。

MAP P.231-F2
住 道里区中央大街100号
TEL 84654684
営 5～9月9:30～21:00
　　10～4月9:30～20:00
休 無休
C A.D.J.M.V

道里菜市場／道里菜市场

どうりさいしじょう／dàolǐcài shìchǎng

ハルビンで最も古く、1902年からある市場。現在は、ハルビン第一百貨店の1階にある。東北名産のキノコや酒、たばこ、飲料など日常品がすべて揃うので、おみやげを買うのも楽しい。

MAP P.226-D3
住 道里区尚志大街57号
TEL なし
営 8:00～16:00
休 無休
C 不可

❗ ロシアみやげ

ハルビンのいたるところでロシアに関連するおみやげが売られている。手軽に入手するなら、中央大街に行ってみるとよいだろう。目印は「俄罗斯」の3文字。最も規模が大きい店は、ハルビン新凱莱花園大酒店(**MAP P.226-D2**)の1階にある。ロシアみやげは、まずはここで価格や品物をチェックしてみよう。

▶ロシア名物のマトリョーシカも定番

Amusement

老道外中華バロック歴史文化区／老道外中华巴洛克历史文化区
ろうどうがいちゅうか　　　れきしぶんかく／lǎodàowài zhònghuá bāluòkè lìshǐwénhuàqū

20世紀初頭、濱洲鉄道の東側の道外と呼ばれたエリアは中国人街で、ハルビンの繁栄にともない、「中華バロック」と呼ばれる西洋のバロック建築と中国の伝統的な様式が融合した建築物が多数建てられた。その特色ある景観を再開発し、2010年代に生まれたのが、老道外中華バロック歴史文化区だ。老舗の看板を掲げた多くの飲食店も観光スポットとなっている。

MAP P.226-E2
住 道外区靖宇街
TEL 51623000
営 24時間（各店による）
休 無休
URL laodaowai-baroque.com

1 「中華バロック」の代表建築である純化医院　2 石畳の古い町並みが続く　3 100年の歴史をもつ飲食店も多い（張包舗）　4 20世紀初頭の写真

関東古巷／关东古巷
かんとうここう／guāndōng gǔxiàng

中国で「関東」は「山海関の東」を意味する。中国東北地方に住む漢族の多くは、19世紀後半に山東省などから移住してきた労働者が大半だった。ここは、彼らの移住当時の文化や生活をショッピングモール内に再現したテーマパーク。館内には、多くの飲食店や屋台、雑貨屋などが並ぶ。昔の中国の駄菓子、餅類を売る店や、中華民国時代を意識したレトロな内装のコーヒーショップ、バーなどもある。周辺には、黒龍江省肇東県出身の著名な画家である于志学の美術館もある。

MAP 地図外（P.226-A5左）
住 道里区群力第五大道（景江東路）
TEL なし
営 10:00～19:00
休 無休
C 不可
料 無料

1 テーマパークの入口は牌楼をイメージした門になっている　2 新しい観光スポットになった　3 于志学美術館の斬新なデザインに目を見張る

ハルビン国際ビール祭り／哈尔滨国际啤酒节
　　　　こくさい　　　まつ／hāěrbīn guójì píjiǔjié

毎年夏になると、名物のビール祭りが開催され、全国から観光客が訪れる。地元ハルビンビールだけでなく、ドイツやロシアのビール会社もブースを出し、コンサート会場のようなにぎわいだ。

MAP 地図外（P.226-A1左）
住 松北区太陽島西区氷雪大世界園内
TEL なし
営 6月末～7月中旬11:00～23:00
休 無休
料 20元
C 不可

黒龍江省新世紀国際旅行社／黑龙江省新世纪国际旅行社
こくりゅうこうしょうしんせいきこくさいりょこうしゃ／hēilóngjiāngshěng xīnshìjì guójì lǚxíngshè

MAP P.226-B3
- 🏠 道里区愛建路7号愛建濱江写字楼408室
- ☎ 日本部=84599292（日本語可）、
- 📠 84599191（日本語可）
- 🕐 8:30～17:30
- 休 日曜　C 不可
- URL www.hljncits.com/jp
- メール hncits2006@yahoo.co.jp（日本語可）

手数料は列車1枚50元、国内線航空券1枚40元、ホテル1部屋40元。送迎(片道)＝空港400元。ガイド(半日)＝350元。通訳(半日)＝600元。車のチャーター(市内1日)500元～。セダン車(ガイド付き)1日800元。

ハルビンのツアー例(催行2名～)

ハルビン市内1日観光(8:30～16:30、約8時間)
参加料金:800元／1名(昼食付き、入場料別)

黒龍江省新世紀国際旅行社は一般観光から文化体験や芸術交流、スポーツ交流、地域交流、歴史見学、視察、取材旅行などをサポート。自然や歴史、文化をテーマにオーダーメイドで個性ある旅を提供している。

●ハルビンの建築を訪ねる旅
①旧東清鉄道本社(アールヌーボー様式)→旧日本領事官邸(クラシシズム＆バロック＆ルネサンス様式)→革命領袖視察黒龍江省紀念館(クラシシズム＆バロック様式)、黒龍江省博物館(アールヌーボー様式)→昼食(餃子料理)→旧ウクライナ教会(ビザンチン様式)、旧アレクシイ教会(ロシアバロック様式)→龍門貴賓楼酒店(アールヌーボー様式)、旧満鉄病院→旧シナゴーグ(ユダヤ建築)→聖ソフィア大聖堂(ビザンチン様式)→中華バロック建築
②ユダヤ人活動旧跡巡り
③日本植民統治機構の旧跡巡り

●ハルビンの鉄道の歴史を知る旅
ハルビン鉄路博物館見学、満鉄大連鉄道工場で製造した車両を使った喫茶店(陌上緑車吧)→ハノーバーIF工業製品設計の金賞を獲得した地下鉄乗車体験→満鉄ハルビン鉄道局局長佐原憲次住宅(ロシア風建築、現在は波特曼西餐庁)、旧東清鉄道管理局長官邸(アールヌーボー様式)→南満鉄道ハルビン事務所(満鉄の標識

を見られる)→旧満鉄病院、ハルビン駅→濱洲鉄路橋を散歩して、松花江を見学

●日本のゆかりの地を訪ねる旅
ハルビン極地館(白イルカのショーを観賞)→昼食(春餅料理)→東北虎林園→聖ソフィア大聖堂見学、道里菜市場散策→日本ゆかりの地訪問(旧横浜正金銀行、当時、満洲一の時計店と呼ばれた旧前田時計宝石店、旧桃山小学校、旧松浦洋行など)→松花江遊覧

●歴史を知る旅
侵華日軍第七三一部隊遺址＆日本残留孤児と中国養父母常設展、旧ハルビン駐在関東軍司令部、伊藤博文暗殺地(ハルビン駅)と安重根紀念館、旧満鉄病院、旧ハルビン日本特務機関、旧日本領事館、旧花園小学校、旧関東軍陸軍病院、旧弘報会館など日本ゆかりの地

●ハルビンからの小旅行(別途料金が必要)
①近郊:ボルガ荘園:ロシア文化をテーマにした湿原公園。復元した聖ニコライ教会(旧中央寺院)等
②阿城市:金代上京会寧府1日見学。博物館、完顔阿骨遺陵、亜溝摩崖石刻
③チチハル日帰り観光(高鉄利用):札龍自然保護区(ツル放し飼い)、卜奎清真寺(国指定重要文化財)→昼食→旧日本軍建築群(軍医と家族の住まい)、旧南樹園日本住宅、旧日本軍第516部隊旧跡、旧忠霊塔旧跡、旧満鉄病院址
④長春市:日帰り観光(偽満皇宮博物院、偽満州国八大部、旧関東軍施設)往復高速鉄道利用

◀旧東清鉄道本社(アールヌーボー様式)、現在はハルビン鉄路博物館

◀旧ユダヤ木材商人の私邸入場観光(クラシシズム＆バロック様式)、現在は革命領袖視察黒龍江省紀念館

黒龍江の河岸にあるロシア国境の町

黒龍江省

市外局番 | 0456

黒河 Hēi Hé

黒河
こくが

ロシア
●黒河
内蒙古自治区
黒龍江省
●ハルビン
モンゴル
吉林省
●長春
瀋陽
●フフホト
遼寧省 北朝鮮
北京
韓国

基本データ

●黒河市

人口	171万人
面積	6万8285km²

市公安局外事処
（市公安局外事処）
MAP P.253-B1
住 官渡路2号
TEL 8221887
開 5〜9月8:00〜12:00、
14:00〜17:00
10〜4月8:00〜12:00、
14:00〜16:30
休 土・日曜、祝日
観光ビザを最長30日間延長可
能、手数料160元

市第一人民医院
（市第一人民医院）
MAP P.253-C2
住 興安街
TEL 8256404
開 24時間
休 無休

●市内交通
【路線バス】
運行時間の目安は6:20〜18:30。
運賃は1元。黒河駅と市内中
心部を結ぶ8路が便利だ。ほ
かにミニバスもある
【タクシー】
市内中心部5〜10元。遠くへ
行く場合は要交渉で愛輝へは
往復200元が目安

▲黒龍江に面した文化宮広場に
は母親の像が立つ

▲黒龍江の中国側にはたくさん
のマンションが立っている

概要と歩き方

▲海のように青い夏の黒龍江。黒河の南の璦琿では、対岸のロシアは原生林

　黒龍江省の北部に位置する黒河は、黒龍江（ロシア名はアムール河）を隔てて対岸にロシアのアムール州の州都であるブラゴベシチェンスクを望む辺境の貿易都市。清代には璦琿に将軍府が設けられるが、1858年5月、帝政ロシアとの間に結ばれた璦琿条約により清は広大な領土を失った。現在、対岸のブラゴベシチェンスクとの交易は活発で、多くのロシア人やロシア文字を目にする。ロシアとの間に国境をまたぐ橋はなく、夏は船で、黒龍江が結氷する冬はバスが氷上を往来している。

　繁華街である中央街付近のホテルに泊まれば、黒龍江までは十分に歩いて行ける距離だ。黒河とブラゴベシチェンスクを結ぶ中国側の窓口である黒河国境ゲートや、ロシア人が姿を見せる大黒河島国際商貿城のある大黒河島へは、タクシー利用が便利。大黒河島にある大黒河島民貿市場では、辺境貿易の様子を肌で感じることができるだろう。

　黒河市内はほぼ歩いて回れる大きさなので、散策を楽しみたい。夏は気温が上がっても空気は乾いているので、日陰に入ると涼しい。特にロシア商品街の東側に拡がる朝市（5:00〜9:00）の出る界

気温は℃、降水量はmm

	1月	2月	3月	4月	5月	6月	7月	8月	9月	10月	11月	12月
平均最高気温	-18.1	-12.4	-2.1	9.3	18.3	24.2	25.8	23.7	17.6	7.9	-6.2	-16.5
平均最低気温	-28.3	-24.7	-14.9	-3.2	4.3	11.5	15.1	13.2	5.9	-3.6	-16.5	-25.9
平均気温	-21.9	-17.2	-7.6	3.9	11.7	18.1	20.5	18.7	11.8	2.0	-10.8	-19.5
平均降水量	4.5	3.9	9.3	24.3	42.4	92.1	124.1	116.7	71.5	21.1	11.6	6.3

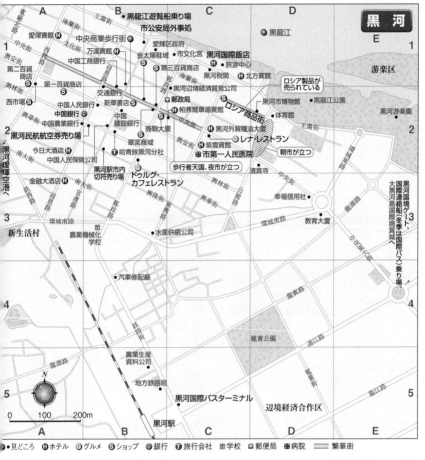

黒河

地図内ラベル

黒龍江遊覧船乗り場
市公安局外事処
中央商業歩行街
万達賓館
金太陽鞋城
市文化宮
黒河国際飯店
旅遊中心
黒河海関
北方賓館
第三百貨商店
黒河辺境経済貿易公司
郵政局
帕弗爾華源賓館
ロシア商品街
黒河市博物館
黒河江公園
体育館
黒河游楽園
黒河外貿糧油大厦
レナレストラン
紫雲館
市第一人民医院
朝市が立つ
歩行者天国、夜市が立つ
清真寺
幸福信用社
教育大慶
水産供銷公司
汽車修配廠
農業機械化学校
黒河駅市内切符売り場
ドゥルグ・カフェレストラン
中国人民保険公司
今日大酒店
金融大酒店
黒河民航航空券売り場
中国農業銀行
華宮商城
哈青旅黒河分社
中国建設銀行
商聯大厦
中国銀行
中国人民銀行
新華書店
中国工商銀行
交通銀行
第一百貨商店
第二百貨商店
愛琿賓館
黒龍江
游楽区
ロシア製品が売られている
黒河国境ゲート、国際連絡船(冬季は国際バス)乗り場
新生活村
農業生産資料公司
地方鉄路局
黒河国際バスターミナル
辺境経済合作区
黒河駅
龍賓公園
龍賓路

電廠北路 海蘭街 中央街 興安街 海蘭街 興林街 西市場 王粛街 愛輝区政府 海蘭街 黒河税関 黒河市博物館 王粛街 興安街 中央街 博大街 黒河曖琿空港へ 黒河曖琿空城へ 大黒河島国際商貿城へ

0 100 200m

●見どころ　Ｈホテル　Ｇグルメ　Ｓショップ　銀行　Ｔ旅行会社　図学校　〒郵便局　病院　繁華街

隈を歩くのはおもしろい。黒龍江沿いに広がる黒龍江公園では、早朝から体操やダンスに興じる市民の姿を見られる。

■1朝市で見かけた夫婦　■2大黒河島国際商貿城で買い物するロシア人　■3黒河駅で列車を降りるロシア人観光客　■42015年頃からロシア人客は少し減っていて、むしろ中国人のロシア旅行が盛んになっている　■5ロシア商品街ではビールやチョコレートなどロシア産品が売られている

中国国内の移動→P.318　鉄道時刻表検索→P.319

飛行機
市区の西南約17kmに位置する黒河璦琿空港(HEK)を利用する。

国内線 北京、上海との間に毎日運航便があるほか、ハルビン、漠河などの東北地方内の便もある。

所要時間(目安) 北京首都(PEK)／3時間30分　上海(PVG)／4時間20分　ハルビン(HRB)／1時間5分　漠河(OHE)／1時間20分

鉄道
北黒線の終点である黒河駅を利用する。

所要時間(目安) 北安駅(ba)／普快6時間30分　ハルビン東駅(hebd)／快速(夜行)11時間　ハルビン駅(heb)／快速(夜行)11時間10分　チチハル駅(qq)／快速(夜行)11時間20分

バス
鉄道駅に隣接した黒河国際バスターミナルを利用する。

所要時間(目安) ハルビン／7時間　北安／3時間30分　璦琿／45分

Data

飛行機
黒河璦琿空港(黒河愛琿机场)
MAP P.222-D3
住 新林街110号　**TEL** 8235942
移動手段 タクシー／(海蘭街〜空港)50元、所要30分が目安

▲黒河璦琿空港

黒河民航航空券売り場(黒河民航售票処)
MAP P.253-B2
住 迎恩路45号黒河民航大厦　**TEL** 8222595
移動手段 徒歩／(海蘭街〜航空券売り場)所要10分が目安

鉄道
黒河駅(黒河火车站)
MAP P.253-B5
住 站前大街　**TEL** 共通電話=12306
移動手段 タクシー／(海蘭街〜黒河駅)5元、所要10分が目安　路線バス／4、8路「客运站」

バス
黒河国際バスターミナル(黒河国際公路客运站)
MAP P.253-C5
住 鉄路街　**TEL** 8260471　**営** 5:00〜18:00
移動手段 タクシー／(海蘭街〜黒河国際バスターミナル)5元、所要10分が目安　路線バス／4、8路「客运站」
ハルビン行き1日5便、五大連池市区行き1日3便。

市内の見どころ

黒龍江
MAP P.253-B〜E1
住 市内北部

黒龍江遊覧船
MAP P.253-B1
料 70元(船上で双眼鏡を借りると別途10元)

ワンポイントアドバイス
●遊覧船の乗り方
出発は約20人が乗船してからとなるので、時間は読めない。1日の便数は、少ないときで午前午後1便ずつ、オンシーズン(6〜8月)で1日6、7便。遊覧時間は約40分。

▲遊覧船に乗るには気長に出発を待つしかない

黒龍江／黒龙江
こくりゅうこう／hēilóngjiāng

中口国境を流れる大河

　中国側の黒河とロシア側の極東第3の都市ブラゴベシチェンスクを隔てているのが黒龍江(アムール河)。中国側の川沿いにある黒龍江公園からは、双眼鏡(2〜3元)でロシア側のブラゴ

▲河の向こうはロシア。河を泳ぐ中国人もいる

ベシチェンスクの町並みや日光浴をする人々など、対岸の様子をはっきり見ることができる。中国側でも、川をぼんやり眺めるカップル、川で泳ぐ親子、果ては車や犬を洗う人まで、さまざまな光景を目にすることになり、ここが人々の生活に欠かせない「母なる大河」であることを実感させられる。冬季には川は完全に凍りつき、国境間の移動はバスとなる。5月初めから10月末までは、遊覧船に乗ってブラゴベシチェンスク側まで近づき町の様子を間近に見学することができる。

1 黒河国際飯店屋上からの対岸の眺め　2 遊覧船に乗る中国人観光客たち　3 ロシアの古い教会（1891年建造）が見える
4 河沿いで水泳を楽しむロシア人たちも

中央商業歩行街／中央商业歩行街
ちゅうおうしょうぎょうほこうがい／zhōngyāng shāngyè bùxíngjiē

夏の夜はにぎわう歩行者天国

　黒河市内の中心部に位置する中央街は「中央商業歩行街」と呼ばれる歩行者天国になっている。昼間は閑散としているが、夕方になると、露店や屋台がぎっしり並び、広場舞に興じる女性たちやビアガーデンに繰り出す若者たちの熱気であふれ返る。短い夏を惜しむかのように、深夜まで続く国境の町の夜の風物だ。

▲中国全土で大流行の広場舞は黒河でも見られる

中央商業歩行街
MAP P.253-B～C2
住 中央街（東興路と官渡路の間）
TEL なし
開 24時間
休 無休

▲ロシア人観光客向けのショップも並ぶ

郊 外 の 見 ど こ ろ

璦琿歴史陳列館／璦珲历史陈列馆
あいぐんれきしちんれつかん／aìhuī lìshǐ chénlièguǎn

清朝とロシアの国境確定条約締結の地

　清朝時代、このエリアの中心地は現在の黒河市ではなく、城壁に囲まれ清朝の役所がおかれた愛輝（璦琿）であった。1858年にここで結ばれた「璦琿条約」は太平天国の乱やアロー戦争で清朝が苦慮していた時期に帝政ロシアとの間で結ばれた国境確定条約で、これにより黒龍江以北がロシア領となって清朝は広大な領土を失った。璦琿歴史陳列館はそうした苦難の歴史を展示した"愛国教育施設"で、館内では条約批准の様子を等身大人形で展示するなど帝政ロシアによる侵略の歴史が詳細に語られている。なかには江東六十四屯事件における中国人虐殺事件を描いた巨大パノラマもある。

▲ロシアに清の領土が奪われていく歴史をろう人形で解説

璦琿歴史陳列館
MAP P.222-D3
住 璦琿鎮（黒河市の南32km）
TEL 8211007
開 9:30～15:30
休 月曜
料 無料
URL www.aihuihistorymuseum.com
アクセス 黒河市内でタクシーをチャーターした場合、往復で200元が目安

▲璦琿歴史陳列館入口

※江東六十四屯事件とは、1900年の義和団事件の混乱に乗じ、ロシア軍がロシア在住の中国住民を虐殺し、追い出した事件

黒河国際飯店／黒河国际饭店

こくがこくさいはんてん／hēihé guójì fàndiàn ★★★

黒河を代表するホテルで外国人ツアーの多くが利用する。黒龍江に面してそびえ立っており、川に面した部屋は眺望がとてもよい。晴れた日には対岸のブラゴベシチェンスクがよく見える。

MAP P.253-C1
住 王肅街123号
TEL 8276002
FAX 8276039
料 Ⓢ280元 Ⓣ380元
税 なし
Ⓒ 不可

Ⓢ🍴💈📺🛏♨

ドゥルグ・カフェレストラン／德洛克咖啡西餐

déluòkè kāfēi xīcān

黒河には何軒かの西洋料理レストランがあるが、ここは中央商業歩行街からも近く、おしゃれ度が最も高い。店内は広く快適で、日本の喫茶店のような雰囲気でくつろげる。メニューも豊富で、ボルシチやカツレツなどのロシア料理を選ぶなら、まず間違いない。ロシアビールの種類も多く、ワインやウオッカも味わえる。カフェとしてコーヒーだけ飲みに行くのもいい。

MAP P.253-B2
住 郵政路101号
TEL 8231007
営 9:00～22:00 休 無休
Ⓒ 不可

❶ロシアビールとサンドイッチで軽いランチ ❷店内は洗練されている ❸レストランは2階にある

レナ・レストラン／列娜餐厅

liènà cāntīng

中央商業歩行街の外れにある西洋料理レストラン。この店にはロシア人客が多いのが特徴だが、その理由は値段が手頃なこと。中国料理に飽きたら、日本人もここに駆け込みたくなるだろう。

MAP P.253-C2
住 中央街474号
TEL 7215777
営 9:00～21:00
休 無休
Ⓒ 不可

ロシア商品街／俄罗斯商品街

しょうひんがい／éluósī shāngpǐnjiē

ロシア雑貨や食品を扱う小さな店が並ぶストリート。扱う品々は大差なく、マトリョーシカやチョコレート、キャンディ、工芸品や双眼鏡などがほとんど。韓国製品も混じって売られている。

MAP P.253-C～D2
住 海蘭街東段
営 6:00～22:00
休 無休
Ⓒ 店舗により異なる

COLUMN

ドキュメント「黒河からブラゴベシチェンスクへ」

黒河はロシア・アムール地方のブラゴベシチェンスクと国境を接している。両都市の国境ゲートは開放されており、黒龍江を船で渡ることができる。そこで黒河から船でロシアに渡ることにしたのだが、この国境越えは冷や汗モノの体験となった。

黒龍江は冬季凍結してしまうので、夏季にかぎるが、1日5便(8:00、9:00、11:00、13:30、15:00)のロシア行きの船が運航されている。チケットは黒河口岸の窓口で購入した(85元)。

出国審査は簡単に終わり、出航が近づいた。船は2隻あり、中国籍用と外国籍用に分かれていたので中国籍用に並ぶと、係員に「You can't go to Russia.」と言われた。そこで、外国籍用の乗り場に行くと、ロシア語を話す中国人係員に「このチケットではダメだ。あちらに行け」と追い返されてしまった。

船は最終便で、その日のうちにロシアに行く必要があった。一瞬途方に暮れたが、気を取り直して外国籍用の乗り場で「金を払うので乗せてくれ」と頼むと、結局55元でチケットを売ってくれた。

船が出てひと息つく間もなく、ロシアに到着。イミグレーションの建物に入ると、ロシア人の係員が笑顔で迎えてくれた。しかし、乗船のとき、船員にチケットを取り上げられてしまったせいか、500ルーブル支払うように言われた。ロシアの入国審査は簡単に終わったが、口岸、乗り場、そしてロシア入国後とチケット代を「三重払い」させられたのである。

その後、現地関係者に確認したところ、外国人は原則として外国籍用の船に乗ること(ただし、状況によって中国人用に乗せてもらえるケースもあるようだ)。チケットは出国手続き後、乗り場で買わなければならない。なぜなら、ロシア人はブラゴベシチェンスクで往復チケットを購入しており、黒河では販売していないからだという。

1 ロシア行き国境ゲートの黒河口岸 **2** 中口両国の人たちと出国手続き **3** 日本人はロシア人用の船に乗る **4** 同時刻に出発する中国人用の船 **5** 乗船時間はわずか5分 **6** ブラゴベシチェンスクの船着場 **7** 多くの荷物を抱えたロシア客たち **8** ロシア入国のイミグレーション入口

ロシア人ツーリストのあふれる町

黒龍江省

市外局番｜0453

綏芬河 Suí Fēn Hé

綏芬河
すいふんが

（地図）
ロシア
黒龍江省
内モンゴル自治区
ハルビン　綏芬河
吉林省
瀋陽　長春
遼寧省　北朝鮮
フフホト
北京　韓国

基本データ

●綏芬河市
| 人口 | 7万人 |
| 面積 | 422㎢ |

市公安局出入境管理科
（市公安局出入境管理科）
MAP P.259-D6
住 光華路27号
TEL 3922508
開 8:00～11:30、
13:30～17:00
休 土・日曜、祝日
観光ビザの延長は不可

市人民医院
（市人民医院）
MAP P.259-D4
住 通天路26号
TEL 3922235
開 24時間
休 無休

●**市内交通**
【路線バス】
運行時間の目安は6:00～19:00、
1元。旧綏芬河駅から中心広場、
博物館を経由し、市北西の朝
陽村にいたる101路が便利
【タクシー】
初乗り2.5km未満6元。2.5km以
上1kmごとに1.4元加算

▲東清鉄道時代の駅は閉鎖

ワンポイントアドバイス

●綏芬河からロシアへの国際
列車
綏芬河からロシア国境を越
えたグロデコヴォまでの国際
列車が毎日運行している。
402次　綏芬河9:30→
　　　　　グロデコヴォ13:00
※時刻は現地時間。グロデコ
ヴォは中国時間＋2時間
※グロデコヴォからはウスリー
スク行きのバスがある。ウ
ラジオストクに行く場合は、
ウスリースクからバスに乗り
継ぐといい

概要と歩き方

▲綏芬河駅は郊外に移転し、高速鉄道駅になった。ロシアへの国際列車もここから出る

　綏芬河はロシアが敷設した東清鉄道の東の端に当たる。満洲
里から中国に入った列車は綏芬河から再びロシアへ出てウラジ
オストクへと向かった。現在も綏芬河は中国とロシアの接点と
して重要な役割を担っている。町にはロシアからの観光客の姿
が多く見られる。

　綏芬河駅は北西5kmの郊外にある。町の繁華街は中心広場の
北側。主要なホテルやショッピングセンターもこのエリアに集
中している。本格ロシア料理の店も数多いので、試してみるの
もいいだろう。市の東郊外にロシアとの国境ゲートがあり、
2017年に中国側の新しい国門が完成。
古い国門周辺は国門景区となっている
（入場料15元）。ロシア沿海地方で日本
人に対する電子簡易ビザの発給が始
まったが、2018年9月現在、陸路は対
応していない。日本人のロシア入国に
は事前のビザ取得が必要。

▲東清鉄道時代、鉄道員の宿舎だっ
た鉄路大白楼は、現在綏芬河秘密交
通線紀念館となっている

気温は℃、降水量はmm

	1月	2月	3月	4月	5月	6月	7月	8月	9月	10月	11月	12月
平均最高気温	-11.2	-7.6	0.5	10.8	18.0	21.6	24.6	24.2	18.8	11.4	0.1	-8.4
平均最低気温	-21.8	-19.3	-11.4	-1.8	4.4	9.5	14.2	13.8	6.0	-1.8	-11.0	-18.7
平均気温	-16.7	-13.7	-5.2	4.8	11.3	15.6	19.1	19.2	12.1	4.6	-5.7	-13.6
平均降水量	5.2	8.1	12.2	27.8	57.2	96.6	104.1	127.7	74.4	41.1	18.7	9.9

258

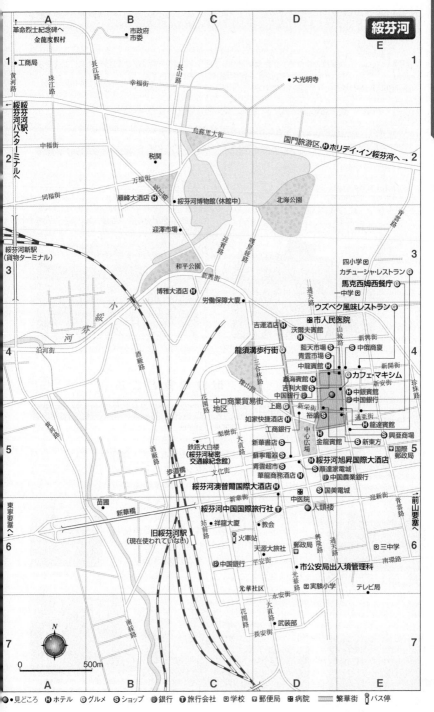

綏芬河

A　B　C　D　E

1

← 革命烈士紀念碑へ
金龍度假村

工商局

黄河路

珠江路

長江路

市政府
市委

幸福街

長山路

綏芬河駅、
綏芬河バスターミナルへ

中福街

鳥蘇里大街

大光明寺

国門旅游区、ホリデイ・イン綏芬河へ→ 2

税関

万福街

北海街

順峰大酒店 H

綏芬河博物館(休館中)

北海公園

同福街

青雲街

3
綏芬河新駅
(貨物ターミナル)

迎澤市場

迎賓路

嗄里線路

和平公園

新興街

博雅大酒店

労働保障大廈 ●

四小学 図
カチューシャ・レストラン S
馬克西姆西餐庁
一中学 図
ウズベク風味レストラン S

沿河街

綏芬河小

吉運酒店 H
沃爾夫賓館
藍天市場 S
青雲市場 S
中龍賓館 H
鑫海賓館 H
吉利大廈 H
中国銀行

市民医院 H
山城路
新興街
中俄商廈 S
新開街
カフェ・マキシム ●
中銀賓館 H
中国銀行 H
通泰街
龍達賓館 H
興亜商場
珍珠路
4
龍須溝歩行街 S

三谷林地

椅山路

花園路

中口商業貿易街地区

上島 ●
新栄街
如家快捷酒店 H
工商銀行
新華書店 S
蘇寧電器 S
青雲超市 S
華龍商務酒店 ●

裕盛 S
中心広場
金龍賓館 H
新東方
綏芬河旭昇国際大酒店 H
順達電器 H
中国農業銀行
国美電城 S

国際郵政局
5

梨樹街

鉄路大白楼
(綏芬河秘密交通線紀念館) ●

文化街

綏芬河澳普爾国際大酒店 ●

綏芬河中国国際旅行社 T

苗圃

新華橋

旧綏芬河駅
(現在使われていない)

站前路

祥龍大廈

教会

火車站 ●

天源大旅社 ●

中医院
人頭楼 ●
迎新街

市公安局出入境管理科
郵政局

典雅路

三中学 図
6

← 前山要塞へ

青雲路

南環路

東寧要塞へ →

苗圃

光華社区

中国銀行 S

平安街

光華街

永安街

花園路

大直路

武装部

長安街

実験小学 図

テレビ局

7

N

0　　500m

●見どころ　H ホテル　G グルメ　S ショップ　B 銀行　T 旅行会社　図 学校　⊠ 郵便局　田 病院　▦ 繁華街　⊺ バス停

Access

中国国内の移動→ P.318　鉄道時刻表検索→ P.319

鉄道

濱綏線の終点で高速鉄道駅となった綏芬河駅を利用する。2018年12月に開通予定のハルビン〜牡丹江の高速鉄道も綏芬河から利用できる。

所要時間(目安) 牡丹江駅(mdj)／特快1時間10分　ハルビン駅(heb)／快速(夜行)7時間30分

バス

綏芬河駅の駅前向かって右側にある綏芬河バスターミナルを利用する。

所要時間(目安) 牡丹江／2時間30分　東寧／1時間　鶏西／3時間

Data

鉄道

綏芬河駅(綏芬河站)
MAP 地図外(P.259-A1左)
住 鳥蘇里大衢　**TEL** 8994272
移動手段 タクシー／(綏芬河駅〜中心広場)／7元、所要8分が目安　路線バス／101、109路「火車站」

高速鉄道駅の綏芬河駅

バス

綏芬河バスターミナル(綏芬河公路客运站)
MAP 地図外(P.259-A1左)
住 站前路39号　**TEL** 3924931
移動手段 タクシー／(中心広場〜綏芬河バスターミナル)7元、所要8分が目安　路線バス／101、109路「火車站」

ロシア行きのバスターミナルもここ

国門旅游区
MAP 地図外(P.259-E2右)
住 国門旅游区
開 8:00〜17:00
休 無休
料 15元
アクセス 104路バス「中俄互市贸易区」。タクシーで中心広場から片道10元。旅游区入口で検問があるのでパスポートを携帯したほうがよい

▲左に見えるのが古い国門。この中が景区になっている

▲山肌を削った中ロ国境線

市内の見どころ

国門旅游区／国门旅游区
こくもんりょゆうく／guómén lǚyóuqū

中ロ国境を間近に見ることができる

　中ロの道路国境付近を観光地として一般開放している。ただし、2018年9月現在、新しい国境ゲートを建設中で、旧国境ゲートや出入国管理棟周辺は、ロシアに行く人以外は立ち入ることができない。周辺には、ロシア商品の免税ビルがあり、中国人客が買い物する姿が見られる。ロシア国境を見たければ、免税ビルの脇の道を進むと、小さな広場があり、その先はロシアだ。

▲ロシアの教会の屋根が見える

▲国門景区から新しい中国の国門を見る

▲国門のそばに中国と極東ロシアの国境貿易を推進するべく立ち上げられた中俄互市贸易商品交易中心がある

中ロ商業貿易街地区／中俄商业贸易街地区

ちゅうろ しょうぎょうぼうえきがいちく／zhōngé shāngyè màoyìjiē dìqū

ロシア語の看板があふれる町

　中心広場の東側に広がる一画には、ロシア人相手の商店やレストラン、マッサージ店などが並び、ロシア語の看板で埋め尽くされている。中国国内でこれほどロシア語のあふれる町は、綏芬河以外にないだろう。商店の販売員はロシア語を話し、商品の値札もルーブル表記だ。いかにも中ロ国境の町らしいにぎわいが見られる。ただし、2018年9月現在、ロシア人の数は減少傾向にある。代わりに中国人観光客が増えている。

▲ロシア人の目的は買い物だ　▲中心広場の周辺はヨーロッパの都市のよう

人頭楼／人头楼

じんとうろう／réntóulóu

旧日本領事館はもとロシア商人の館

　元来は1914年、ロシアの貿易商チチャコフが建てたもの。1927年以降日本総領事館となった。3階と4階の間にある飾りが人の頭をモチーフにしたことから"人頭楼"の愛称がつけられたという。

▲れんが色と白のコントラストが美しい

郊外の見どころ

東寧要塞／东宁要塞

とうねいようさい／dōngníng yāosài

アジア最大規模の日本軍要塞跡

　綏芬河から約50km南に位置する東寧県のロシア国境周辺に残るアジア最大規模の日本軍要塞跡。1934年6月に関東軍によって建設され、主要部分は1937年に完成。要塞の一部に当たる勲山要塞の内部が公開されている。要塞の外には博物館もある。

▲要塞内のもと軍管事務所

中ロ商業貿易街地区
MAP P.259-D4~E5
住 通天路と山城路の間
TEL なし
開 24時間
アクセス 101、104路バス「農業銀行」

▲「2IО」は2元ショップのこと。日本の100円ショップに近い

▲衣料、生活雑貨、食品などさまざまな商店がある

▲綏芬河博物館(住長江路17号)はこの町の歴史を展示

人頭楼
MAP P.259-D6
住 迎新街88号
TEL なし
開 24時間(内部非公開)
休 無休
料 無料
アクセス 103路バス「人头楼」

▲人頭楼の由来となった装飾

東寧要塞
MAP P.223-F7
住 東寧県三岔口鎮南山村南
TEL 3631630
開 8:00~16:00
料 無料
URL www.dnys.org.cn
アクセス 綏芬河バスターミナルからバスで東寧バスターミナルまで13元、所要約1時間が目安。そこから「要塞」行きバスで4元、所要約30分が目安

▲併設された東寧要塞博物館は愛国主義歴史教育施設

261

Hotel

ホリデイ・イン綏芬河／绥芬河世茂假日酒店
すいふんが／suífēnhé shìmào jiàrì jiǔdiàn ★★★★

国門旅游区に隣接する「中俄綏波貿易総合体」内にある高級ホテル。ロシア人客を意識した造りとなっており、レストランやバー、プールなどの施設は西洋スタイルが貫かれ、客室ではロシアの番組を観られる。

MAP 地図外 (P.259-E2右)
住 友誼大道2号
TEL 5829999
FAX 5825555
料 ⑤①368元
税 なし
C A.D.J.M.V
URL www.holiday-inn.com

綏芬河澳普爾国際大酒店／绥芬河澳普尔国际大酒店
すいふんがオパールこくさいだいしゅてん／suífēnhé àopǔěr guójì dàjiǔdiàn ★★★

2004年に開業したホテルで、れんが色の外観が目印。新華街に面し、中心広場と旧鉄道駅の間に位置する。また人頭楼にもほど近く、ロケーションは抜群だ。近くには青雲超市がある。

MAP P.259-D5
住 光華路18号
TEL 3951111
料 ⑤210元　①220元
税 なし
C 不可

綏芬河旭昇国際大酒店／绥芬河旭升国际大酒店
すいふんがきょくしょうこくさいだいしゅてん／suífēnhé xùshēng guójì dàjiǔdiàn ★★★

中心広場の南側にそびえる17階建てのホテル。2004年に開業した。最上階のレストランからの市内の眺めは抜群だ。低層階はショッピングセンターになっておりロシア人客でにぎわっている。

MAP P.259-D5
住 文化街132号
TEL 3999999
料 ⑤200元　①220元
税 なし
C 不可

中国人とロシア人の国境観光

　中国黒龍江省はロシアと約4000kmもの国境で接しており、両国民の国境を越えた交流は盛んだ。綏芬河には毎日多くのロシア人が買い物や観光に訪れているが、中国人もロシア沿海地方のウラジオストクへの3泊4日のバスツアーに参加している。初日は綏芬河からバスでロシアに入り、約5時間かけてウラジオストクに向かう。2日目と3日目が市内観光。4日目に中国に戻る。このツアーは1300元が相場で、驚くほど安い。ただし、これはウラジオストク在住の中国人が受け入れを差配しているから。同じようなお隣の町ツアーは、黒河や内蒙古自治州の満洲里からも出ている。

▲ウラジオストクのみやげ店で見かけた中国団体客

馬克西姆西餐庁／马克西姆西餐厅
マクシムせいさんちょう／ măkèxīmǔ xīcāntīng

ロシア人向けショッピングセンターが建ち並ぶエリアにある本格ロシア料理レストラン。ロシア語名は「レストラン"マクシム"」。「紅菜湯（ボルシチ）」ほかのスープ類10元、各種サラダ1皿20～25元、「大肉串（シャシリク）」33元はじめ各メインディッシュが30～100元前後。店内ではビールやワイン片手にくつろぐロシア人グループが目立つ。紅茶やケーキも楽しめる。山城路28号にスイーツの種類が多い姉妹店の「カフェ・マキシム」もオープンした。

MAP P.259-E5
住 通亜街119号
TEL 3921824
営 5:00～24:00
休 無休
C 不可

1 町いちばんのロシア料理店として知られている 2 カフェタイムはケーキやアイスクリームをどうぞ 3 ボルシチやサラダは日本人の口に合う

ウズベク風味レストラン／乌兹别克风味餐厅
ふうみ／wūzībiékè fēngwèi cāntīng

MAP P.259-E4
住 新開街83号
TEL 3998008
営 9:00～21:00
休 無休
C 不可

1 ピラフと串焼き、サラダ、スープを選んで40元ほど 2 天幕に包まれた個室 3 派手な外観でわかりやすい

中ロ商業貿易街地区の外れに異色のレストランがある。ロシア人に人気のウズベキスタン料理は、羊の串焼きでもチャーハン（ピラフ）でも、中国料理とは味つけも風味もまったく違う。油っこくないので、日本人には食べやすい。さっぱりしたトマトサラダを口にするとホッとする。店内の内装は新疆風のエキゾチックなデザインで統一され、中東風のBGMも中国にいるのを忘れてしまいそうになる。料金は中国料理に比べリーズナブルなので、懐にも優しい店だ。

龍須溝歩行街／龙须沟步行街
りゅうすこうほこうがい／lóngxūgōu bùxíngjiē

中心広場の北側に延びる屋台街。夏は朝5時くらいからお粥の店が開き、夜には羊の串焼きをはじめさまざまな露店が並ぶ。市場も隣接していて、衣類なども売っている。綏芬河で最も中国らしい界隈である。

MAP P.259-D4
住 龍須溝歩行街
TEL 店により異なる
営 店により異なる
休 店により異なる
C 不可

鶏西

MAP P.223-F6

住 黒龍江省鶏西市

アクセス 牡丹江から鉄道で所要3時間30分、バスで2時間30分が目安

▲超級冷麺 **住** 興国中路100号
TEL (0467)2666288

▲鶏西駅からは牡丹江方面や虎林方面の列車を運行。バスターミナルは駅前に近い興国中路257号にある

虎頭要塞

MAP P.223-G6

住 虎林市虎頭鎮

アクセス 鶏西バスターミナルから虎林まで約180km、バスで所要3時間、虎林バスターミナルから約50km、バスで所要1時間が目安

※虎頭要塞に関する詳細は以下の研究団体のサイトに詳しい

虎頭要塞日本側研究センター

URL ww3.tiki.ne.jp/jcn-o/kotou-top.htm

▲虎林駅からは牡丹江やハルビン(香坊駅)行きの列車を運行

▲烏蘇里江(ウスリー川)を約1時間かけて航行する国境遊覧船(60元)もある

興凱湖

MAP P.223-F6

住 密山市興凱湖

アクセス 鶏西バスターミナルから所要2時間30分が目安

▲宿泊施設の集まる当壁鎮興凱湖旅游度假区の公園にハスの花が咲く

▲興凱湖周辺の湿地帯に沈む夕日

東部国境の町

鶏西／鸡西
けいせい／jīxī

冷麺のおいしい町

黒龍江省南東部に位置する炭鉱で発展した町。東部はロシア国境と接しており、虎林市や密山市を統轄。鶏西駅を中心に発展し、北には烏蘇里江(ウスリー川)の支流の棱穆河が流れる。この町の名物は冷麺で、30年前に籍玉萍さんが開業した「超級冷麺」は町の人なら誰でも知る人気店だ。鶏西に立ち寄る機会があったら、ぜひ足を運んでほしい。

▲超級冷麺の甘酸っぱいスープと適度なコシがある麺は日本人の口に合う

虎頭要塞／虎头要塞
ことようさい／hǔtóu yàosài

第2次世界大戦最後の激戦地

鶏西市東部のロシア国境に位置する、1939年に完成した軍事要塞の遺構。東西約10km、南北約8kmの地下30〜50mに兵舎や発電所、病院まで備えた当時はアジア最大規模を誇る要塞だった。烏蘇里江(ウスリー川)の対岸はソ連領イマン(現ダリネレチェンスク)。1945年8月9日ソ連軍は侵攻を開始。終戦後も戦闘は続き、8月26日陥落。生存者は53名とされる。1969年3月、中ソの軍事衝突が起きた珍宝島(ダマンスキー島)からも近い。現在は「侵華日軍虎頭要塞博物館」となり、歴史展示と要塞の一部を見学できる。周辺は虎頭珍宝島旅游風景区として観光地化されている。

▲侵華日軍虎頭要塞博物館は入場無料。**開** 8:00〜16:30　▲要塞の中はかなり冷えるので注意

興凱湖(ハンカ湖)／兴凯湖
こうがいこ／xīngkǎihú

ラムサール条約に登録された中ロ国境湖

鶏西の東方に位置する面積4190 km^{2}の広大な湖。中ロの国境線が通り、湖の北側4分の1が中国領。日本や太平洋に飛来する渡り鳥が多くすむ湿地帯。タンチョウとマナヅルの繁殖地でもあり、ラムサール条約登録地である。周辺からは新石器時代の遺跡が出土し、渤海国(698〜926年)は湖の周辺を支配していた。北京条約の翌年の1861年に中ロ間で興凱湖界条約が締結され、現在の国境線が確定された。冬は湖面が氷結するが、夏は水浴客でにぎわう。

▲ビーチのように砂浜が続く興凱湖

COLUMN

ドキュメント「ハバロフスクから撫遠へ」

中国最東端にある撫遠は極東ロシアのハバロフスクと国境を接している。両都市の国境ゲートは外国人にも開放されており、黒龍江を水中翼船に乗って渡ることができる。

ハバロフスク発のチケットは船乗り場に近い旅行会社で購入できる。船は午前8:30分発なので、前日には購入しておこう。3500〜4000ルーブルが相場だ。8:00に出国手続きが始まる。船は中国人用とロシア人用に分かれていて、日本人はロシア人用の船に乗る。船はしばらく黒瞎子島(大ウスリー島)のロシア領を左に見ながら進む。途中で中国塔が見えると、そこから先は右がロシア領、左は中国領である。その後、中国領の撫遠に到着する。

撫遠を訪れるロシア人以外の外国人は少ないため、入国審査には約2時間かかる。スマートフォンは一時取り上げられ、荷物の開封検査がある。ただし、待つ間に係員が水を支給してくれるなど、友好ムードはある。海外でこのような経験はほとんどないので緊張するかもしれないが、係員の指示に従い、円滑に検査が進むよう協力したい。

●日本からのチケットの問い合わせ先
ポータルセゾノフ社(ハバロフスク)
TEL 7-4212-389288
URL dvtravel.ru/jp(日本語サイト)

1 中国行き船乗り場はウスリースキー通りの先のアムール河畔にある 2 乗客の大半は中ロの住民 3 船が出ると、背後にハバロフスクの町並みが見える 4 ロシア人と一緒に船旅を楽しもう 5 所要1時間20分で撫遠に到着

撫遠／抚远
ぷえん／fǔyuǎn

「中国最東の町」として観光化が進む

黒龍江省ジャムス市に属する県級市。長くロシアとの領土問題の焦点となっていた黒龍江の中州の黒瞎子島(大ウスリー島)の西半分が2008年に返還されたことで、一気に開発が行われた。現在は「中国最東の町」として観光地化が進み、市内から東へ50km離れた烏蘇里江(ウスリー川)沿いに東極公園を建設。さらに黒瞎子島内に湿地公園や別荘地を開発(ただし、外国人は黒瞎子島訪問は禁止)。東極公園からは対岸のロシアのカザケヴィチェボ村が見渡せる。

▲撫遠の町からは黒龍江が見える

▲東極公園では遊覧船が運航されているが、船上から見える中国側の国境施設の撮影は禁じられている

撫遠
MAP P.223-G4
住 ジャムス市撫遠市
アクセス ハルビン太平国際空港から撫遠東極空港へ所要約1時間が目安。ハルビン東駅から鉄道で所要13時間が目安

▲黒龍江に生息する水生生物を展示する撫遠黒龍江魚展館

▲撫遠駅は中国最東端の鉄道駅

265

黒龍江省

牡丹江 mǔ dān jiāng

牡丹江

ぼたんこう

基本データ

●牡丹江市

| 人口 | 270万人 |
| 面積 | 3万8827km |

市公安局
（市公安局）
MAP 地図外（P.267-B3下）
住 鳥蘇里路
TEL 6282222
開 8:00～11:30、13:30～17:00
休 土・日曜、祝日
観光ビザを最長30日間延長可
能、手数料160元

牡丹江市第二人民医院
（牡丹江市第二人民医院）
MAP 地図外（P.267-C1右）
住 光華街179号
TEL 6923422
開 24時間
休 無休

▲牡丹江海浪空港

▲2018年12月ハルビンから高速
鉄道が開通予定

▲老朽化した満鉄社宅が駅の北
西の天安路の近くに残っている

概 要 と 歩 き 方

　牡丹江市は黒龍江省南東部を代表する都市で、4つの区と寧安、海林、穆棱、綏芬河の県級市、林口、東寧の2県を管轄。ロシア国境の町の綏芬河や延辺朝鮮族自治州の延吉、北部の鶏西方面への鉄道はここで乗り継ぎになる。牡丹江の発祥は20世紀初頭の東清鉄道の敷設に始まる。ロシアはハルビンからポグラニチヌイまでの鉄道建設に着手したが、その沿線を流れる牡丹江（満洲語で「曲がった川」を意味する「ムーダンウラ」の漢語読み）を駅名とした。都市の基礎は日本統治時代に造られ、なかにし礼の小説『赤い月』は日本の終戦前夜の牡丹江が舞台のひとつ。

　牡丹江は7世紀末に東北地方に勃興した渤海の都、上京龍泉府遺址を訪ねる起点となる町だ。上京龍泉府遺址は牡丹江の南西約70kmの東京城にあり、バスで1時間30分ほど。さらに30km南には吊水瀑布で有名な鏡泊湖がある。

　駅を中心に市街地が形成され、メインストリートは駅から牡丹江まで延びる太平路。平安街と交差する場所に文化広場があり、その周辺が繁華街だ。見どころの多くは郊外にあるが、駅南西の牡丹江市公路バスターミナルからバスが出ている。

▲1000年前には渤海の都の王城があった上京龍泉府遺址

気温は℃、降水量はmm

	1月	2月	3月	4月	5月	6月	7月	8月	9月	10月	11月	12月
平均最高気温	-10.8	-5.8	2.8	13.5	20.9	25.2	27.7	26.6	21.2	12.9	1.2	-8.2
平均最低気温	-23.2	-19.4	-9.8	0.1	7.2	13.4	17.4	16.4	8.5	0.0	-10.0	-19.4
平均気温	-19.9	-14.9	-4.9	5.7	13.3	18.3	22.0	20.9	13.7	5.3	-5.8	-15.6
平均降水量	5.2	5.6	11.4	25.7	53.0	83.8	122.6	123.7	61.3	33.2	13.6	7.4

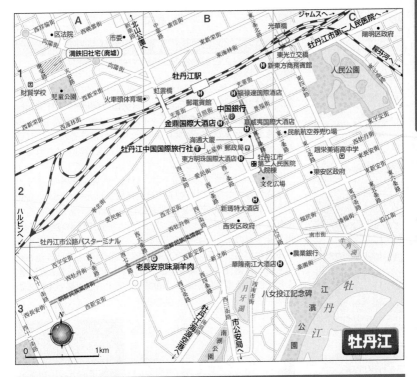

牡丹江

Access

中国国内の移動→P.318　鉄道時刻表検索→P.319

✈ 飛行機　市区の南西約7kmに位置する牡丹江海浪空港(MDJ)を利用する。国内線は主要都市との間に運航便がある。

国内線 北京、上海など主要都市との間に毎日運航便があるほか、大連、瀋陽などの東北地方内の便もある。

所要時間(目安) 北京首都(PEK)／2時間10分　上海浦東(PVG)／3時間5分　大連(DLC)／1時間30分

🚆 鉄道　濱綏線と図佳線の途中駅である牡丹江駅を利用する。

所要時間(目安) ハルビン駅(heb)／快速5時間30分　綏芬河駅(sfh)／特快1時間10分

🚌 バス　市区西側に位置する牡丹江市公路バスターミナルを利用する。

所要時間(目安) ハルビン／5時間　東京城／1時間30分　綏芬河／2時間　東寧／2時間30分　延吉／6時間

Data

飛行機
牡丹江海浪空港(牡丹江海浪机场)
MAP P.222-E7
🏠 西安区海浪鎮　☎ 6651666
移動手段 エアポートバス／(空港～民航航空券売り場)10元、所要30分が目安　タクシー／(空港～牡丹江駅)30元、所要20分が目安

鉄道
牡丹江駅(牡丹江火车站)
MAP P.267-B1

🏠 光華街161号　☎ 共通電話=12306
移動手段 路線バス／8、101、102路「火车站」

バス
牡丹江市公路バスターミナル(牡丹江市公路客运总站)
MAP P.267-A2
🏠 西十一条路　☎ 6289123
🕐 5:00～19:00　URL www.mdjkyz.cn
移動手段 路線バス／4、15、401路「客运站」
ハルビン、綏芬河、延吉、長白山行きなどのバスがある。1日4便空港行きのバスも出る。

渤海上京龍泉府遺址

MAP P.222-E7

住 寧安市渤海鎮
TEL 7951705
開 8:00～18:00
休 無休
料 50元(興隆寺も含む)
アクセス 牡丹江市公路バスターミナルから「東京城」行きバスで終点下車。「渤海」行きバスに乗り換え、「遺址」下車。45元、所要1時間30分が目安。牡丹江市中心部からタクシー利用の場合、片道200元、所要1時間が目安

▲宮殿の柱を置いた石台のみ残る

▲渤海上京龍泉府遺址博物館内にある、当時の宮城を再現したジオラマ

▲遺址の入口の門は、高速道路の東京城インターチェンジを降りてすぐの場所にある

興隆寺

MAP P.222-E7

住 寧安市渤海鎮
TEL 7951705
開 8:00～18:00
休 無休
料 50元(渤海上京龍泉府遺址も含む)
アクセス 牡丹江市公路バスターミナルから「東京城」行きバスで終点下車。「渤海」行きバスに乗り換え、終点下車。50元、所要1時間30分が目安。牡丹江市中心部からタクシー利用の場合、片道200元、所要1時間が目安

▲遺址のある町は「渤海鎮」と今も呼ばれている

渤海上京龍泉府遺址／渤海上京龙泉府遗址
ぼっかいじょうきょうりゅうせんふいし／bóhǎi shàngjīng lóngquánfǔ yízhǐ

渤海国の都城跡

698年に東北地方に建国された渤海国の都のひとつで、上京龍泉府は3代大欽茂王が755年頃中京顕徳府(現在の吉林省和龍市)から遷って都とした場所だ。南北約3.4km、東西約4.9kmの規模をもつ王城で、一時東京龍原府(現在の吉林省琿春市)に遷都したが、794年に再び戻り、以後926年に契丹に滅ぼされるまで長く渤海の都だった。

都は唐の長安を手本に造られ、外城、内城、宮城の3部分から構成されており、外城の長さは周囲約17.5kmにも及ぶ。1930年代に日本の研究者が発掘調査を行った結果、宮殿は東西幅620m、南北720mほどの広さで、日本の平安時代の寝殿造を彷彿させるものだったようだ。現在は、宮殿の柱を置いたと思われる石台が点在するだけで、遺址内に見られる城壁は再現されたものだ。遺址から400mほど渤海鎮側に戻った所に、渤海上京龍泉府遺址博物館があり、渤海国に関する歴史展示を見ることができる。

▲都城跡は整備されている

▲「国家重点文物保護」と記された石碑が立つ

興隆寺／兴隆寺
こうりゅうじ／xīnglóngsì

渤海時代の唯一の建造物が残る

渤海上京龍泉府遺址から2kmほど離れた場所にある寺院で、1662年(清の康熙元年)に渤海国の寺院跡地に創建したもの。現存するのは、馬殿、関帝殿、天王殿、大雄宝殿、三聖殿などだが、有名なのは唯一渤海国時代の建造物で、いちばん奥の三聖殿の内部にある大石仏と、その前に置かれた高さ6mの石灯籠などだ。

▲1200年の歴史の重みを感じさせる石灯籠

鏡泊湖／镜泊湖

きょうはくこ／jìngbóhú

火山の噴火で生まれた湖

牡丹江市の南西100km先に広がる細長い湖で、1万年前の噴火によって牡丹江が遮られたことでできたといわれる。長さ45km、最大幅6kmと面積は琵琶湖の半分ほど。湖で取れるフナは有名だ。中国国内では避暑地として知られ、夏季には多くの観光客が訪れる。

見どころは湖の北側にある吊水瀑布。増水した湖水が牡丹江の支流に一気に流れ落ちるさまはすがすがしい(冬季は氷結している)。吊水瀑布からミニバスに乗ると、鏡泊湖の遊覧地区で遊覧船に乗れる。

▲吊水瀑布の水量は季節によって変わる

鏡泊湖
MAP P.222-E7
住 寧安市鏡泊湖風景区
TEL 6270111
開 24時間 休 無休
料 80元
アクセス 牡丹江市公路バスターミナルから「東京城」行きバスで終点下車。「鏡泊湖」行きバスに乗り換え、終点下車。70元、所要2時間30分が目安。牡丹江市中心部からタクシー利用の場合、片道300元、所要1時間30分が目安

▲地元出身の狄煥然さんは吊水瀑布の飛び込み名人として有名

Hotel / Gourmet

金鼎国際大酒店／金鼎国际大酒店

きんていこくさいだいしゅてん／jǐndǐng guójì dàjiǔdiàn ★★★★

牡丹江駅前にある4つ星ホテルで、料金や客室の快適さ、ロケーションを考えるとこの町では最適の場所だ。客室からは市内が一望にでき、繁華街にあるので買い物も便利。

MAP P.267-B1
住 景福街181号
TEL 8939999
FAX 8932810
料 ⑤①200～588元
税 なし
C M.V
URL mdjgdihotel.com

老長安京味涮羊肉／老长安京味涮羊肉

ろうちょうあんきょうみさんようにく／lǎocháng'ān jīngwèi shuànyángròu

牡丹江で人気のある羊のしゃぶしゃぶ(涮羊肉)の店。近頃では珍しい旧式の石炭鍋が情緒を誘う。クコの実やナツメの入ったスープは淡白で、ゴマだれで食べるとおいしい。

MAP P.267-B3
住 西長安街230号
TEL 6180692
FAX 8932810
営 9:30～21:30
休 無休
C 不可

牡丹江中国国際旅行社／牡丹江中国国际旅行社

ぼたんこうちゅうごくこくさいりょこうしゃ／mǔdānjiāng zhōngguó guójì lǚxíngshè

MAP P.267-B2
住 七星街144号海通大廈708号
TEL 6911924
営 9:00～17:00
休 土・日曜、祝日
C 不可
メール quanxiangyu@hotmail.co.jp(日本語可)

牡丹江周辺の観光地や綏芬河方面の手配を得意とする旅行会社。この方面を訪ねるなら、同社日本部でハルビンの黒龍江大学日本語学部卒の権香玉さん宛てにメールを送って相談するといい。

渤海遺跡を
巡る旅

渤海国（698〜926年）は朝鮮半島の北域から中国東北地方の東域にかけて版図を広げ、「海東の盛国」と呼ばれた大国だった。668年に高句麗を滅ぼした唐は、同国の敗れた遺臣や兵を営州（現在の朝陽）に移送したが、王族の流れをくむ大祚栄が契丹軍の反乱に乗じて立ち上がり、遺民を引き連れて東牟山麓（吉林省敦化市）で辰国を興す。第3代大欽茂が762年に唐皇帝から「渤海国王」の称号を授けられた後、遼の太祖・耶律阿保機によって926年に滅亡するまでこの地域に都をおいた唯一の王朝である。

渤海国の地方制度は唐にならって高句麗の5部を受け継ぐ五京と15府62州に分けて統治された。五京には上京龍泉府（黒龍江省寧安市）、中京顕徳府（吉林省和龍市）、東京龍原府（吉林省琿春市）、西京鴨緑府（吉林省臨江市）、南京南海府（北朝鮮）があったが、実際に都となったのは上京、中京、東京だけだ。

日本との交流の歴史も

興味深いことに、渤海国は日本と国交を結び、多くの使節を送り合っている。当時日本は奈良から平安にかけての時代。最初の渤海からの使節は727年で、以後渤海から35回、日本から15回と約200年間にわたって友好関係を結んでいた。

渤海からの船出は現在のロシア沿海州のポシェット港付近、あるいは北朝鮮東海岸の港でなかったかと推測されている。その船は日本海を渡り、敦賀や大宰府に着いたと記録されている。

現在、前述の3つの都城跡には、宮殿の柱を置く石台くらいしか残っていない。出土品は地元にはなく、黒龍江省博物館（ハルビン→P.234）や吉林省博物館（長春）などの省都に集められ、展示されるケースが多い。遺址の見学は、上京龍泉府だけ可能で、西古城（中京顕徳府）や八連城（東京龍原府）の遺址の周辺はフェンスに囲まれて中に入ることはできない。どの遺址内の石碑にも「渤海は中国の地方政権」という記述が見られ、これが渤海を朝鮮民族の王朝とみる韓国との間で歴史論争を生んでいる。

1 上京龍泉府で出土した「騎馬銅人」はハルビンの黒龍江省博物館で展示　2 中京顕徳府のあった西古城は長白山に向かう道路沿いにある　3 東京龍原府のあった八連城はトウモロコシ畑の中にある

内蒙古自治区

うちもうこ じちく

内蒙古自治区

nèi mēng gǔ zì zhì qū

フルンボイル平原で見かけた羊の群れ

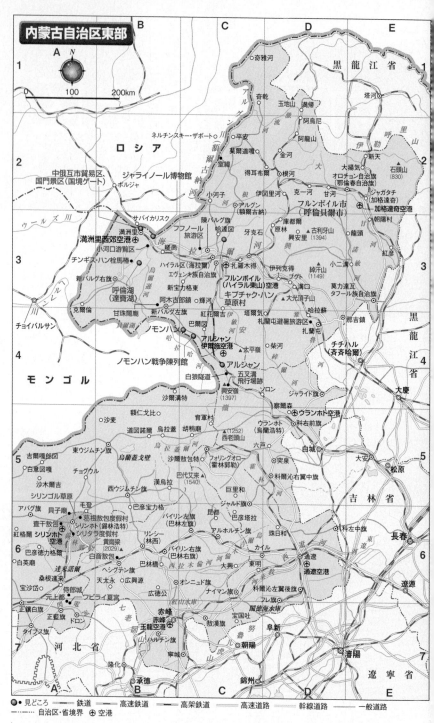

内蒙古自治区東部

A

0　　　　100　　　　200km

ロシア

中俄互市貿易区、
国門景区（国境ゲート）

ジャライノール博物館

ボルジャ

サバイカリスク

ウールズ川

満洲里西郊空港
満洲里
小河口游覧区

チンギス・ハン拴馬樁

新バルグ右旗

呼倫湖
（達賚湖）

克爾倫

チョイバルサン

ノモンハン

ノモンハン戦争陳列館

モンゴル

沙麦

吉爾嘎郎図

白意図嘎

沙木爾吉

シリンゴル草原

アバグ旗　　貝子廟

査干敖包

紅格爾　シリンホト空港　シリタラ度假村　黄崗梁[2029]▲

巴彦徳力格爾　白音敖包

白英廟

宝沙岱　桑根達来　達来諾爾

待部城

正镶白旗　元上都
フビライ夏宮

正藍旗　　電

タイプス旗　ドロン

河北省

ネルチンスキー・ザボート

平安

室韋

莫爾道嘎

得耳布爾

小河子

アルグン
（額爾古納）

陳バルグ旗

哈達図

フフノール
旅游区
盛岡

ハイラル（海拉爾）
エヴェンキ族自治旗

フルンボイル

新宝力格車

阿木古郎鎮　輝河

甘珠爾廟　新バルダ左旗

紅花爾基

巴爾図

アルシャン
伊爾施空港

アルシャン

白狼隧道

五叉溝
飛行場跡
興安嶺
[1397]▲

沙爾溝特

額仁戈比之

道図諾爾　呼拉図

育軍村

烏蘭壹戈壁　胡稍廟

西老頭山[1252]▲

東ウジムチン旗

チョグウル

西ウジムチン旗

毛登

沙爾敖包特

フォリングオロ
（霍林郭勒）

巴代艾来
[1540]▲

漢貝拉

毛登

巴彦宝力格

リンシー
（林西）

バイリン左旗
（巴林左旗）

ヘグテン旗

天太永　広興源

広徳公

バイリン右旗
（巴林右旗）

巴林橋

オンニュド旗

ナイマン旗

赤峰
赤峰　玉龍哈達旗
赤峰空港

ハルチン旗

寧城

隆化

奇雅河

奇乾　玉地山　満帰

得耳布爾　金河

根河

伊図里河

克一河

大楊気　新天

オロチョン自治旗
（鄂倫春自治旗）

ジャガタチ
（加格達奇）

朝陽村

牙克石　牙利牙　甘河　龍頭

原林

興

扎羅木得

伊列克得　ブゴト　綽爾山
[1149]▲

溝口　莫力達瓦
ダフール族自治旗

大光頂山▲　哈拉蘇

塔爾気　那吉鎮

柴河

札蘭屯

小二溝

黒

龍

江

省

チチハル
（斉斉哈爾）

大慶

興安嶺

ソロン

ジャライド旗

察爾森　ウランホト空港

ウランホト
（烏蘭浩特）　科右前旗

六戸

突泉

白城

科爾沁右翼中旗

旦巴和

ジャルド旗

昆都

アルホルチン旗

科右中旗

長春

通遼空港

通遼

珠日和

カイル

大興　東明

フレ旗

科爾沁左翼後旗

河

遼源

瀋陽

錦州

大興安嶺　呼倫貝爾市　フルンボイル市

玉頭山
[830]

石頭山

加格達奇空港

朝陽村

龍頭

諾

彦

紅彦

黒

龍

江

省

吉林省

松原

大安

遼寧省

朝陽　阜新

宝国吐

敖漢旗

科爾沁左翼後旗

フレ旗

鬧海水庫

鬧海水庫

● 見どころ　━━ 鉄道　━━ 高速鉄道　━━ 高架鉄道　═══ 高速道路　═══ 幹線道路　── 一般道路
─·─·─ 自治区・省境界　⊕ 空港

272

COLUMN

ナダムに
行くには？

ナダムとは、毎年夏に行われるモンゴル民族の祭典だ。競馬と弓術、相撲の3種の競技が草原を舞台に繰り広げられる。モンゴル族の人たちはこれを見物するため、会場に続々と集まってくる。

お隣のモンゴル国では、革命記念日の7月11日～13日に首都ウランバートルで国家行事として開催されるナダムが有名だが、中国の内蒙古自治区では、各地でそれぞれ独自に開催される。直前になるまで開催日が決まらないことが多く、外国人がナダムに行くのは簡単ではない。ネットの情報はあまり役に立たないのだ。

特に内蒙古自治区の東北部に位置するフルンボイル平原では、1年のうち8ヵ月近く、草原は雪に覆われているという。冬はマイナス40℃の世界。それが夏には40℃にまでなるのだから、寒暖の差は尋常ではない。現地のモンゴル族によると、「フルンボイルの夏は短い。だから、ナダムは春の訪れを祝う祭り。6月中旬から8月上旬にかけて、各地で小さなナダムが開かれるが、いつどこであるのか地元の人でなければ

ばわからない」という。

となると、欠かせないのが現地ガイドの存在である。今回「地球の歩き方」取材スタッフは、事前の情報を得ていた日にナダムが開催されず、

▲草原に翻るナダムの旗

とまどった。車での移動中、ガイドが献身的に多くの関係者に電話をかけてくれたことで、その日の午後、ハイラル区郊外のフフノール旅游区でモンゴル相撲が開催されていることがわかり、予定を変更して会場に向かうことができた。

幹線道路から離れてどこまでも続く草原の一本道を10分近く走った先に会場はあった。同じ場所に向かう車を追わなければ、絶対にわからなかっただろう。

会場では、数多くの力士が草原の一画に陣取り、朝から1日かけて相撲をやっていた。前日は競馬をやったそうだ。ふくよかで肌の浅黒いモンゴル族の老若男女たち。なかには目の覚めるような色艶やかなシャツに身を包むサングラス姿のおばあさんもいれば、イタズラ盛りの子供たちもいた。町から抜け出した彼らが祭りを楽しむ光景はのどかで、ほほ笑ましかった。暑い日差しに焼かれた肌が草原を渡る風に吹かれ、心地よかった。

▲派手な衣装に身を包むモンゴル相撲の力士たち

▲1日約500人の力士が、2組に分かれて総当たりする

▲地元の主賓が陣取る大テントの前で取組がある

▲勝った男たちだけが退場のときこんなポーズを取る

シベリア鉄道が通るロシア国境の町

内蒙古自治区

満洲里 Mǎn Zhōu Lǐ

満洲里

まんしゅうり

基本データ

●満洲里市
人口 17万人
面積 453km²

市公安局出入境管理処
（市公安局出入境管理処）
MAP 地図外(P.276-A1左上)
🏠 華埠大街満洲里市旅游外事
総合服務大庁(満洲里国際
バスターミナル隣)内
☎ 6240369
🕐 5～9月8:00～12:00、
14:30～17:30
10～4月8:00～12:00、
14:00～17:00
休 土・日曜、祝日
観光ビザを最長30日間延長可
能。手数料160元

市赤十字医院
（市红十字医院）
MAP P.276-D2
🏠 四道街
☎ 6236044
🕐 24時間
休 無休

●市内交通
【路線バス】
運行時間の目安は6:30～19:00、
運賃は市内中心部一律1元。国
門景区への6路は五道街から、
2元
【タクシー】
市内中心部一律6元。市内と
中ロ互市貿易区(国門景区)の
往復は交渉だが100元程度

ワンポイントアドバイス

●満洲里からロシアへの国際
列車
満洲里駅からロシア国境を越
えたザバイカリスク方面への
国際列車が毎週金・日曜に運行
している。切符は駅では購入
不可。市内の旅行会社でのみ
購入できる。ロシアビザの事
前取得が必要。
653次 満洲里13:00→ザバイ
カリスク15:25
654次 ザバイカリスク10:35
→満洲里9:00
※時刻はいずれも現地時間。
ザバイカリスクはヤクーツ
ク時間で、中国時間＋2時間

概要と歩き方

中ロ国境の町満洲里は1901年にロシアの手により東清鉄道が建設されるまではのどかな遊牧の地であったが、鉄道開通により国境貿易の町として発展を続けてきた。

▲満洲里はロシアからの木材の集積地として発展した

かつては緊張の最前線だった満洲里も、中国の改革開放による経済発展とロシアのエネルギー景気の相互作用により経済的大成長を遂げている。駅には原木や原油を積んだ貨車がロシアからひっきりなしに到着し、町はロシア人の買い物客で大にぎわい。それに応えて、市街地には建設ラッシュが訪れて高層ビルやロシア人向けショッピングセンターが次々とオープンするという好景気ぶりだ。

満洲里の町は鉄道を挟んで大きく南北に分かれている。どちらも駅から1本ごとに「○道街(南側は南○道街)」という具合に数字がついた道が並行しており、碁盤の目状の構成でわかりやすい。繁華街は駅の北側の二道街と三道街あたりで巨大ショッピングビルが林立し、ロシア人でにぎわっている。一方、駅の南側は町の発展から取り残され対照的な姿を見せる。朽ちかけたロシア風建築物がかつての栄華をかすかに伝えている。

▲ネオンきらめく満洲里の夜

気温は℃、降水量はmm

	1月	2月	3月	4月	5月	6月	7月	8月	9月	10月	11月	12月
平均最高気温	詳細データなし											
平均最低気温	詳細データなし											
平均気温	-25.3	-21.8	-12.2	-1.0	10.2	17.0	20.2	17.5	9.7	0.3	-13.1	-22.1
平均降水量	2.6	2.1	2.9	5.6	18.2	48.8	87.4	74.0	36.8	7.5	5.5	2.9

Access

中国国内の移動→P.318　鉄道時刻表検索→P.319

✈ 飛行機　市区の南西約12kmに位置する満洲里西郊空港(NZH)を利用する。

国内線 北京、フフホト、ハルビンとの間に毎日運航便がある。
所要時間(目安) 北京首都(PEK)／2時間20分　北京南苑(NAY)／2時間10分　フフホト(HET)／2時間10分　ハルビン(HRB)／1時間20分

🚄 鉄道　濱洲線の終点である満洲里駅を利用する。

所要時間(目安) ハイラル駅(hle)／普快2時間20分　チチハル駅(qq)／快速10時間～11時間20分　ハルビン駅(heb)／快速(夜行)13～15時間　瀋陽駅(sy)／普快(夜行)21時間30分

🚌 バス　市区北西に移転した満洲里国際バスターミナルからハイラルへの便が約30分に1便出ている。ロシアのザバイカリスクとを結ぶ国際バスも1日17便発着する。

所要時間(目安) ハイラル／3時間

Data

飛行機
満洲里西郊空港(満洲里西郊机场)
MAP P.272-B3
住 機場大街
TEL 6259988
移動手段 タクシー／（空港～五道街）30元、所要15分が目安　エアポートバス／（空港～北市場）15元、所要30分が目安

▲満洲里西郊空港の前にはマンモス像

鉄道
満洲里駅(満洲里火车站)
MAP P.276-C4
住 南一道街　**TEL** 共通電話＝12306

移動手段 タクシー／（満洲里駅～五道街）10元、所要10分が目安　徒歩／駅西側の歩道橋を渡り中蘇路から15分が目安　路線バス／1路「鉄鑫东市场」
バス
満洲里国際バスターミナル(満洲里国际公路客运站)
MAP 地図外(P.276-A1左上)
住 華埠大街　**TEL** 6210455　**開** 6:30～17:30
移動手段 タクシー／（満洲里国際バスターミナル～五道街(北方市场)6元、所要10分が目安　路線バス／6、8路「国际客运站」
ハイラル行き7:00～17:30の間30分に1便(12:00を除く)。

🔲 市 内 の 見 ど こ ろ 🔲

国門景区／国门景区
こくもんけいく／guómén jǐngqǔ

中ロ国境を間近に見られる

　中国とロシアの鉄道国境には双方が大きな「国門」を建てている。景区内には中ソが国境会談を行った建物が残されており「紅色旅游展庁」となって愛国教育の展示施設になっているほか、切符売り場手前には毛沢東が初めて訪ソしたときの列車を引いたという「解放1861」号蒸気機関車が保存されている。ところが、2018年9月現在、外国人は景区内には入場禁止になっている。国門を見るには中ロ互市貿易区に入り、北国第一門付近からフェンス越しに眺めることになる。

▲はるかかなたにロシア国境も見える

国門景区
MAP P.272-B3
住 国門景区
TEL なし
開 8:30～17:30
料 80元
アクセス 6路 バス「国門」。2元、所要30分。タクシー利用の場合、往復約100元、片道所要15分が目安

▲景区入場門。ただし、外国人は入れない

▲景区内で中国人が撮った国門と国際列車（写真提供：李跃楠）

中口互市貿易区
MAP 地図外(P.276-A1左上)
住 満洲里市中俄互市貿易区
TEL 旅游紀念市場=6260189
開 8:30~18:30
休 無休
料 無料
アクセス 6路バス「国門」。2元、所要30分。タクシー利用の場合、往復約100元、片道所要15分が目安
URL www.mzl.gov.cn

▲ロシア国境に隣接する北国第一門

中口互市貿易区／中俄互市貿易区

ちゅう　ごしぼうえきく／zhōngé hùshì màoyìqū

ロシア人買い物客でにぎわう国境の市場

　市内中心部から北西に約6km、中口国境の至近距離にある貿易市場。区域内には買い物のできる国際貿易城があり、ロシア製品を扱うA庁と中国製品を扱うB庁というふたつの建物に分かれている。A庁でロシア商品を見たあとは展望台に上って望遠鏡で国境の風景を眺めよう。町は見えないが、草原がどこまでも広がっている。敷地内には国境に隣接して「北国第一門」という門があり、ロシア側の施設が完成したら門を通って相互往来できる。

▲国際貿易城のメインビル。奥へ抜けると販売ショップがいくつもある

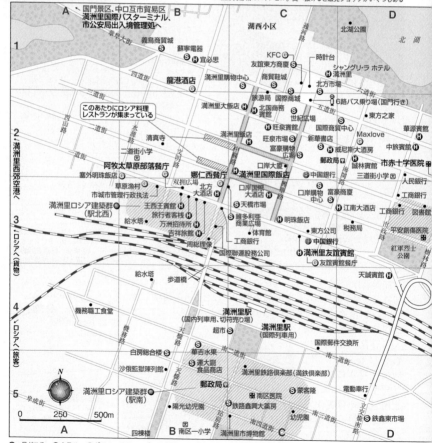

● 見どころ　H ホテル　G グルメ　S ショップ　銀 銀行　旅 旅行会社　学 学校　郵 郵便局　病 病院　繁華街　バス停

満洲里ロシア建築群／満洲里俄式建筑群

まんしゅうり　けんちくぐん／mǎnzhōulǐ éshì jiànzhùqún

東清鉄道敷設とともに造られたロシア風建造物

　鉄道駅のある南側は東清鉄道敷設とともに町づくりが進められ、多くのロシア風建築物が建てられた。その後、町の中心が駅の北側に移ったこともあって、駅南側では少々うらぶれたロシア建築を南二道街、南三道街付近で数多く見ることができる。

　一方、駅北側の一道街では、水源路から中蘇路にかけて行政施設や旅館に転用されたものが多く残り、保存状態もよい。ほかにも駅北側の三道街には、市政路から樹林路にかけて工商銀行や図書館など見応えある建築が並んでいる。

▲駅の近くにはロシア風木造建築も残る

満洲里ロシア建築群
MAP P.276-B〜C5(駅南)
MAP P.276-B3(駅北西)
MAP P.276-D3(駅北東)
住 南二道街、南三道街(駅南)
　　一道街(駅北西)
　　三道街(駅北東)
TEL なし
開 24時間
料 見学自由
アクセス 駅南＝1、3路バス「鉄鑫
　　　　東市場」
　　　　駅北西＝1、3路バス「双
　　　　擁広場」
　　　　駅北東＝1、3路バス「東
　　　　方花園」

▲駅の南側には老朽化したロシア家屋も

▲東清鉄道時代の建物は現在も利用されている

▲満洲里市博物館は1928年に建てられたロシア人学校だった

▲満鉄倶楽部の建物は駅の南正面にある

▲文明路の線路沿いに残る木造給水塔。南側の機務路でも見られる

満洲里

E　　　F　　　G　　　1

食品路
湖東小区
東世紀大街
電視北路
水塔街
一中学
ラジオテレビ局　　2
五道街
燃料大廈
東盛市場　　農業銀行
迎賓広場 S　健康路
和平賓館 H　　府路
国税局
電力商務酒店 H
満洲里ロシア建築群
(駅北東)　電視路
迎賓大街　3
四道街
山路
冬鴿少児芸校
五中学　三道街
美食街
税関　　一道街　　供電局
市民広場
六中学　　　4
一道街
市区管委会
税関　　　　　　5
　　　　ハルビン、チチハルへ→
E　　　F

▲館内のマンモス展示

ジャライノール博物館
MAP P.272-B3
住 扎賚諾爾新区新政府街飛馬広場南
TEL 6522588
開 9:00～12:00、13:00～16:30
※入場は閉館30分前まで
休 月曜　料 無料
アクセス 1路バス「扎賚诺尔新区路口」下車
※ジャライノール国家礦物公園(露天掘り展望台)や呼倫湖と合わせて見学する場合はタクシーが便利。満洲里市区から50～70元が目安

呼倫湖(達賚湖)
MAP P.272-B3
住 扎賚諾爾新区呼倫湖
TEL なし　開 24時間
料 人＝ひとり30元
車＝普通車1台10元
アクセス タクシーで所要約30分

▲近隣のジャライノール炭坑で蒸気機関車が活躍していたが、2009年に露天掘りの採掘は終了し、業務運転から引退した

郊外の見どころ

ジャライノール博物館／扎赉诺尔博物馆
はくぶつかん／zhālàinuòěr bówùguǎn

満洲里の自然や文化を解説

　満洲里エリアの自然や文化、産業を解説する大型博物館。市区東南部のジャライノール新区にあるマンモス(猛犸)公園内にある。オープンは2012年末。マンモスの骨格や少数民族の文化、東清鉄道が開発したジャライノール炭鉱についての展示は実物大の人形や模型が使われている。炭鉱の展示では模擬坑道もある。

▲ろう人形による少数民族の展示

呼倫湖(達賚湖)／呼伦湖(达赉湖)
ふるんこ(だらいこ)／hūlúnhú (dálàihú)

草原に浮かぶ大きな湖

　フルンボイルの語源になった湖で、草原の中に突如現れる。南北約90km、東西約30km、面積は2339㎢と内蒙古自治区では最大、中国でも5番目に大きな淡水湖であり、対岸を見ることができない。別名はダライノール(モンゴル語で大海のような湖)。湖には魚などの水生生物のほか、ツルやハクチョウなど水鳥も多く生息する。経済発展にともない水域面積が大幅に減少していることが懸念されている。

▲「達賚湖」は中国語の呼び名

Hotel

満洲里国際飯店／満洲里国际饭店
まんしゅうりこくさいはんてん／mǎnzhōulǐ guójì fàndiàn　★★★

高級ホテルとして昔から知られている。ロシア名は「インツーリスト」。満洲里中国国際旅行社が入っているほか、ロシアの民俗ショーが楽しめる「俄羅斯歌舞演芸広場」が好評。

MAP P.276-C2
住 二道街35号
TEL 6246896
FAX 6222976
料 ⑤278元～　①380元～
税 なし
C 不可

満洲里友誼賓館／満洲里友谊宾馆
まんしゅうりゆうぎひんかん／mǎnzhōulǐ yǒuyì bīnguǎn　★★★

日本人のツアーにも使われることがあるホテルで、ロシア名は「ドルジバ」。中国料理とロシア料理のレストランが人気。周囲にはホテルが多く、繁華街に歩いて行ける。

MAP P.276-C3
住 一道街26号
TEL 6248888、6248885
FAX 6223828
料 ⑤398元　①368元
税 15%
C 不可

Gourmet

阿牧太草原部落餐庁／阿牧太草原部落餐厅

あぼくたいそうげんぶらくさんちょう／āmùtài cǎoyuán bùluò cāntīng

朝から晩まで、いつ行っても本格的モンゴル料理を手軽に食べられる店。モンゴル朝食の基本はお粥や饅頭、焼餅の組み合わせ。なかには羊肉や野菜が入っていて、熱々でおいしい。点心類も数種類もあり、選ぶのに迷ってしまうほど。店内には観光用のパオがいくつもあり、その中でテーブルを囲んでもいいし、普通のテーブルでも食事ができる。繁華街にも近く便利。店の前にはロシア建築群がある。

MAP P.276-B3
住 一道街羅曼假日酒店1階
TEL 6219188
営 6:00〜24:00
休 無休 C 不可

1 肉まんにツァイ（ミルク茶）が付くのがモンゴル風 **2** パオは個室として使える **3** 漢字とモンゴル語を併記するのが内蒙古自治区の決まり

龍港酒店／龙港酒店

りゅうこうしゅてん／lónggǎng jiǔdiàn

MAP P.276-B1
住 四街道 TEL 6234977 営 17:30〜19:00、19:30〜21:00（ショーは1日2回）料 198〜298元（席による）C 不可

1 ロシアから来たダンサーたちが華麗に舞う **2** エキゾチックな衣装も注目 **3** 馬頭琴の演奏もある **4** ホテルの2階宴会場でショーがある

ロシア、モンゴル、中国の3ヵ国の国境に接する満洲里ならではの体験ができるのが、このホテルのディナーショーだ。300人を収容できる大宴会場でロシア人とモンゴル族のエンターテイナーによる1時間30分のショーを楽しめる。メインは若いロシア人女性ダンサーだが、モンゴル族の歌手や演奏家も登場。サーカスのような見世物もあり、飽きさせない。食事は中国料理とロシア料理のミックスコースで9品（飲み物別）。ショーの最後に希望すれば、ダンサーとの記念撮影もできる。

娜仁西餐庁／娜仁西餐厅

ナランせいさんちょう／nàrén xīcāntīng

モンゴル系のブリヤート族が経営するシベリア風ロシア料理の店。「蘇泊湯（ロシア風のボルシチ）」や「莫斯科沙拉（モスクワ風サラダ）」のほか、「ボーズ（ブリヤート風羊肉の小籠包）」1個4元などを楽しめる。

MAP P.276-B3
住 中蘇路
TEL 6237432
営 6:00〜24:00
休 無休
C 不可

内蒙古自治区

市外局番 | 0470

呼伦贝尔Hū Lún Bèi Ěr

フルンボイル

フルンボイル

ロシア

内蒙古自治区

黒龍江省

ハルビン

モンゴル

吉林省

長春

瀋陽

北朝鮮

フフホト

北京 遼寧省

韓国

基本データ

● フルンボイル市

| 人口 | 282万人 |
| 面積 | 25万3000㎢ |

市公安局外事処
（市公安局外事処）

MAP 地図外(P.281-B4下)

🏠 フルンボイル中心城新区規劃九街

☎ 8311600　内線6109

🕐 9:00～12:00、14:30～17:30

市人民医院
（市人民医院）

MAP P.281-D4

🏠 勝利大街

☎ 8254249

🕐 24時間

🈺 無休

● 市内交通

【路線バス】
鉄道駅を出て右側の友誼医院前に市内バス乗り場がある。運行時間の目安は6：40～18：30。火車站～陵園～友誼大廈～市政府と走る1路が便利

【タクシー】
市内中心部一律6元。郊外に行く場合は、要交渉

▲ハイラル駅

▲満州国時代に建てられたハイラル神社の手水舎が今も残る

概要と歩き方

　フルンボイル市は内蒙古自治区の北東に位置する。郊外には草原が広がり、キプチャク・ハンやフフノールをはじめとする美しい観光スポットが点在する。2001年、従来のフルンボイル盟がフルンボイル市へ改称し、その行政上の中心であるハイラル市はハイラル区となった。ハイラル区は、北山、西山、東山の3つの小高い丘に囲まれ、その中央を南から北へ伊敏河が流れている。清代初期の1734年、ロシア国境の橋頭堡として川の西岸、現在の西大路と和平大街が交わる付近にフルンボイル城が造営され町の基礎が築かれた。1903年に東清鉄道が敷設され北山の麓に海浪駅がおかれて以降、町はハイラルと呼ばれるようになった。1930年代から1945年にかけては旧日本軍によって対ソ最前線基地として重視され、北山と西山には大規模な要塞が築かれた。現在、その一部が世界反ファシスト戦争ハイラル紀念園として公開されている。

▲キプチャク・ハン草原村

気温は℃、降水量はmm

	1月	2月	3月	4月	5月	6月	7月	8月	9月	10月	11月	12月
平均最高気温	-20.9	-16.3	-5.9	7.4	17.1	23.7	26.2	23.7	16.8	7.5	-6.8	-17.7
平均最低気温	-32.7	-30.0	-20.0	-5.3	2.5	9.6	13.8	11.4	3.6	-5.7	-18.7	-28.9
平均気温	-27.3	-23.8	-13.1	1.0	10.2	17.0	20.1	17.5	9.9	0.3	-13.2	-23.6
平均降水量	3.6	3.6	4.4	12.1	24.0	54.7	93.3	80.5	39.6	11.5	5.3	4.2

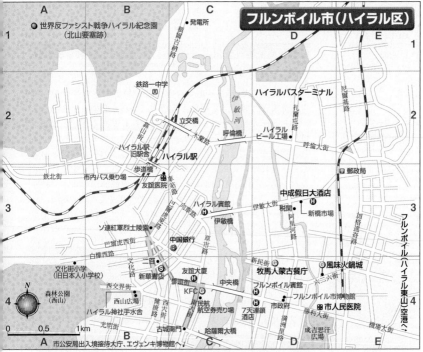

● 見どころ　Ｈ ホテル　Ｇ グルメ　Ｓ ショップ　Ｂ 銀行　図 学校　□ 郵便局　田 病院　━━━ 繁華街

Access

中国国内の移動→P.318　鉄道時刻表検索→P.319

 飛行機　市区の東約7kmに位置するフルンボイル（ハイラル東山）空港（HLD）を利用する。

国内線 北京、上海、フフホトとの間に毎日運航便があるほか、ハルビンなど東北地方内への便もある。

所要時間(目安) 北京首都（PEK）／2時間10分　北京南苑（NAY）／2時間　ハルビン（HRB）／1時間

🚃 **鉄道**　濱洲線の途中駅であるハイラル駅を利用する。

所要時間(目安) 満洲里駅（mzl）／普快2時間20分　ハルビン駅（heb）／快速12時間30分

 バス　市区北西のハイラルバスターミナルを利用する。

所要時間(目安) 満洲里／3時間　牙克石／1時間　東旗（新巴爾虎左旗）／1時間30分

Data

飛行機
フルンボイル（ハイラル東山）空港（呼伦贝尔海拉尔东山机场）
MAP P.272-C3
住 ハイラル区東山　☎ 8271114
移動手段 エアポートバス／（空港～市内バス乗り場）5元、所要約15分　タクシー／（空港～東大街）40元、所要10分が目安

鉄道
ハイラル駅（海拉尔火车站）
MAP P.281-B2
住 車站路　☎ 共通電話＝12306

移動手段 タクシー／（ハイラル駅～東大街）5元、所要6分が目安　路線バス／1、9路「火车站」
※駅の出入口が東側にある

バス
ハイラルバスターミナル（海拉尔公路客运总站）
MAP P.281-D2
住 扎蘭屯路　☎ 8139827　🕐 6:30～17:30
移動手段 タクシー／（ハイラルバスターミナル～ハイラル駅）15元、所要10分が目安　路線バス／18路「客运站」
満洲里行きのほか、根河、アルシャン、フフホト行きなどのバスがある。

キプチャク・ハン草原村

MAP P.272-C3

- 🏠 金帳汗旅游景区
- ☎ 15049505766（携帯）
- FAX 8336883
- 🕐 5月1日～10月1日9:00～18:00
- 休 無休
- 料 20元
  宿泊はドミトリー1ベッド100元～　①680元～
- 🚕 ハイラル市区からタクシーで約40分、200元が目安（要交渉）
- URL www.xn--fiqs8sg4fz1psg8b.com

ワンポイントアドバイス

●フルンボイルの草原ガイド
ハイラル区在住で日本語堪能なガイドの白布仁さん。草原ツアーをはじめ、モンゴルの祭りであるナダム見学のアレンジなど、事前にメールで相談に乗ってくれる。

📧 baipuren1000@yahoo.co.jp

▲日本語ガイドの白布仁さん

▲海鴎さんはフルンボイル在住のもうひとりの日本語ガイド。白さんの教え子で、日本留学経験もある。連絡先は📧 haiou0902003@yahoo.co.jp

世界反ファシスト戦争ハイラル紀念園

MAP P.281-A1

- 🏠 ハイラル区北山上
- ☎ 8234587
- 🕐 8:20～17:30
- 休 無休
- 料 50元
- 🚕 ハイラル駅から約3km、タクシーで10分。または2路バス終点「北山口」から徒歩約25分が目安

▲周辺に古い戦車が何台も置かれている

キプチャク・ハン草原村／金帳汗草原部落
そうげんむら／jīnzhànghàn cǎoyuán bùluò

大草原でのんびりと1日を過ごす

　ハイラル市街地から北へ約40kmに位置し、草原生活の一端を観光客が体験できる施設。敷地内にはパオを模した簡易なものからホテル風のものまで各種の宿泊施設があるほか、食堂では新鮮な羊肉料理などを味わえる。一角にはステージも設けられ、週末などには歌や踊りが催される。ここの魅力は何といっても一面に広がる雄大な草原の光景に尽きる。近くを流れるモルグン河は「中国第一曲水」とも称され、原始河川のごとく複雑な蛇行を見せる。そこに放牧された牛や馬そして羊の群れを、日がな一日眺めて過ごしているうちにモンゴルの大草原を全身で受け止めることができるだろう。

　1日数本のバスが走る幹線道路から東へ9km奥に位置しているため、タクシーをチャーター、または旅行会社にアレンジしてもらうとよい。

▲草原を蛇行して流れるモルグン河

▲ここに宿泊すれば、草原の美しい夕日と朝日はもちろん、満天の星空を見ることができる

▲草原村の入口

世界反ファシスト戦争ハイラル紀念園／世界反法西斯战争海拉尔纪念园
せかいはん　せんそう　きねんえん／shìjièfǎnfǎxīsīzhànzhēng hǎilā'ěr jìniànyuán

「北山要塞」跡地に建てられた博物館

　1930年代から1945年にかけてハイラル市街地北部の北山に旧日本軍が構築した大規模な要塞の跡地を整備し公開している。敷地内にはハイラル要塞遺址博物館が建てられ、満洲国時代の物品や写真に加えてジオラマなどの展示も充実している。この要塞を構築する際に過酷な労働を強いられ、秘密保持のために惨殺されたとされる労働者の遺骨が埋められた万人坑にも言及している。要塞の内部は約70年前当時のコンクリート建築が生々しく歴史を語りかけてくる。内部は寒いため防寒対策は必須だ。なお、ソ連の対日参戦に関しては中国側の立場で解説されている。

▲要塞の内部は、当時の様子が再現されている

ノモンハン／诺门罕
／Nuòménhǎn

国境紛争の舞台は何もない草原

　1939年5月から8月にかけて満洲国とモンゴル人民共和国の国境紛争をめぐって、事実上日本軍とソ連軍の戦闘となったのがノモンハン事件だ。そこはハイラル区から南に約200kmの何もない草原だった。陸空軍による激戦の結果、日本軍は1万9000人もの死傷者を出し、自らの主張する国境線も断念したが、内実は当時の日本国民には知らされなかった。

　現在は、新バルグ左旗に属すこの地には、モンゴル族の住むノモンハン村という寒村やノモンハン戦争陳列館がある。

　この地の中心地だった阿木古郎鎮には、フルンボイル平原で最大のチベット仏教寺院の甘珠爾廟がある。近くに額布都格口岸というモンゴルとの国境ゲートがあるが、両国人しか往来できない。

▲ここで戦争があったとは信じられないのどかな場所

アルシャン／阿尔山
／áěrshān

モンゴル国境に近い温泉と要塞の町

　南北に長く延びる大興安嶺山脈の中部に位置するアルシャンの名は、モンゴル語で温泉を意味し、古くから温泉療養地として知られていた。満洲国時代は、日本人をはじめロシア人や中国人などの多くの温泉客でにぎわい、スキー場もあった。1937年に満鉄が建てた、西洋風の山荘のように優美なアルシャン駅は、今でも健在だ。

　アルシャンの市街地の南東には、満洲国時代、西部戦線に備えて構築された巨大な地下要塞群や飛行場跡が残っている。そのうち一般開放されているのは、白狼隧道トーチカや五叉溝飛行場跡などだが、モンゴル国境に近いため、当局は外国人の訪問に敏感になっている。現地ガイドらと一緒に行くことをおすすめする。

▲アルシャン駅には長春から鉄道が延びており、2016年7月、ハイラル駅からの高架鉄道もつながった。夏季のみ1日2便往復

ノモンハン
MAP P.272-C4
住 新バルグ左旗阿木古郎鎮
アクセス ハイラル区から車で4時間が目安。阿木古郎鎮からは約60km

ノモンハン戦争陳列館
MAP P.272-C4
住 新バルグ左旗阿木古郎鎮
※2018年9月現在、閉館中。再開時期は未定

▲ノモンハン戦争陳列館は2007年開館

▲ノモンハン戦争陳列館内の展示

▲甘珠爾廟は乾隆帝の時代に建てられた

アルシャン
MAP P.272-C4
住 阿爾山市
アクセス ハイラル区から車で5時間が目安
※2018年9月現在、アルシャン駅は改修中

▲アルシャンの南東8kmにある白狼隧道（中国では興安隧道）は全長約3kmで1937年に開通

▲満鉄が建てたヤマトホテルは老朽化しているが、「京都将軍浴」という名の温泉施設として現存

中成假日大酒店／中成假日大酒店
ちゅうせいかじつだいしゅてん／zhōngchéng jiàrì dàjiǔdiàn ★★★★★

ハイラル区東部に位置するモ
ダンな高級ホテル。客室はハ
イセンスで快適。徒歩圏内に
地元の市場（新橋市場）があ
り、朝早く起きたらぜひ訪ね
てみたい。モンゴルの食文化
を探索できるだろう。

MAP P.281-D3
住 伊敏大街15号
TEL 8110000
料 Ⓢ388元～　Ⓔ588元～
＋15%
Ｃ V

風味火鍋城／风味火锅城
ふうみひなべじょう／fēngwèi huǒguōchéng

炭火を使った煙突付き銅器に
よる本格的なモンゴル式火鍋
の店。スープは激辛ではなく、
新鮮な羊肉からエキスが溶け
出し、コクがありながらも
さっぱりとした上品な味だ。
鍋に直接入れる骨付き羊肉に
は臭みはなく、いくらでも食
べられる。地元ハイラル産の
ビールも合うが、白酒に挑戦
するのも悪くない。

MAP P.281-D4
住 六二六街
TEL 8261678
営 10:00～22:00
休 無休　Ｃ 不可

■1人気店なので、夕方は早めに店に行こう
■2透明なスープが羊肉のうま味を引き出す
■3羊の骨付き胸肉を焼いた羊排は本場の味

牧馬人蒙古餐厅／牧马人蒙古餐厅
ぼくばじんもうこさんちょう／mùmǎrén měnggǔ canting

MAP P.281-D4
住 河東新民街西路口
TEL 8251378　営 6:00～21:00
休 無休　Ｃ 不可

パオで暮らすモンゴル族の日常
食であり、モンゴル料理の代表
的なメニューのひとつが、骨付
きの羊腿肉を塩ゆでした手扒肉
だ。ここはその名店。特製味噌
など3種のたれをそれぞれ試し
てほしい。またこの店では、食
事の前にテーブルでツァイ（ミ
ルク茶）を作ってくれる。バター
や黄米などを先に鍋で炒め、香
りづけしてから最後にミルクを
注ぐ。

■1骨付き肉は大きいので、ナイフで切って食べる
■2モンゴル族の家庭ではごく普通の光景だそう
■3内モンゴルにはミルク酒もある。甘い香りだが、
度数は高い　■4朝早くから営業している

COLUMN

内モンゴルに住む ロシア族

中国には55の少数民族がいるとされるが、隣国の民であるロシア族もそのひとつ。俄罗斯族（オロス族）と呼ばれる。巻頭グラビア（→P.38）で紹介した内蒙古自治区額爾古納市の室緯にはロシア族が住んでおり、彼らの経営する木造民宿に泊まった。

宿の名は、女主人の名をとった「娜吉之家（ナージー・ハウス）」。20世紀初めにロシアから曾祖母が河を渡ってきて中国人と結婚。娜吉さんは4代目に当たる。2009年に開業し、妹とふたりでこの宿を家族経営している。以前は中ロ国境を流れるアルグン河のほとりの寒村に過ぎなかったが、この頃から観光開発が進んだからだ。

1年の大半はハイラル区で過ごす。観光客の訪れる夏の数ヵ月間だけ、室緯に来て稼ぐというのがライフスタイルだ。彼女らの風貌は、どことなくロシア人との血のつながりを感じさせるが、生き方は中国人と変わらなく見える。

▲娜吉さん（左）と調理担当の妹

中国のロシア族といえば、新疆ウイグル自治区のイリやウルムチなどに住む人たちが多数派で、18世紀初頭に帝政ロシアから移住してきた。一方、内蒙古自治区の東北部にも数は少ないが、娜吉さんたちのようなロシア族がいる。彼らの先祖の多くは、清朝末期の内乱で山東省などから満洲に入植してきた華人が黒龍江を越え、金の採掘などに従事。そのとき、ロシア女性と結婚したが、その後ロシア革命があり、アルグン河流域を生活の拠点としたのが始まりだ。当時は木材の伐採や農業に従事した。中国建国後、ロシアに戻る者もいるが、スパイとされて粛清に遭う人も多かった。一方、文革の時代は漢族から迫害された。

数奇な運命を歩んだロシア族だけに、自らのアイデンティティに悩む世代もあったようだ。黒龍江省出身のドキュメンタリー映像作家の潘少民は『我是中国人（俺たち中国人）』（2007）という作品で、この地に住む2世、3世のロシア族の兄弟の内面の葛藤を描いている。彼らは見た目はロシア人でも中国語しか話せない。自分はロシア人なのか、それとも中国人なのか……。

観光化の時代を迎え、にぎわう現在の室緯だが、髪をブロンドに染め、あえてロシア語しか話そうとしなかったひとりの若いロシア族の女性に会った。これも国境の町らしいエピソードかもしれない。

▲営業は5月末から10月上旬まで

▲国境の河を遊覧するボートに乗る中国客

▲ロシアとの国境橋。対岸はオノホイという村

旅の準備と技術

旅の準備に取りかかる

日本で情報収集

◎中国国家観光局

中国の観光に関する情報提供を行っているのが中国国家観光局。ウェブサイトも開設しているので、アクセスしてみよう。ただし、定期的に情報を更新しているわけではないので、あくまでも基礎情報として考えるようにしよう。2018年9月現在、日本では東京と大阪に事務所があり、中国旅行に関する資料などを閲覧することが可能で、中国各地の観光に関するパンフレットも自由に持ち帰ることができる。

中国駐東京観光代表処

住 〒105-0001　東京都港区虎ノ門2-5-2
　エアチャイナビル8階
TEL (03)3591-8686　FAX (03)3591-6886
開 10:00～12:30、14:00～18:00
休 土・日曜、日中両国の祝日
アクセス 東京メトロ銀座線「虎ノ門」

中国駐大阪観光代表処

住 〒556-0017　大阪府大阪市浪速区湊町1-4-1
　OCATビル4階
TEL (06)6635-3280　FAX (06)6635-3281
開 9:30～12:30、14:00～18:00
休 土・日曜
URL www.cnta-osaka.jp
アクセス JR関西本線「JR難波」、近鉄難波線、阪神なんば線「大阪難波」、南海電鉄「なんば」、大阪メトロ四つ橋線ほか「なんば」

◎本を利用する

中国に関する書籍は学術書からエッセイまでいろんなジャンルのものが数多く出版されている。何につけても奥深い中国、時間の許すかぎりガイドブック以外の書籍などでいろいろな情報を収集してみよう。

【中国専門書店】

内山書店

住 〒101-0051
　東京都千代田区神田神保町1-15
TEL (03)3294-0671　FAX (03)3294-0417
開 月～土曜10:00～19:00
　日曜11:00～18:00
休 祝日、年末年始
URL www.uchiyama-shoten.co.jp

1917年に上海でオープンした老舗書店。オンラインでの注文も可能。

東方書店

住 〒101-0051
　東京都千代田区神田神保町1-3
TEL (03)3294-1001（代表）
FAX (03)3294-1003
開 月～土曜10:00～19:00
　日曜、祝日12:00～18:00
休 年末年始、一部祝日（未定）
URL www.toho-shoten.co.jp

中国国内で発行された鉄道・航空時刻表、各種地図、現地発行の中国語ガイドブックなどを入手可能。

インターネット中国専門書店として以下もある。

■中国書店　URL www.cbshop.net
■書虫　URL www.frelax.com/sc

【図書館】

◼公益財団法人日本交通公社「旅の図書館」
住 〒107-0062　東京都港区南青山2-7-29日本
交通公社ビル
TEL （03）5770-8380
開 10:30～17:00
休 土・日曜、毎月第4水曜、年末年始、その他
URL www.jtb.or.jp/library　※蔵書検索可能
　観光の研究や実務に役立つ専門図書館として南青山にリニューアルオープン。地図やパンフレット等の配布はなく、旅行の相談や問い合わせも不可だが、資料の閲覧やコピー（有料）は可能。

◎海外安全情報
　海外旅行の安全に関する情報収集は大切なことだ。中国は特に危険な国ではないが、以前に比べると治安は悪化しているし、場所や時期によっては治安が不安定になることもある。このため、中国やその周辺国への旅行を計画するときには、インターネットや旅行会社で安全情報を確認したほうがよい。
　外務省の領事サービスセンター（海外安全担当）では、各国の日本大使館、領事館を中心に、治安状況、日本人が被害者となった事例、感染症の有無などに関する情報を収集し、ウェブサイトなどで告知している。

外務省領事局　領事サービスセンター
住 〒100-0013　東京都千代田区霞が関2-2-1
TEL （03）3580-3311内線2902、2903
外務省　海外安全ホームページ
URL www.anzen.mofa.go.jp
※外務省の「危険情報」は、「十分注意してください」「不要不急の渡航は止めてください」「渡航は止めてください。（渡航中止勧告）」「退避してください。渡航は止めてください。（退避勧告）」の4段階に区分されている。

◎インターネットを利用する
　「地球の歩き方」ホームページはもちろん、中国の現地旅行会社などもウェブサイトを開設しているので、アクセスして情報を収集するのも手だ。ウェブサイトやブログで中国旅行の体験を述べる人も増加しており、キーワードを入力すれば、生の情報も得やすい。ただし、そのような情報は個人の主観に基づいて記述されたものが少なくないので、総合的に判断する必要がある。以下は、東北地方の旅行会社が日本語で発信する旅行情報サイト。

▲大連金橋国際旅行社
大連の旅行会社（→P.105）が発信するディープな中国および周辺国情報
URL gbt-dlcjp.com

▲延辺日中文化交流センター
吉林省延辺朝鮮族自治州延吉市が発信する情報サイト（→P.213）
URL yanbian-city.in

▲黒龍江省新世紀国際旅行社
黒龍江省や内蒙古自治区の旅行が専門の旅行会社（→P.251）のサイト
URL www.hljncits.com/jp

旅の予算とモデルプラン

旅の予算

◎旅のスタイルで予算は変わる

中国では宿泊施設が多様化し、高級ホテルから格安のビジネスホテルまで選択肢が増えている。高速鉄道網の拡充で、移動時間も大幅に短縮した。そのぶん、物価は上昇しているが、交通費などは日本に比べるとかなり安い。なるべくお金をかけないような旅もできるし、高級リゾートでのんびりするような旅もできる。コストは旅のスタイルや目的次第だ。

◎旅行費用の内訳
①日本での旅行準備

旅行出発前に準備するものや事柄として、パスポート取得、日中間の交通手配、ビザ取得（該当者のみ）、海外旅行保険などがあり、それぞれに費用が発生する。概算については、下表の「旅行予算の内訳」該当項目の参照ページに目安を挙げているので、参考にしてほしい。

このほか、人によって異なるが、中国に関する情報収集（書籍など）、所持する物品、旅行バッグなどを準備する費用も必要だ。

②宿泊費

誰もが用意しなければならない費用だが、求める旅行のグレードや訪問する町（都会か田舎町か）によって大きく変わってくる。中国では、宿泊代は基本的にひと部屋当たりの料金。ふたりでひと部屋に泊まれば、ひとり当たりの宿泊費が半分で済むことになる。

目安としては、地方都市のホテルで1泊200元程度。都市部の3つ星クラスで1泊300元から（ひと部屋）といった感じだ。

季節によって料金は変動するので、中国東北地方の旅行を計画する際には、予約サイトなどで必ず最新の料金を確認してほしい。

③食費

町なかの食堂クラスなら1食20元もあれば足りるが、海鮮料理を食べようと思えば、1食数百元は用意しなければならない。ただ、せっかく中国を旅行するのに、すべて食堂で済ませるというのも悲しい。有名レストランや名物料理が食べられるよう予算を確保しよう。

④観光に必要な費用

観光地を訪れる場合、入場料のほかに交通費も必要となる。タクシーなら1日チャーターして1台約600〜800元。自分の都合に合わせた観光が可能になるし、2〜3人で行動できれば、費用は頭割りで済む。

入場料は、世界遺産を中心に軒並み値上がりしており、なかには100元を超える所も増えている。予算にかぎりのある場合、訪れたい観光地に優先順位をつけておくとよい。

⑤都市間の移動費用

手軽なのは長距離バス。豪華バスを利用して200km100元が目安。ただし、安全の面から夜間の利用は避けたほうがよい。

旅行者の利用が最も多いのは列車で、寝台券の入手は難しくなっている。短距離区間を走る列車の座席なら前日や当日の入手は簡単だ。

■ 旅行予算の内訳

出発前（日本）	旅行中
★空港や港までの交通費	★宿泊費（→ホテル項目）
★日中間の交通費（→P.302）	★食費（→グルメ項目）
☆パスポート（すでに所持していれば不要）（→P.294）	★観光費用（→見どころ項目）
☆ビザ（中国は、15日以内の旅行は不要）（→P.295）	☆都市間の移動費用（→アクセス項目）
☆海外旅行保険（→P.303）	☆おみやげ
☆衣類など旅行に携帯する物（→P.293）	☆予備費（病気やけがに備えて）

★誰でも必要　☆それぞれの都合で必要になる

中・長距離の移動には飛行機がおすすめ。格安航空券も売られているので、区間によっては1等寝台と変わらない料金のものもある。

旅のモデルプラン

◎入国地と出国地を決める

2018年9月現在、中国東北地方で日本からの直行便があるのは、大連、瀋陽、長春、ハルビン、延吉の5都市。ただし、すべての路線で毎日運航便があるわけではない。訪れたい町が決まったら、それをつないでルートを作り、入国都市と出発日を決定するといいだろう。毎日運航しているのは大連だけだが、入国は大連かそのほか4都市から東北地方の都市へ入るのが一般的だ。

◎プランニング例

① 東北ハイライト（1週間）

大連→瀋陽→長春→ハルビン→北京

東北地方の主要都市を回る旅。大連からハルビンまでは列車で移動する。北京から入国して飛行機か列車で先にハルビンに行き、南下するというルートも考えられる。

②吉林省周遊の旅（2週間）

大連（北京）→長春→吉林→図們→延吉→長白山→集安→長春→北京（大連）

吉林省を周遊する旅。列車とバスを利用しての旅となる。雄大な自然が満喫できる。

③内モンゴル草原の旅（1週間）

ハルビン→満洲里→ノモンハン→アルシャン→フルンボイル→ハルビン

黒龍江省のハルビンを起点に内モンゴルの草原を訪ねる旅。満洲里やフルンボイルで車をチャーターすると便利。

④中朝国境地帯を行く（2週間）

大連→丹東→集安→長白山→延吉→図們→大連

北朝鮮との国境地帯を北上する旅。移動はほぼバスになる。自然が豊かで古代王朝の遺跡がたくさんある。幹線道路は以前に比べ格段によくなったが、本数が少ないので時間に余裕をも

① —— 東北ハイライト　　　② —— 吉林省周遊の旅
③ —— 内モンゴル草原の旅　④ —— 中朝国境地帯を行く
⑤ —— シベリア鉄道に乗る旅

▲美しい草原の広がる内モンゴル自治区

つ必要がある。

⑤シベリア鉄道に乗る旅（1週間）

ウラジオストク→ポグラニチヌイ（グロデコボ）→綏芬河→ハルビン

中ロ国境を列車に乗って越える旅。逆のルートでもよい。途中下車して牡丹江を観光してもよい。

注意が必要なのは、ロシア国内では自由な個人旅行ができないこと。日本でロシア専門の旅行会社にロシア国内での旅程をすべて手配してもらわなければならず、その費用は決して安いとはいえない。

◎時間に余裕をもったプランにしよう

東北地方は鉄道が発達しているが、スケジュールどおりに事が運ばないこともあるので、移動時間に余裕をもたせたプランを立てたほうがいい。バスを利用する場合は特に注意。

東北地方の気候と旅の準備

東北地方の気候

中国東北地方はほぼ北緯39度から54度に位置している。気候の特徴は夏が短く、冬が長いこと。緯度が高いので、冬の気候は当然厳しいが、山間部を除き、雪が積もることはまれ。また、意外に感じるかもしれないが、夏場には35℃を超える日が続くことも珍しくない。したがって季節に応じて用意する服装などは大きく変わってくる。各都市の気候表を参考(特に平均最高気温と平均最低気温に注意しよう)にして旅の準備に取りかかろう。

◎遼寧省

遼寧省は地理的特徴から西部丘陵地帯、中央平原部、東部山地部に分けることができるが、本書で紹介している町は中央平原部に属している。ほかの省・自治区と比べると降雨量が多いのが特徴。年間降水量の60%は6～8月に集中しているので、夏場の旅行時には携帯に適した雨具の準備も忘れないように！

◎吉林省

吉林省は長春市を中心とするエリアを除き、全体的に山がちだ。緯度が高いことから冬場の平均気温は−20～−14℃とかなり厳しい。夏場は平野部を除くと、昼夜の気温差が比較的大きい。特に長白山で宿泊する場合は、厚めの服装も準備しておきたい。

◎黒龍江省、内蒙古自治区東部

東北地方のなかで最も寒く、1月の平均気温は−32～−17℃。この時期に訪れる場合は、完璧な防寒具が必要だ。また、夏場に草原を訪れる場合は、虫よけのスプレーなどの持参をおすすめする(託送荷物に入れること)。

季節と服装

◎春

東北地方では4月中旬以降ようやく春がやってくる。長春やハルビンなどでは朝晩はかなり冷え込む。4月中に北部を観光する場合はセーターなども持っていったほうがよい。詳細は出発前に旅行会社に確認するようにしたい。な

▲東北地方ではスキーを楽しめる(吉林市松花湖スキー場)

お、長白山などの山間部や黒龍江省北部にはまだ雪が残っている。

◎夏

大陸性の気候のため、東北地方の夏はかなり暑い。服装は日本と同じもので問題ない。帽子、サングラス、日焼け止めなどは持っていったほうがよい。黒龍江省では、7月下旬から8月上旬が雨季となっている。この時期に訪れる場合は雨具の準備を忘れないようにしたい。また、長白山などの標高の高い所に行く場合は、薄手のセーターやカーディガンも必要だ。

◎秋

東北の秋は短く、朝夕が冷え込むようになるとあっという間に冬になってしまう。9月と10月ではかなり服装を変えなければならない。9月上旬なら薄手の長袖シャツ、10月の末にハルビンに行くのなら、厚手のセーターは必須だ。ただし、大連や東北地方南部に行くのであれば、日本の服装と同様で問題はない。

◎冬

東北の冬は厳しく長い。各地で氷雪祭りが開催されるが、フル装備で臨まなければならない。上はダウンジャケット、セーター、長袖シャツ、アンダーシャツと着込み、下もズボン1枚なんてとんでもない。アンダーウエアが必要。このほか耳まで覆える帽子、厚手の手袋、使い捨てカイロ、マフラーなども当然用意しておくべきだ。雪は少ないが、道路は凍結している。滑りにくい靴を用意しよう。

そのぶん東北では屋内の暖房はしっかり効いているので安心だ。寒暖の差が激しいので、体調管理に気をつけたい。

荷物チェックリスト　◎＝必需品　○＝あると便利　△＝特定の人・時期・エリアに必要

	品名	必要度	準備	荷造り	備考
貴重品	パスポート（→P.294）	◎			残存有効期間を必ずチェックすること
	航空券（→P.302）	◎			名前、出発日時、発着空港の確認を
	現金（→P.299）	◎			しっかり保管・管理しよう
	クレジットカード（→P.299）	○			ホテルチェックインのとき、デポジットとして利用可能。ICカードは暗証番号を忘れずに
	海外旅行保険（→P.303）	○			万一のときのために加入しておくと心強い
	顔写真（4.5cm×3.5cm）	○			撮影6ヵ月以内（カラー写真が望ましい）のもの。各種書類申請時に必要
	戸籍抄本（→P.294）	△			パスポート紛失時に必須。発行6ヵ月以内のもの
	パスポートと航空券のコピー	◎			オリジナルとは違う所に入れて保管すること
	緊急連絡先を控えたメモ	◎			いざというときに慌てないように
衣類	下着／靴下	◎			使い捨てでもかまわないものなら、帰国時に荷物は減る
	一般衣類	◎			着慣れた楽なものを。現地でも購入できる
	何か羽織るもの	○			夏でも、朝晩は涼しい
	防寒具	○			黒龍江省は夏でも涼しいので、1枚あるといい
日用品	石鹸／シャンプー／歯ブラシ	○			現地でも入手できるが、使い慣れたものがいい人は
	ティッシュ／トイレットペーパー	○			現地でも入手できるが、品質の気になる人は
	化粧品／薬品／生理用品	○			自分に合ったものを用意しておいたほうが安心
	ファスナー付き1ℓの透明ビニール袋	◎			化粧水や目薬などを機内に持ち込むなら必須
	100mℓまでの液体を入れる容器	◎			小分けした液体は上記の袋に入れれば機内に持ち込める
	タオル／手ぬぐい	○			3つ星以上のホテルならほぼ置いてある
	洗剤／洗濯ひも／洗濯ばさみ	○			こまめに洗濯すれば、長い旅でも少ない荷物で済む
	つめきり	△			長期旅行なら必須。ただし、機内には持ち込めないので、託送荷物に
	予備のめがね／コンタクトレンズ	△			念のため、必要な人は準備していこう
雑貨	サングラス／日焼け止め	△			夏の長白山に行くなら、日差しが強いのであるといい
	南京錠／ワイヤー鍵	◎			自分の荷物は自分で守ろう
	ビーチサンダル	○			部屋履きやシャワールームで重宝する
	ビニール袋	○			洗濯や汚れ物を入れるなど、あれこれ使える
	傘／カッパ	○			現地でも入手可能
	カメラ	◎			ほこりの多い中国ではレンズ交換は危険
	懐中電灯	△			石窟など暗い観光地で役に立つ
	予備の電池	△			現地でも入手できるが、すぐ交換してすぐ使うにはあると便利
	携帯やデジカメの充電器	△			充電池は扱いに注意（→P.308）
	目覚まし時計	△			安宿には備え付けの目覚まし時計はない
	モバイルバッテリー	△			Wi-Fiルーターを使う場合は用意したい
	ガイドブック／地図	◎			市内地図は駅やバスターミナルで入手できる
	メモ帳／筆記用具	○			旅の記録にはもちろん、筆談でも活躍
	裁縫道具	△			長期旅行なら。機内には持ち込めないので託送荷物に

パスポートとビザ

パスポートの取得

　パスポートには5年間有効と10年間有効の2種類があり、どちらも有効期間中なら何回でも渡航できる数次旅券。渡航先や目的にも制限がない。ただし、20歳未満の人は5年間有効のものしか申請できない。サイズは12.5cm×8.8cmと胸のポケットに入る大きさ。発給手数料は5年用が1万1000円、10年用が1万6000円（受領時に支払う）。

　パスポートの申請は、基本的に住民票がある都道府県の旅券課で行うが、学生、単身赴任者、災害により一時的に避難している人などで住民登録が現住所ではなく、実家の住所のままという場合、現在住んでいる所で申請できる居所申請という制度がある。詳細は旅券課に問い合わせること。

　また、申請書のオリジナルに本人のサインがあれば代理申請も可能。旅行会社に戸籍、写真などの必要書類を送付すると、代理申請をしてくれる（ただし手数料が必要。受領は代理不可）。

　中国の観光ビザの取得には、パスポートの残存有効期間が重要となる（→P.295）ので、有効期間が残り少ない人は更新手続きをしよう。

▲10年用　　　▲5年用

■パスポートに関する注意

　国際民間航空機関（ICAO）の決定により、2015年11月25日以降、機械読取式ではない旅券（パスポート）は原則として使用できない。日本では1992年11月以降、機械読取式になっているが、2014年3月19日以前に旅券の身分事項に変更があった人はICチップに反映されておらず、国によっては国際標準外とされる可能性もある。

◎パスポートの申請書類

①一般旅券発給申請書（1通）
②写真（1枚）（タテ4.5cm×ヨコ3.5cm）
③戸籍謄本（抄本）（1通）
　都道府県パスポートセンターでパスポートを申請する場合、原則として住民票が不要。詳しくは外務省のウェブサイトで確認すること。
④身元確認のための証明書
　運転免許証やマイナンバーカードなど写真付きの証明書を1点、または写真のない保険証や年金手帳などと社員証や学生証を組み合わせて持参する。
⑤（未成年者のみ）保護者の同意サインか同意書

各都道府県の担当窓口の一覧
　パスポートA to Z（外務省）
　URL www.mofa.go.jp/mofaj/toko/passport/pass_6.htm
東京の担当窓口
　東京都生活文化局都民生活部旅券課
　住〒160-8001　東京都新宿区西新宿2-8-1
　　東京都庁都民広場地下1階
　TEL案内センター＝（03）5908-0400
　URL www.seikatubunka.metro.tokyo.jp/passport
大阪の担当窓口
　大阪府パスポートセンター
　住〒540-0008　大阪府大阪市中央区大手前3-1-43　大阪府庁新別館南館地下1階
　TEL（06）6944-6626
　URL www.pref.osaka.lg.jp/passport

◎パスポートを受領する
　パスポートは通常、申請7〜10日後に発給される。受領の際は必ず本人が、旅券受理票、発給手数料を持って窓口に取りに行く。

ビザの取得

◎ノービザと観光ビザ
　中国政府は日本国籍者に対し、15日以内の滞在についてはビザを免除しているが、16日以上の滞在は、ビザの取得を義務づけている。ノービザ入国についてはほかにも注意事項があるので、右記コラムを読んで理解しておこう。

◎観光ビザの取得

中国は渡航目的によってビザの種類が異なるが、2018年9月現在、観光目的で入国する者に発給するのは観光ビザ（Lビザともいう）で、中国滞在が許可されるのは、一般的に30日間。

観光ビザの申請については、各中国大使館、総領事館で規定が異なるので注意が必要だ。さらに、ビザの発給については、当該国の大使館、総領事館に決定権があるため、突然必要書類等が変更になることもある。

旅行会社に手続きを依頼した場合、1次渡航の観光ビザで5000～1万円が相場で、航空券などと一緒に申し込むと安くなることが多い。

◎必要書類

中国のビザ申請は審査が厳格になっているので、以下の必要書類が不備なく揃っていないと受理してもらえないこともあるので注意。①パスポート（有効期間が6ヵ月以上あり、ビザ欄に2ページ以上空白が必要）、②タテ4cm×ヨコ3cmの証明写真（6ヵ月以内に無帽、正面から撮影、白黒は不可）、③中華人民共和国査証申請表（URL www.visaforchina.orgからダウンロード可能）、④航空券またはeチケット控えのコピー、⑤下記のいずれか（ホテルの手配確認書、中国国内機関発行の招聘状、中国在住者発行の招聘状）の5点が必要となる。

原則的にビザは申請から1週間から10日で取得できるので、これに旅行会社とのやりとりの時間を加えると、実際の必要時間となる。

ノービザ入国時の注意点

日本国籍者のノービザ入国について、現地で確認した情報を以下まとめてみる。

❶パスポート（一般旅券）を持ち、商用、観光、親族訪問、トランジットの目的で中国に入国する日本国籍者は入国日から15日以内の滞在の場合、ビザが免除される。ただし、入国地点は、必ず外国人の通過が許可された出入国（出入境）ポイントであること。

❷ノービザで入国する際、入国審査（イミグレーション）で復路の航空券の提出は不要。
注意：中国の入国審査処では、場合によっては「出国航空券の提出を求めることもある」と言っていたので、15日以内に日本に帰国、または第三国に出国する航空券を購入しておくことが望ましい。

❸有効なパスポートを所持していること。
注意：領事部は「ノービザ入国の場合、所持している帰国のための航空券に記載されている日付よりもパスポートの失効日があとであること」としている。しかし、有効期間が帰国日の翌日までのパスポートを持って上海浦東国際空港で入国審査を受けた際、別室に呼ばれ、関係部署への確認の結果、ようやく入国が許されたという事例もある。

また、パスポートの残存有効期間が6ヵ月を切る乗客については、搭乗手続きをほかの乗客と区別する航空会社もあるようだし、旅行会社でも「6ヵ月プラス中国滞在日数が必要」という所もある。

以上を考慮すると、残存有効期間が6ヵ月を切ったパスポートを所持している人は、パスポートの更新を行っておいたほうが無難だ。

❹登山やバイク、乗用車を運転するなど特殊な観光をする場合およびチベット自治区を訪問する場合は、必ずビザを取得すること。
※チベット自治区滞在を含め、中国滞在が15日以内の場合、ノービザでかつチベット自治区滞在のための書類が正式に発行された事例もある

❺15日以内の滞在予定で中国に入国したが、何らかの事情で15日を超える滞在となってしまう場合は、現地の公安局の出入境管理部門でビザを申請しなければならない。なお、許可期間を超過した者は、公安機関と入国審査で規定に基づく処罰が与えられることになるので注意が必要。
注意：いくつかの公安局入出境管理部門に確認したところ、「原則としてノービザ入国者に対して、中国入国後にビザを発給することはない」という回答もあった。実際には、発給されたという情報も確認できたが、15日目いっぱい滞在する予定の人は、念のため中国入国以前に滞在目的に合ったビザを取得したほうが無難。

そのほかの注意

中国に10日間滞在したあと、いったん香港に出て、再び中国に入国して日本に帰国する予定だったが、航空券に記載されていた日本出国日と帰国日までの日数が15日を超えていたため、そのとき利用した某航空会社では、内規によってノービザでの搭乗を拒否され、仕方なくノーマルチケットを購入することになった（ただし、使用したのは最初に購入したほうで、ノーマルチケットは帰国後に払い戻してもらえた）。

これは、中国入国を拒否されて強制送還などになった場合、その費用を航空会社が負担しなければならないという事情を航空会社が回避するための手段と考えることができる。上記のようなルートの旅行を計画している人は、航空券購入時に正直に事情を説明し、可能かどうか確認しておこう。

記事は2018年9月現在の状況に基づいて作成した。旅行計画時や出発前には、最新の状況を確認すること。

（地球の歩き方編集室）

【駐日中国大使館・総領事館】

中華人民共和国駐日本国大使館
管轄区：東京都、神奈川県、千葉県、埼玉県、長野県、山梨県、静岡県、群馬県、栃木県、茨城県
※ビザ申請は下記囲み記事参照
住 〒106-0046　東京都港区元麻布3-4-33
休 土・日曜、日中両国の祝日
URL www.china-embassy.or.jp/jpn

中華人民共和国駐大阪総領事館
管轄区：大阪府、京都府、兵庫県、奈良県、和歌山県、滋賀県、愛媛県、高知県、徳島県、香川県、広島県、島根県、岡山県、鳥取県
※ビザ申請は下記囲み記事参照
住 〒550-0004　大阪府大阪市西区靱本町3-9-2
休 土・日曜、日中両国の祝日
URL osaka.china-consulate.org/jpn

中華人民共和国駐福岡総領事館
管轄区：福岡県、佐賀県、大分県、熊本県、鹿児島県、宮崎県、沖縄県、山口県
※観光ビザの申請は旅行会社を通して行う
住 〒810-0065　福岡県福岡市中央区地行浜1-3-3
TEL (092) 752-0085
休 土・日曜、日中両国の祝日
URL www.chn-consulate-fukuoka.or.jp/jpn

中華人民共和国駐長崎総領事館
管轄区：長崎県
※観光ビザの申請は旅行会社を通して行う
住 〒852-8114　長崎県長崎市橋口町10-35
TEL (095) 849-3311
休 土・日曜、日中両国の祝日
URL nagasaki.china-consulate.org/jpn

中華人民共和国駐札幌総領事館
管轄区：北海道、青森県、秋田県、岩手県
※観光ビザの申請は旅行会社を通して行う
住 〒064-0913　北海道札幌市中央区南十三条西23-5-1
TEL (011) 563-5563
休 土・日曜、日中両国の祝日
URL sapporo.china-consulate.org/jpn

中華人民共和国駐名古屋総領事館
管轄区：愛知県、岐阜県、福井県、富山県、石川県、三重県
※ビザ申請は下記囲み記事参照
住 〒461-0005　愛知県名古屋市東区東桜2-8-37
TEL (052) 932-1098
休 土・日曜、日中両国の祝日
URL nagoya.china-consulate.org/jpn

中華人民共和国駐新潟総領事館
管轄区：新潟県、福島県、山形県、宮城県
※観光ビザの申請は旅行会社を通して行う
住 〒951-8104　新潟市中央区西大畑町5220-18
TEL (025) 228-8888
休 土・日曜、日中両国の祝日
URL niigata.china-consulate.org/jpn

中国ビザ申請サービスセンター

　2016年10月より、混雑緩和と待ち時間短縮などを目的に、「中国ビザ申請サービスセンター（中国签证申请服务中心）」へ関連業務されている。
　該当するのは、東京の中華人民共和国大使館領事部と在大阪中華人民共和国総領事館、在名古屋中華人民共和国総領事館の管轄区における一般旅券所持者で、個人による申請が可能。料金や所要日数は要問い合わせ。
　なお、一般旅券所持者による香港特別行政区とマカオ特別行政区の査証に関しては、従来どおり大使館事部と各総領事館で申請を受け付ける。

■中国ビザ申請サービスセンター（中国签证申请服务中心）
URL www.visaforchina.org

東京ビザ申請サービスセンター
住 〒105-0001　東京都港区虎ノ門4-1-17
神谷町プライムレイス8階
TEL (03) 6430-2066　FAX (03) 6432-0550
開 ビザ申請=9:00〜15:00
ビザ受領=9:00〜16:00
休 土・日曜、祝日

大阪ビザ申請サービスセンター
住 〒541-0059　大阪府大阪市中央区博労町3-3-7 ORE本町南ビル9階
TEL (03) 6430-2066　FAX (03) 6432-0550
開 ビザ申請=9:00〜15:00
ビザ受領=9:00〜16:00
休 土・日曜、祝日

名古屋ビザ申請サービスセンター
住 〒460-0003　愛知県名古屋市中区錦1-5-11
名古屋伊藤忠ビル4階
TEL (03) 6430-2066　FAX (052) 228-0129
※ビザ申請時間や受領時間、休日は問い合わせを

中国東北エリア周辺の出入国

各国の情報（2018年9月現在）

中国東北地方で国境を接しているのは、ロシア、モンゴル、北朝鮮。ロシアと北朝鮮は日本国籍所有者に対して、自国への入国に際してビザを必要としている。そのため、この2国の場合、専門の旅行会社に旅程すべての手配を依頼しなければならず、個人で自由な旅行をすることはできない。なお2018年9月現在、北朝鮮への渡航は外務省が「渡航を自粛してください」との危険情報を発出している。出発前、旅行計画時には必ず最新情報を確認すること。

◎ロシア

一般的にロシアの観光ビザの取得には、旅行会社を通してロシア滞在中の宿泊や交通手段などすべてを予約し、代金を支払ったあとに受け取るバウチャー（予約証明書）が必要となる。中国にあるロシア大使館や領事館で観光ビザを取得する際もほぼ同様。詳細はロシア専門の旅行会社に問い合わせてみよう。

【在日ロシア連邦大使館・総領事館】

▼在日ロシア連邦大使館領事部
住 〒106-0041　東京都港区麻布台2-1-1
TEL（03）3583-4445
FAX（03）3586-0407
開 ビザ申請・受領時間＝9:30〜12:30
休 土・日曜、ロシアの祝日
URL tokyo.mid.ru

▼在大阪ロシア連邦総領事館
住 〒560-0005　大阪府豊中市西緑ヶ丘1-2-2
TEL（06）6848-3451
FAX（06）6848-3453
開 ビザ申請・受領時間＝月・木曜の9:30〜12:30、14:00〜16:00、火・金曜の9:30〜12:30
休 水・土・日曜、ロシアの祝日
URL osaka.kdmid.ru/jp.aspx

▼在新潟ロシア連邦総領事館
住 〒950-0078　新潟県新潟市中央区万代島5-1　万代島ビル12階
TEL（025）244-6015　FAX（025）244-6077
開 ビザ申請・受領時間＝9:30〜12:00、14:00〜17:00
休 土・日曜、ロシアの祝日
URL niigata.mid.ru

▲ウラジオストクは極東ロシアの玄関口

▼在札幌ロシア連邦総領事館
住 〒064-0914　北海道札幌市中央区南十四条西12-2-5
TEL（011）561-3171、3172
FAX（011）561-8897
開 ビザ申請・受領時間＝14:00〜16:00
休 土・日曜、ロシアの祝日
URL sapporo.mid.ru/index_jp

▼在札幌ロシア連邦総領事館在函館事務所
住 〒040-0054　北海道函館市元町14-1
TEL（0138）24-8201　FAX（0138）24-8202
開 ビザ申請・受領時間＝10:00〜12:00
休 土・日曜、ロシアの祝日

ロシア極東の一部で電子簡易ビザを発給

2017年8月8日からロシア沿海地方ではロシア入国のための電子簡易ビザが発給されている。入国予定日の4日間前までに以下のロシア外務省ウェブサイトから手続きするだけだ。発効日から30日間以内の有効で8日間以内となる。2018年9月現在、入国ポイントはウラジオストクの空路と航路のみ。また2018年9月1日よりハバロフスク地方でも電子ビザの発給が始まった。ただし、空路のみで、陸路の入国については未定。
ロシア電子簡易ビザ申請
URL electronic-visa.kdmid.ru/index_jp.html

▲ロシア電子ビザ申請サイトには日本語版があり、自分で申請できる

【ロシア専門の旅行会社】
▼ジャパン・エア・トラベル・マーケティング（JATM）
住 〒105-0014　東京都港区芝2-3-3
　　芝2丁目大門ビルディング2階
TEL（03）6453-9177　FAX（03）6453-9224
URL www.jatm.co.jp

▼株式会社ユーラスツアーズ
住 〒108-0014　東京都港区芝5-13-18
　　いちご三田ビル9階
TEL（03）6453-6632　FAX（03）6453-6630
URL www.euras.co.jp

▼エムオーツーリスト株式会社
住 〒105-6115　東京都港区浜松町2-4-1
　　世界貿易センタービル15階
TEL（03）5733-5595　FAX（03）3436-2292
URL www.mo-tourist.co.jp

◎モンゴル
　2018年9月現在、モンゴル入国短期ビザ（30日以内）は免除されている。ただし、パスポートの残存有効期間が6ヵ月以上で査証欄の余白が2ページ以上あることが必要だ。一方、30日を超える滞在は、ビザの取得が必要となる。中国からは、北京始発のウランバートル経由のシベリア鉄道に乗車してモンゴルに入国できる。東北エリアから入国する場合、ロシア経由となるが、ロシア経由の場合はロシアビザが必要となるので、専門の旅行会社に相談しよう。

【駐日モンゴル国大使館・総領事館】
▼駐日モンゴル国大使館
住 〒150-0047　東京都渋谷区神山町21-4
TEL（03）3469-2179　FAX（03）3469-2089
開 ビザ申請＝9:30～12:30
　　受領時間＝14:00～17:00
休 土・日曜、日本・モンゴルの祝日
URL www.tokyo.embassy.mn/jpn

▼在大阪モンゴル国総領事館
住 〒541-0059　大阪府大阪市中央区博労町1-4-10
　　エステート博労町ビル3階
TEL（06）4963-2572　FAX（06）4963-2574
開 ビザ申請・受領時間＝9:00～12:00、13:00
　　～18:00
休 土・日曜、日本・モンゴルの祝日

URL www.osaka.mfa.mn

◎韓国
　中国東北エリアには、韓国のソウルや仁川などを経由して飛行機や船で入国することが可能だ。ソウル経由で東北三省の主要都市および牡丹江や延吉に飛ぶこともできるし、仁川経由で遼寧省丹東市への航路もある。2018年9月現在は、日本国籍者は90日以内の滞在にかぎり、ビザが免除されている。

【駐日大韓民国大使館・総領事館】
▼駐日大韓民国大使館領事部
住 〒106-0047　東京都港区南麻布1-7-32
TEL（03）3455-2601～2603
FAX（03）3455-2018
開 ビザ申請＝9:00～11:30
　　受領時間＝14:00～16:00
休 土・日曜、日本の祝日および韓国の休日
URL overseas.mofa.go.kr/jp-jp/index.do

※東京のほかに、総領事館・出張所が日本国内に9ヵ所（大阪、福岡、横浜、名古屋、札幌、仙台、新潟、広島、神戸）あり、それぞれの管轄するエリアが決まっている

▲仁川国際空港ではトランジット客は韓国の伝統音楽の演奏会や工芸体験などを楽しめる

▲黒龍江省黒河では、黒龍江の遊覧船に乗れば、対岸のブラゴベシチェンスクの町並みを見渡せる

通貨・両替・カード

中国の通貨

　中国の通貨は人民元(人民幣、中国元ともいう)といい、アルファベットではRMBと表記する。中国国内の指定銀行では22種類の外貨の両替業務を扱っている。もちろん日本円との両替も可能で、2018年10月4日現在のレートは1元≒16.6円。

中国銀行の当日レート(中国語・英語)
URL www.boc.cn/sourcedb/whpj

日本で人民元を入手する場合

◎人民元の両替可能なスポット

　日本国内で人民元への外貨両替を扱うスポットは増えている。ただし、中国国内で人民元に両替するのに比べ、換金レートが悪い、換金可能な金融機関が都市部に集中している、取引額に制限が設けられているなどの不便な点もある。

【おもな外貨両替取り扱い銀行】

▼SMBC信託銀行 PRESTIA EXCHANGE
URL www.smbctb.co.jp/index.html

▼みずほ銀行
URL www.mizuhobank.co.jp/tenpoinfo/gaika_ryogae/index.html

▼三菱東京UFJ銀行
URL www.bk.mufg.jp/tsukau/kaigai/senmon

【外貨両替専門店】

▼トラベレックスジャパン
TEL (03)3568-1061
URL www.travelex.co.jp

　トラベレックスグループは1976年にイギリスで設立された外貨両替店。

▼東京クレジットサービス
　ワールドカレンシーショップ

　東京クレジットサービスの外貨両替専門店。銀行の窓口が閉まったあとでも営業しているのがありがたい。今日のレートや店舗一覧はウェブサイトで確認できる。
URL www.tokyo-card.co.jp/wcs

【空港】

▼成田国際空港

　第1旅客ターミナル、第2旅客ターミナルともに人民元への両替が可能だ。窓口や営業時間などはウェブサイトで確認できる。
URL www.narita-airport.jp

▼羽田空港国際旅客ターミナル
URL www.haneda-airport.jp

▼関西国際空港

　1、2、4階に両替可能な金融機関がある。
URL www.kansai-airport.or.jp

▼中部国際空港

　2～3階とアクセスプラザに両替可能な金融機関がある。
URL www.centrair.jp/service/exchange.html

中国で人民元に両替する

◎両替できる場所

　中国で両替を扱っている金融機関は、中国銀行など外国為替業務取り扱いを指定された銀行およびホテルのフロント、空港の両替所など。

　中国の両替は市中の中国銀行のレートがよく、ホテルや両替所はあまりよくない。ただし、銀行の両替は両替所などに比べると、時間がかかるのが難点。中国ではデビットカードの利用やアプリを使ったモバイル決済などキャッシュレスが進んでおり、以前ほど多額を両替して持ち歩かなくてもいい環境が生まれつつある。

▲5角札

▲5元札

▲10元札

▲50元札

◎両替の手順と注意点

銀行の窓口で現金を人民元に両替する場合は、備え付けの用紙に必要事項を記入し、現金と一緒に窓口に出す。両替の際には必ずパスポートを携帯し、すぐに取り出せるようにしておこう。

現金を受け取ったら、その場で金額を確認し、紙幣に損傷があれば、交換してもらおう。いったんその場を離れてしまうと、金額が合わないなどの苦情には一切応じてくれないので注意しよう。現金と一緒に受け取る両替証明書は、再両替するときに必要となるので、旅行中にいちばん多く両替したときのものを中国から出国するまでしっかり保管すること。

◎トラベラーズチェックの新規発行は終了

アメリカン・エキスプレスが2014年3月31日でトラベラーズチェック(T/C)の新規発行と販売を終了したため、日本国内でT/Cを購入することはできない。発行済みT/Cの国内外での使用と換金は従来どおり可能。

銀聯カード

「銀聯」とは、中国の金融サービス機関で、そこが発行する「銀聯カード」は、中国国内外で利用できるデビットカード。2009年からは日本国内でも発行されている。

現金支払いだけでは常に両替が必要になるうえ、中国では偽札のリスクもある。中国国内のほとんどの場所で使えるので、1枚持っていると重宝する。カードによって提供されるサービスは異なるので、専用ウェブサイトにアクセスして詳しい情報を確認しよう。

中国銀聯
URL jp.unionpay.com
中国銀行銀聯デビットカード

中国銀行(Bank of China)東京支店が発行する海外初の「銀聯デビットカード」。
URL www.bankofchina.com/jp/jp
三井住友銀聯カード

三井住友カードが発行する銀聯ブランドのクレジットカード。使用時、申し込みのときに設定した4ケタの暗証番号の前に「00」を付けて6ケタとして入力し、サインをする。
URL www.smbc-card.com/nyukai/card/ginren.jsp

カードを利用する

◎クレジットカード

中国でもクレジットカードの利用できる場所はある。例えば、大連や瀋陽などの大都市なら、デパートやみやげ物を扱うショップ、高級レストランなどで利用可能だ。また、中級以上のホテルでは、チェックインの際にクレジットカードをデポジット(保証金)代わりに使える。

中国でカードが使える場所なら必ず使えるといっていいのが、VISAとMasterCard。JCBも使える所が増えている。その次がアメリカン・

クレジットカードでのキャッシング

日本円現金を銀行などで両替すると、手数料が必要だし、レートがよくない。LCCなどの深夜早朝便で到着した場合も、両替窓口が開いてないため、困ることがある。中国では大手銀行の24時間ATMが空港や地下鉄駅、ショッピングセンターなどにあるので、クレジットカードで人民元をキャッシングすると工夫次第では現金両替より便利でお得。中国の一般的なATMの引き出し可能金額は、国際クレジットカードの場合、1日5000元となっている。賢い使い方としては、クレジットカードの締め日を把握し、それ以前に繰り上げ返済すること。手数料の有無や金利などは各社により異なるので、確認しておこう。

■お金の持っていき方

おすすめ度		メリット／デメリット	
おすすめ度 ★★★	日本円やUSドル、ユーロなどの現金を持参し、中国で両替する	メリット	日本での両替よりレートがよい。日本円の場合、両替しなかった分は帰国後そのまま使える
		デメリット	中国到着後、すぐに両替が必要。盗難に備える必要がある
おすすめ度 ★★	クレジットカードを利用する(買い物およびキャッシング)	メリット	現金の管理が不要で安全。現地ATMで人民元をキャッシングした場合、両替よりもレートがよいことが多い
		デメリット	使用できる場所に制限がある。スキミングや架空請求などに注意が必要
おすすめ度 ★★	トラベルプリペイドカードやデビットカードを利用する(買い物やATMでの人民元引き出し)	メリット	口座残高以上は使えないので、予算管理に便利
		デメリット	都市部以外では使用可能な場所がかぎられる
おすすめ度 ★	日本国内で両替し、人民元をあらかじめ入手する	メリット	現地到着後、すぐに行動できる
		デメリット	両替レートが悪い

※短期旅行なら日本円現金とクレジットカード持参が便利

エキスプレス。

◎国際キャッシュカード

国際キャッシュカードとは、日本で金融機関に預けた日本円を旅行先のATMなどから現地通貨で引き出せるカードのこと。中国でも中国銀行などのATMで利用できる。

このカードは、ゆうちょ銀行などの銀行で発行しているが、それぞれに使用条件が異なるので、ウェブサイトなどで相違を比較、確認してから申し込むようにしよう。

モバイル決済

中国ではスマートフォンを使ったモバイル決済が普及している。そのせいか、最近ではレストランやコンビニなどの細かい支払いはモバイル決済が一般的になっている。だが、外国人でもWeChat Pay（微信支付）やAlipay（アリペイ／支付宝）のアカウントを取得すれば、現地の人たちと同じように利用できる。その使い方については「中国のモバイル決済にチャレンジしよう」（→P.44）や「どこでも簡単！ 支払いまくり」（→P.181）などの特集を参考にしてほしい。

海外専用プリペイドカード

外貨両替の手間や不安を解消してくれる便利なカード。作成時の審査はなく、国内での外貨両替よりよい為替レートのことが多い。

出発前にコンビニATMなどで円をチャージ（預け入れ）し、渡航先のATMではチャージした範囲内で現地通貨を引き出せるため、使い過ぎの心配はなく多額の現金を持ち歩かずに済む。

2018年9月現在、発行されているのはおもに下記のとおり。

・クレディセゾン発行「NEO MONEY ネオ・マネー」
・アプラス発行「GAICA ガイカ」
・マスターカードプリペイドマネージメントサービシーズジャパン発行「CASH PASSPORT キャッシュパスポート」
・マネーパートナーズ発行「Manepa Card マネパカード」

ICカードは暗証番号に注意

ICカード（ICチップ付きのクレジットカード）で支払う際は、サインではなく暗証番号（英語でPINまたはPIN Code）が必要だ。日本出発前に確認し、忘れないようにしよう。

日本円決済に注意

海外でクレジットカードを使った際、カード決済が現地通貨ではなく、日本円というケースがある。日本円換算でのカード決済自体は違法ではないのだが、不利な為替レートが設定されていることもあるので注意しよう。

支払い時に「日本円払いにしますか？」と店から言われる場合もあれば、何も言われず日本円換算になっている場合もあるので、サインをする前に必ず通貨を確認しよう。

人民元が余ったら

◎人民元の持ち出し制限

申告なしで海外に持ち出すことのできる人民元の限度額は2万元（2018年10月4日現在のレートで約33万2000円）となっているので、注意が必要。

◎人民元を外貨に両替する

余った人民元は、国際空港にある銀行（中国銀行など）で再両替することができる。

また、日本国内の外貨両替スポット（トラベレックスなど）でも人民元を日本円に両替できるが、換金レートは悪い。

◎再両替時の注意

両替時に必要となるのが、両替証明書。これと両替する人民元、パスポートを合わせて銀行の窓口に提出する。あとは係員が書類に記入して、外貨と余った人民元（少額）を手渡してくれる（順番待ちのときは番号札を渡される）。手続きには時間がかかるので、早めに窓口に行くこと。

また、人民元から外貨への両替は、提出する両替証明書に記載された金額が上限となるので、滞在中、いちばん多く両替したときの両替証明書を保管しておくようにしよう。

■両替のお得度（そのときのレートにより一概に言えない部分もあり、あくまでも目安）

市中の中国銀行	市中の一般銀行	ホテル	空港の中国銀行	空港の両替所	日本での両替
基本レートでの両替が可能。1元以下の端数も受け取れる	中国銀行のレートに若干の手数料が上乗せされるケースが多い	1元以下の端数は切り捨てられるのが一般的	市中の支店とレートは同じだが、空港によっては他店より高い手数料が必要となることも	空港などにある両替所は、中国銀行に比べて高い手数料がかかるうえ、1回につき50～60元の手数料が必要	銀行と外貨両替店ではレートが異なる。外貨両替店で大量に両替すればやや有利になることもある

渡航手段の手配

飛行機と航空券

2018年9月現在、日本の6空港と中国東北地方の5空港（大連、瀋陽、長春、ハルビン、延吉）の間に定期便が運航されている。

◎直行便と経由便

飛行機では、出発地点と目的地の間を直接結ぶ直行便と、出発地点と目的地の間に中継地が入る経由便の2種類があり、所要時間が大きく変わってくる。

上記5都市の場合は直行便だが、韓国のソウル経由便が日本からの直行便のない東北地方の地方都市（牡丹江）に運航しているだけでなく、多くの日本の地方都市が韓国との間に定期便をもっていることから、ソウル経由便を利用すると便利なことが多い。

※ソウル線のある日本の地方空港
成田、羽田、関西、中部、福岡、新千歳、旭川、青森、仙台、静岡、新潟、富山、小松、岡山、広島、米子、高松、松山、熊本、大分、宮崎、鹿児島、那覇

◎格安航空券の種類

一般に旅行会社やオンライン旅行社が扱う航空券は「格安航空券（ディスカウントチケット）」と呼ばれ、航空会社が発券するチケットに比べて安いぶん、制限がある。格安航空券にはさまざまな種類があるので、旅のプランに合ったチケットを購入したい。

① FIXとOPEN

帰国日を予約時に決めて変更できないものと、制限付きで変更可能なものがある。前者をFIX、後者をOPENと称し、料金はOPENが高くなる。

②単純往復とオープンジョー

2地点間を単純に往復するチケットのほかに、到着空港と帰国便の出発空港が異なるオープンジョーと呼ばれる航空券がある。例えば、成田→北京／大連→成田などがこれに当たる。料金はオープンジョーのほうが高くなる。

◎シーズナリティ

このほか、航空券の料金と密接に関係するものにシーズナリティ（季節や時期による料金変動）がある。

▲成田国際空港第1ターミナル出発フロア

中国への飛行機は、観光シーズンである4月から10月までが高く、オフシーズンである11月から3月までが安い。ただし、年末年始、ゴールデンウイーク、お盆の時期は例外で、正規航空券と大きくは変わらない。

このシーズナリティは航空会社や販売している旅行会社によって数日ずれることもあるので、航空券購入時には情報収集し、比較検討することで、旅行費用を節約できる。

◎そのほかの注意点

2018年9月現在、航空会社は運賃に燃油特別付加運賃を加えて航空券を販売している。この燃油特別付加運賃は、原油を仕入れた時点の原油価格を考慮して決定するため、金額が変動する。このため、航空運賃とは別に徴収される場合もある。航空券購入の前には、このあたりのことも確認が必要。

eチケット

「eチケット」とは電子航空券の別名で、航空券を各航空会社が電子的に保管することによって、空港で航空券を提示することなく、搭乗券を受け取ることのできるサービス。このサービスを利用すれば、紙の航空券は不要で、eメールやファクス、郵便などで送ってもらった「eチケット」の控えを空港に持参するだけでよい。

申し込み時にクレジットカード番号やパスポート番号を通知する必要があること、中国入国審査時には帰国便の「eチケット」控えを持っていくなどの注意も必要だが、❶出発直前でも条件が整えば申し込みが可能、❷航空券の盗難や紛失などの心配が不要（「eチケット」控えを再発行するだけでよい）といったメリットがある。

航空会社のウェブサイトからチェックイン手続きを行うことを「ウェブ（オンライン）チェックイン」という。事前に済ませておけば、空港での手続きが簡単になり、時間の節約になる。詳細は利用する航空会社のウェブサイトを確認のこと。

▲日本で発券されたeチケット控え。PCにPDF形式で保存できるものもある

 ◀旅程表もなるべく持参したい

 ▲中国のeチケット領収書。しっかり保管すること

海外旅行保険に加入しよう

保険種類と加入タイプ

海外でけがや病気にかかった場合、治療費や入院費はかなり高い。また、言葉や精神面でも非常に心細いもの。海外旅行保険に加入していれば、ほとんどの保険会社で日本語のサービスが受けられるので、精神面でも安心。

加入タイプは、旅行中に発生すると予想されるアクシデントやトラブルに対しての補償が組み合わせてある「セット型」と、旅行者のニーズと予算に合わせて各種保険のなかから補償内容を選択できる「オーダーメイド型」がある。

加入の仕方は簡単

おもな損保会社は、東京海上日動、損保ジャパン日本興亜、外資系のAIUなど。大手の場合、現地連絡事務所、日本語救急サービスなど付帯サービスも充実している。

地球の歩き方のウェブサイトでは、出発当日でも加入できるインターネット保険を紹介している。加入の仕方は簡単。下記のページからインターネット契約サービスのページに入り、案内に従って必要事項を記入し、決済はクレジットカードにて。振り込みや来店の手間がなく、24時間無休で申し込める。

「地球の歩き方」ホームページ

URL www.arukikata.co.jp/hoken

■中国東北方面　直行便タイムスケジュール　（2018 年 9 月現在）

日本→大連				大連→日本			
出発地	便名	発着時間	運航曜日	到着地	便名	発着時間	運航曜日
成田	JL827	9:30 → 11:45	毎日	成田	CZ629	08:20 → 12:10	月水金日
	NH903	10:10 → 12:15	毎日		CA951	09:15 → 13:00	月木金日
	CZ630	13:25 → 15:35	月水金日		JL828	13:00 → 16:55	毎日
	CA952	14:00 → 15:50	月木金日		NH904	13:10 → 17:05	毎日
関西	NH945	10:10 → 11:35	毎日	関西	CZ641	07:55 → 11:05	月火木金日
	MU2794	12:00 → 13:05	毎日		MU2793	08:10 → 11:00	毎日
	CZ642	12:05 → 13:25	月火木金日		CA151	11:00 → 14:20	毎日
	CA152	15:20 → 17:00	毎日		NH946	14:15 → 17:35	毎日
中部	CZ620	11:55 → 13:25	月水金土	中部	CZ619	07:45 → 10:55	月水金土
福岡	CA954	15:10 → 16:10	毎日	福岡	CA953	11:20 → 14:10	毎日
富山	CZ614	11:55 → 13:25	水土	富山	CZ613	07:40 → 10:55	水土
広島	CA154	14:40 → 15:45	月水金土日	広島	CA153	10:40 → 13:40	月水金土日

日本→瀋陽				瀋陽→日本			
成田	CZ628	13:25 → 15:35	火木土	成田	CZ627	08:25 → 12:25	火木土
	NH925	18:50 → 21:20	毎日		NH926	10:20 → 14:30	毎日
関西	CZ612	13:10 → 14:50	月火木金土	関西	CZ611	08:35 → 12:10	月火木金土
中部	CZ698	13:10 → 14:40	水日	中部	CZ697	08:15 → 12:05	水日

日本→長春				長春→日本			
成田	CZ624	13:25 → 15:00	火日	成田	CZ623	08:15 → 11:55	火日

日本→ハルビン				ハルビン→日本			
成田	IJ1051	8:10 → 10:05	木金日	成田	CZ6085	08:05 → 11:50	水日
		11:00 → 12:55	火		IJ1052	11:05 → 14:55	木金日
	CZ6086	12:50 → 14:45	水日			16:00 → 19:50	火
関西	CZ632	13:05 → 15:05	火木土	関西	CZ631	08:05 → 12:05	火木土
新潟	CZ616	12:15 → 13:35	月水金	新潟	CZ615	08:00 → 11:15	月水金

日本→延吉				延吉→日本			
関西	MU5056	13:30 → 15:30	火土	関西	MU5055	12:20 → 16:30	火土

JL：日本航空、NH：全日空、CA：中国国際航空、MU：中国東方航空、CZ：中国南方航空、9C：春秋航空、
IJ：スプリングジャパン

中国の感染症情報について

中国では感染症の流行がしばしば起きている。
事前に情報を収集するには以下のサイトを参照。
厚生労働省
URL www.mhlw.go.jp

国立感染症研究所　感染症疫学センター
URL www.nih.go.jp/niid/ja/from-idsc.html
厚生労働省検疫所（海外で健康に過ごすために）
URL www.forth.go.jp

日本を出国する

出発2時間前にチェックイン

　時間帯や時期によっては空港アクセスや空港内が非常に混雑するケースがある。混雑に加え、テロ対策などでチェックインや出国審査に予想外の時間がかかるケースも生じている。空港には出発2時間前には到着し、早めにチェックインや出国審査を済ませておくことをおすすめする。出国の手順については下記の表を参照。

◎機内への液体物持ち込みは原則禁止

　テロ対策のため、100 mℓを超える液体物の空港保税区域（出国審査後のエリア）および機内への持ち込みは日中各空港ともに禁止となっている。つまり、出国審査前に一般エリアの売店で購入した飲み物や化粧品類は持ち込めないということ。出国審査後に免税店で購入した酒や化粧品などは持ち込みが可能。

　100 mℓ以下の医薬品などは透明ビニール袋に入れるなどして持ち込めるが、制限があるので詳細は事前に空港や各航空会社に問い合わせをすること。

▲バゲージクレームタグ（中国線）

■飛行機で日本を出国するときの手順

1　チェックイン

空港に着いたらチェックインカウンターへ。プリントアウトしたeチケット控えまたはバウチャーとパスポートを提示して手続きを行い、搭乗券（ボーディングパス）を受け取る。託送荷物はここで預けて引換証（バゲージクレームタグ→上）をもらう。リチウム電池は預けられない（→P.316）

※空港へは出発2時間前までに。荷物の安全検査に時間がかかるので、ぎりぎりだと搭乗できない場合もある。手続き締め切りは通常出発1時間前

※旅客サービス施設使用料と燃油特別付加運賃は、原則として航空券購入時に航空券代金に加算されている。なお、原油価格が大幅に上昇した場合、空港で燃油特別付加運賃を追加徴収されることもある

2　安全検査（セキュリティチェック）

機内持ち込み手荷物の検査とボディチェック。ナイフや先のとがった工具は機内持ち込み不可（発見時は任意放棄）なのであらかじめ預けておくこと。また、液体物の機内持ち込みには注意が必要。詳細は利用する航空会社へ

3　税関申告（該当者のみ）

高価な外国製品（時計や貴金属、ブランド品など）を身につけているときは、あらかじめ税関に申告しておく。申告しないと帰国時に海外で新たに購入したものと見なされて課税されてしまう。申告が必要かどうかは出国審査の前に税関カウンターにて問い合わせを

4　出国審査

パスポートを提示し出国スタンプを押してもらう。機械で読み取るのでカバーは外しておく。出国審査場では写真撮影と携帯電話の使用は禁止

※成田、羽田、中部、関西の各空港では、事前登録により指紋認証でスピーディな出入国管理を行う「自動化ゲート」を利用できる。押印が省略されるため、パスポートのページ不足対策にも有用。登録は各空港にて。出発時間にもよるが、当日でも可能

5　免税品ショッピング

出国審査が終わったあとは免税エリア。中国入国の際の免税範囲は酒1.5ℓと紙巻きたばこ400本まで

6　搭乗

搭乗券に記載されたゲートから搭乗。遅くとも搭乗時刻15分前にはゲート前にいるようにしたい

※成田国際空港第2ターミナルや関西国際空港は、免税店のあるエリアとゲートが離れているので、時間に遅れないように注意

中国に入国する

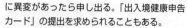

中国の入国手続き

◎直行便の場合

中国に入国する際には、着陸の1時間くらい前に、機内で中国の入国／出国カード（一体型または切り離したもの）や税関申告書（該当者のみ）などの書類が配られるので、提出が必要なものを到着までに記入しておく（記入例→P.312）。

到着すると検疫カウンターがあるので、体調

に異変があったら申し出る。「出入境健康申告カード」の提出を求められることもある。

次に入国審査となるが、2018年5月より外国人入国者に対する指紋の採取が始まっている。採取の場所は空港によって異なるが、入国審査窓口付近であることが多い。

審査場では、パスポートと入国カードを担当官に手渡す。記入事項に不備がなければ、質問されることもない。瀋陽桃仙国際空港の場合、入国審査カウンターの手前にある端末で指紋採

▲いよいよ中国の空港に到着。次は入国審査

▲瀋陽桃仙国際空港の出国ロビー

■中国入出国の際の免税範囲・輸出入禁止品

品物	内容
現金	外国通貨でUSドル換算US$5000、人民元で2万元までは申告不要。これを超える場合は要申告
物品	贈答品などとして中国国内に残す物品で人民元換算2000元を超えるものは要申告 （中国在住者は申告不要）
酒・たばこ・香水	酒類（アルコール度数12％を超えるもの）1.5ℓまで 紙巻きたばこ400本、葉巻たばこ100本、刻みたばこ500gまで （日本入国時には注意が必要→P.316） 香水については個人で使用する範囲ならば申告不要
※輸出入禁止品 ○は入国時 ●は出国時	○●あらゆる種類の武器、模造武器、弾薬、爆発物 ○●偽造貨幣、偽造有価証券 ○●中国の政治、経済、文化、道徳に対して有害な印刷物、フィルム、写真、音楽レコード、映画フィルム、テープ・CD（オーディオおよびビデオ）、コンピューター用ストレージ機器 ○●あらゆる猛毒類 ○●アヘン、モルヒネ、ヘロイン、大麻および習慣性麻酔薬や向精神性薬品 ○ 新鮮な果物、ナス科野菜、生きた動物（ペットとしての犬猫は除外）、動物標本、動植物病原体、害虫および有害生物、動物の死体、土壌、遺伝子組み換え有機体組織およびその標本、動植物の疫病が発生・流行している国や地域と関連のある動植物およびその標本やそのほかの検疫物 ○ 人畜の健康に障害を及ぼす物品、流行性疾病が流行しているエリアから運ばれてきた食品や薬品およびその他の物品 ●国家機密をともなった原稿、印刷物、フィルム、写真、音楽レコード、映画フィルム、テープ・CD（オーディオおよびビデオ）、コンピューター用ストレージ機器 ●貴重文化財および輸出を禁止された遺物 ●絶滅を危惧される動植物および希少動植物（それらの標本も含まれる）、またそれらの種子や生殖物質

※中国では外国人による無許可の測量行為が法律で禁止されているため、測量用携帯GPS機器は持ち込まないほうが無難
※文化財の無断持ち出しは禁止。具体的には、1911年以前に生産・制作された文化財はすべて禁止、1949年以前に生産・制作された歴史的・芸術的・科学的価値があるものは原則禁止、1966年以前に生産・制作された少数民族の代表的文化財はすべて禁止。化石はすべて禁止

▲託送荷物を受け取る（ハルビン大平国際空港）

取を行うことになる。まず左手と右手の親指以外の4本を交互に読み取り、最後に両手の親指を読み込む。さらに、顔写真を撮影される。それらがすむと、パスポートに入国スタンプが押され、パスポートのみを返却してくる。これで入国審査は完了。

入国審査が終了したら、次は託送荷物の受け取りだ。自分が乗った飛行機の便名と搭乗地が表示されているターンテーブルに向かい、自分の荷物が出てくるのを待つ。中国では、出てくるまでにけっこう時間がかかるので、気長に待とう。なお、託送荷物のない人はそのまま税関申告に向かう。

自分の託送荷物を受け取ったら、次は税関申告。申告する物品がある人は、出入国旅客荷物物品申告書（→ P.314）に必要事項を記入し、税関に提出しなければならない。

税関申告では該当する列に並ばなければならないので注意しよう。申告不要な人は、緑色の●が目印である「NOTHING TO DECLARE」の列、申告が必要な人は、赤色の■が目印の「GOODS TO DECLARE」の列に並べばよい。

これらの手続きが完了したら、出口に向かう。そこで荷物とバゲージクレームタグの照合が行われるのだが、ノーチェックのことが多い。

日本からの定期便がある国際空港では、出口の手前や税関を出たロビーに外貨を人民元に両替できる銀行や外貨ショップがある所が多いので、人民元を持っていない人はここで両替しよ

▲中国国内で最初に着陸する空港で入国審査を行う

う。外貨ショップは銀行よりレートが悪い。

◎経由便の場合

関西発大連経由長春行きといったフライトの場合、入国手続きは、最初に着陸する大連で行う。入国手続きは、直行便の場合と同じだが、次のような流れになる。

飛行機を降りた所でプラカードなどを持った職員が出迎え、トランジット・ボーディングパスを渡してくれる。全員が集まったところで、職員が誘導してくれるので、そのあとに続いて移動して入国審査を受ける。それが終わったら、トランジット乗客専用の待合室に移動し、準備ができるまでそこで待機する。その後、アナウンスに従い、再び飛行機に乗り込む。

税関申告は最終目的地で手続きを行い、該当者はそこで税関申告書を提出する。

■入国審査の流れ

1	検疫

新型インフルエンザ流行などの場合、「出入境健康申告カード」の記入、提出が義務づけられる。その場合、中国内での連絡先電話番号の記入が必要（ホテルの番号でよい）。※2018年9月現在提出不要

2	入国審査

必要書類を持って自分の該当する審査窓口に並ぶ。順番が来るまで白線を越えないこと。審査後、経由便利用者は指示に従い、最終目的地に向かう

必要書類=中国の入国カード（→P.312～313）、パスポート、該当者は出入国旅客荷物物品申告書（→P.314）

審査窓口=中国人、外国人、外交官・乗務員に分かれる。日本人観光客は「外国人」窓口に並ぶ
※2017年から一部で試行されていた中国入国時の指紋採取と顔画像登録が、2018年5月から中国全土で実施されるようになった。対象は満14歳から満70歳までのすべての外国人。採取の方法は空港によって異なる。入国審査後に入る前の専用端末で自分で指紋登録を済ませてから審査場に向かう場合もあるし、入国審査時に採取を行う場合もある

3	荷物の受け取り

搭乗便名と出発地が表示されたターンテーブルで自分の託送荷物が出てくるのを待つ。万一、荷物の破損や紛失といった事故が発生したら、速やかに係員に申し出ること

4	税関検査

託送荷物を受け取ったら、税関検査場所に移動する。免税範囲を超えた場合や申告が必要なもの（→P.306）は申告書に記入し、係官に提出してスタンプをもらうこと

5	出口に向かう

出口の前でバゲージクレームタグと託送荷物に貼られたシールの番号をまれにチェックされる場合もあるので、バゲージクレームタグの半券をすぐ取り出せるようにしておこう

大連周水子国際空港 （2018年9月現在）

大連周水子国際空港: U www.dlairport.c

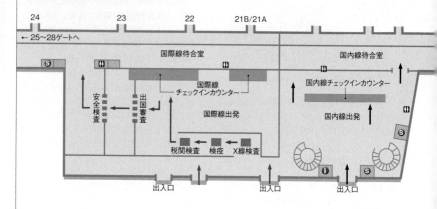

〔2階出発ロビー〕

24　　　　23　　　　22　　　21B/21A

← 25〜28ゲートへ

国際線待合室　　　　　　　国内線待合室

S

国際線チェックインカウンター

国内線チェックインカウンター

安全検査

出国審査

国際線出発

国内線出発

税関検査　検疫　X線検査

出入口　　　　出入口　　　出入口

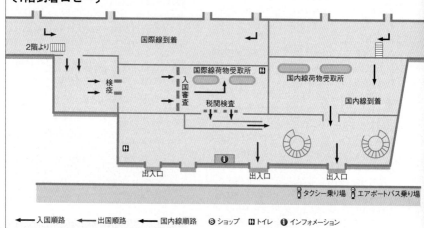

〔1階到着ロビー〕

2階より

国際線到着

検疫

国際線荷物受取所

国内線荷物受取所

入国審査

税関検査

国内線到着

出入口　　　　出入口　　　出入口

タクシー乗り場　エアポートバス乗り場

← 入国順路　← 出国順路　← 国内線順路　S ショップ　トイレ　インフォメーション

！ 中国の徹底した機内持ち込み制限

　中国では、機内持ち込みの場合、すべての液体物は100mℓ以下の容器に入れることが条件だ。ところが、ある空港ではかゆみ止めムヒ（50mℓ）がNGで、任意放棄とさせられた例がある。ライターも一切禁止されている。

　一方、携帯電話やカメラ、モバイルバッテリー、PCなどの電源として使用されているリチウム電池およびリチウムイオン電池を託送荷物に入れることは禁じられている。荷物を預ける前にそれらを抜いて、機内持ち込み手荷物に移しておくこと。チェックイン後、託送荷物から取り出すよう指示されることがある。

　電池の機内持ち込みは、ワット時定格量が160whを超えると不可。100wh以下の予備電池はいくつでも問題ない。容量が記載されていない電池は持ち込み不可で、任意放棄となる。

瀋陽桃仙国際空港 （2018年9月現在）

〔3階出発ロビー〕

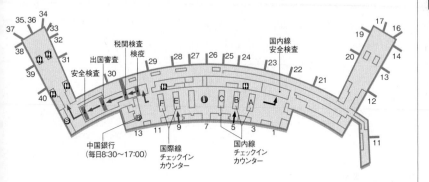

中国銀行
（毎日8:30～17:00）

国際線
チェックイン
カウンター

国内線
チェックイン
カウンター

安全検査

出国審査

税関検査
検疫

国内線
安全検査

〔1階到着ロビー〕

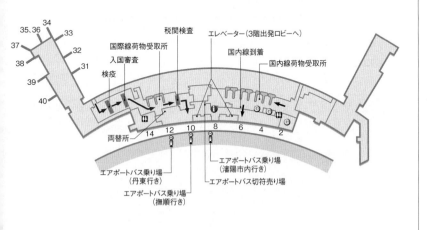

検疫

入国審査

国際線荷物受取所

税関検査

エレベーター（3階出発ロビーへ）

国内線到着

国内線荷物受取所

両替所

エアポートバス乗り場
（丹東行き）

エアポートバス乗り場
（撫順行き）

エアポートバス乗り場
（瀋陽市内行き）

エアポートバス切符売り場

◀━━ 入国順路　◀━━ 出国順路　◀━━ 国内線順路　🅑 銀行　🅖 グルメ　🆂 ショップ　🚻 トイレ　ℹ インフォメーション

長春龍嘉国際空港 （2018年9月現在）

〔2階出発ロビー〕

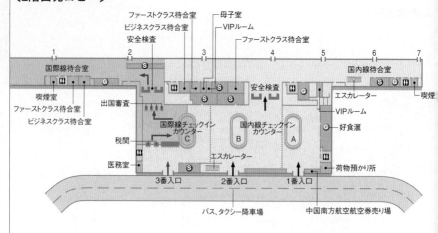

〔中2階到着通路〕

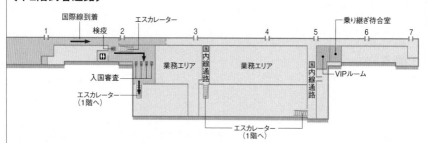

〔1階到着ロビー〕

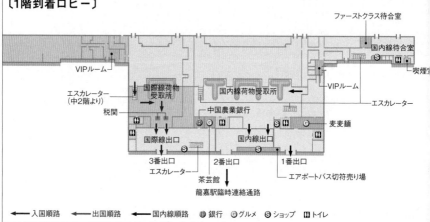

◀━━ 入国順路　◀━━ 出国順路　◀━━ 国内線順路　🅑 銀行　🄶 グルメ　🅢 ショップ　♿ トイレ

ハルビン太平国際空港 （2018年9月現在）

※2019年には現国内線ターミナルに国際線を
統合した新しいターミナルが稼働する予定

〔出発ロビー〕

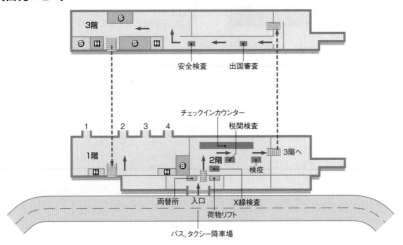

〔到着ロビー〕

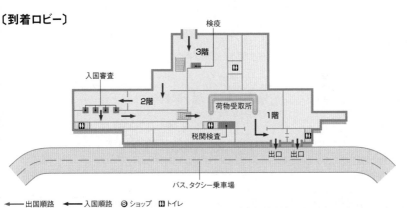

◀━━ 出国順路　◀━━ 入国順路　ⓢ ショップ　🚻 トイレ

中国国内線の動向

　中国の国内線は、中国民航の流れを汲む3大航空会社、すなわち中国国際航空、中国東方航空、中国南方航空の各社が、幹線路線において寡占状態を続けている。一方、民間資本による航空会社も続々と設立されており、おもなものに海南航空グループ、吉祥航空、奥凱航空、春秋航空がある。

　東北地方では、中国南方航空の存在感が大きいものの、瀋陽には春秋航空と深圳航空が拠点を設け、ほかにも 大連～長白山（華夏航空）や、ハイラル～ハルビン（東海航空）といった独自の路線を開拓している。日本から東北地方の4大都市に飛ぶ場合、直行便より上海や北京経由のほうが時間はかかるが、運賃が安い場合もある。

▲深圳を本拠地にする東海航空

入出国書類の記入例

入出国に必要な書類

◎提出すべき書類

中国に入国する際は、入国カードと出国カードが一体となった外国人入国／出国カードを提出する。

2018年9月現在、入国カードと出国カードを切り離して入国審査場の前に置かれている所もある。

このほか、税関に申告する物品（→P.314）がある人は、出入国旅客荷物物品申告書を提出しなければならないので注意すること。

◎入国/出国カード

入国／出国カードに関して、日本人は名前をはじめ、すべての項目をローマ字（英文）で記入しなければならないことに注意したい。

したがって、本人サイン以外は漢字や仮名で記入してはならない。

入出国書類は係官の目の前で記入する必要はない。航空券購入時やツアー申し込み後、さらには機内などで事前に書類を入手できるので、暇な時間に記入しておけば入出国や税関申告時にスムーズだ。事前に入手できない場合は、イミグレーションや税関検査台の前に置いてあるので、その場で記入する。

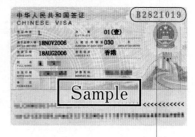

ビザナンバーはここに記されている

■入国／出国カード

姓をローマ字で
国籍を英語で
宿泊予定ホテル名を英語で
名前をローマ字で
パスポートナンバー
男女にチェック

外国人入境卡
ARRIVAL CARD

请交边防检查官员查验
For Immigration clearence

姓 Family name	CHIKYU	名 Given names	AYUMI
国籍 Nationality	JAPANESE	护照号码 Passport No.	MP0123456
在华住址 Intended Address in China	BEIJING HOTEL		男 Male ☐　女 Female ☑

出生日期 Date of birth
年Year 1977　月Month 11　日Day 5

入境事由（只能填写一项）Purpose of visit（one only）

会议/商务 Conference/Business ☐
访问 Visit ☐
观光/休闲 Sightseeing/in leisure ☑

签证号码 Visa No. B2821019

探亲访友 Visiting friends or relatives ☐
就业 Employment ☐
学习 Study ☐

签证签发地 Place of Visa Issuance TOKYO, JAPAN

航班号/船名/车次 Flight No./Ship's name/Train No. CA952

返回常住地 Return home ☐
定居 Settle down ☐
其他 others ☐

以上申明真实准确。
I hereby declare that the statement given above is true and accurate.

签名 Signature 地球 歩

生年月日を西暦で
ビザナンバー（ノービザ入国時記入不要）
パスポートと同じサイン
入国の目的。観光の人は『Sightseeing/in leisure』にチェック

入国のフライトナンバーや船名、列車番号を英語で
ビザ発給地（ノービザ入国時記入不要）

健康申告書類

　2018年9月現在、「入出境健康申告カード」の提出義務は解除されている。状況により再義務化されることもある。

◎入出境健康申告カードの記入項目
1. 中国入国後7日以内の日程と連絡先(ホテル名)、旅行継続の場合のフライトナンバーと搭乗予定日
2. 7日以内に中国出国の場合は中国出国予定日と目的国およびフライトナンバー
3. 過去7日以内に滞在した国と都市
4. 過去7日以内のインフルエンザ患者との接触の有無
5. 発熱、咳、のどの痛み、筋肉・関節痛、鼻づまり、頭痛、下痢、嘔吐、鼻水、呼吸困難、だるさ、その他の症状の有無

入出国旅客荷物物品申告書

　中国入出国時の税関において申告する物品のない人は、申告書の記入、提出は不要。申告する物品のある人は、従来どおり申告書の記入、提出が必要だ。

中国入国時の注意

　中国での入国審査時に本書を発見され、没収される、別室に連れていかれる、などのトラブルが発生しています。
　没収は空路ではなく、陸路の国境で起きることが多く、理由はその場の審査官によりさまざまです。おもに中国側の政治的立場に基づく何らかの事由を理由として述べるようですが、本書には直接、あるいはなんら関係がないことであっても咎められる事例が報告されています。
　こういったトラブルを避けるため、入国手続きの際には、本書を目に触れないところにしまっておくことをおすすめします。書類の記入例などは、該当ページをコピーしたり、破いたりして書類記入時の参考にするよう対処してください。万一、トラブルが発生した際には、最寄りの日本国大使館や領事館(→P.336)にご連絡ください。

男女にチェック

名前をローマ字で
姓をローマ字で
パスポートナンバー
生年月日を西暦で

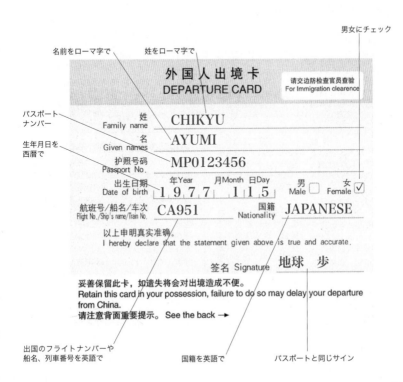

出国のフライトナンバーや船名、列車番号を英語で
国籍を英語で
パスポートと同じサイン

■ 中華人民共和国税関　出入国旅客荷物物品申告書

※申告が必要な人のみ記入して、提出する

姓（Surname）、名前（Given Name）をローマ字で。男女にチェック（男性はMale、女性はFemale）

生年月日（年／月／日の順）。国籍を英語で

パスポートナンバー

【入国の場合は左欄に記入】

出発地点

入国のフライトナンバーや船名、列車番号を英語で

入国年月日

入国に際し、以下の物品を持ち込む場合はチェック

1. 動物、植物、動植物製品、微生物、生物学的製品、人体組織、血液、および血液製剤

2. （中国居住者）中国国外で取得した物品で、人民元換算5000元を超えるもの（中国国外に居住している人はチェック不要）

3. （中国非居住者）中国国内に残す予定の物品（贈り物などとして）で、人民元換算2000元を超えるもの（中国在住者はチェック不要）

4. 1500mℓを超えるアルコール飲料（アルコール度数12％以上）、400本を超える紙巻きたばこ、100本を超える葉巻、500gを超える刻みたばこ

5. 2万元を超える人民元の現金、またはUSドル換算でUS$5000を超える外貨の現金
※T/Cは本規定の対象外

6. 別送手荷物、商業価値のある物品、サンプル、広告品

7. その他の税関に申告すべき物品

【出国の場合は右欄に記入】

目的地

出国のフライトナンバーや船名、列車番号を英語で

出国年月日

出国に際し、以下の物品を持ち出す場合はチェック

1. 文化的遺物、絶滅に瀕した動植物およびそれらの標本、生物学的資源、金、銀、その他の貴金属

2. （中国居住者）ひとつが人民元換算5000元を超えるカメラ、ビデオ、ノートPCなどの旅行必需品で、中国国内に持ち帰るもの

3. 2万元を超える人民元の現金、またはUSドル換算でUS$5000を超える外貨の現金
※T/Cは本規定の対象外

4. 商業価値のある物品、サンプル、広告品

5. その他の税関に申告すべき物品

「私は裏面の注意書きを読んだうえで真実を申告します」という意味で、パスポートと同じサインをする

上記左欄の1～7、右欄の1～5に該当する場合、表に該当する物品の詳細を記入（左から物品名／貨幣の種類、型番など、数量、金額）

●税関申告時に便利な英語物品名

カメラ	CAMERA
ビデオカメラ	VIDEO CAMERA
ノートパソコン	NOTE PC
ゴルフ用品	GOLF ARTICLE
腕時計	WATCH
宝石	JEWEL
酒類	LIQUOR
紙巻きたばこ	CIGARETTE
現金	CASH

中国を出国する

帰国時の諸手続き

◎リコンファーム

リコンファームとは飛行機の予約の再確認のことで、中国語では「確認座位」などという。搭乗予定時刻の72時間前までに行わなければならないが、今では必要なケースは少ない。購入時に確認しておこう。

リコンファームをする場合は、航空会社のカウンターを訪れてその場で処理してもらうことがいちばん確実だが、電話で頼むのが一般的。

自分の利用する航空会社の連絡先に電話をかけ、搭乗日、便名（CZ629など）、目的地、氏名、中国国内での連絡先（ホテルの電話番号と部屋番号、または携帯電話の番号）を伝える。

◎航空券の変更

オープンチケットや帰国日などを変更できる航空券を購入した人は、帰国日が決まった時点で早めに手続きを行おう。

手続きの内容や方法は「リコンファーム」とほぼ同じ。違う点は帰国したい日付を告げる点だけ。不安な人は直接窓口に行って処理してもらおう。

中国出国時の注意点

◎空港への移動

チェックインは出発時間の1時間前までに終了しなければならないので、早めに行動するようにしよう。ホテルでタクシーの予約ができるなら、前日の夜にでもフロントに依頼しておこう。

また、夕刻のラッシュに当たってしまうと車では身動きが取れなくなることがある。夕刻の飛行機を利用する人は、できるだけ時間に余裕をもって行動する必要がある。

■飛行機で中国を出国するときの手順（大連周水子国際空港の場合。ほかの空港は異なる場合がある）

1　空港へ向かう

少なくとも出発予定時間の2時間前には空港に到着しておくこと。また、タクシーを利用するつもりの人は、前もってフロントで手配しておくこと。道端で流しのタクシーを捕まえるのは至難の業となる都市もある

↓

2　チェックイン

自分の利用する飛行機が発着するターミナルのチェックインカウンターに向かう。カウンターでは、eチケット控えとパスポートを提示し、搭乗手続きを行う。託送荷物があればここで預ける。無料で預けられる荷物の重量は事前に確認しておこう。超過した場合は、各航空会社の規定に従って超過料金を支払わなければならない

※「離境退税」（付加価値税の還付→P.328）を行う人で、対象商品を託送荷物に入れる人は、税関の専用窓口で「海関験核確認」を受け、確認印をもらう。その後、専用の窓口で審査を受けた託送荷物を預ける。「海関験核確認」を受ける場所は、インフォメーションやチェックインカウンターで確認を！
※ウェブチェックインを導入している航空会社の場合、当日の手続きが簡単になるので、事前に済ませておいたほうがよい

↓

3　税関申告（該当者のみ）

該当者は、出国旅客荷物物品申告書（記入例→P.314）に必要事項を記入し、税関職員に提出する。申告する物品がない人はチェックインカウンターに進もう

↓

4　出国審査（イミグレーション）

係官にパスポート、搭乗券（ボーディングパス）、出国カード（→P.313）を提出し、パスポートに出国スタンプを押してもらう。出国カードを持っていない場合は、審査カウンターの前で出国カードを取り、記入する。出国時には、通常質問をされることはない

5　安全検査（セキュリティチェック）

機内持ち込み手荷物の検査とボディチェック。ナイフや先のとがった工具は機内持ち込み不可（発見時は任意放棄）なのであらかじめ預けておくこと。また、液体物の機内持ち込みには注意が必要。詳細は利用する航空会社に確認

↓

6　免税品ショッピング

免税店では人民元、外貨ともに使用可能。ただ、中国の場合、免税店の品揃えは他国に比べ見劣りする

※「離境退税」（→P.328）を行う人は必要書類を持って「退税柜台」に行き、VAT（付加価値税）の還付金を受け取る

↓

7　搭乗

ほかのことに気を取られ、搭乗時間に遅れる人もいる。少なくとも20分前には指定されたゲートの前にいるようにしよう

■中国からの輸出禁止品

中華人民共和国持ち込み禁止物品範囲内と同じ物品（→P.306表の輸出禁止品）

内容が国家機密にかかわる原稿、印刷物、フィルム、写真、レコード、映画、録音テープ、ビデオテープ、CD、VCD、DVD、コンピューター用の各種メディアおよび物品

文化遺産およびその他輸出禁止物品（→P.306表欄外）

絶滅の危機に瀕している希少動植物（標本含む）およびその種子、繁殖材料

◎出国時の諸注意

　中国にももちろん輸出禁止品（→P.306）や持ち出し制限があり、日本には持ち込みが制限・禁止されている物品（→P.317）があるので、事前に知っておこう。

　中国入国時に税関で申告する物品があった人は、そのときに受け取った申告書（右半分が出国旅客荷物物品申告書になっている）を提出し

！ 読者投稿　ハルビン空港での荷物個数超過時の注意

　エアチャイナを利用して、ハルビン〜北京〜羽田の空路での帰国時のこと。ハルビン太平国際空港でチェックイン時に荷物個数が超過した際、クレジットカードを受け付けておらず、支払い方法はWeChat Pay（ウィチャットペイ／微信支付）か現金のみ。空港にATMはあるようだが、カウンターの混雑具合と職員の仕事の遅さを考えると超過個数に応じた現金を用意しておいたほうがよい。（北海道、野獣先輩　'18）

液体物の持ち込み制限、リチウムイオン電池は託送不可

●液体物

　中国民用航空総局（CAAC）の通達によって、中国でも機内への液体物持ち込みに制限が加えられている。その内容は日本と同じで、次のとおり。

❶すべての液体物は100mℓ以下の容器に入れる。液体物には、歯磨きやヘアジェルなども含まれる。

❷❶の容器をすべてファスナー付きの透明プラスチック袋に入れる。サイズは最大で20cm×20cm。

❸機内に持ち込めるのは❷の袋ひとつだけ。

●リチウム電池およびリチウムイオン電池

　2018年9月現在、携帯電話やカメラ、PCなどの電源として使用されているリチウム電池およびリチウムイオン電池を託送荷物に入れることは禁止されている。荷物を預ける前にそれらを抜いて、機内持ち込み手荷物に移しておくこと。なお、ワット時定格量が160Whを超えるものは託送荷物、機内持ち込み手荷物ともに不可。

日本へ帰国する

入国手続き

　最初に検疫があるが、中国の場合は基本的に申告不要（伝染性の疾病が発生した場合は別。また、体調が異常なときは健康相談室へ）。パスポートを提示して帰国のスタンプをもらったあとターンテーブルから自分の荷物を受け取り、税関検査台に進む。免税範囲内なら緑色、超えている、あるいはわからない場合は、赤色の検査台で検査を受ける。

　「携帯品・別送品申告書」1部（おみやげやオーダーメイド品などを現地から郵送した人は2部）を係官に提出する。免税の範囲や輸入禁止品は別表を参照。

　帰国した気の緩みから到着ロビーでの荷物の盗難が相次いでいるので注意しよう。

税関

 www.customs.go.jp

■日本帰国の際の免税範囲

品名	数量または価格	備考
酒類	3本	1本760mℓ程度のもの
たばこ	紙巻きのみ：国産、外国産各200本 葉巻のみ：50本 その他：250g	外国たばこと国産たばこ200本（1カートン）ずつまでが免税範囲となる
香水	2オンス	1オンスは約28mℓ
1品目の海外市価が1万円以下の物	全量	下記の免税枠20万円に含めなくてよい
その他	海外市価の合計が20万円以内のもの	品物の合計額が20万円を超える場合、20万円分を免税とし、残りの品物に課税する。どれを課税品とするかなどは税関が相談に応じてくれる

■日本への持ち込みが禁止されているもの

品名	備考
麻薬、向精神薬、大麻、アヘン、けしがら、覚せい剤およびアヘン吸煙具	大麻種子（麻の実）も規制対象
けん銃、小銃、機関銃、砲、これらの銃砲弾およびけん銃部品	
爆発物、火薬類	ダイナマイトなど
化学兵器の禁止および特定物質の規制等に関する法律第2条第3項に規定する特定物質	化学兵器の原材料となる物質
感染症の予防および感染症の患者に対する医療に関する法律第6条第20項に規定する一種病原体等および同条第21項に規定する二種病原体等	痘そうウイルス、ペスト菌や炭疽菌など
貨幣、紙幣、銀行券、印紙、郵便切手または有価証券の偽造品、変造品、模造品および偽造カード（生カードを含む）	偽造金貨や偽札など
公安または風俗を害すべき書籍、図画、彫刻物その他の物品	わいせつ雑誌、わいせつDVDなど
児童ポルノ	
特許権、実用新案権、意匠権、商標権、著作権、著作隣接権、回路配置利用権または育成者権を侵害する物品	不正コピーDVDや不正コピーソフトなど
不正競争防止法第2条第1項第1号から第3号までに掲げる行為を組成する物品	偽ブランド品など
植物防疫法や家畜伝染病予防法において輸入が禁止されているもの	詳細については最寄りの動物検疫所、検疫所に問い合わせ。特定外来生物については環境省自然環境局野生生物課に問い合わせ

■日本への持ち込みが規制されているもの

品名	備考
ワシントン条約により輸入が制限されている動植物やその製品	ワニ、蛇、リクガメ、象牙、じゃ香、サボテンなど（漢方薬などの加工品、製品も規制の対象となる）
事前に検疫確認が必要な生きた動植物、肉製品（ソーセージやジャーキー類含む）、野菜、果物、切り花、米など	植物：税関検査の前に検疫カウンターでの確認が必要　動物：動物検疫所ウェブサイトで渡航前に確認を！　URL www.maff.go.jp/aqs
猟銃、空気銃、刀剣（刃渡り15cm以上）など	公安委員会の所持許可を受けるなど所定の手続きが必要
医薬品、化粧品	医薬品および医薬部外品：2ヵ月分以内、外用剤：1品目24個以内、化粧品：1品目24個以内、医療器具：1セット（家庭用のみ）
輸入貿易管理令で規制され、経済産業大臣の輸入割当や承認が必要なもの	1000枚を超える大量の海苔など

■携帯品・別送品申告書（別送品がある場合は2部提出）

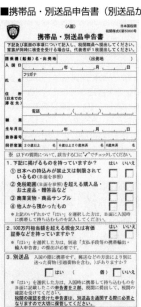

※土が付いていない野菜、切り花などは持ち込みが可能。その際は、税関検査前に植物検疫カウンターで現物を見せて検査を受ける

※肉類は基本的に持ち込みができないが、常温保存が可能な缶詰、レトルトパウチ加工（真空パックとは異なる）のものは持ち込み可能。ジャーキー類やハム、ソーセージなど（金華ハム、調理済み北京ダックなど含む）は上記加工品以外は不可

※日本薬局方の生薬として記載されているものは日本では薬品の扱いとなるので量に注意。例えば桂皮やナツメなど

中国国内の移動

3つの手段を賢く使う

2010年代以降、中国国内の交通手段が急ピッチで発達してきた。東北地方でも中国最東端の町、撫遠に空港ができるなど、国内線のフライトが充実してきたことに加え、高速鉄道も次々と開通し（→P.46）、都市間の移動時間も飛躍的に短縮されている。さらに、大都市と地方都市間を結ぶ高速バス網も全土に張り巡らされており、これまで行くのは難しいと思われていた辺境の町も、旅行計画に入れやすくなっている。これからの中国の旅は国内線、高速鉄道(一部在来線も利用)、都市間バスの3つの手段を賢く利用することが必要だろう。

国内線に乗る

国内線の予約やチケット購入は、現地の航空券売り場や旅行会社の窓口でもできるが、最近ではTrip.com(→P.319)のようなオンラインサイトまたはアプリで行うのが中国の常識となっている。購入時にはパスポートが必要で、クレジットカードでの支払いも可能だ。

国内線の搭乗手順は次のとおり。

①1時間前までに空港に行く

チェックインカウンターのオープン時間は空港によって異なるが、出発時間の45分前まで。空港に入る前に託送荷物のX線検査もあるので、1時間前までには空港に到着しておこう。空港のある町では、鉄道駅や航空券売り場などからエアポートバスが出ていることが多いので、これを利用すると安くて便利。

②チェックインする

チェックインの際、託送荷物のバゲージクレームタグの半券を渡されるので、紛失しないように。荷物が規定重量を超えた場合、指定のカウンターで超過料金を払う。リチウム電池、リチウムイオン電池は託送不可なので、機内持ち込み手荷物に移しておくこと。

③待合室に行く

待合室に行く前に安全検査を受ける。まずカウンターで係官にパスポートと搭乗券を渡すと、搭乗券に確認済みのスタンプを押して返してくれる。次に手荷物検査とボディチェックがある。中国の手荷物検査は徹底しているので、液体物やライター、はさみなどはなるべく託送

▲中国南方航空の国内線

荷物に入れておこう(→P.308)。

④飛行機に搭乗する

⑤目的地に着いたら

空港によっては託送荷物の受取り出口でチェックされることがあるので、バゲージクレームタグの半券を提示する。

鉄道に乗る

東北地方は比較的鉄道が整備されており、シベリア鉄道などの国際列車(→P.323)もある。移動距離や予算に応じてさまざまなタイプの列車や座席を選ぶことができる。

◎列車の種類

中国鉄道では、列車の種別を番号の頭文字で区別している。一般に高速鉄道といわれるのは、【G＝高鉄】(時速300km以上)や【D＝動車】(時速200km以上)、【C＝城際】(瀋陽・撫順間などで運行)などで、在来線としては【Z＝直達】や【T＝特快】【K＝快速】などで、寝台車もある。頭文字がないのは、ローカル線で運行されている普通列車だ。

▲発車前の高速鉄道(長春駅)

Trip.comは使える！

中国全土に張り巡らされた鉄道網について調べるなら、中国鉄道の公式ウェブサイト「中国鉄路客戸服務中心」が便利だ。列車の時刻表や運行状況、切符販売所の検索、そして切符予約などができる。

●中国鉄路客戸服務中心
（中国鉄路客戸服务中心）
URL www.12306.cn

ただし、中国語で入力しなければならず、国際クレジットカードでの購入はできないため、日本人には使いづらい。また同サイトに個人情報登録が必要だ。

◎日本語で使えるTrip.com

その点、中国のオンライン旅行会社Ctripの国際版であるTrip.comは、日本語で列車の検索や予約もできるし、支払いも国際クレジットカードに登録しておけば即座にできてしまうので、とても便利だ（ただし、列車の予約は1件について20元の手数料を取られる）。

●Trip.com
URL jp.trip.com

Trip.comのアプリをスマートフォンにダウンロードしておけば、中国旅行中に鉄道の予約も可能だ（ただし、Wi-Fiの使える環境で利用するか、Wi-Fiルーターを用意する必要がある）。アプリのアカウントを取得するには、パスポートナンバーや生年月日、スマートフォンの番号などの個人情報を入力する必要がある。

▲Trip.comでの鉄道予約は乗車日の21日前から

使い方は次のとおり。

①トップページを開くと、「ホテル」「航空券」「列車」に分かれているので、「列車」をタップ。「列車の検索」のページで「出発地」「目的地」「出発日」を入力する。「高速鉄道のみ」を指定することもできる。

②例えば、出発地「ハルビン」、目的地「黒河」と入力すると、その日の列車が出てくるので選ぶ。出発時刻で絞り込みできたり、所要時間の短い順で並べ替えたりもできる。

③列車を決めたら、座席の種類が出てくるので選ぶ。各座席の料金（日本円、人民元表記のいずれも選べる）や残りの座席数がわかるので、選択の目安になる。

▲座席の種類を決めたら、「予約」をタップする

④予約を確定するには、国際クレジットカードで決済する。WeChat Payなどの中国モバイル決済アプリのアカウントを取得している場合は、それで決済してもいい。決済が済むと、「予約番号」が表示され、登録したメールに予約情報が送信される。

◎チケット入手までの手順

Trip.comで列車の予約と決済を済ませても、実際に中国で鉄道に乗るにはチケットを入手しなければならない。一般に中国の人たちは自分の身分証を使えば、駅にあるチケット発券機で簡単に入手できるが、外国のパスポートには対応していないため、日本人の場合、駅の窓口か町にある鉄道チケット売り場でなければ入手できないので面倒だ。

窓口ではパスポートと予約番号を提示しなければならないが、Trip.comの場合、以下の出発地と目的地、予約番号が表示されたページが用意されているので、その画面を見せるだけで済む。中国語の会話ももう必要なくなった。

提示▶「こちらを窓口の係員に提示してください」

▲パスポートと予約番号を表示したスマートフォンの画面を見せるだけでOK

◎ホテルや航空券も予約できる

Trip.comでは、中国国内のホテルや航空券の予約もできる。使い方は基本的に鉄道の場合と同じで、宿泊都市名や出発地・目的地、日時などを入力すれば検索できるので、そこから選ぶことになる。ただし、国内線の場合、鉄道と違い、そもそもどの路線に国内線が飛んでいるのか、何曜日に運航しているかなどを事前に調べる必要がある。

▲辺境地に行く場合、どこに空港があるかを調べなければならない

高速鉄道の拡充で
飛躍的に移動が便利に

東北地方では高速鉄道が急ピッチで開通している。2018年9月現在、
6つの路線で高速鉄道の運行が始まり、驚くほどの時短が実現している。

①2015年9月20日に開通した琿春駅。中口朝3ヶ国の国境に近い琿春から長春には、かつて夜行列車で8時間かかったが、今では3時間20分　**②**国境らしくロシア語の券売機も　**③**乗客も都会のお嬢さん風から重荷を背負った労働者まで幅広い　**④**しかも安い。琿春から長春まで130元　**⑤**1等車は5人掛けで広々快適　**⑥**時速200km前後の安全運転

①哈大高鉄（ハルビン〜大連）所要4時間30分
②長琿城際鉄道（長春〜琿春）所要3時間20分
③瀋丹高鉄（瀋陽〜丹東）所要1時間30分
④丹大高鉄（大連〜丹東）所要2時間
⑤ハルビン〜チチハル（満洲里まで延伸予定）所要1時間30分
⑥ハルビン〜ジャムス所要2時間
⑦ハルビン〜綏芬河所要2時間30分（2018年12月開通予定）

◎座席の種類

高速鉄道の座席の種類は、ビジネス席（商務）や1等（片側2列）、2等（片側2列＋3列）に分かれる。それぞれ料金が異なっている。また在来線の座席の種類は、寝台の場合、「軟臥」（4人コンパートメント。通路とはドアで仕切られる）と「硬臥」（上中下の6人コンパートメント。通路との仕切りはない）の2種類。どちらも寝台カーテンはない。一般座席の場合、「軟座」（片側2列）と「硬座」（片側2列＋3列）に分かれる。

◎夏ダイヤと冬ダイヤ

東北地方は冬季に気温がマイナス20度以下に下がるので、高速鉄道には夏季と冬季で運行ダイヤや所要時間が変わってくる。寒冷地を高速で運行することはできないため、夏季には300km/h近い運転を行うものの、冬季はかなり減速運行となるためだ。

◎切符の購入

中国では「実名登録制」が採用されているため、鉄道や近郊バスなどの切符を購入する際、身分照明書（パスポート）の提示が必要だ。

中国鉄道の切符の購入は次のような方法がある。
旅行会社に依頼する

1枚につき20〜50元の手数楼がかかる。その

場合、日付や発地、行き先などの情報とともに、パスポートの画像データが必要となる。それをメールに添付し、送付して依頼することになる。
窓口で購入する

駅や市内に鉄道切符売り場があるので、そこで購入する（後者の場合、要手数料）。その際パスポートを提示する必要がある。
日本で予約する

Trip.com（→P.319）を利用すれば、日本で切符の予約ができる。予約が完了すると、予約番号がもらえるので、スマートフォンに保存し、窓口でパスポートと一緒に提示すれば切符を受け取ることができる。

バスに乗る

東北地方は中国のなかでは比較的緻密な鉄道網をもつため、中国南部に比べるとバスは発達していない。しかし、東北地方東部や北部では、バスしか通らない小さな町への足として欠かせないばかりか、都市と近郊の町を結ぶ手段として活用されている。

◎都市間バス

100〜200km程度の短距離都市間は都市間バスが便利だ。牡丹江〜延吉、延吉〜長白山、

▲ハルビン発満洲里行き夜行列車の硬臥車両

▲中国では「実名登録制」が徹底している

▲外国人の場合、Trip.comなどで予約を入れていても、窓口に並んで切符を発券してもらわなければならないのが不便だ（長春駅）

▲Trip.comで予約と決済を完了している場合、窓口にパスポートと予約番号を見せると、すぐに切符を発券してくれる

瀋陽〜撫順、大連〜旅順などがこれに該当する。これらの区間はまだ高速鉄道がカバーしていないからだ。だが、それに先駆けて高速道路網が拡充され、移動時間は以前に比べずいぶん短縮されている。車両は4列座席の大型または中型車が多く、一般に鉄道の硬座よりはずっと快適だ。

東北地方では、黒龍江省の「龍運」、遼寧省の「虎躍快客」などが、快適な都市間バスを運行するブランドとして知られている。

◎バスターミナル

バスターミナルは、町の中心部と郊外に分かれている場合が多く、行き先によって2〜3ヵ所に分かれている所が多い。

切符はバスターミナル内の切符売り場で2〜3日前から（近郊は当日のみが多い）販売されているので、目的地での予定が決まっていて、「その便に乗らなければ」という人は前日までに購入しておこう。

◎切符の購入

大都市間であれば1日何便もバスが出ているので当日でもかまわないが、地方の町に行く場合は、できれば前日にバスターミナルに行って、時刻を調べておいて、できれば購入もすませておこう。購入は窓口に並んで、販売員に行

き先、日時などを紙に書いて渡すといいだろう。バスの切符の購入する際も、窓口で身分照明書（パスポート）の提示が必要なので、一緒に手渡そう。

◎バスの乗り方

20分前までにバスターミナルに行き、入口で荷物チェックを受け、待合室に入る。出発の10分ほど前から改札が始まるので、それを終えたらバスに向かい、スーツケースなどの大きな荷物は荷物室に自分で積み込む。なお、切符を当日購入しようと考えている場合は、1時間前にはバスターミナルに着いておきたいところだ。

◎都市間バスの楽しみ

都市間を結ぶバスは高速道路を走ることが多いので、最初に乗った乗客がそのまま目的地のバスターミナルまで向かう場合がほとんど。だが、地方の小都市や村に向かうバスの場合は、路線バスのように途中で乗客の乗り降りがある。

都市間バスの場合、たいてい2時間おきにトイレ休憩がある。ドライブインでは、簡単な食べ物や飲料も買える。名も知らない町で隣り合った乗客たちと一緒に食事をするのは楽しいものだ。

▲黒龍江省鶏西バスターミナルからは牡丹江や綏芬河行きのバスが出る

▲瀋陽站枢紐バスターミナルから世界遺産のヘトゥアラ城に行くには「新賓」行きバスに乗る

▲虎林から虎頭要塞行きのバスが出ている。20人乗り程度のミニバスだ

▲地方都市のミニバスは路線バスのように乗客が乗り降りするので時間がかかる

東北地方の国際列車とバス

中国東北地方はロシア、モンゴル、北朝鮮と国境を接しており、国境の町からお隣の国に向かう国際列車やバスが運行している。

4本の国際列車

まず国際列車は以下の4本だ。

①95次　丹東〜平壌……北京発の列車も連結する国際列車で、遼寧省の丹東を発ち、鴨緑江を渡って対岸の北朝鮮の新義州で入国。その後、平壌に向かう。10:00発。

②257次　集安〜満浦……吉林省の集安から鴨緑江を渡って北朝鮮の満浦に向かう。9:30発。

③402次　綏芬河〜グロデコヴォ……黒龍江省の綏芬河からロシアの国境の町グロデコヴォに向かう。9:30発。

④653次　満洲里〜チタ……内蒙古自治州の満洲里からロシア・ザバイカリエ地方の首府チタに向かう。14:00発。

なお満洲里発ではないが、北京発モスクワ行き国際列車の19次もある。

国境バスはもっと多い

国境バスはもっと多く、特にロシアと長い国境を接する黒龍江省からのバスは多い。以下、おもな都市を挙げる。

①綏芬河

綏芬河駅の隣の綏芬河バスターミナルからロシア国境の町ポグラニチヌイやウスリースク、ウラジオストク行きのバスが出ている。

②満洲里

国際バスターミナルからロシアの国境の町ザバイカリスクへのバスが1日10便運行されている。

③琿春、延吉

吉林省琿春、あるいは延吉のバスターミナルからロシア国境の町クラスキノやウスリースク行きのバスが出ている。また北朝鮮の羅津行きのバスもある。

黒龍江省とロシアにはほかにもたくさんの国境ゲートがあり、国際バスが運行しているが、基本的に中ロ両国人以外の通行は上記4都市以外認められていない。

黒龍江省黒河では、冬季になり黒龍江が氷結すると、対岸のブラゴベシチェンスク行きのバスが運行される。

1 257次集安発満浦行き国際列車 **2** ウラジオストク行きとウスリースク行きバスが並ぶ（琿春） **3** ロシア方面行きバスチケット売り場（琿春） **4** 満洲里の国境ゲート。国際バスはここからロシアへ向かう

市内交通

空港から市街地へ

◎エアポートバスで市内に向かう

便数の少ない地方空港を除き、ほとんどの空港と市内はエアポートバスで結ばれている。これが手頃な価格で簡単に利用できる移動手段だ。

1階の到着ロビー出口付近が乗り場になっていることが多い。距離にもよるが、料金は10～30元程度。

▲市内へはエアポートバスが便利だ

◎タクシーで市内へ

空港の内部や外には客引きがいるが、空港の到着ロビーの前にタクシー乗り場があるので、トラブルを防ぐためにも必ずこういった乗り場で乗車すること。相場の2～3倍もの料金を平気でふっかけてくる運転手がいる。空港の出口で声をかけてくる運転手は、ほとんどがこういった手合いだから無視すること。

各都市のアクセス欄にも料金の目安を記載しているので、参考にしてほしい。

◎空港へのアクセス

エアポートバスで市内から空港へ行く場合、出発地点は、市内でいちばん大きな航空券売り場や駅が多い。

出発時間に関しては、便数の多い都市では20～30分おきにバスが出ている。また、地方の小さな空港だと、フライトに合わせてエアポートバスも出発しているので、バスの出発時刻を確認しておこう。

町なかの交通機関

◎タクシー

タクシーは町なかの移動や近郊の観光に最も便利な乗り物である。東北地方では、初乗り料金が5～12元（距離は3km程度）、それ以降も1kmにつき数元加算されていく程度なので、気軽に利用することができる。

中国のタクシーは日本のように自動ドアのものはない。注意すべき点は、料金に関するトラブルが少なくないこと。なかには、メーターを利用せず、最初に話し合いで決める町もあるので、必ず乗車前に交渉すること。言葉に自信がなければ、ノートにでも書いてもらうとよいかもしれない。

トラブル発生時には、運転手の名前（運転席や助手席の前に表示してある）や車のナンバーを控えておくと後々の処理がやりやすい。

◎アプリを利用した配車サービス

アメリカのUber（ウーバー）のように、中国でも「滴滴出行」などのスマートフォンのアプリを利用した配車サービスがある。利用条件として、中国の携帯電話を持っていること、WeChat Payなどのモバイル決済とのリンクが必要。また運転手とのやりとりが可能な中国語力も必要となる。

▼滴滴出行 URL www.didichuxin.com
▼WeChat Pay（微信支付）
URL pay.weixin.qq.com

◎路線バス

市区内を安く手軽に移動するための交通機関といえば路線バスだ。大連、瀋陽、長春、ハルビンなどの大都市には100前後の路線が張り巡らされており、目的地へ直通するバスがない場合でも、うまく乗り継げばおもだった場所には行くことができる。市内地図にはバス路線が描き込まれていることが多いので、これを頼りに町へ繰り出そう。

◎バス路線検索サイト

詳しいバス路線情報を調べられるウェブサイトのうち、代表的な2種類を紹介する。

ひとつは、8684（ハロー巴士）。大都市を中心にバス路線を掲載しており、かなりの頻度で最新情報に更新されている。路線番号を入力するとその路線の全停留所が表示される機能や、停留所名をクリックするとそこを経由するすべ

ての路線が表示される機能などが特に便利だ。

　もうひとつは、図巴（マップバー）。路線ごとに経路を地図上に表示する。位置関係を把握しやすいため、使いやすさは抜群。乗る可能性のありそうな路線をプリントアウトするか、スマートフォンで画面をキャプチャーしておこう。

▼8684（ハロー巴士）**URL** www.8684.cn
▼図巴（マップバー）**URL** www.mapbar.com

◎そのほかの交通機関

① 地下鉄

　2010年末、東北地方初の地下鉄が瀋陽で運行を始め、2013年にはハルビン、2015年には大連、2017年には長春でも開通した。なかでも大連では、市内から高速鉄道駅の大連北駅や大連周水子国際空港へ地下鉄で直接アクセスできるようになったので、とても便利だ。東北地方の主要4都市では、今後も続々と新しい地下鉄路線が開通しており、市内観光がますます便利になるだろう。

② 都市鉄道

　レトロな路面電車から最新の都市交通システムまでいろいろなものがある。大連の高架鉄道である「快軌」や長春の「軽軌」が代表的。瀋陽では地下鉄とは別に「渾南現代有軌電車」が運行。今後各地でますます発展しそうな勢いだ。モータリゼーションが一気に進んでしまった中国では、公共交通の着工の遅れが目立ってしまいがちだが、市内

中心部は地下鉄、郊外は快軌や軽軌と住み分けつつ、少しずつ整備が進んでいる。博物館や大学などの文化施設の郊外移転も増えているので、これからは乗る機会が増えるのではないだろうか。

③ 三輪タクシー

　地方都市や観光地で今でも見かける。幌も付いており、短距離の移動には便利。料金は1乗車5～10元といったところ。料金をめぐるトラブルが最も多い乗り物でもあるので、乗車前に料金を確認しておこう。

ICカード

　大都市では交通機関用のICカードが発行されている。大連や瀋陽、ハルビンなどで1都市に滞在する場合、地下鉄とバスを中心に、小銭を用意する必要がない、切符を買うために並ぶ必要がない（地下鉄）、割引料金が適用されるなどのメリットがある。

▲ハルビンのICカード

▲長春では2018年8月末、地下鉄2号線が開通した

▲瀋陽の渾河より南のエリアを走る「渾南現代有軌電車」

▲長春の軽軌3号線に乗ると、郊外の映画テーマパーク「長影世紀城」に行ける

▲大連だけでなく、長春にも路面電車が走っている

ホテルを予約する

◎予約サイトを利用する

エクスペディアやブッキングドットコム、Trip.comなどの予約サイトを利用すれば手軽に中国のホテルも手配できる。ときおり実施されるキャンペーンなどで、ホテルが表示する料金よりかなり安く手配できることもある。いろいろな予約サイトで比較検討して利用しよう。

◎お手頃価格のホテル

中国各地に多数あるのが、「経済型連鎖酒店」というタイプのホテル。都市部でも150〜300元というお手頃価格。部屋の中がシンプルかつ機能的に造られているのが特徴。シャワー（バスタブはない）、エアコン、テレビなどの設備があり、Wi-Fiも使える。

タイプとしては、全国展開しているものから「省」や「市」などかぎられたエリアで展開するものまである。都市部であれば、首旅如家や錦江之星など全国チェーンのものがある。

▼首旅如家
URL www.bthhotels.com（英語・中国語）
▼錦江之星
URL www.jinjianginns.com（中国語）

ホテルに宿泊する

◎チェックイン

一般にホテルのチェックインは14:00以降だが、部屋が空いていれば、早朝や夜中でもチェックインさせてもらえるのが、中国のいいところ。ただし、オンシーズンの場合、予約時にチェックイン時刻を伝えておこう。予約が取り消されてしまうことがある。

部屋が決まったらチェックインの手続きに入る。パスポートを提示し、必要事項を宿泊カードに記入する。それが終わったら、支払い方法を決める。中国のホテルでは、チェックイン時に押金（保証金）を要求されるのが一般的だ。金額の目安は、宿泊予定日数分＋1泊分で、現金払いでもカード払いでも同じだ。このとき、預り証を発行してくれるので、紛失しないよう保管しておくこと。なお中国のホテルではたいていWi-Fiが使えるので、フロントのスタッフにパスワードを確認しておこう。

ホテルチェックイン時の顔写真撮影

中国では2018年夏頃よりホテルチェックイン時に、ホテルに設置してあるカメラ機材ですべての宿泊客の顔写真の撮影が義務づけられるようになっている。2018年9月現在、大連での実施が確認されているが、今後全国で実施されるようだ。ただし、各ホテルが撮影機材を導入するには時間がかかると考えられるため、東北地方の各都市でいつ実施されるかは未定。なお通常、撮影時間はひとり10秒程度という。

◎チェックアウト

チェックアウトは原則として12:00まで。支払いが現金の場合、預り証をフロントに渡し、請求金額と押金の差額を支払うか返金してもらうこと。カードの場合、チェックイン時の保証金伝票はいったん破棄され、新たに請求金額を支払うことになる。チェックアウト後も荷物を預かってくれるので、フロントに荷物を預けたまま行動できる。引換証をもらっておこう。

▶吉林駅前の如家酒店

▲東北地方には日本時代のクラシックホテルがある（遼寧賓館）

食事

東北料理を食べよう

◎東北地方の料理

中国料理は、北京料理、上海料理、四川料理、広東料理の4つに大きく分けることができ、「中国四大料理」と呼ばれている。残念ながら、東北料理は中国四大料理には含まれていない。味つけの特徴は塩辛くて脂っこいこと。ひと言でいえば、田舎料理といったところだろうか。

なかでも餃子は東北地方が本場といってもよい。広東料理の飲茶の点心のような皮の薄いものでなく、皮が厚く腹持ちがよい。東北地方では主食として食べられることが多く、料金的にも安くつくのはありがたい。

遼寧省や吉林省の町では満洲族や回族の民族料理レストランも多く、ハルビンではロシア料理も食べられる。北朝鮮の人たちが経営するレストランも多く、本場の朝鮮料理を味わえる。

◎レストランの種類

東北地方では料理の種類によって豊富なレストランのバリエーションを楽しめる。

①東北料理店

地元郷土料理を提供するレストラン。寒さの厳しい東北地方ならではの、こってり濃厚な、田舎料理。アルコール度数の高い白酒と一緒に豪快に食べよう。

②海鮮料理店

生けすから素材を選び、お好みの調理法で注文できる。特に港町である大連の海鮮は有名。

③火鍋の店

スープの種類も具も豊富な中国風のしゃぶしゃぶ。東北地方では羊肉が一般的。特に内蒙古自治区では、新鮮な羊肉の火鍋を食べられる。

④餃子専門店

東北地方には餃子の専門店がたくさんある。具の種類もボリュームも豊富で、大連ではウニやサザエといった海鮮入り餃子も食べられる。

⑤四川料理

トウガラシと山椒によるシビレる辛さで知られる四川料理。東北地方でも人気で、店の数も多い。

⑥飲茶の店

東北地方にも広東風飲茶の店は多い。ワゴンにいっぱい並んだ蒸籠のなかから好みの点心を選ぶ。点心はもち米や小麦粉など穀物を材料にして作るものが多い。安くて、早くて、おいしいのが特徴だ。中国では点心は非常に広義なもので、日本では主食と考えられているものも点心に含まれる。通常レストランのメニューのいちばん後ろのページに「点心」と書かれたパートがあり、チャーハン、焼きそば、杏仁豆腐などの料理も載っている。

⑦ロシア料理＆朝鮮料理

歴史的に東北地方にはロシア人や朝鮮族が多く暮らしてきたため、本場のロシア料理や朝鮮料理を食べられる。

▲内蒙古自治区の羊鍋

▲東北地方といえば餃子

▲ハルビンやロシア国境の町ではロシア料理が食べられる

ショッピング

ショッピングのルール

◎商品チェックは念入りに

　中国では、同じ商品だからといってどれも同じ品質だと思ってはいけない。買いたいものが決まったら、歪んでいないかどうか、穴はあいていないか、ちゃんと閉まるかなど細かくチェックする必要がある。

◎値切るのは鉄則

　値札が貼られていないものは値切る。これが中国で買い物をするときの鉄則だ。

　オープンプライスの商品の場合、売り手はほとんど間違いなくふっかけてくる。それを適正価格もしくはそれよりも安く買うのが、買い手側の能力となる。あせりは禁物。時間をかけ、じっくりと腰を据えて交渉するのがコツだ。

◎クレジットカードを使う

　外国人が立ち寄るような店では、クレジットカードが使える。大金を持ち歩いたり小銭を用意したりしなくても済むので、とても便利だ。カードの使い方は日本とまったく同じで、MasterCard、VISAなどが使える。

　注意が必要なのは手続きのとき。手続きは必ず目の前でやってもらうようにする。複写に失敗したら用紙はきちんと破ってもらう、金額欄の数字が合っているかどうか確認するなどの作業が必要だ。

◎買い物もモバイル決済が普及

　中国では買い物もモバイル決済がかなり一般的になっている。外国人がモバイル決済を利用する方法は「中国のモバイル決済にチャレンジ

▲東北地方ではロシアみやげも見つかる

▶黒龍江省や内蒙古自治区ではブルーベリーが豊富

しよう」(→P.44)を参照のこと。

コピー商品の購入は厳禁!

　旅行先では、有名ブランドのロゴやデザイン、キャラクターなどを模倣した偽ブランド品や、ゲーム、音楽ソフトを違法に複製した「コピー商品」を、絶対に購入しないように。これらの品物を持って帰国すると、空港の税関で没収されるだけでなく、場合によっては損害賠償請求を受けることもある。「知らなかった」では済まされないのだ。

遼寧省でVATの一部還付を開始

　中国ではVAT(付加価値税)として日本の消費税に当たる「増値税」があり、最大17%の税率(内税方式)。この一部(実質9%)を出国者に還付する制度が開始された。中国入国後、183日未満の旅行者が、購入から90日以内に手続きした場合が対象となる。

　条件は、「退税商店 TAX FREE」の表示がある店舗で1日につき500元以上の買い物をする場合、購入時にパスポートを提示し、「離境退税申請単(出国時税還付申請票)」と専用の機械で発行された「増値税普通発票(専用領収証)」を発行してもらう。空港内の免税エリアにある窓口で書類と商品を提示し、人民元または外貨現金で還付を受ける。

　2018年9月現在、中国東北方面では瀋陽桃仙国際空港のみ可。以下、対象店舗(瀋陽市)。

　中興-瀋陽商業大厦(集団)股份有限公司／皇城恒隆广場／荟华楼／中兴新一城／兴隆大奥莱／沈阳故宫旅游服务部／大商集团沈阳新玛特中街店／沈阳龙之梦购物中心有限公司／辽宁大厦百货商场／欧亚集团沈阳联营有限公司／沈阳中免偏乐廊商贸有限公司／沈阳市睿杰名店管理有限公司／沈阳丽盛丰商贸有限公司。

退税商店
TAX FREE

▲指定店はこの看板が目印

中国の通信事情

郵便

◎中国の郵便事情

　中国と日本とは距離が近いこともあり、手紙が5〜10日間、航空小包が7〜10日間、船便が1〜2ヵ月で届く。郵政局(中国の郵便局)やポストはどんな町に行ってもある。

▼中国郵政集団公司

URL www.chinapost.cn(英語・中国語)

▼中国郵政速逓物流(EMS)

URL www.ems.com.cn(英語・中国語)

◎手紙とはがき

　手紙に関しては、特別な規則はない。切手を貼って表に「Air Mail」もしくは「航空信」と書き、投函すればよい。住所は、頭に「日本国」と漢字で書けば、あとはすべて日本語でかまわない。

　速く送りたい場合は、EMS(International Express Mail Services。日本の「国際スピード郵便」に相当)を使うと便利。3〜4日で日本へ着く。ただ、小さな郵政局では扱っていない場合がある。

◎国際小包

　国際小包は国際郵便業務を扱う郵政局から送ることができる。航空便の料金は1kgまでが124.2元、それ以降、重さに応じて加算される(右表参照)。

　航空便以外には、割安な船便もあるが、日本に届くのは1〜2ヵ月後。また、両者の間を取ったようなSAL便というサービスもあるので、係員に尋ねてみよう。

　国際小包の場合、郵便料金のほかにも、税関料(1件につき5元)、保険手数料(1件につき3元)、保険料(200元ごとに3元)などが加算される。

▲国際小包の伝票

　日本に送る場合は、郵政局内の税関で検査を受けなければならない。開封のまま郵政局へ持っていき、伝票に送り先や内容物を記入し、荷物を箱などに詰めた状態で担当官に見せる。検査が終わったあとに封をする。検査といっても、簡単に済むことが多い。箱に宛名を書かなければならないので、油性のフェルトペンを持っていくとよい。ボールペンでは少々不便。

　なお、漢方薬、国外持ち出し禁止の書籍、証明書のない美術工芸品などは、国外に送れない。

■郵便料金 (2018年9月現在)

日本への航空便料金

項目	重さなど	料金
はがき	1枚	5.0元
封書	20g以下	6.0元
	20gを超える10gごとに	2.8元加算
小型包装物 (2kgまで)	100g以下	30.0元
	100gを超える100gごとに	27.0元加算
小包 (上記以上)	1kg以下	124.2元
	1kgを超える1kgごとに	29.6元加算

日本へのEMS料金

項目	重さなど	料金
書類	500g以下	115.0元
	500gを超える500gごとに	40.0元加算
物品	500g以下	180.0元
	500gを超える500gごとに	40.0元加算

中国国内郵便料金

項目	重さなど	料金
はがき	1枚	0.8元
封書	市内100g以下20gごとに	0.8元
	100gを超える100gごとに	1.2元加算
	市外100g以下20gごとに	1.2元
	100gを超える100gごとに	2.0元加算

中国国内の特快専逓便 (Domestic EMS) 料金

重さなど	料金
500g以下	20.0元
500gを超える500gごとに	1区 (500km以内):4.0元加算
	2区 (500kmを超え、1000km以内):6.0元加算
	3区 (1000kmを超え、1500km以内):9.0元加算
	4区 (1500kmを超え、2500km以内):10.0元加算
	5区 (2500kmを超える):17.0元加算

電話

◎ホテルから日本などへ電話する場合

宿泊先のホテルから日本などへ電話する場合は、部屋からかけるのが最も便利。

客室からの国際電話のかけ方はホテルによって異なるので、不明な点があったら客室に置いてあるサービス案内を読んだり、フロントに問い合わせるなどして、しっかり確認しよう。

◎国際電話のかけ方(中国から日本)

日本の電話会社でも、中国から簡単に日本へ電話できる下記のサービスを扱っている。

▼日本語オペレーターに申し込むコレクトコール

中国から日本語オペレーター利用電話。支払いはクレジットカードかコレクトコール。

●アクセス番号

▼KDDI→ジャパンダイレクト
TEL 108-811 (おもに北京など北部から)

▼国際クレジットカード通話

クレジットカードの番号を入力してかけることのできる国際電話。日本語の音声ガイダンスに従って、操作すればよい。

●アクセス番号

▼KDDI→スーパージャパンダイレクト
TEL 108-810(おもに北京など北部から)

■通話手順

1	アクセス番号を入力

↓

2	クレジットカードの番号+「#」を入力

↓

3	暗証番号+「#」を入力

↓

4	相手の電話番号を市外局番から入力し、+「#」を入力

▼プリペイドカードで通話する

国際電話プリペイドカードを利用する通話も便利だ。カードは日本出国前にコンビニや成田などの国際空港であらかじめ購入できる。前述のアクセス番号にダイヤルし、日本語の音声ガイダンスに従って操作する。

・KDDI→スーパーワールドカード
・NTTコミュニケーションズ
　→ワールドプリペイドカード

◎国際電話のかけ方(日本から中国)

■通話手順

《国際電話会社の番号》 (下記参照)
+
《国際電話識別番号　010》
+
《国番号》 (中国は86)
+
《相手先の電話番号》 (市外局番と携帯電話の最初の0を取る)

■国際電話会社の番号

国際電話会社名	番号
KDDI[※1]	001
NTTコミュニケーションズ[※1]	0033
ソフトバンク[※1]	0061
au(携帯)[※2]	005345
NTTドコモ(携帯)[※3]	009130
ソフトバンク(携帯)[※4]	0046

※1「マイライン」の国際区分に登録している場合は不要。詳細は **URL** www.myline.org
※2 auは005345をダイヤルしなくてもかけられる
※3 NTTドコモはWORLD WINGに事前登録が必要。009130をダイヤルしなくてもかけられる
※4 ソフトバンクは0046をダイヤルしなくてもかけられる
※ 携帯電話の3キャリアは「0」を長押しして「+」を表示し、続けて国番号からダイヤルしてもかけられる

■日本での国際電話の問い合わせ先

通信会社名	電話番号とURL
KDDI	**TEL** 0057(無料) **URL** www.kddi.com
NTTコミュニケーションズ	**TEL** 0120-506506(無料) **URL** www.ntt.com
ソフトバンク	**TEL** 0120-03-0061(無料) **URL** www.softbank.jp
au	**TEL** 0077-7-111(無料) **URL** www.au.kddi.com
NTTドコモ	**TEL** 0120-800-000(無料) **URL** www.nttdocomo.co.jp
ソフトバンク	**TEL** 157 (ソフトバンクの携帯から無料) **URL** mb.softbank.jp/mb

◎携帯電話

中国で携帯電話を利用するには、日本で使用している携帯電話の海外パケット通信プランへ申し込んだり、レンタル携帯電話を利用する方法がある。

ほかには、モバイルWi-Fiルーターを日本の出発空港でレンタルする方法がある。定額料金なので、現地でのネット利用に便利。

また、中国へ出かける回数の多い人は、中国でプリペイド式携帯電話を購入するという手もある。中国の家電量販店などで機能が通話にかぎられたような機種を選べば、300～500元程度の出費で済む。中国では電話番号などのデータが入っているSIMカードと携帯電話本来は別売りなので、SIMカードも忘れず購入すること。

※日本でSIMフリーの機種を使っている人は、中国でSIMカードを購入して差し換えれば、通話やメール、ウェブ電話などが中国の料金で可能になる

●携帯電話を紛失した際の、中国からの連絡先（利用停止の手続き。全社24時間対応）

au
・00（国際電話識別番号）+81+3+6670-6944※1

NTTドコモ
・00（国際電話識別番号）+81+3+6832-6600※2

ソフトバンク
・00（国際電話識別番号）+81+3+5351-3491※3

※1 auの携帯から無料、一般電話からは有料
※2 NTTドコモの携帯から無料、一般電話からは有料
※3 ソフトバンクの携帯から無料、一般電話からは有料

400の番号で始まる電話

中国には頭3桁に400が付く10桁の電話番号がある。これは企業が顧客サービスのために提供する番号で、発信者は市内通話料のみを負担すればいい仕組み。固定電話、携帯電話ともに利用可能。

インターネット

◎Wi-Fiが普及

中国ではWi-Fiが急速に普及しており、ホテルやレストランなどではネット利用が可能な場所が多い。パスワードは店内掲示を探したり、スタッフに聞くなどすればいい。

◎ウェブメールが便利

旅先でもユーザーIDとパスワードがあれば、ウェブメールが使える。ただし、中国では日本で広く普及しているGmailは規制のため、使えない。ビジネスや学校で常用している人は要注意（VPNを使ってアクセスする方法はある）。

そのため、現状ではYahoo!JAPANのウェブメールを利用するといい。現在、会社や個人で使用しているアドレスも海外で利用できる。詳細はプロバイダーに確認してみよう。

◎スマートフォンのアプリサービス

中国ではWeChat Pay（ウィチャットペイ／微信支付）やAlipay（アリペイ／支付宝）というモバイル決済が普及していて、ホテルやレストラン、買い物の際の支払いやタクシーを呼ぶな

INFORMATION
中国でスマホ、ネットを使うには

まずは、ホテルなどのネットサービス（有料または無料）、Wi-Fiスポット（インターネットアクセスポイント。無料）を活用する方法がある。中国では、主要ホテルや町なかにWi-Fiスポットがあるので、宿泊ホテルでの利用可否やどこにWi-Fiスポットがあるかなどの情報を事前にネットなどで調べておくとよいだろう。ただしWi-Fiスポットでは、通信速度が不安定だったり、繋がらない場合があったり、利用できる場所が限定されたりするというデメリットもある。ストレスなくスマホやネットを使おうとするなら、以下のような方法も検討したい。

☆ 各携帯電話会社の「パケット定額」

1日当たりの料金が定額となるもので、NTTドコモなど各社がサービスを提供している。
いつも利用しているスマホを利用できる。また、海外旅行期間中は、いつではなく、任意の1日だけ決められたデータ通信量を利用することのできるサービスもあるので、ほかの通信手段がない場合の緊急用としても利用できる。なお、「パケット定額」の対象外となる国や地域があり、そうした場所でのデータ通信は、費用が高額となる場合があるので、注意が必要だ。

☆ 海外用モバイルWi-Fiルーターをレンタル

中国で利用できる「Wi-Fiルーター」をレンタルする方法がある。定額料金で利用できるもので、「グローバルWiFi（【URL】https://townwifi.com/）」など各社が提供している。Wi-Fiルーターとは、現地でもスマホやタブレット、PCなどでネットを利用するための機器のことをいい、事前に予約しておいて、空港などで受け取る。利用料金が安く、ルーター1台で複数の機器と接続できる（同行者とシェアできる）ほか、いつでもどこでも、移動しながらでも快適にネットを利用できるとして、利用者が増えている。

ほかにも、いろいろな方法があるので、詳しい情報は「地球の歩き方」ホームページで確認してほしい。
【URL】http://www.arukikata.co.jp/net/

ルーターは空港などで受け取る

ど、さまざまなサービスが受けられる。モバイル決済を利用するためには、自分のスマートフォンにアプリをダウンロードし、各種個人情報を登録してアカウントを取得する必要がある。もともとこれらのアプリは中国国内の銀行口座を持っていないと利用できなかったが、外国人でも国際クレジットカードで登録でき、使えるようになっている（2018年9月現在）。

ただし、アプリを利用するには、Wi-Fi環境が必要なため、ホテルやレストランなどでスタッフにWi-Fiのパスワード（密碼　mìma）を聞くか、日本からWi-Fiルーターをレンタルするなどしなければならない。中国ではWi-Fiを使える場所は比較的多いといえる。

▲ Wi-Fiルーターは電力消費が激しいので、モバイルバッテリーを携帯したい

中国のインターネット規制

中国では「金盾」と呼ばれる国家プロジェクトのインターネット規制があり、日本でごく普通に使えているさまざまなサービスが使えなくなっている（利用できないサービスは右記参照）。たとえ日本でWi-Fiルーターをレンタルしても、これらのサービスは使えないため、対策が必要だ。レンタルルーター各社はオプションで有料のVPNサービスを用意しており、それ

を介せば中国の規制を受けずに利用できる。無料のVPNサービスはあるにはあるが、2018年5月以降、中国は当局が認めるVPNサービス以外は違法としており、いたちごっこでつながらないことも多く、あまりおすすめできない。

中国で利用できないサービス

次のサービスは利用できない。SNSではツィッター、フェイスブック、インスタグラム、ライン、検索サイトではGoogle、Yahoo! Japan（Yahoo!メールは使える）、動画サイトではユーチューブ、ニコニコ動画、その他としてはGmail、Googleマップ、メッセンジャー、ウィキペディアなども使えない。

ビザの延長と外国人旅行証

滞在を延長する

日本で取得した観光ビザ（Lビザ）の有効期間は30日間。中国では、原則として1回だけこれらの滞在有効期間を延長することができる。

延長を申請した期間について滞在費が十分かどうかを、申請時に担当官が確認することもある。公安局の規定では、その目安を1日US＄100相当の所持金としている。

ビザ延長の申請は、市や自治州などの行政機関がおかれている比較的規模の大きな町の公安局（まれに行政サービス機関）で行う。

外国人を管理している部門に行くと申請用紙が置いてあるので、必要事項を記入して、パスポートと手数料160元、写真、場所によっては宿泊証明書を提出する。その際、それ以降の旅行スケジュールを質問されることもある。

取得には当日～5業務日（土・日曜、祝日は含まず）が必要となるので、時間に余裕をみて行動しよう。
※2018年9月現在、ビザの延長は非常に難しい

外国人旅行証

◎訪問を制限された場所に行くための書類

外国人旅行証とは、関係機関の許可が必要な町を訪れる際に申請する書類。2018年9月現在、東北地方では観光目的で訪れるような場所で必要とするケースはほぼないが、内蒙古自治区のモンゴル国境付近や黒龍江省北東部のロシア国境付近では、外国人の訪問に公安から尋問されることはある。外国人旅行証は現地の旅行会社が手続きの代行をしてくれる。

◎申請先と申請方法

外国人旅行証の申請先は、原則として目的地の最寄りの町の公安局。申請方法は所定の用紙に必要な個人情報、行きたい場所、目的などを記入し、手数料やパスポートとあわせて提出する。外国人旅行証の受領までに必要な日数はケース・バイ・ケース。その場で処理してくれる場合もある。

体調管理

体調管理に注意を払おう

◎無理な行動は控えよう

日本と中国の時差は1時間。ヨーロッパなどの旅行と比較すると、時差に悩まされることもなく、到着後すぐに行動することができる。しかし、脂っこい食事や乾燥した気候など日本での生活と異なる面も少なくなく、長期間の旅行では、その積み重ねでストレスや疲労がたまる。

いったん体調を崩すと、回復までに思わぬ時間を取られてしまうので、こういった症状を感じたときは無理をせず、休養することが大切だ。

◎常備薬を持参しよう

もし病気になってしまっても、風邪や下痢程度のことが多いので、日本から常備薬を持っていくとよい。中国でも漢方以外に一般的な西洋薬を町なかの薬局で購入することができるが、言葉の問題で店員に症状をうまく説明できないとか、現地の薬が自分の体に合わないということも考えられる。薬は飲み慣れたものが安心だ。

こういったことから、いざというときのために、頭痛薬、風邪薬、下痢止め、抗生物質、絆創膏などを携帯することをおすすめする。

◎こまめに水分を補給しよう

旅行中は水分が不足しがち。特に中国の夏は長く厳しいので、エリアを問わず注意が必要だ。したがって、お茶を飲むなり、果物を摂取するなりして、意識的に水分の補給を図るようにしよう。

現地の人は水道水を平気で飲んでいるが、日本で生活する人がこの水を飲んだら、かなりの確率で下痢になってしまう。生水の摂取は避けること。

ホテルの部屋には、電気湯沸かし器やポット、それにティーバッグが用意されている（ドミトリーは異なる）ので、それを使えばいいし、水筒などにお湯やお茶を移し替えておけば、町なかでも簡単かつ安価に水分補給ができる。

列車内でも乗務員に頼めばお湯を入れてくれるので、カップと茶葉やコーヒーなどを用意しておけば水分補給が可能だ。

かなりの田舎に行ってもミネラルウオーターが売られている（地方に行くほど高くなる）ので、水分補給にこれらを利用するのもよい。

◎注意したい病気

風邪以外にも、次のような病気には注意したいところだ

気管支炎

中国東北地方の空気は季節によらずとても乾燥していて、空気中に含まれる土ぼこりも多い。都市部はモータリゼーションが進み、排気ガスによる大気汚染が問題になっている。そのため、旅行中気管支炎にかかる人が増えている。のど飴やミネラルウオーターを持参し、外出時にはマスクを着用するなどして備えたい。

下痢

気候や食べ物が合わず下痢になる人は多いが、市販の下痢止めの薬でたいてい治る。

細菌性の下痢もあるが、こちらは便が水のような状態になり、嘔吐、発熱などの症状が出る。いずれにしろ下痢がひどい場合は、すぐ病院に行くこと。

肝炎

中国でよくかかる肝炎は、初めは風邪のような症状で黄疸が出る。1ヵ月ほど入院して安静にしていれば回復するが、無理をすると命にかかわるので、黄疸症状が出たら病院で医師の診断を受けること。

狂犬病

急激な経済発展を遂げている中国の都市部では、ペットとして犬猫の人気が出ている。基本的に届け出や、犬は狂犬病の予防接種が義務づけられているのだが、無届けのものも多い。そのほとんどが予防接種を行っておらず、狂犬病が少なからず発生している（中国では広東省の発生率が全国一）。旅行中はむやみに犬猫に接触しないように心がけ、心配な人は日本で予防接種をしていこう。

▲屋台の食べ物はおいしそうだが、よく火の通ったものを

病気になったら

◎ホテルの従業員に相談する

病状が悪化し、薬では対処できなくなったら病院に行くしかない。しかし、見知らぬ土地で病院を探し、診察してもらうのは心配なものだ。そういったときには、ホテルのフロントに相談してみよう。

外国人の多く暮らす大都市には、外国人に対応できる病院は少なくないので、そういった所に連れて行ってもらおう。

言葉に不安があるなら、フロントで旅行会社などに日本語ガイドをアテンドしてもらうという手もある。

なお、4つ星以上のホテルであれば、ホテル内に提携した医師がいるケースが多く、そういった医師のほとんどは英語ができる。

病院での手続き

◎受診の流れ

病院で診察を受ける流れは、おおまかに次のようになっている。

❶受付で症状を説明し、診察の申し込み(挂号)を行う。このとき、「内科」や「外科」など診察を希望する部門ごとに診察料を前払いする(2〜3元程度)ことになっている。
❷指示された診察室(诊室)に入って診察を受ける。ただし、ほとんどの医師は中国語(よくて英語)しか話せない。
❸医師に処方箋(注射や点滴、検査などを含む)を書いてもらい、薬局や検査室に行く(それぞれの過程で会計所に行って精算する)。
❹入院が必要なら、入院手続きを行う。

病院に行く際には、パスポートとある程度の現金が必要なので忘れないように。

また、海外旅行保険に加入し、帰国後精算する予定の人は、診断書(できれば英語)や領収書をもらっておくこと。

感染症情報と予防接種

◎「海外渡航者のための感染症」情報

厚生労働省のウェブサイトに「海外で健康に過ごすために」のページがある。海外渡航者に向けて、現地での健康面の注意や予防接種などに関する情報が掲載されており、ひととおりの知識を得ることができる。一度目を通しておこう。

厚生労働省検疫所
海外で健康に過ごすために
URL www.forth.go.jp

◎予防接種

日本では、検疫所などで予防接種を受けることが可能(要予約)だ。基本的に長期旅行者以外は必要ないが、心配ならば最寄りの検疫所に連絡をしてみよう。

なお、一定期間あけて数回接種が必要なものもあるので注意しよう。

◎おもな検疫所

東京検疫所
TEL 検疫衛生課=(03)3599-1515
開 予約・問い合わせ(土・日曜、祝日を除く)
　月〜金曜9:00〜12:00、13:00〜17:00
URL www.forth.go.jp/keneki/tokyo

大阪検疫所
TEL 検疫衛生課=(06)6571-3522
開 予約・問い合わせ(土・日曜、祝日を除く)
　月〜金曜9:00〜17:00
URL www.forth.go.jp/keneki/osaka

名古屋検疫所
TEL 予防接種予約=0569-38-8205
　　電話相談窓口=(052)661-4131
開 予約・問い合わせ(土・日曜、祝日を除く)
　月〜金曜8:30〜17:00
URL www.forth.go.jp/keneki/nagoya

▲大連大学付属中山医院

安 全 対 策

中国の警察は公安局

◎トラブルに遭ったら公安局へ

　盗難や事故に遭ったときは、まず公安局（中国の警察）へ行くこと。外国人専門に対応する部門は、外事科や外国人管理処などと呼ばれることが多い。盗難に遭った場合は、こういった部門に行って、盗難証明書（または紛失証明書）を発行してもらう。届け出を出しても、盗まれたり落としたりしたものが戻ってくることはまずないし、捜査をしてくれることもないが、もし、海外旅行保険などで携行品損害補償をカバーしていれば、あとで保険会社にこれらの証明書を提出し、保険金を請求することができる。

　なお、調書は中国語で書かなければならないので、中国語ができない人は、中国語を話せる日本人か日本語の通訳（旅行会社などに依頼する）と一緒に行くこと。これは公安局に日本語のできる職員が少ないため。

盗難・紛失時の対処法

◎素早く手続きを進める

　携行品・お金の盗難や紛失はよく発生する旅行中のトラブルだ。トラブルに巻き込まれると大変なショックを受けるが、損害を軽く抑えるためにも迅速な対応が必要となる。

　したがって、盗難や紛失などのトラブルに見舞われたら、すぐに行動できるよう、旅行出発前に連絡先などをまとめておくとよい。

航空券

　eチケットは紛失する心配がないので安心。

渡航先で最新の安全情報を確認できる「たびレジ」に登録しよう

　外務省提供の「たびレジ」は、旅程や滞在先、連絡先を登録するだけで、渡航先の最新安全情報を無料で受け取ることのできる海外旅行登録システム。メール配信先には本人以外も登録できるので、同じ情報を家族とも共有できる。

　またこの登録内容は、万一大規模な事件や事故、災害が発生した場合に滞在先の在外公館が行う安否確認や必要な支援に生かされる。安全対策として、出発前にぜひ登録しよう。

URL www.ezairyu.mofa.go.jp/tabireg

　「eチケット控え」を当日忘れてもパスポートがあれば、チェックインできる。

クレジットカード

　クレジットカードを盗難・紛失した場合、カードの悪用を防ぐためにも所有していたクレジットカードの届け出先に大至急連絡を入れること。緊急連絡先は必ず出発前にメモしておこう。

※クレジットカード紛失・盗難時の連絡先

・Visaグローバル・カスタマー・アシスタンス・サービス

TEL 1-303-967-1090（コレクトコールで利用）

・MasterCardグローバルサービス

TEL 10-800-110-7309

携行品

　海外旅行保険に加入していれば、旅行中に盗難・破損・火災などで損害を受けた場合、各保険会社の規定に従って保険金を受け取ることができる。損害に遭った場合、指定された連絡先に電話をして、どのような行動をとればよいのか確認しよう。

　保険金は、基本的に日本に帰国してからの申請・受け取りとなることが多いので、現地の関連部署が発行する書類（盗難の場合は公安局の盗難証明書）を入手しておくこと。

パスポートコピーを忘れずに！

　パスポートの再発行や「帰国のための渡航書」を作成するために必要となる、公安局が発行する証明書「護照報失証明」について、北京市公安局が以下の4点の揃っていない申請は受理しないことを明言している。

❶本人写真　**❷**事案発生証明（「報案証明」。派出所で発行）　**❸**パスポートのコピー　**❹**臨時宿泊登記

　通知は北京に関するものだが、他地域でも状況は同じである。パスポートコピー（紙面や画像データ）を出発前に必ず用意しよう。

▲中国の駅は混雑するので身の回りに注意

パスポートをなくしたら

　現地の公安局に届け出て盗難（または紛失、焼失）証明書を発行してもらい、次に最寄りの日本大使館・領事館に出向き諸手続きを行う。

　旅行を続けたい場合には、「一般旅券の新規発給」（下記❶❷）を申請する。すぐに日本へ帰国する場合には「帰国のための渡航書」（下記❶❸）を申請する。

　パスポートについては、旅券の顔写真があるページや中国のビザがあるページ（ノービザ入国者は不要）、中国の入国スタンプ、そのほかに航空券や日程表のコピーがあると手続きが速い。これらのコピーについては、原本とは別の場所に保管しておくこと。

❶盗難、紛失、焼失の届け出

　紛失一般旅券等届出書1通、公安局の発行した証明書または消防署等の発行した罹災証明書、写真（タテ4.5cm×ヨコ3.5cm）1枚、身元確認書類（運転免許証など）

❷新規旅券発給申請（❶と同時に行う）

　一般旅券発給申請書1通、戸籍謄本または抄本1通、写真（タテ4.5cm×ヨコ3.5cm）1枚

❸帰国のための渡航書申請（❶と同時に行う）

　渡航書発給申請書1通、戸籍謄本または抄本1通（これらの代わりに日本国籍を確認できる書類でも可。例えば運転免許証等）、日程確認書類（旅行会社にもらった日程表または帰りの航空券）、写真1枚（❷と同様）

※詳細は該当大使館・領事館で確認すること
※IC旅券作成機の設置されていない在外公館で❷の手続きを申請する場合は、一般旅券発給申請書2通、写真2枚が必要となる
※手数料は10年用旅券1万6000円、5年用旅券1万1000円、帰国のための渡航書2500円。いずれも支払いは現地通貨の現金で

外務省パスポート関連情報
URLwww.mofa.go.jp/mofaj/toko/passport/pass_5.html

　日本国大使館や総領事館のない町で盗難や紛失などのトラブルに見舞われた際には、すみやかに最寄りの大使館・領事館のある町に移動しよう。
　2018年9月現在、東北地方では瀋陽（在瀋陽日本国総領事館）と大連（在瀋陽日本国総領事館在大連領事事務所）にあるので、トラブルの際は電話で連絡を入れ、その指示に従うこと。

◎中国にある日本大使館・領事館
▼在中国日本国大使館領事部
住北京市朝陽区亮馬橋東街1号
TELパスポート関連＝(010)65326539
　　邦人保護＝(010)65325964
FAX(010)65329284

URLwww.cn.emb-japan.go.jp/index_j.htm
▼在瀋陽日本国総領事館
住遼寧省瀋陽市和平区十四緯路50号
TEL(024)23227490　FAX(024)23222394
URLwww.shenyang.cn.emb-japan.go.jp
▼在瀋陽日本国総領事館在大連領事事務所
住遼寧省大連市西崗区中山路147号
　森茂大廈3階
TEL(0411)83704077
FAX(0411)83704066
URLwww.dalian.cn.emb-japan.go.jp
※夜間、休日の緊急事態発生時には代表電話にかけ、内線0で緊急連絡事務所につながる
▼在青島日本国総領事館
住山東省青島市南区香港中路59号
　青島国際金融中心45階
TEL(0532)80900001
FAX(0532)80900009
URLwww.qingdao.cn.emb-japan.go.jp
▼在上海日本国総領事館
住上海市長寧区延安西路2299号
　上海世貿大廈13階
TEL(021)52574766　FAX(021)62788988
URLwww.shanghai.cn.emb-japan.go.jp
※夜間、休日の緊急事態発生時には代表電話にかけ、内線0で緊急連絡事務所につながる
▼在広州日本国総領事館
住広東省広州市越秀区環市東路368号
　花園大廈
TEL(020)83343009
FAX(020)83348972
URLwww.guangzhou.cn.emb-japan.go.jp
▼在重慶日本国総領事館
住重慶市渝中区鄒容路68号
　重慶大都会商廈37階
TEL(023)63733585　FAX(023)63733589
URLwww.chongqing.cn.emb-japan.go.jp/index_j.htm

▲東北地方の安全情報は、在瀋陽日本国総領事館のウェブサイト（URLwww.shenyang.cn.emb-japan.go.jp）で確認

東北地方の概要と歴史

　一般に中国東北地方とは、遼寧省、吉林省、黒龍江省の東北三省と内蒙古自治区の東部を指す。1911年の辛亥革命までの東北地方は漢族以外の民族が実効支配する地域で、古代より高句麗、渤海、遼、金、後金などの国家が興った。彼らが築き上げた文化は、日本にも大きな影響を与えてきた。

　東北地方はもともと荒涼とした寒土が広がる場所だったが、開拓が進んだ現在では世界有数の穀倉地帯に変身し、日本へも多くの農作物が輸出されている。また、長春は自動車・鉄道車両、鞍山は製鉄業、撫順は石炭産出地として、中国の発展に貢献した。

　今日漢族化が進んでいるが、東北は多民族が住むエリアである。漢族のほか、満洲族、朝鮮族、回族、モンゴル族、ダフール族、オロチョン族、エヴェンキ族、ホジェン族など多くの民族が暮らしている。

◎遼寧省　MAP P.48〜49

　面積14万7500㎢、人口4245万人（2017年）。省都は瀋陽。温帯湿潤モンスーン気候に属し、年間降水量は500〜1000㎜で6〜8月に60％が降る。東北三省の中で唯一海に面している（海岸線2920km）。北朝鮮との国境線は218kmある。このエリアの中心は中国有数の貿易港を擁する大連。経済技術開発区には多くの日本企業が進出している。

▲大連の路面電車

◎吉林省　MAP P.158〜159

　面積18万7400㎢、人口2702万人（2017年）。省都は長春。温帯性気候に属するが冬季の寒さが厳しく、年間降霜日は220日を超える。年間降水量は400〜1000㎜。長白山あたりは40日以上雪が降る。

▲偽満洲国軍事部（現吉林大学白求恩医学部付属医院）

◎黒龍江省　MAP P.222〜223

　面積45万3800㎢、人口3811万人（2017年）。省都はハルビン。北部が寒帯、それ以外は中温帯に属し、冬季の寒さが非常に厳しい。年間降水量は400〜700㎜。西部は大興安嶺系、東部は長白山系の山が続き、森林エリアは220万㎢と中国最大の面積を誇る。

▲ハルビンの木造ロシア家屋

◎内蒙古自治区　MAP P.272

　面積118万3000㎢、人口2460万人（2017年）。省都はフフホト。温帯半湿潤気候に属する。年間降水量は80〜450㎜。東半分が東北地方になるが、ここは大興安嶺が南北に走り、その両側に草原が広がるエリアになっている。草原地帯の平均標高は1000m。なお、内蒙古の行政区分は特殊で、「盟」「旗」（市や県に当たる）といったほかの省にはない呼称を使用している。

▲内蒙古の春を告げる祭り「ナダム」

東北地方の歴史

◎秦の中国統一以前

　東北地方では古くからさまざまな民族が暮らしていた。しかし、歴史書には『東夷伝』などかぎられたものしか記述されておらず、詳細はあまりわかっていない。ただ言えるのは、古代においては、現在の行政区分とは関係なく、狩猟や耕作に適した黒龍江や松花江、遼河など大きな河川の流域に分布していたようだ。

　遼河や牡丹江などの大河沿いで石器時代の遺跡が発見されている。また、満洲里付近の遺跡で発掘された品々から、石器時代の担い手は、人種的には蒙古系の人々であったと推測されている。それに続く青銅器時代についても、遼寧省を中心に多くの遺跡が発掘されている。

　この地方に最初に中国の国家が進出してきたのは、戦国時代の燕（紀元前3世紀初め）。燕は遊牧民の侵攻を防ぐため、現在の内蒙古自治区の赤峰から開原（瀋陽市の北）のあたりまで長城を築いた。しかし、規模の大きな統治機関は設置していなかった。

◎秦・前漢代（紀元前221～8年）

　中国初の統一王朝である秦は、東北地方に遼東（現在の遼陽付近）、遼西（位置は未確定）の2郡を設置し、諸民族を統治し、侵入を防御した。

　秦を滅ぼし、そのあとを継いだ漢（日本では前漢、中国では西漢と呼ぶ）もその方針を踏襲し、遼東をその中心に据えた。

　さらに、漢が紀元前2世紀末に平壌を中心に朝鮮半島を統治していた衛氏朝鮮を滅ぼすと、朝鮮統治のために楽浪、真番、玄菟、臨屯の4郡を設置した。

　この時期に東北地方にあった民族には、夫餘、鮮卑、粛慎、沃沮などがあったが、特に勢力を誇ったのが夫餘。もとは第二松花江流域に居住した民族で、現在の吉林省西北部農安県を中心にしていた。彼らと漢の関係は良好のようで、玄菟郡に管轄されていた。

◎後漢・魏・西晋（25年～4世紀初）

　漢がいったん滅び、光武帝によって再興される頃、東北地方では夫餘から亡命した朱蒙が高句麗を建国した。

　民族としての高句麗は、鴨緑江中流域を中心に生活しており、最初の都は紇升骨城（五女山城ともいう。現在の遼寧省桓仁県）におかれた。夫餘とは異なり、漢朝とは不和で、2世紀前半

▲好太王陵は北朝鮮との国境沿いの集安市にある

には遼東郡や玄菟郡を襲撃するようになり、この地で勢力を拡大していった。

　しかし、後漢末に公孫度が遼東・遼西の地を支配すると、根拠地を鴨緑江中流域の集安に移動した。さらに魏代には遠征軍の侵略を受けて集安は陥落。いったん高句麗は崩壊し、王族は日本海方面に逃走した。

◎五胡十六国～隋時代（4世紀初～7世紀初）

　西晋末に王族間の権力争い（永嘉の乱）で混乱に陥ると、北方から遊牧民族が侵入し、多くの国が乱立して華北一帯を支配する五胡十六国（302～439年）が始まった。

　この混乱に乗じて、高句麗は313年に楽浪・帯方2郡を滅ぼすなど、再び集安を都として再興を果たした。341年に後燕の慕容氏によって一時都を陥落されたが、4世紀末に広開土大王が即位すると夫餘を滅ぼすなど領土を拡張し、次の長寿王が平壌に遷都（425年）して朝鮮半島の北部まで支配域を広げ、最盛期を迎えた。

　この時代の東北地方は遊牧民族国家と高句麗が強大な軍事力で支配し、中央国家の影響力は失われた。しかし、文化的にはしだいに漢化され、活力を失っていった。

　6世紀前期以降、高句麗で相次いで王位争いが起こるようになると、朝鮮半島では新羅が勢力を拡大するようになっていった。この状況に加え、隋が中国を統一しても、高句麗はそれに従わなかったため、7世紀初めに隋の遠征を3度も受け、決定的に国力を削がれた。

◎唐時代（618～907年）

　隋のあとに唐が建国した。高句麗は隋朝との対立に懲りて友好的に努めたが、唐の第3代皇帝高宗が敵対政策を取るようになると、両国の関係は悪化し、ついに668年に唐・新羅の連合軍によって滅ぼされた。そして、朝鮮半島は

新羅に、それ以西は唐朝が支配し、統治の中心に営州（朝陽）を設置した。

7世紀末になると営州で契丹、靺鞨などが反乱を起こした。この反乱はすぐに鎮圧されたが、高句麗の遺民を名乗る（実際は靺鞨族と考えられている）大祚栄が一族を率いて北に逃亡した。その後周囲の人々を糾合し、698年に震国を建国した。713年に唐の冊封体制に入り、渤海と改名した。

この渤海は唐の文化や制度を積極的に取り入れて、最盛期には黒龍江省東南部、吉林省南部、朝鮮半島東北部、沿海州南部などを支配下に治め、日本とも交流をもつようになった。

しかし、この渤海も唐朝の滅亡に歩調を合わせるように、この地に勃興してきた契丹によって926年に滅亡させられた。

◎五代十国〜宋代（10世紀〜13世紀前期）

契丹族は遼寧省西部と内蒙古自治区東部を流れるシラムレン河沿いに暮らしていた蒙古系遊牧民族。4世紀末から5世紀初にかけての時期からその存在が歴史書でも確認されていたが、弱小の遊牧民族で周囲の強大な民族に盛衰を左右されていた。

しかし隋・唐の時代になって中国が安定期に入ると勢力を拡張し、東北地方でも有力な民族のひとつになっていった。そして、唐が滅亡した907年に民族を統一した耶律阿保機が即位し、大契丹国（後の遼）を建国した。

▲昭陵の参道に立つ華表

▲ホンタイジ（太宗）の墓陵である昭陵の大碑楼

その後、渤海など周辺民族を制圧し、やがて混乱していた華北に進出（燕雲十六州の割譲）。960年に宋が中国を統一した後も、宋に幾度も侵攻した。澶淵の盟（1004年）が結ばれると、毎年多額の物資を宋から受け取ることになり、これを転機に経済上、文化上の発展を遂げることになった。

一方、ツングース系の一部族であった女真族は、松花江下流、黒龍江下流、沿海州地方に暮らしていたが、渤海の滅亡によって、農耕に適した旧渤海領内に移住を開始し、徐々に力をつけていった。やがて現在の黒龍江省ハルビン東方の阿城県周辺に暮らしていた完顔部の阿骨打が一族をまとめ、1114年遼に対して挙兵。翌年金を誕生させた。その後、金は1125年に遼を滅ぼして華北に進出、1126年には宋の都開封に攻め込んだ。これによって宋はいったん滅び（＝北宋の滅亡：1126年）、王族の一部が杭州に都を移して南宋を成立させた。この結果、金は東北地方から淮河以北（華北）を統治することになった。

燕京（現在の北京）に都を移した金も、遼同様に漢化していき、やがてモンゴル高原で勃興したモンゴル族によって国境を侵されるようになり、ついに1234年、チンギス・ハンによって滅ぼされた。

◎モンゴル族の勃興（13世紀初〜1368年）

1206年チンギス・ハンが即位し、モンゴル帝国が成立。1234年に金、1279年に南宋を滅ぼした。彼の死後、帝国は分割され、中国には孫のフビライを初代皇帝とする元が登場した。

元は長らく小国に分裂していた中国全土を統一し、東北地方に遼陽路、瀋陽路、開元路などの行政区を導入したが、現在の吉林省東部や黒龍江省に当たる地方では、実際のところ、軍の駐屯部隊を設置して、周辺諸民族の統治に当たらせる程度だったようだ。

◎明朝期(1368～1644年)

　明は元をモンゴル高原に追いやったあと、1368年に定遼都衛指揮使司を設置(現在の遼陽)し、東北辺境部の要とした。

　この時代、現在の遼寧省以北の地で勢力をもっていたのがかつて金を建国した女真族(女直ともいう)。彼らは居住地区によって海西女真(現在の吉林省中部から黒龍江省南東部)、建州女真(遼寧省北東部から長白山を中心としたエリア)、野人女真(現在の黒龍江省北東部から沿海州)と区分されていた。

　やがて、明王朝が安定してくると、現在の遼陽に設置した行政機関(名称は次々に変わっていく)を中心に、北にも統治機構を広げ、各女真族も朝貢するようになり、全体的に平和な時代だった。

◎満洲族の国家・清の成立
(17世紀初～20世紀初)

　そのうち毛皮貿易などで財力を蓄えていった建州女真の中から、ヌルハチという英雄が現れ、各女真族を統合し、明と対立を深めていった。そして、1616年に女真の首長(ハン)として即位した(後金の建国)。

　彼の死後を受けたホンタイジ(太宗)は明への侵攻を本格化させ、1635年、民族名の女真を満洲に改め、ここに清が成立した。1643年に太宗は病死するが、翌年清軍は北京に攻め込み、息子の順治帝が中国の皇帝として即位した。

　清朝時代、東北は満洲族の故郷であったため、ほかの王朝と比べ積極的に開発を進めた。その中心が、満洲語でムクデン・ホトンと呼ばれた瀋陽(当時は盛京。せいけいと読む)、寧古塔将軍のおかれた吉林、黒龍江将軍のおかれたチチハルであった。当初は漢族の移住を禁止していたが、18世紀後半からなし崩し的に移民は増加していった。

▲20世紀初頭、ハルビンにはロシア人が多く住んでいた

▲ロシア時代に大連市庁舎だった建物(旧大連自然博物館)

◎辛亥革命から中華人民共和国の成立
(1911年～現在)

　19世紀後半になると、帝国主義の欧米列強と明治維新を経て近代化に成功した日本が、清朝と不平等条約を締結して、中国各地で利権を獲得していった。東北地方では、まずロシアが積極的に進出した。その後、日清・日露戦争に勝利した日本が、1906年にロシアの権益を引き継いで南満洲鉄道会社を設立し、これを中心に東北南部に進出を果たした。

　こうした状況のなか、1911年孫文が主導する辛亥革命が起こり、清朝は倒れ、中華民国が成立した。しかし、孫文の考えどおりにことは進まず、軍閥袁世凱の保守的な政権となってしまった。これにより、中国国内は諸外国の進出、軍閥による内乱により、ますます混乱に陥った。東北地方では、日本の支援を受けた奉天系軍閥の張作霖が実権を握った。

　やがて、1927年に蒋介石が南京国民政府を樹立し、中華民国の実権を握ると、各地に割拠した軍閥を支配下に収め、1928年に中国の統一に成功した。しかし、1921年に結成した中国共産党との抗争や、東北地方を中心にその支配権拡大を狙う日本との戦争に突入していった。日本は1931年に満洲事変を起こし、1932年に満洲帝国の成立に積極的に関与して東北地方において権益の確保に努め、それは日本の敗戦まで続いた。

▲偽満皇宮博物院内の玉座

その後、国民党と共産党による内戦を経て、1949年10月1日に中華人民共和国が成立。ようやく長い混乱が収束することになった。

東北地方は旧ソ連の管理下におかれた時期もあったが、やがて重工業の中心地帯として発展を遂げた。1980年代に改革開放路線がスタートすると、国営企業は振るわなくなり東北地方はいったん停滞期に入ったが、2000年以降中央政府の振興策によって、経済発展が進んでいる。

▲発展を遂げる東北地方（大連）

■ 中国東北地方を知るために役立つ書籍・雑誌

▼『古代朝鮮』

（井上秀雄／講談社学術文庫／本体1100円＋税）
　旧石器時代から統一新羅の滅亡までの古代朝鮮の歴史を解説。

▼『坂の上の雲』全8巻

（司馬遼太郎／文春文庫／本体各650円＋税）
　日清・日露戦争の時代を駆け抜けた明治の青春群像。

▼『図説「満洲」都市物語　ハルビン・大連・瀋陽・長春　ふくろうの本』[増補改訂版]

（西澤泰彦／河出書房新社／本体1800円＋税）
　中国東北地方で日本とロシアが造った建築物について、豊富な写真と資料を使って詳細に解説している。

▼『日本鉄道旅行地図帳　満洲・樺太』

（今尾恵介・原武史監修／新潮社／本体648円＋税）
　戦前外地の鉄道地図シリーズの満洲・樺太編。

▼『王道楽土の交響楽　満洲―知られざる音楽史』

（岩野裕一／音楽之友社／本体2900円＋税）
　ハルビンにはロシア人が始めた交響楽団があったことから、「音楽の都」と呼ばれていた。満洲国時代には朝比奈隆を指揮者として迎えていた。日本のオーケストラのルーツはハルビンにあった。

▼『中国紀行CKRM』（アジア太平洋観光社／本体1250円＋税）

　中国系出版社が季刊で発行する中国各地を紹介するグラフィックマガジン。中国の最新カルチャーや観光情報が満載だ。同誌には『地球の歩き方大連 瀋陽 ハルビン』の制作スタッフが東北地方の各地をグラビアで紹介する「中国東方地方を歩く」の連載もある。

イラストで綴るハルビンの老建築

ハルビンは20世紀初頭に造られたロシア建築など、さまざまなヨーロッパ建築が残る「建築博物館の町」だ。ハルビン出身の孫嘉駒さんが上梓した『老建築・哈尔滨（老建築・ハルビン）』（哈尔滨出版社　2016）には、それぞれの建築の美しいイラストや来歴が綴られている。ハルビンみやげにぴったりだ。

ボーダーツーリズムを楽しもう

東北地方は周辺のロシアやモンゴル、北朝鮮などと国境を接していることから、ボーダーツーリズム（国境観光）の格好の舞台といえる。『地球の歩き方大連 瀋陽 ハルビン』の制作スタッフが運営するウェブサイト「ボーダーツーリズム（国境観光）を楽しもう」では、東北各地の国境の風景や人々の暮らし、生活文化などを撮影した写真を多数公開している。撮影は、写真家の佐藤憲一氏だ。

URL border-tourism.jp

中国語を使おう！

　　中国には50以上の民族が独自の言葉をもって生活しており、お互いに意思の疎通を図るため、漢民族の北方方言を中心に共通語を作り出した。この共通語を中国語で「普通话」（プートンホア）と呼んでいるが、「普通话」こそが日本人の認識する中国語。現在の中国では多くの人が話せ、聞き取れる言葉なのだ。ただし、実際は地方に行くほど通じにくくなり（特に聞き取り）、少数民族の多く暮らす場所だと、なかなか通じないこともある。

　　中国語は日本語と発音は異なるし、文字ごとに声調と呼ばれる抑揚があり、それができなければ何をしゃべっているのかを中国人に理解してもらうのは難しい。

　　以下の会話集は、いろいろな場面で本書を見せて筆談したり、発音を教えてもらうなど、現地の人との交流に活用してほしい。

◎ 基本単語（名詞）

①人称代名詞

私：我（ウォー）wǒ	私たち：我们（ウォーメン）wǒmen	あなた：你（ニー）nǐ
あなたたち：你们（ニーメン）nǐmen	あなた（敬語）：您（ニン）nín	彼：他（ター）tā
彼女：她（ター）tā	彼ら：他们（ターメン）tāmen	彼女ら：她们（ターメン）tāmen
それ：它（ター）tā	それら：它们（ターメン）tāmen	誰：谁（シェイ）shéi

②代名詞

これ：这（チャー）※1 zhè	それ／あれ：那（ナー）※2 nà	どれ：哪（ナー）※3 nǎ
何：什么（シェンマ）shénme	ここ：这里（チャーリ）zhèlǐ	※1 会話では「这个／zhèige」がよく使われる
そこ／あそこ：那里（ナーリ）nàlǐ	どこ：哪里（ナーリ）nǎlǐ	※2 会話では「那个／nèige」がよく使われる
		※3 会話では「哪个／nělge」がよく使われる

③数

0：零（リン）líng	5：五（ウー）wǔ	10：十（シー）shí	150：一百五（イーバイウー）yìbǎiwǔ
1：一（イー）yī	6：六（リウ）liù	11：十一（シーイー）shíyī	1000：一千（イーチエン）yìqiān
2：二（アル）※4 èr	7：七（チー）qī	12：十二（シーアル）shíèr	1100：一千一（イーチエンイー）yìqiānyī
3：三（サン）sān	8：八（バー）bā	100：一百（イーバイ）yìbǎi	10000：一万（イーワン）yíwàn
4：四（スー）sì	9：九（ジウ）jiǔ	101：一百零一（イーバイリンイー）yìbǎilíngyī	101：幺零幺（ヤオリンヤオ）※5 yāolíngyāo

※4 「两／liǎng」後ろに助数詞が付くとき

※5 電話番号やバス路線番号などを数える場合、"幺"を用いる

④時間

今日：今天 jīntiān	朝：早上 zǎoshang	1週間：一个星期 yígexīngqī
明日：明天 míngtiān	夜：晚上 wǎnshang	月曜日：星期一 xīngqīyī
昨日：昨天 zuótiān	午前：上午 shàngwǔ	火曜日：星期二 xīngqīèr
9月1日：九月一号 jiǔyuè yíhào	午後：下午 xiàwǔ	水曜日：星期三 xīngqīsān
今週：这个星期 zhèi ge xīngqī	3時：三点 sāndiǎn	木曜日：星期四 xīngqīsì
来週：下星期 xiàxīngqī	9時40分：九点四十分 jiǔdiǎnsìshífēn	金曜日：星期五 xīngqīwǔ
先週：上星期 shàngxīngqī	1時間：一个小时 yíge xiǎoshí	土曜日：星期六 xīngqīliù
今：现在 xiànzài	1日：一天 yìtiān	日曜日：星期日（天）xīngqīrì tiān

⑤単位

個（何を数えるときにも使える）：个 gè	两（10两＝1斤）：两 liǎng	km：公里 gōnglǐ
斤（1斤＝500g）：斤 jīn	公斤：（1公斤＝1kg）：公斤 gōngjīn	m：米 mǐ

⑥通貨単位

中国の通貨単位は「元（yuán）」、補助通貨単位は「角（jiǎo）」、「分（fēn）」。しかし、口語では元を「块（kuài）」、角を「毛（máo）」と言うので注意。

書き言葉：3元4角：三元四角 sān yuán sì jiǎo　　口語：3元4角：三块四毛 sān kuài sì máo

⑦方向・方角

左：左边 zuǒbian	上：上面 shàngmiàn	前：前边 qiánbian
右：右边 yòubian	下：下面 xiàmiàn	後：后边 hòu bian

⑧交通

地下鉄：地铁 dìtiě	エアポートバス：机场大巴 jīchǎngdàbā	埠頭：码头 mǎtóu
バス：公交车／巴士 gōngjiāochē bāshì	空港：机场 jīchǎng	航空券：机票 jīpiào
長距離バス：长途汽车 chángtúqìchē	鉄道駅：火车站 huǒchēzhàn	乗車券：车票 chēpiào
タクシー：出租车／的士 chūzūchē díshì	バス停、バスターミナル：车站 chēzhàn	切符売り場：售票处 shòupiàochù
ワゴンタクシー：面包 miànbāo	次の駅：下一站 xiàyízhàn	改札口：剪票口 jiǎnpiàokǒu
最終電車（バス）：末班车 mòbānchē	終点：终点站 zhōngdiǎnzhàn	待合室：侯车室 hòuchēshì

⑨レストラン

レストラン：餐厅
cāntīng

スープ：汤
tāng

ミネラルウオーター：矿泉水
kuàngquánshuǐ

メニュー：菜单
càidān

水餃子：饺子
jiǎozi

箸：筷子
kuàizi

中国料理：中国菜
zhōngguócài

肉まん：包子
bāozi

スプーン（さじ）：汤匙（勺子）
tāngchí sháozi

日本料理：日本菜
rìběncài

チャーハン：炒饭
chǎofàn

コップ：杯子
bēizi

料理：菜
cài

ビール：啤酒
píjiǔ

お皿：盘子
pánzi

ご飯：米饭
mǐfàn

お茶：茶水
cháshuǐ

トイレ：洗手间
xǐshǒujiān

⑩ホテル

シングル：单人间
dānrénjiān

預り金：押金
yājīn

チェックアウト：退房
tuìfáng

❀ シチュエーション別基本会話

■あいさつなど

谢谢你。
xiè xie nǐ

ありがとうございます。

不客气。
bú kè qì

どういたしまして。

对不起。
duì bu qǐ

すみません。（謝罪など）

■基本会話

对。 ／ 不对。
duì   bú duì

そうです。／違います。

明白了。 ／ 不明白。
míng bai le   bù míng bai

わかりました。／わかりません。

知道。 ／ 不知道。
zhī dào   bù zhī dào

知っています。／知りません。

请问。
qǐngwèn

お尋ねします。

请写一下。
Qǐng xiě yí xià

書いてください。

请再说一遍。
Qǐng zài shuō yíbiàn

もう一度言ってください。

请稍等。
Qǐng shāo děng

待ってください。

洗手间在哪儿？
Xǐshǒujiān   zàinǎr

トイレはどこですか？

几点关门？
Jǐ diǎnguānmén

何時まで開いていますか？

我是日本人。
Wǒ shi rìběnrén

私は日本人です。

◎ レストランにて

フーウーユエン
服务员！
fúwùyuán

店員さん！

ゲイウォーカンカンツァイタン
给我看看菜单。
Gěi wǒ kàn kan cài dān

メニューを見せてください。

ナアショウツァイシーシェン マ
拿手菜是什么？
Ná shǒu cài shì shén me

自慢の料理は何ですか？

ウォーヤオチェイ ガ
我要这个。
Wǒ yào zhèi ge

これをください。

チングイウォーカイシュイ
请给我开水。
Qǐng gěi wǒ kāi shuǐ

お湯をください。

ライイーピンピイジウ
来一瓶啤酒。
Lái yì píng pí jiǔ

ビールを1本ください。

マイタン
买单。
Mǎi dān

お勘定をお願いします。

チンカイファーピアオ
请开发票。
Qǐng kāi fāpiào

領収書をください。

◎ ショップで

ゲイウォーカンイーシア
给我看一下。
Gěi wǒ kàn yí xià

見せてください。

トゥオシャオチエン
多少钱？
duōshǎoqián

おいくらですか？

メイヨウリンチエン
没有零钱。
méiyǒu língqián

小銭はありません。

クーイーヨンシンヨンカー マ
可以用信用卡吗？
Kě yǐ yòng xìn yòng kǎ ma

クレジットカードは使えますか？

◎ ホテルで

ウォーシー ガ ユーディン ダ
我是个预订的〇〇。
Wǒ shì ge yùdìng de

予約した〇〇と申します。

チンバーリャンワンリーユエンアンチョンレンミンビー バ
请把两万日元换成人民币吧。
Qǐng bǎ liǎngwàn rìyuán huànchéng rénmínbì ba

この2万円を人民元に両替してください。

ウォーシャントゥイファン
我想退房。
Wǒ xiǎng tuì fáng

チェックアウトします。

◎ 交通機関で

シーフ ヤオチューフオチャージャン
师傅，要去火车站。
Shī fu yào qù huǒ chē zhàn

駅までお願いします。（タクシー利用時）

チュー ボー ウー グァン ツオ ジー ルー チャー
去博物馆坐几路车？
Qù bó wù guǎn zuò jǐ lù chē

博物館へ行くには何番のバスに乗ればいいですか？

マーファンニー ウォーシアイージャンシア ラ
麻烦你，我下一站下了。
Má fán nǐ wǒ xià yí zhàn xià le

すみません、次の停留所で降ります。

出発前に中国語会話の練習をしよう!!

「地球の歩き方」とECC Web Lessonとの共同企画で、旅に役立つ中国語会話の文例が"ネイティブの発音"で聞ける！ 「ゆっくり」「ふつう」の再生スピードがあるので初心者でも安心。
URL www.arukikata.co.jp/tabikaiwa

満蒙開拓団の
痕跡を訪ねて

満蒙開拓団とは、1931年の満洲国建国以降、1945年の日本敗戦までの間、満洲や内蒙古に入植した日本人移民をいう。国は、明治時代に北海道に入植した屯田兵のように、いざというときは戦える入植民が必要だと考えた。そして全国から開拓団員を満洲に送り込む政策を立てた。

入植地の約6割は、中国人が耕していた土地を安い価格で強制的に買い取り、開拓民の土地としたものだった。

満蒙開拓団の村落は、匪賊の襲撃から守るために集落の周りを塀で取り囲まれていた。作物は小麦、アワ、コーリャン、とうもろこしなどが主だった。開拓民の運命が大きく変わるのが1945年8月のソ連参戦以降である。当時、成年男子は徴兵されており、開拓団員は集団で逃避するものの、土地を収奪されたことなどをうらんだ中国人の襲撃や、疫病の流行により、多くの開拓団員が命を落とした。このとき親と離ればなれになったのが山崎豊子原作のドラマ『大地の子』のテーマとなった中国残留孤児である。

2017年3月、ハルビンから東に約180kmの方正県を訪れた。在日中国人の約7%が方正出身といわれるほど、日本との結びつきが強い人口20万の地方都市である。街中の個人商店の看板の右下に小さく日本語が書かれている。2006年に県政府が開業する商店の看板に日本語を表記することを義務づけた。日本からの投資も期待したのだろうか。

方正から東に7kmほどの伊漢通という集落にタクシーで向かう。川幅が1kmにも及ぶ松花江に面した伊漢通には沖縄県からの開拓団が入植していた。崩壊しかかった茅葺きの民家をのぞいてみると、オンドルの構造などはかつて訪れた開拓団の民家と共通していた。沖縄からの開拓民はマイナス20度にもなる冬をどう堪えたのだろうか……。

伊漢通から7kmの田舎道を歩いて、日本人公墓(墓地)に向かう。大戦末期、ソ連軍や中国の民衆からの攻撃を避けるために逃亡を続けていた満蒙開拓団の多くは関東軍の食糧補給基地があった方正を目指した。方正に収容所が設けられたが、8640名のうち、自決やチフスなどによる病死が2360名、生き残るため、現地の人に嫁ぎ、残留婦人になった者が2300名を数えた。1970年代以降、残留婦人や残留孤児が日本に帰国したことを契機に方正と日本のつながりは太くなり、現在にいたっている。

1963年、周恩来首相の許可によって日本人公墓ができ、多くの日本人参拝者が訪れた。2011年、敷地内に新たな慰霊碑ができると反日活動家によってペンキがかけられ10日で撤去された。雪のなか、静寂が支配する公墓で手を合わせ、バスで方正へ向かった。(橋賀秀紀)

※方正については方正友好交流の会(URL www.houmasa.com)が詳しい

▲伊漢通に残る古い民家。方正周辺は開拓団の影響で稲作が盛んだ

▲中日友好園林内にある日本人公墓